教育部人文社会科学重点研究基地
安徽大学徽学研究中心基金资助

明清以来徽州社会经济与文化研究

徽学文库

主编 ◎ 卞利
副主编 ◎ 胡中生

卞利 ◎ 著

北京师范大学出版集团
BEIJING NORMAL UNIVERSITY PUBLISHING GROUP
安徽大学出版社

图书在版编目(CIP)数据

明清以来徽州社会经济与文化研究 / 卞利著. —合肥:安徽大学出版社,2017.8
(徽学文库/卞利主编)
ISBN 978-7-5664-1343-7

Ⅰ.①明… Ⅱ.①卞… Ⅲ.①社会发展－研究－徽州地区－明清时代②区域经济发展－研究－徽州地区－明清时代③文化发展－研究－徽州地区－明清时代 Ⅳ.①F129.4②K295.4

中国版本图书馆 CIP 数据核字(2017)第 030034 号

明清以来徽州社会经济与文化研究
Mingqing Yilai Huizhou Shehui Jingji Yu Wenhua Yanjiu

卞 利 著

出版发行:	北京师范大学出版集团 安 徽 大 学 出 版 社 (安徽省合肥市肥西路3号 邮编230039) www.bnupg.com.cn www.ahupress.com.cn
印　刷:	合肥远东印务有限责任公司
经　销:	全国新华书店
开　本:	170mm×240mm
印　张:	26
字　数:	385 千字
版　次:	2017 年 8 月第 1 版
印　次:	2017 年 8 月第 1 次印刷
印　数:	2000 册
定　价:	75.00 元

ISBN 978-7-5664-1343-7

策划编辑:饶　涛　鲍家全　张　锐　　装帧设计:张　浩　李　军
责任编辑:吴泽宇　李　君　　　　　　　美术编辑:李　军
责任印制:陈　如

版权所有　侵权必究
反盗版、侵权举报电话:0551—65106311
外埠邮购电话:0551—65107716
本书如有印装质量问题,请与印制管理部联系调换。
印制管理部电话:0551—65106311

总　序

尽管"徽学"一词出现的时间较早,但是,作为一门新兴的学术和学科研究领域,"徽学"则仅有不到百年的历史。1932年,徽州乡贤、近代山水画的一代宗师黄宾虹在致徽州乡土历史文化研究学者许承尧的一封信函中第一次提出了具有学术意义上的"徽学"概念。①

客观地说,黄宾虹所说的"徽学"及其研究对象,实际上还仅仅指的是徽州的地方史研究,与我们今天所称的"徽学",在学术内涵上还有一定的差别。此后,随着富有典型特征的徽州庄仆制、徽商和徽州宗族与族谱研究的不断深入,真正具有现代学术和学科意义上的"徽学"才逐渐进入人们的视野。

正如徽学的开创者和奠基人、中国社会经济史学派创始者傅衣凌先生在总结自己20世纪三四十年代对徽州庄仆制和徽商的研究时所指出的那样,他对徽州的研究并不是立足于对徽州地方史的探讨,而是通过对徽州伴当和世仆的研究,探索中国的奴隶制度史;对徽商的研究,则是基于为中国经济史研究开辟一个新天地。也就是说,徽学研究对中国历史的意义体现为,其在充实和完善中国奴隶制度史、中国经济史以及中国社会史等领域,已经远远突破了徽州地方史的界限,而成为整体中国史研究的一部分。傅衣凌先生敏

---

① 卢辅圣、曹锦炎主编:《黄宾虹文集·书信编·与许承尧》,上海:上海书画出版社,1999年。

锐地预见到,"徽州研究正形成为一种专门的学问,活跃在我国的史学论坛之上"①。

然而,作为一个严格意义上的学术和学科专门研究领域,徽学的形成、发展与繁荣,主要还是借助于近百万件自宋至民国时期徽州原始契约文书的发现和研究。徽州的契约文书自1946年4月在南京首次被学者发现以来,至今已逾半个世纪。随着徽州20世纪50年代土地改革运动的展开以及1978年以来改革开放政策的实行,深藏于歙县、休宁、婺源、祁门、黟县和绩溪等原徽州(府)六县民间的各类原始契约文书开始被大规模地发现。据不完全统计,迄今为止,徽州原始契约文书包括卖身契、土地买卖与租佃契约、分家阄书、鱼鳞图册、赋役黄册、诉讼案卷、科举教育文书、置产簿、誊契簿、徽商账簿和日记杂钞等类型,且上起南宋,下迄民国,时间跨度近千年之久,总量约有100万件(册)之巨。

同祖国其他地域相继发现的原始契约文书相比,徽州契约文书具有真实性、连续性、具体性、典型性、启发性和民间性等诸多特征,而且内容丰富,类型广泛,蕴含着大量的历史信息,为我们进行宋元明清时期各种制度运行特别是明清时期历史社会实态的研究提供了丰富的资料。我们知道,敦煌文书的时间下限在北宋,徽州契约文书的上限则在南宋,正好与敦煌文书相连。如果我们把敦煌文书和徽州文书中的动产与不动产买卖和租佃文书联系起来进行考察,一部中国古代动产和不动产买卖与租佃制度及其运行史便可以完整地复原和再现出来。

正是由于徽州契约文书蕴含着如此珍贵的历史信息和丰厚的学术内涵,它的发现引起了国内外学术界的高度重视。1978年以后,海内外学者纷纷到北京和安徽,查阅徽州契约文书,深入契约文书的发现地——徽州,进行田野调查。美国著名学者约瑟夫·麦克德谟特在对徽州原始契约文书进行全面调查后,撰文指出,徽州契约文书等原始资料是"研究中华帝国后期社会与

---

① 刘森辑译:《徽州社会经济史研究译文集·傅衣凌序》,合肥:黄山书社,1988年。

经济史的关键","对中华帝国后期特别是明代社会经济史的远景描述,将在很大程度上依赖于徽州的原始资料"①。日本著名学者鹤见尚弘则认为,徽州契约文书的发现,"其意义可与曾给中国古代史带来飞速发展的殷墟出土文物和发现敦煌文书新资料相媲美,它一定会给今后中国的中世和近代史研究带来一大转折"②。臼井佐知子也强调,"包括徽州文书在内的庞大的资料的存在,使得对以往分别研究的各种课题做综合性研究成为可能……延至民国时期的连续性的资料,给我们提供了考察前近代社会和近代社会连续不断的中国社会的特性及其变化的重要线索"③。

有学者认为,徽州文书是继甲骨文、汉简、敦煌文书和明清故宫档案之后20世纪中国历史文化的第五大发现。④ 正如甲骨文、汉简、敦煌文书和明清故宫档案的发现与研究催生了甲骨学、简帛学、敦煌学和明清档案学等学科一样,徽州文书的发现和研究,也直接促成了徽学的诞生。徽学是利用徽州契约文书,并结合其他相关文献资料进行研究的专门的学术研究领域。它以徽州社会经济史,特别是明清徽州社会经济史为研究主体,综合研究整体徽州历史文化以及徽州人的活动(含徽州本土和域外)。在历经半个多世纪的发展之后,徽学终于在20世纪80年代中期最终形成,正逐步走向成熟与繁荣。傅衣凌关于徽商、徽州庄仆制和土地买卖契约的研究,叶显恩的《明清徽州农村社会与佃仆制》,章有义的《明清徽州土地关系研究》和《近代徽州租佃关系案例研究》,张海鹏等主编的《徽商研究》等著作,都是利用契约文书进行研究所取得的成果中的佼佼者。

国学大师王国维曾经说过,"古来新学问起,大都由于新发见。有孔子壁中书出,而后有汉以来古文家之学;有赵宋古器出,而后有宋以来古器物、古文

---

① [美]约瑟夫·麦克德谟特:《徽州原始资料——研究中华帝国后期社会与经济史的关键》,载《徽学通讯》,1990年第1期。
② [日]鹤见尚弘:《中国社会科学院历史研究所收藏整理徽州千年契约文书》,载《中国史研究动态》,1995年第4期。
③ [日]森正夫等编:《明清时代史的基本问题》,北京:商务印书馆,2013年。
④ 周绍泉:《从甲骨文说到雍正朱批》,载《北京日报》,1999年3月24日。

字之学"。他紧接着论及了殷墟甲骨文、敦煌及西域各地之简牍、敦煌千佛洞之六朝及唐人写本卷轴、内阁大库之书籍档案和中国境内之古外族遗文等五项发现,认为:"此等发现物,合世界学者之全力研究之",当会产生新的学科。① 如今,甲骨学、敦煌学、简牍学和明清档案学早已创立了各自的学科研究体系,并为学术界所广泛接受和认可。而徽学作为一门新兴学科则形成较晚,它的创立,首先得力于20世纪40年代后期以来徽州近100万件(册)原始契约文书的大规模发现;包括徽州族谱在内的9 000余种徽州典籍文献与文书契约互相参证;现存1万余处徽州地面文化遗存,更是明清以来至民国时期徽州人生产与生活的真实见证。所有这些,都构成了徽学这座大厦坚实的学术支撑。因此,以徽州社会经济史,特别是明清徽州社会经济史研究为中心,整体研究徽州历史文化和徽州人在外地活动的徽学,正是建立在包括徽州契约文书在内的大量新资料发现这一基础之上的。通过对徽州文书、其他相关文献和地面文化遗存等资料的整理和分析,研究者得以综合研究明清社会实态,重新检视中国封建社会后期社会经济与文化的演变历程和发展轨迹,进而从整体上把握中国封建社会发展特征和规律。这正是徽学的学术价值之所在。

进入21世纪以来,随着教育部人文社会科学重点研究基地——安徽大学徽学研究中心的批准设立,徽学研究开始进入一个崭新的发展阶段。作为徽学基础研究、资料整理、人才培养、咨询服务的唯一一所教育部人文社会科学重点研究基地,安徽大学徽学研究中心一向重视徽学前沿领域的探讨和研究,致力于徽州文书和文献的整理与出版,致力于徽学学科的建设和人才队伍培养,致力于海内外徽学研究的交流与合作。徽州契约文书和文献的系统整理、研究与出版的全面展开,徽学理论与学科建设的有序进行,徽学专题研究成果的次第推出,特别是具有宝贵文献价值的20卷本《徽州文化全书》的整体出版,以及徽学研究国际交流与合作的繁荣,都为徽学研究向纵深领域

---

① 王国维:《王国维遗书》第五册《静庵文集续编·最近二三十年中国新发现之学问》,上海:上海古籍出版社,1983年。

拓展奠定了坚实的基础。在《徽学研究资料辑刊》《徽州文书》和《海外徽学研究丛书》等系列成果的基础上,此次隆重推出《徽学文库》,显示出了该研究机构开阔的学术视野和深远的学术见识。

本次推出的《徽学文库》,精选近年来徽学研究的最新成果。本丛书既有国家社会科学基金等国家级项目结项成果,也有教育部人文社会科学重点研究基地重大项目的最终鉴定结项成果,还有中国台湾学者的研究——它为祖国大陆的徽学研究提供了不同的视角和必要的补充。这些成果内容涵盖了徽学理论探讨和学科体系建设的成果、徽学专题研究,以及徽州文化遗存调查、保护与研究。因此,无论是就选题内容的广度和深度、作者队伍的结构与层次,还是就成果的质量及水平而言,本丛书都堪称目前徽学研究前沿领域的精品,集中代表和反映了徽学研究的现状与未来发展趋势。

徽学是20世纪一门新兴的学科和一块专门的研究领域,徽学所研究的徽州整体历史文化既是区域历史文化,又是中国传统文化的杰出代表,是"小徽州"和"大徽州"的有机结合。徽学的学科建设,不仅关系徽学的可持续发展问题,也直接涉及中国地域文化研究理论和范式的创新问题,是徽学融入全球化视野,与国际接轨、开展国际交流合作和构建徽学学科平台的重要基石。

因此,我们有理由相信,随着《徽学文库》的出版,徽学一定会在整体史和区域史研究中发挥积极作用,徽学的学科建设也势必在更加广阔的天地中得到进一步发展和提升。

是为序。

卞 利
2016年3月10日于
安徽大学徽学研究中心

代　序：从社会生活到日常生活
——徽州社会史研究的新转向

著名社会史研究学者常建华教授在一篇题为《中国社会史研究再出发》的论文中，对20世纪以来特别是改革开放以来中国社会史研究的演变历程进行了简要回顾与梳理，发出了"中国社会史研究再出发"的总动员，即中国社会史研究从以传统的社会生活史为中心转向以新的日常生活史研究为重点，"从日常生活切入把握中国历史"。① 这不仅是中国社会史研究内容的转变，而且是中国社会史研究方法和研究范式的转变。

同中国社会史研究的新转向一样，徽州社会史研究也呈现出由注重传统社会生活史等领域向日常生活史领域转变的新趋势和新动向。

一、徽学暨传统区域社会史研究的缺陷

不可否认，在海内外学者的辛勤探索下，包括徽州社会史在内的徽学研究业已取得了丰硕的成就，举凡社会结构、社会变迁、社会分层、社会问题、社会控制，徽商与徽州社会经济，徽州的宗族、乡约、保甲等基层组织及其运行实态，以及村落社会史等研究领域，都引起了学界的广泛关注与研究，并取得了一批极具学术价值的研究成果。

---

① 常建华：《中国社会史研究再出发》，载《人民日报》，2011年3月31日。

在充分肯定以上徽州社会史研究所取得的辉煌成就同时，我们也注意到，这些研究成果还存在明显的不足和缺陷。主要表现在：一是研究对象和研究成果见地、见物、见事，唯独不见人，鲜活的人的日常生活被群体的社会生活所取代。失去了有血有肉的人或人群的日常生活研究内容，徽州社会史研究也就变得索然无味了；二是整体史研究视野不足，不少成果还停留在就徽州论徽州的水平上，缺乏整体史的视野和格局，以致不仅造成低水平重复研究成果居高不下，而且直接导致了徽学研究重要领域的徽州区域社会史成为一种纯粹的地方史，进而使其失去了作为中国封建社会后期典型标本的价值和意义。

事实上，包括徽州在内的区域小历史，在其长期发展和演变的过程中，是和国家暨王朝的大历史密切相连的。因此，我们在徽州社会史研究中，应当将其置于中国的乃至世界大历史的整体史背景和格局中予以审视，心中时时要装着一部大历史，并在大历史的整体史背景和视野中观察和考量徽州地域社会、经济与文化的变迁与变革、结构与功能、兴亡与衰退等问题。同时，我们还要特别关注徽州区域社会的小历史和小传统，除了与王朝国家的发展、兴衰和演进历程有着天然的内部联系之外，徽州区域社会甚至一个一个星罗棋布于山谷、河畔的村庄、宗族及个体家庭，都有着自身的独特小传统。在属于自己的时间和空间界域内，徽州地域社会有着自身的运行轨迹，所谓"手捧苞芦馃，脚踏木炭火，皇帝神仙不如我"的民谣，就很能反映这一问题。只有将徽州区域社会史置于中国乃至世界整体史的视野内考察，并在关注徽州区域社会自身小历史、小传统即地方性知识的基础上，徽学研究才能逐步走向深入，才能不断拓展新的研究领域，找到新的学术增长点。

徽州日常生活史是徽州区域社会史研究的重要对象之一，它与社会生活史紧密相连。同历史发展的时序不同，日常生活往往呈现出重复性和综合性等特征，衣食住行和婚丧嫁娶，是社会每个个体成员或家庭或宗族不断重复的过程。"日出而作，日落而息"，这是中国传统乡土社会的基本生活情态。它需要我们进行深入系统的探讨和研究，以期重构、再现一个地域不同历史阶段各个阶级和阶层日常生活的真实而生动的历史场景，进而在对从包括徽州在内的不同地域日常生活史比较中,描绘中国传统社会的丰富画卷。

二、徽州日常生活史研究的可能性

众所周知,20世纪40年代后期至今,近百万件(册)自南宋至民国时期徽州千年契约文书的发现和研究,为中国社会经济史研究带来了新的机遇与挑战,直接催生了一门以徽州整体历史文化为研究对象的徽学学科的形成。

徽州文书内容丰富,类型广泛,具有启发性、连续性、具体性、真实性和典型性等特征,[①]是自南宋以来徽州各阶级和阶层社会生产和日常生活中留下的真实记录,它的发现和流传,被誉为继甲骨文、汉简、敦煌文书和明清故宫档案之后的20世纪"中国历史文化的第五大发现"。[②] 徽州文书为我们进行徽州地域社会中不同个体成员、家庭、宗族和会社等组织的日程生活史研究,为中国历史上特别是明清时期制度史运行实态研究提供了弥足珍贵的第一手文字资料。

历经晋永嘉、唐末五代十国和南北宋之交三次中原地区家族群体避乱移民徽州高潮之后,从南宋开始,徽州逐步形成了聚族而居的宗族社会,整个徽州社会呈现出由重武之习向崇文之风转化的局面,"大抵新安皆聚族而居,巨室望族远者千余年,近者犹数百年,虽子孙蕃衍至一二千丁,咸有名分以相维,秩然而不容紊"。[③]"世家巨阀尤竞竞于修谱为重务"。[④] 聚族而居的徽州宗族重视谱牒纂修,自南宋以来,编纂刊刻了数以万计的各类谱牒,流传至今的自元代以来的徽州谱牒尚有2000种之多。这些谱牒,与徽州文书一样,真实而系统地记载了历史上徽州巨家大族或寒门小姓的日常生产与生活活动场景,是研究徽州日常生活史最具价值的原始文献之一。

徽州现有地面文化遗存众多,古村落、古戏台、古牌坊、古祠堂、古民居、

---

① 参见周绍泉:《徽州文书与徽学》,载《历史研究》,2000年第1期。
② 周绍泉:《从甲骨文说到雍正朱批》,载《新华文摘》,1999年第8期。
③ 嘉庆《桂溪项氏族谱》卷二十一《风俗·龙章公梓里遗闻五则》。
④ 嘉庆《桂溪项氏族谱》卷首《序·乾隆二十二年汪由敦序》。

古书院、古私塾、古社屋和古庙宇等文化遗存总量逾万处之巨。这些历史上的公共空间抑或私人空间,是徽州人日常生活的重要场所。以徽州文书和谱牒文献为依托,通过深入这些徽州人遗存下来的历史空间,进行田野考察,"发掘没有记载的历史",①将历史上徽州人日常生活与生产活动进行复原与重构,一部完整而生动的徽州人日常生活与生产史画卷,便可由此绘就。这些丰富多彩的徽州人日常生活史,正是在中国乃至世界大历史的背景下展开的,是中国日常生活或生产史不可分割的重要组成部分。

利用千年徽州契约文书、文献和地面文化遗存等客观存在的史料,将文书文献研究与田野调查相结合,全面地考察和研究徽州地区各阶级和阶层的日常生活史,实现徽学研究内容、方法和范式的突破与转向,不仅非常必要,而且也有一种现实的可能。

三、徽州日常生活史研究的展开

值得欣慰的是,近年来,不少学者已经意识到传统徽州社会史研究中存在的不足与缺陷,逐渐调整了自己的研究方向和研究重点,初步开展了徽州日常生活史的探讨,并取得了一定进展,这是徽学研究令人惊喜的新转向和新变化。

周绍泉依据徽州文书提供的线索,较早注意到了徽州人日常生活中"健讼"的特殊现象。他从个案考察入手,对发生在明初祁门县阳坑谢氏宗族财产争夺和清代康熙年间的休宁县胡一讼案进行了深入细致的剖析,揭示了徽州农村社会中家庭和包括佃仆在内的农民的日常生活情况。② 王振忠和黄志繁等分别利用徽州民间日用类书及排日账等文书,对历史上特别是清代至民国时期徽州村落、家庭和徽州人的日常生活进行了较为全面系统地阐释与

---

① [法]保罗·利科著,王建华译:《法国史学对史学理论的贡献》,上海:上海社会科学院出版社,1992年,第87页。
② 参见周绍泉:《透过明初徽州一桩讼案窥探三个家庭的内部结构和相互关系》,《徽学》2000年卷,合肥:安徽大学出版社,2001年;《清康熙休"胡一案"中的农村社会和农民》,《'95国际徽学学术讨论会论文集》,合肥:安徽大学出版社,1997年。

解读。劳格文在《传统徽州村落社会的日常生活》一文中,以歙县许村为个案,以田野调查所获的口碑和地方文献为依据,从历史性素描、宗族建构、经济、民俗等诸多侧面入手进行细致剖析,揭示了传统徽州村落社会的民俗信仰和人生仪礼等日常生活情景。① 王振忠撰著的《明清以来徽州村落社会史研究》,②利用徽州族谱、文集、启蒙读物、分家书、民间日用类书和日记等文书和文献,并辅之以田野调查所获资料,对徽州小农家庭生活、礼生、仪式、民众生活规范、价值信仰和某一社会阶层群体心态、生计和生命历程等日常生活实态,进行了全面的叙述和阐释。黄志繁则以新发现的五本婺源乡村排日账,探讨了清末民初徽州小农的日常生产与生活情况。③ 类似的研究成果还有很多。这些利用新史料和新方法所取得的研究成果,有给人以耳目一新的感觉,为我们展示了一幅生动鲜活的徽州基层社会群体或个人日常生活史动态画卷。

为适应徽州社会史研究的新转向,本书精选了著者十余年来撰写发表的部分徽学论文,加上部分最近完成的新作,按照内部逻辑联系,将其依次分为社会、经济结构与日常文化生活、徽商与社会经济、人生仪礼与民俗、村落与宗族个案,以及文书、文献与历史记忆等五个专题,共二十章内容,对明清以来徽州社会、经济结构与日常生活的变迁与转型,进行深入系统的考察,并通过对若干典型宗族与村落的剖析,努力再现与重构明清以来徽州社会、经济和社会各阶层日常生活的立体图景,以期推进徽学研究向纵深领域拓展。

---

① [法]劳格文:《传统徽州村落社会的日常生活》,载《民间文化论坛》,2013年第3期。
② 王振忠:《明清以来徽州村落社会史研究》,上海:上海人民出版社,2011年。
③ 黄志繁:《晚晴至民国徽州小农的生产与生活——对五本婺源县排日账的分析》,载《近代史研究》,2008年第2期。

目 录

MULU

社会、经济结构与日常文化生活

第一章 明清徽州乡村的社会变迁与社会经济结构 …………… 3

第一节 明清时期徽州的社会变迁 ………………………… 3
第二节 明清徽州乡村社会的组织结构 …………………… 7
第三节 明清徽州乡村社会的经济结构 …………………… 15

第二章 明清徽州乡村社会的经济与日常文化生活 …………… 25

第一节 明清徽州乡村社会的经济与日常文化生活的地域性差异……
…………………………………………………………… 25
第二节 明清徽州乡村社会中的家庭经济与日常文化生活……… 28
第三节 明清徽州乡村社会中的宗族经济与日常文化生活……… 34
第四节 明清徽州乡村社会中的会社经济与日常文化生活……… 39

第三章 明清徽州堪舆风水信仰的泛滥与徽州社会经济 ……… 43

第一节 明清徽州堪舆风水信仰的泛滥 …………………… 44
第二节 明清徽州堪舆风水信仰泛滥与徽州社会 ………… 46

第三节　明清徽州堪舆风水信仰泛滥与徽州经济 …………… 51

第四章　明清徽州经济活动中的乡例 ………………………… 56
第一节　土地买卖中大、小买和皮、骨分营等乡例 …………… 56
第二节　土地买卖中活卖与绝卖及其找价乡例 ………………… 64
第三节　借贷、典当和租佃活动中的若干乡例 ………………… 77
第四节　结语 …………………………………………………… 88

第五章　清末徽州社会与文化的艰难转型 ……………………… 90
第一节　鸦片战争爆发前夕的徽州社会与文化 ………………… 90
第二节　鸦片战争与"咸同兵燹"对徽州社会与文化的影响 …… 93
第三节　"咸同兵燹"后徽州社会与文化的变革 ………………… 97

徽商与社会经济

第六章　明清徽商与城市发展 …………………………………… 103
第一节　明清徽商与城市经济社会发展 ………………………… 103
第二节　明清徽商与城市多元文化的互动 ……………………… 108
第三节　明清徽商与城镇化进程 ………………………………… 111

第七章　明清徽商的职业道德和技能教育——以《生意手册》为中心 … 114
第一节　《生意手册》版本和主要篇目 ………………………… 115
第二节　《生意手册》所见徽商的职业道德教育 ……………… 116
第三节　《生意手册》所见徽商的经商基本技能教育 ………… 121
第四节　结语 …………………………………………………… 125

第八章　明清徽商捐助公益慈善事业及其目的和动机 ………… 129
第一节　明清徽商对公益事业的捐助 …………………………… 129
第二节　明清徽商对慈善事业的捐助 …………………………… 137

第三节　明清徽商捐助公益和慈善事业的目的和动机 …………… 141

第九章　从江永泰典当铺歇业看清末徽商的衰落 …………… 149
　　第一节　徽商及其江永泰在鄱阳经营过程 …………… 150
　　第二节　江永泰典当铺的两笔官府买卖 …………… 152
　　第三节　江永泰典当铺的歇业及其反映的近代徽商衰落 …………… 154

人生仪礼与民俗

第十章　明清徽州的婚姻仪礼 …………… 161
　　第一节　明清徽州婚姻仪礼的基本特点 …………… 161
　　第二节　明清徽州婚姻仪礼的程序与活动内容 …………… 165
　　第三节　明清徽州的其他婚姻礼俗 …………… 172
　　第四节　徽州婚姻仪礼中的陋俗 …………… 178

第十一章　明清徽州的丧葬仪礼 …………… 182
　　第一节　明清徽州丧葬仪礼的基本程序及其主要活动 …………… 183
　　第二节　明清徽州丧葬仪礼的基本特点 …………… 195
　　第三节　明清徽州丧葬仪礼中的陋俗及革除陋俗的举措 …………… 201
　　第四节　结语 …………… 210

第十二章　晚清徽州民间信仰与民间文化的嬗变 …………… 212
　　第一节　晚清徽州民间信仰的嬗变 …………… 212
　　第二节　晚清徽州民间文化的嬗变 …………… 218

村落与宗族个案研究

第十三章　明清徽州村落的自然和文化特征及其村落与民居 …………… 225
　　第一节　依山傍水的村落选址 …………… 226
　　第二节　聚族而居的文化特征 …………… 227

第三节　徽州村落的民居建筑风格 ⋯⋯⋯⋯⋯⋯⋯⋯⋯⋯⋯⋯⋯ 231

第十四章　宋明以来至清"咸同兵燹"绩溪宅坦胡氏宗族的活动与社会变迁 ⋯⋯⋯⋯⋯⋯⋯⋯⋯⋯⋯⋯⋯⋯⋯⋯⋯⋯⋯⋯⋯⋯⋯⋯⋯⋯⋯⋯⋯⋯ 233
　　第一节　宋明以降宅坦村及其龙井胡氏宗族的沿革与演进 ⋯⋯⋯ 234
　　第二节　"咸同兵燹"与宅坦龙井胡氏宗族 ⋯⋯⋯⋯⋯⋯⋯⋯⋯ 247
　　第三节　结语 ⋯⋯⋯⋯⋯⋯⋯⋯⋯⋯⋯⋯⋯⋯⋯⋯⋯⋯⋯⋯⋯ 252

第十五章　明清祁门六都的宗族管理、经济基础及其祭祀仪式 ⋯⋯⋯ 255
　　第一节　明清六都的宗族管理 ⋯⋯⋯⋯⋯⋯⋯⋯⋯⋯⋯⋯⋯⋯ 257
　　第二节　明清六都的经济基础 ⋯⋯⋯⋯⋯⋯⋯⋯⋯⋯⋯⋯⋯⋯ 260
　　第三节　六都的祭祀仪式 ⋯⋯⋯⋯⋯⋯⋯⋯⋯⋯⋯⋯⋯⋯⋯⋯ 263

第十六章　清代徽州一个宗族聚居村庄的宗族活动与社会变迁——以祁门红紫金氏宗族为中心 ⋯⋯⋯⋯⋯⋯⋯⋯⋯⋯⋯⋯⋯⋯ 271
　　第一节　红紫金氏宗族的由来与变迁 ⋯⋯⋯⋯⋯⋯⋯⋯⋯⋯⋯ 272
　　第二节　红紫金氏宗族的经济活动 ⋯⋯⋯⋯⋯⋯⋯⋯⋯⋯⋯⋯ 276
　　第三节　红紫金氏宗族的文化活动 ⋯⋯⋯⋯⋯⋯⋯⋯⋯⋯⋯⋯ 281

第十七章　清代休宁首村朱氏与五城黄氏宗族的诉讼 ⋯⋯⋯⋯⋯⋯ 286
　　第一节　休宁首村朱氏宗族的来源与演变 ⋯⋯⋯⋯⋯⋯⋯⋯⋯ 286
　　第二节　休宁首村朱氏族的诉讼观念变化及诉讼 ⋯⋯⋯⋯⋯⋯ 287
　　第三节　休宁首村朱氏宗族诉讼文书及其诉讼内容 ⋯⋯⋯⋯⋯ 291

文书、文献与历史记忆

第十八章　明清以来徽州族谱的纂修、刊刻、印刷、避讳及其家国互动 ⋯⋯⋯⋯⋯⋯⋯⋯⋯⋯⋯⋯⋯⋯⋯⋯⋯⋯⋯⋯⋯⋯⋯⋯⋯⋯⋯⋯⋯⋯ 298
　　第一节　明清以来徽州族谱的纂修 ⋯⋯⋯⋯⋯⋯⋯⋯⋯⋯⋯⋯ 300
　　第二节　徽州族谱的刊刻与刷印及其相关问题 ⋯⋯⋯⋯⋯⋯⋯ 316

第三节　徽州族谱的纂修与刊刻中的避讳 ………………………… 329
　　第四节　徽州谱牒纂修和管理中所体现的家国互动关系 ………… 336
　　第五节　结语 …………………………………………………………… 340

第十九章　明清徽州地方性行政法规文书研究 ……………………… 342
　　第一节　明清徽州地方行政法规文书的类型和特点 ………………… 343
　　第二节　明清徽州地方行政法规文书的制作格式和执行范围 …… 349
　　第三节　结语 …………………………………………………………… 356

第二十章　明清时期徽州森林保护之禁碑研究 ………………………… 358
　　第一节　明清时期徽州森林保护禁碑的时空分布及其基本类型 … 359
　　第二节　明清徽州森林保护禁碑主要规约 …………………………… 362
　　第三节　明清徽州森林保护禁碑对维系徽州林业生产的作用 …… 373

参考文献 ……………………………………………………………………… 377

后　记 ………………………………………………………………………… 390

社会、经济结构与日常文化生活

第一章　明清徽州乡村的社会变迁与社会经济结构

明清时期特别是明代中叶以来，随着徽商的大规模外出经营和徽州本土商品经济的发展，传统的徽州社会与经济结构也随之出现了一些新的变化。

第一节　明清时期徽州的社会变迁

明代中叶以降，随着商品经济的发展和社会急剧转型，特别是徽商经营的成功，地处山区、素有"东南邹鲁"之称①和"聚族而居"②传统的徽州社会，发生了前所未有的变迁与转型。那种"民间椎少文、甘恬退、重土著、勤稼事、敦愿让、崇节俭"③宁静的社会生活被打破，代之而起的是经商成习、"告讦成风"、"棍风日炽"④和奢侈、挥霍无度浮躁社会风气的形成。

洪武至弘治时期，是徽州社会相对稳定发展时期。明太祖及其后继者先

---

① 弘治《徽州府志》卷一《地理志·风俗》。
② 嘉庆《桂溪项氏族谱》卷二十一《风俗·龙章公梓里遗闻五则》。
③ 万历《歙志》卷首《序》。
④ （明）傅岩：《歙纪》卷八《纪条示·杜棍谋以坚义济》。

后采取了一系列鼓励垦荒、发展生产和轻徭薄赋的政策与措施。经过广大官民的努力垦殖,元末动乱中荒芜的徽州田土,逐渐被开垦成熟。

在乡村政权组织建设方面,明初的徽州基本上沿袭了宋元以来乡都图甲的建制,图下为甲。粮长、里长、里老人和各级基层组织的吏胥基本上能够各行其是、各司其职,粮长的督课税粮、里老人的乡村道德教化和民事纠纷调处等职能,大多能得到公正地执行。所有这些都表明,明初至弘治年间的徽州社会处在一个相对较为封闭且稳定发展的环境和状态之中,"民俗真淳……安土重迁"。①"椎朴少文,里子不识城市"。② 诚如万历《歙志》所云:"国家厚泽深仁,重熙累洽,至于弘治盖甚隆矣。于是,家给人足。居则有室,佃则有田;薪则有山,艺则有圃。催科不扰,盗贼不生;婚媾依时,闾阎安堵。妇人纺绩,男子桑蓬;臧获服劳,比邻敦睦。诚哉,一时之三代也。"③其实,这种"诈伪未萌,讦争未起,芬华未染,靡汰未臻"的社会,④正是以明太祖等为首的封建统治者所倡导与追求的"国治民安"理想及和谐的社会发展模式。⑤

随着社会经济的稳步发展和人口的自然增长,徽州人口与土地的矛盾变得日益突出,"生齿日繁,则生计日隘"。而商人和官僚土地兼并活动的展开,则更使徽州人的生存发生了前所未有的危机。为摆脱困境,寻求生计,从明代初年起,徽州人即开始零星地外出经商。至正德时期,由于徽州周边地区尤其是东南沿海地区商品经济的迅猛发展,特别是弘治末年明代国家盐业政策"开中折色制"的改革实行,徽州出现了大规模外出经商的高潮。弘治以前那种"读书力田,间事商贾"的局面已如昨日黄花,随之而来的是"业贾者十七八"和重商观念的普及。⑥ 虽然徽州几乎是全民经商,但真正获得成功、成为

---

① 弘治《徽州府志》卷一《地理志·风俗》。
② 万历《休宁县志》卷一《舆地志·风俗》。
③ 万历《歙志》考卷五志六《风土》。
④ 万历《歙志》考卷五志六《风土》。
⑤ (明)沈节甫:《纪录汇编》卷十四《国初礼贤录》。
⑥ (明)汪道昆:《太函集》卷十七《阜成篇》。

"数十万以汰百万"之大贾者,毕竟只占其中的极少数。所谓"千金则千不能一也,巨万则万不能一也,十万、百万可知。乃若朝不谋夕者,则十而九矣"①,即是这一现象的真实反映。

贫富悬殊的差距不断扩大,徽州社会变迁在剧烈的震荡中展开,弘治以前那种相对稳定的传统社会受到了较大的冲击。具体而言,弘治以后的徽州社会变迁与转型大体经历了以下几个发展阶段:

正德末至嘉靖初为徽州传统社会发生变迁与转型的第一个阶段。在这一阶段中,由于"出贾既多,土田不重;操资交捷,起落不常。能者方成,拙者乃毁;东家已富,西家自贫。高下失均,锱铢共竞;互相凌夺,各自张皇",徽州出现了"诈伪萌矣,讦争起矣,芬华染矣,靡汰臻矣"的社会变化。② 传统的安土重迁、重农轻末和不事争竞之稳定的农耕社会开始发生变化,起落无常的贫富差距逐渐产生。

嘉靖末至隆庆间为徽州传统社会变迁与转型的第二个阶段。在这一阶段中,社会变迁与转型进程加快,贫富差距进一步拉大,社会问题与矛盾更加尖锐和突出,"末富居多,本富居少;富者愈富,贫者愈贫。起者独雄,落者辟易;资爱有属,产自无恒。贸易纷纭,诛求刻核;奸豪变乱,巨猾侵牟。于是,诈伪有鬼蜮矣,讦争有戈矛矣,靡汰有丘壑矣"。③ 此时,徽州社会的起落无常、贫富变化的速度在不断加快,社会变迁及因变迁与转型所引发的社会动荡局面更为剧烈。

万历以后至清前期为徽州社会变迁与转型的第三个阶段。这是明清徽州社会变迁与转型中最剧烈的发展阶段,其间经历了政权的更迭,清朝最终取代了明朝,并建立了包括徽州在内的全国统一政权。经过前两个阶段的积累和推进,徽州的财富积聚也达到了新的高峰,"明末徽最富厚"。但因兵燹和战乱的影响,徽州社会经济在清初出现了萧条的景象,至康熙时期,徽州

---

① 万历《歙志》传卷十志二十《货殖》。
② 万历《歙志》考卷五志六《风土》。
③ 万历《歙志》考卷五志六《风土》。

"遭兵火之余,渐逐萧条,今乃不及前之十一矣"。① 这一阶段徽州的社会变迁与转型力度远远大于前两个阶段,"富者百人而一,贫者十人而九。贫者既不能敌富,少者反可以制多。金令司天,钱神卓地;贪婪罔极,骨肉相残。受享于身,不堪暴殄;因人作报,靡有落毛。于是,鬼蜮则匿影矣,戈矛则连兵矣,波流则襄陵矣,丘壑则陆海矣"。② 金钱本位主义观念已经深入人心。传统伦理道德在金钱面前已变得软弱无力,"新安多游子,尽是逐蝇头"。③

明清徽州的社会变迁与转型,给徽州社会造成了巨大的影响和冲击。一方面,在不重田土、经商成风和社会道德水准下降的情况下,徽州出现了被封建史家称为礼崩乐坏、世风浇漓的混乱社会秩序。"俗渐浇漓,或败度败礼者有之;逾节凌分者有之;甚至为奸为盗、丧身亡家者有之。以故是非混淆,人无劝惩"。④ 更有甚者,一批地痞无赖也开始兴风作浪、为所欲为,大肆对社会进行报复性破坏。一时间,徽州等地相继出现了"打行、赌博、奸淫、教唆之风日炽"的局面。⑤ 另一方面,由于固有的旧体制尚未打破、新体制尚未确立,明清徽州社会在变迁过程中,出现了焦灼、浮躁和奢靡之风。士人读书不求甚解,急功近利,唯科举功名是图,"士风是靡",⑥"嘉(靖)、隆(庆)而浮华极矣"。⑦ 不仅富商大族"连屋列肆,乘坚策肥,被绮縠,拥赵女,鸣琴跕屣",⑧"争务奢侈",⑨而且,民间百姓竞相仿效,个别地区甚至出现"愈贫愈逐奢侈,家无宿舂而轻裘耀目"⑩的畸形社会现象。奢侈之风的蔓延,加剧了徽州社会的浮躁和无序状态。

---

① 康熙《徽州府志》卷二《舆地志下·风俗》。
② 万历《歙志》传卷十志二十《货殖》。
③ 道光《黟县志》卷十六《艺文志》录(明)黄士琪《纪邑中风土·商》。
④ 隆庆《文堂乡约家法·文堂陈氏乡约》。
⑤ (明)傅岩:《歙纪》卷五《纪政迹·修备赘言》。
⑥ (明)傅岩:《歙纪》卷五《纪政迹·事迹》。
⑦ (明)王圻:《王侍御类稿》卷四《吾从录序》。
⑧ (明)归有光:《震川先生集》卷十三《白庵程翁八十寿序》。
⑨ 嘉靖《竦塘黄氏族谱》卷五《黄公文茂传》。
⑩ 雍正《岩镇志草》贞集《迁谈》。

值得注意的是,清代乾隆中期至嘉庆、道光初年,来自安庆府潜山、怀宁、望江和桐城以及浙江西部、江西北部山区等地的贫苦农民,成批进入徽州绩溪、歙县、祁门、休宁、婺源和黟县等地深山,搭棚居住,开山烧炭或烧灰,种植苞芦,被称为"棚民"。棚民虽然对开发徽州山区经济作出了不可磨灭的贡献,但确实也破坏了其生态环境,造成了严重的水土流失。而"咸同兵燹"对徽州社会与文化所造成的破坏,则更是雪上加霜。概而言之,这些活动加速了徽州的社会变迁与转型。

尽管明清时期徽州经历了以上多次剧烈的社会变迁,个别地区甚至出现了社会失范和越轨现象,但就徽州社会有机体这一整体而论,其基本的社会秩序依然未受到颠覆性破坏,并没有从根本上改变徽州社会经济结构和社会结构的发展方向、进程与趋势。因此,我们既要看到并承认明代中叶以降徽州社会变迁与转型的事实,又要全面分析变迁与转型给徽州社会、经济结构所带来的深刻影响,同时更要看到变迁和转型本身并没有从根本上改变徽州社会、经济结构及发展格局这一客观事实。

第二节 明清徽州乡村社会的组织结构

明清徽州乡村社会组织,分别由国家法定的正式社会组织和民间社会非正式组织两部分构成。

地方政权和都、图、甲等乡村社会基层组织共同组成了封建政权系统法定的正式组织结构。明清封建王朝在地方上基本实行省、府(直隶州)、县(散州)三级政权管理体制。有明一代,徽州府隶属于南直隶,下辖歙县(徽州府治所在地)、休宁、婺源、祁门、黟县和绩溪六县。清代徽州地方政权,依然沿袭和维持明代一府六县的格局。

明、清两代徽州乡村社会的基层组织与结构有一个变化的过程。

明代在乡村社会实行里甲制,洪武十四年(1381年),明王朝正式在全国范围内实施黄册制度,黄册制是以里甲为前提的。明代里甲制的基本建制形式及原则是：以 110 户为一里，包括徽州在内的南方一些地区延续了宋元以来乡、都、图的建制，称"里"为"图"，是乡村的一个基层组织单位。"夫乡以统里，唐宋相沿。元易'乡'为'都'，易'里'为'啚'，或曰'啚'即'鄙'，邑（指徽州——引者注）俗读为'圖'，或又曰即'圖'字省笔，取'版圖'之义，明制因之。此历代乡都之大略也"。① 清抄本《祁邑都图》亦云："里即图也。"② 明代徽州的乡、都、图或里建制十分复杂，且前后有一个变化的过程。以休宁为例，明代休宁乡村组织基本上是按照乡、都、图（里）和自然村为建制序列的，即乡下设都，都下为图，图下即为自然村。大体上，乡、都、村较为固定，而图即里则因户口的不断增加而屡有增设。洪武十八年（1385 年），该县共设有 16 乡、37 都，终明一代甚至整个清代，皆无增减变化。可见，明代徽州的乡、都是较为固定的县以下行政组织。相反，图（里）则随人口的增减呈不断变化之势。还以休宁为例，洪武十八年（1385 年），休宁县"置乡十二，统隅四、都三十有三"。至洪武二十四年（1391 年），"编户一百六十里。弘治十五年，增编四十里。嘉靖三十一年，增编二里。四十一年，增编四里。今共编户二百有六里"。③

由于里即图是按照人口划定的赋税征收和徭役佥派单位，因此，图下之自然村往往因人口之多寡而被划入不同的里图进行管理。如休宁县之率口因人口众多，即被分别编入该县十六都的二、三、四、十一、十二五个图管辖。④ 因此，我们认为，图下的自然村并不具有唯一性。⑤

在一里之中，推举丁粮多者 10 户为里长，里长每年轮值一次，为现年里长；余下 100 户被编为十甲，每甲为 10 户，每年设里长 1 人、甲首户 10 人，管

---

① 道光《徽州府志》卷二之四《舆地志·乡都》。
② 佚名：《祁邑都图》，清抄本，复印件由卞利收藏。
③ 嘉靖《徽州府志》卷一《厢隅乡都》。
④ 佚名：《徽州府休宁县都图乡村详记》，清抄本，复印件由卞利收藏。按：该书系手抄本，前有序，"序"后有"休宁县都图字号乡村地名便览"、"万历九年清丈旧号"和"顺治四年清丈新号刻下行用"字样。据此，我们认定该书反映的是明末清初休宁县乡村都、图、村的建制情况。
⑤ 参见周绍泉：《徽州文书所见明末清初的粮长、里长和老人》，载《中国史研究》1998 第 1 期。

理一里一甲之事,为"现年"。10 年一循环,称为"排年"。① 里甲或称"图甲"的编制是以户口为标准而建立起来的乡村组织,它主要肩负督课赋税、打击犯罪、维护治安、厉行教化等职能。按明制规定,赋役黄册 10 年一造。因此,每逢大造黄册之年的当值里长,又称为"黄册里长","册里"。

一里之内,每年除了有轮值里长和甲首负责一里一甲之事外,明王朝还专门设立了里老人,专司教化和民事纠纷的调解与裁判工作,凡一里之户婚、田等民事纠纷、斗殴相争等民间小事,皆由里老人负责进行调解处理,不得越级上诉。"凡老人、里甲剖决民讼,许于各里申明亭议决。其老人须令本里众人推举平日公直、人所敬服者,或三名、五名、十名,报名在官,令其剖决"。"民间户婚、田土、斗殴、相争一切小事,不许辄便告官,务要经由本管里甲老人理断。若不经由者,不问虚实,先将告人杖断六十,仍发回里甲老人理断"。② 里老人又称"里老""老人""值亭老人"等。

明初乡村组织除了乡、都、图和自然村之外,还有粮区等组织。根据交纳赋税多寡,明初专门设立粮区,由粮长负责粮区赋税的统一征收和解运。洪武四年(1371 年)九月,明太祖正式诏设粮长,"以郡县吏每遇征收赋税,辄侵渔于民,乃命户部令有司,科民土田,以万石为率,其中田土多者为粮长,督其乡之赋税"。③ 徽州的粮区,基本上等同于乡的地域范围,或者说"在多数情况下是与乡的行政区域重合……乡即区,区设粮长,即乡设粮长"。④ 不过,徽州粮区的划分,还是在兼顾区域和田土及富裕程度的基础上进行的。"照得粮长之设,原奉勘合,遴选丁粮最多上户承充,征解各项税粮,此不易之定

---

① 关于里甲中甲首的数量问题,以《明史·食货志》为代表的一些史书主张:甲首户是每年轮值的十甲首领,亦即百户之中只有十户为甲首户。而《明太祖实录》等书则认为:甲首户不是每年轮值的十甲之首领,而是指每年轮值之十甲皆为甲首,亦即一里之中应有百户甲首而非仅仅十户甲首。详细考证参见栾成显《明代黄册研究》,中国社会科学出版社 1998 版;栾成显《论明代甲首户》,载《中国史研究》1991 期。
② (明)张卤编:《皇明制书》卷八《教民榜文》。
③ 《明太祖实录》卷六十八,洪武四年九月丁丑条。
④ 转引自周绍泉:《徽州文书所见明末清初的粮长、里长和老人》,载《中国史研究》1998 第 1 期。

法也"。① "粮长十年一轮,除革空役外,若止用一正二朋,则空闲者甚多,人情不平。今议各里收各里,就于本里中,不分里长、甲首,止拣丁粮向上者,管收本里十甲之粮。又于内拣选殷实上户,方令解。户不分税粮、条编,俱用粮长,酌量难易令解"。② 显然,粮区仅仅是征收赋税、佥派徭役的机构,而非乡村社会的法定行政基层组织。

清代在乡村组织的建制方面,基本上沿袭了明代的制度,并在一定程度上有所发展。乡、都制度自不必说,里甲制度也是如此。顺治五年(1648年)诏令全国建立里甲组织,"天下各府、州、县编赋役册,以一百一十户为里,推丁多者十人为长,余百户为十甲,甲凡十人。岁役里长一人,管摄一里之事。城中曰坊,近城曰厢,乡里曰里。里长十年轮年应役,催办钱粮,勾摄公事,凡十年一周,先后各以丁数之多寡为次。鳏寡孤独不任役者,带管于百一十户之外,名曰畸零"。③ 可见,清初里甲制的建制几乎原样照搬明朝制度,毫无创新之处。徽州在顺治三年(1646年)重新丈量土地,并在新丈土地的基础上,编定了由千字文为序的土地新字号。顺治八年(1651年),徽州各地响应并执行清王朝建立里甲制的规定,在对明代原有里甲进行清理的基础上,编定了新的里甲体系,除乡、都未有大的变化之外,里(图)和村的变动较大。

下面我们仅以休宁为例,对明代嘉靖四十一年(1562年)和清顺治八年(1651年)的部分乡、都、图和新编字号,做一对比:

嘉靖四十一年(1562年)休宁县十一都、十五都和十六都之乡、都、图、村情况:

> 里仁东乡十一都,二图,其村石田、金塍、洋干、小珰。
>
> (黎阳西乡)十五都,五图,其村新屯、资口。
>
> 黎阳东乡十六都,七图,其村溪东、草市、率口、富上、沙园、由坑

---

① (明)古之贤:《新安蠹状》卷下《告示·行六县禁革粮长空役》。
② (明)古之贤:《新安蠹状》卷下《告示·行六县永定征收便民厘弊》。
③ 《清朝文献通考》卷二十一《职役考》。

口、屯溪、黄石。①

顺治八年(1651年)休宁县十一都、十五都和十六都之乡、都、图、村及字号情况：

十一都,共三图,缺七图：一图河字,(新改)珍字,(其村)石田、霞文、约东充、黄石埠；三图淡字,(新改)李字,(其村)金塍、小玙、倪关、金村；八图,(新改)奈字,(其村)小玙、周王关、黄泥塘。

十五都,共六图：一图服字,(新改)官字,(其村)新屯、由麻桥、资口亭、溪滩上、竭上桥；二图衣字,(新改)人字,(其村)上坦、孙牛栏、资口、扁尾；三图新增贤字,(其村)三教堂、下庄、黎阳、东关；四图裳字,(新改)始字,(其村)新屯、资口岭、田墩上、阳坑；五图推字,(新改)制字,(其村)东关口、杀牛塘、田背、屯田；六图位字,(新改)文字,(其村)屯溪、屏头、云村、田背里。

十六都,共八图,缺六、七、八、九、十图：一图让字,(新改)字字,(其村)牛坑、溪东、坑口、长关塝、阜上、前山、大路上；二图国字,(新改)乃字,(其村)牛坑、坑口、率口、阜上、溪东、前山、大路上、长关塝；三图有字,(新改)服字,(其村)率口、泽坞、后低田、沙波上、下资；四图虞字,(新改)衣字,(其村)珠塘铺、率口、长关塝、前坑口、柏山下；五图陶字,(新改)裳字,(其村)草市、溪东、湖边、洪天塘；十一图唐字,(新改)推字,其村率口、前山、井坞、排边；十二图吊字,(新改)位字,(其村)草市口、率口；十三图民字,(新改)让字,(其村)下草市、须抛岭、紫姑潭、屯溪。②

从上面所列的明嘉靖四十一年(1562年)和清顺治八年(1651年)休宁县十一都、十五都和十六都所辖图和村的情况对比中,不难看出,顺治八年(1651年)的三个都名称依然如故,但图和村的变化较大：一是图的数量增多

---

① 嘉靖《徽州府志》卷一《厢隅乡都》。
② (清)佚名:《徽州府休宁县都图乡村详记》。

了,顺治八年(1651年)三都所辖之图总计比明嘉靖四十一年(1562年)增加了三个,且嘉靖四十一年至顺治八年(1562—1651年)之间十一都和十六都,其所辖图数更是分别增至十图和十三图。显然,这是万历清丈地亩以后骤然虚增所致。缺少这些图的资料,恰恰反映了清王朝正视现实而进行的删减。此外,图下所辖自然村明显增多,如长关塝被编入十六都一、二、四图之内,显见其人口骤增之态;其他如小垱、牛坑、坑口等村,也分别跨二图被编入十一都三图和八图之中。尤其是率口这一人口众多的村庄,更是跨四图被分别编入了十六都二、三、四和十二图之内。康熙以后至乾隆中叶,徽州各地的乡村社会乡、都、图、村的组织结构,基本维持在顺治初年的基础之上。康熙二年(1663年),徽州各地再次清丈地亩,休宁县共被编为二百一十一图,并设有图正(即公正)行使日常赋税徭役等管理工作。道光《休宁县志》在"休宁隅都"一卷的按语中指出:"人户以黄册,田土以鱼鳞册。康熙二年,丈量经界田土鱼鳞图册二百一十一图。图设正,谓之'公正'。在城四隅以十干编号,乡都以千文编号,起'天'字止'念'字。"①徽州各地自然村局面的被打破,主要是在乾隆中叶至嘉庆和道光初年,其原因主要在于来自毗邻地区如江西、浙江、福建和本省安庆府地区的棚民大量涌入。我们在道光以后徽州六县的版图上,赫然可见为数众多的以"棚"为村名的自然村,如休宁南塘的里棚、蒋家棚,祁门乔山的周家棚、方家棚等就是极为典型的棚民聚居村落。

明清时期徽州乡村还有一些重要的组织,如乡约和保甲。明代中叶以后,徽州乡村在各级地方官员的倡导下,普遍建立了以教化安民为宗旨的乡约和以维持治安为目的的保甲。"乡约原为劝民,保甲原为安民"。② 乡约和保甲在明代中后期的徽州乡村社会中发挥了重要的作用,有力地维系了乡村社会秩序和社会稳定。嘉靖五年(1526年),应天巡抚陈凤梧行文徽州各县,率先在徽州推广建立乡约里社组织,后徽州知府何东序专门颁行《乡约条例》,倡建乡约。万历初年,徽州知府古之贤就曾颁行《保甲条约》,在徽州倡

---

① 道光《休宁县志》卷一《疆域志·隅都》。
② (明)吕坤:《实政录》乡甲约卷之二《乡甲至要》。

建保甲制度。休宁知县李乔岱即于万历年间在休宁广建乡约与保甲,"合乡约、保甲并行之,设立合一条规,首申以六谕,附以律章,约以十三条,终以劝罚。纲目明备,刊布全书,风示境内,远近踊跃趋之"。截至万历三十五年(1607年),休宁全县范围内总共建立起了二百七十五处乡约组织。① 明末,保甲制度在徽州广大乡村社会中已经普遍建立,并发挥着维护乡里治安的制衡作用。崇祯年间,歙县知县傅岩在《歙纪》中,对该县保甲组织建设及其职责有着明确的记载,云:"严行保甲,拾家为甲,拾甲为保,择才能诚实者为长。甲置牌架器械,遇盗鸣锣,传知救捕。平日逐户挨查,赌博非为,呈首究治。其无籍流棍、技术流娼、游食僧道,严行驱逐,地方宁谧。"②在该书《严保甲》的"条示"中,傅岩还要求各处保甲严访查拿和禀报非为之人,维护社会治安。"各十户内挨查,内有容留来历不明、面生可疑之人,及游方僧、道、娼妇、方术之人,及时驱逐;窝隐者,保甲长指名呈究。各甲内有赌博、打行、白莲邪术,夜聚晓散、不孝不悌、作歹为非者,保甲长不时禀报"。③ 清代开始大规模实施保甲制度,徽州广大乡村社会普遍建立起了保甲组织,并在功能上大有取代里甲之势。现存明万历三十三年(1605年)三月歙县二十五都保长程隆源的《歙县保甲人户牌》和清康熙五十二年(1713年)十二月祁门县十一都三图二保保长徐佛老、甲长朱本清的《奉旨并各宪行编十家保甲牌》等相关文书,反映了明代后期和清代前期徽州地区乡村社会实施保甲制度的一般状况。④ 祁门县十家保甲牌文书内容如下:

奉旨并各宪行编十家保甲牌

祁门县正堂陈为清查保甲、设立门牌以除匪类、以靖地方事。案奉各宪饬令各府州县严编保甲缘由到县,奉此。合饬城市、乡村

---

① 万历《休宁县志》卷二《建置志·乡约》。
② (明)傅岩:《歙纪》卷五《纪政绩·事迹》。
③ (明)傅岩:《歙纪》卷八《纪条示·严保甲》。
④ 分别见王钰欣、周绍泉主编:《徽州千年契约文书》(宋元明编)卷三、(清民国编)卷一,石家庄:花山文艺出版社,1991年,第338、166页。

各都图、保甲烟壮丁口、寺庙僧道编造册内,毋许隐匿。十家编一甲,立一甲长;十甲编一保,立一保长,均要殷实老成,毋许奸棍、孤独滥充。给以印信、门牌,书填姓名、丁口、生理,递相稽查。夜则巡更守夜,有事互相救应,不许容留匪类。如违,治罪,各宜禀遵。须至牌者。……

　　康熙五拾式年　月　日　给

同明代中叶一样,清王朝也极力倡行乡约。于是,在清代徽州广大的乡村社会中,约与保甲在彼此互动中,走向了繁荣发展的道路,成为致力于乡村教化和治安的两种重要的基层组织。

明清时期,徽州乡村社会数量最多的组织是宗族和会社等非正式基层组织。它们在组织宗族和会社成员开展各项活动方面,发挥了重要的作用。正如嘉靖《徽州府志》所云:"家多故旧,自唐宋来,数百年世系比比皆是。重宗义,讲世好,上下六亲之施。村落家构祠宇,岁时俎豆其间。"①宗族成为明清时期乡村社会普遍存在的组织,宗族活动贯穿于乡村各项活动之中。宗族通过血缘认同、族规家法和宗族公约,来对聚居于村庄的宗族成员强化自己的权力。对触犯族规家法的宗族成员,轻者予以罚款,重者则给予削除族籍的惩罚。绩溪泉塘葛氏宗族就在《祠规》中规定:"派丁如有不肖败伦渎礼,男妇污犯有玷声名,一并斥革,生死毋许入祠。若甘为盗贼,亦必革出,不许入祠,以示儆戒。"②宗族还通过编族谱、建祠堂、修祖墓和制订烦琐而严酷的族规家法,来行使自己的权力。宗族在明清徽州的乡村社会特别是聚居的社区中,发挥了其他组织所无法发挥的作用。会社是明清时期徽州乡村社会中又一重要组织,其中既有以乡绅为主体的文会,"各村自为文会,以名教相砥砺",③也有大量的公益性、祭祀性和娱乐性等会社,"俗重社祭,里团结为会

---

① 嘉靖《徽州府志》卷二《风俗》。
② 宣统《泉塘葛氏宗谱》卷末《祠规》。
③ (民国)许承尧:《歙事闲谭》卷十八《歙风俗礼教考》。

社之日,击鼓迎神而舞以乐之。祭毕,颁肉群饮"。① 这些会社大多限于自然村或宗族成员范围之内,同时也有跨自然村、跨宗族的会社。如自明末至民国年间一直持续开展游神祭祀活动的休宁县祝圣会,是十三都三图以旌城为中心,联合溪口、阴山背、金竹等诸村而共同组织的会社组织。此外,各种以生息银两为目的的金融性会社组织,在明清时期的徽州也十分活跃。会社组成相对较为松散,其对本会社成员的主要约束力来自于经过所谓"公议"或"众议"的会规社约。

综上所论,我们不难看出,在明代中叶以降的社会变迁与转型中,乡村组织结构呈现出国家法定的正式组织如乡都、里(图)甲、保甲、乡约等和非正式组织如宗族、会社等互相结合的态势。尽管这些组织名称各异、形式复杂,且各自都有自己独立的活动规则和权限,但在地理环境相对封闭、文化底蕴相对丰厚的明清徽州山区,各类正式和非正式组织基本上处在一种良性的互动之中。正是官方正式组织和民间非正式组织之间的彼此配合与良性互动,才最终维持了明清徽州的乡村社会秩序,促进了徽州乡村社会政治、经济和文化的稳定与和谐发展。

第三节 明清徽州乡村社会的经济结构

徽州山多田少,且田土硗确,农业生产条件恶劣,农作物单位面积产量较低。"吾徽居万山环绕中,川谷崎岖,峰峦掩映,山多而地少。遇山川平衍处,人民即聚族居之。徽地所产之食料,不足供徽地所居之人口"。② 居民所必需之日常生活资料粮食不能自给,主要靠境外输入,借以维持最基本的生活。特别是明清时期,随着人口的急剧膨胀,徽州人地矛盾极为突出,诚如嘉靖《徽州府志》所言:

---

① 康熙《婺源县志》卷二《疆域志·风俗》。
② (民国)吴日法:《徽商便览·缘起》。

> 徽郡保界山谷，土田依原麓，田瘠确，所产至薄，独宜菽、麦、红虾籼，不宜稻粱。壮夫健牛不过数亩，粪壅耨栉，视他郡农力过倍，而所入不当其半。又田皆仰高水，故丰年甚少，大都计一岁所入，不能支什之一。小民多执技艺，或负贩就食他郡者常十九。转他郡粟给老幼，自桐江，自饶河，自宣、池者，舰相接、肩相摩也。田少而值昂，又生齿日益，庐舍、坟墓不毛之地日多。山峭水激，滨河被冲刷者，即废为沙碛，不复成田。以故中家而下，皆无田可业。①

上述记载说明，以粮食生产为主的农业经济，并不在明清徽州的经济结构中占据主导地位。尽管如此，在以自给自足的封建自然经济为主体的明清徽州经济结构中，农业生产依然有其特殊地位。明代中叶以前，"读书力田，间事商贾"，"男耕女织，以供衣食"②是徽州基本经济生活的真实写照。明代中叶以降，随着人口的激增，人多地少矛盾突出，大量徽州乡民外出经商，形成"十三在邑，十七在天下"的局面，③但留在本土者，基本上还是以农耕为主、林农并重，在艰苦的条件下，从事着农业、林业和副业生产。淳熙《新安志》记录了南宋时期徽州乡民刀耕火种的生产情形，并将之与毗邻的宣州和饶州相比，慨叹徽州之民艰苦的生产条件：

> 大山之所落，深谷之所穷，民之田其间者，层累而上指，十数级不能为一亩，快牛剡耜不得旋其间，刀耕而火种之。十日不雨，则仰天而呼；一遇雨泽，山水暴出，则粪壤与禾荡然一空，盖地之勤民力者如此。宣、饶之田，弥望数百亩，民相与秔稌，之岁才一芸，时雨既至，禾稗相依以长，而其人亦终岁饱食，不待究其力。歙之人芸以三四方，夏五六月，田水如汤，父子袒跣，膝行其中，搰深泥，抵隆日。蚊蝇之所扑缘，虫蛭之所攻毒，虽数苦有，

---

① 嘉靖《徽州府志》卷八《食货下》。
② 弘治《徽州府志》卷一《地理一·风俗》。
③ （明）王世贞：《弇州山人四部稿》卷六十一《赠程君五十序》。

不得避其生，勤矣。①

《新安志》记载的是南宋时期徽州农业生产和农民的艰辛耕作之事，这种情况延至明清，依然未有大的改变。嘉靖《徽州府志》的"风俗"部分内容基本沿袭了《新安志》的文字。这说明，明清时代尽管徽州外出经商者众多，但本土的乡民们依然延续着"男耕女织"的自给自足的生活。

明清徽州农业生产中的农作物种植，主要以水稻为主，兼及旱作麦、粟和其他日常必需的蔬菜等。至明末和清乾隆中叶以后，原产美洲的高产耐旱、耐涝的红薯和苞芦等作物的引种，曾经给徽州的农业生产带来了重大变化。但就总体而言，明清徽州的农业生产基本上还是维持传统的以稻作农业为主、以旱作农业为辅的种植结构。徽州之稻米大体有以下一些品种：一是籼谷，即"小米"。"新安大率宜籼，土人谓籼为'小米'。其籼有大白归生、小白归生，又有红归生，成熟最早，然不广种，少莳以接种耳；有桃花红者，谷粒微红，而米粒正白，亦先熟，桃花米是也。《太平寰舆志》云：今休宁县尤多，为饭香软。又有冷水白，有笔头白，穗端少许不生，谷如笔头之象，有肥田跋，大率籼不耐肥，惟此种能于肥田中自植立也。有早十日，有中归生，又有晚归生，近八月社熟，米色不甚鲜明。占禾本出占城国，其种宜早。（宋）大中祥符五年，诏遣使福建，取三万斛并出种法而种之江淮浙之间，亦曰'旱稻'。祁门县有寒籼"。②徽州宜籼不宜秔，"惟婺源、绩溪多，人谓秔为'大米'。其名有'大栗黄'，亦曰'硬稃栗黄'，有'小栗黄'。此二种有常，不至瘠。有芦黄，遇热则颗粒多，往往倍收。故一名富不觉，然不熟亦连亩皆死。珠子稻，颗圆如珠，有乌须、稻芒、正黑；有婺州青，其来自婺州；有叶里青，其长没人摸，皆藏于叶中；有斧脑白，有赤芒稻，并早而易成，偕号为'六十日'，然不丛茂，人不多种；有九里香，亦名'五里香'；有马头红，谷粒红而米白，亦有香，然稃厚米少；有万年陈，其色如糯；有沙田白，有寒青，最迟"。③糯谷的品种也有不少，

---

① 淳熙《新安志》卷二《物产·叙贡赋》。
② 嘉靖《徽州府志》卷八《物产》，淳熙《新安志》卷二《物产·谷粟》记载文字与此略同。
③ 嘉靖《徽州府志》卷八《物产》，淳熙《新安志》卷二《物产·谷粟》记载文字与此略同。

"有青稃、羊脂、白矮之名,白矮酿之多得酒;有牛蠡稬,颗粒大,难为地力,价高于白稬;有早归生,尽六月可熟;有交秋稬,七月熟,米亦好,酿之,可以及社节,然无丛箭,其粒赤而长,故又名'金钗稬';有秧田稬,善耐肥,莳之早者,亦可及社"。① 至于麦、粟、豆、蔬菜等,明清徽州也有广泛种植。关于苞芦,据嘉庆《黟县志》载:苞芦又名"玉蜀黍""玉高粱""玉米"等,"种出西州,其苗叶俱似蜀黍,而肥大过之;亦似薏苡。茎高六七尺,七月开花,成穗如苞,拆子出,颗颗攒簇,子亦大如樱鱼子。黄白红紫,各色俱有。煮粥炊饭,磨粉作饼,无所不宜,救荒疗饥必需物也。亦可炒食,炒折白花,如炒拆稬谷状"。② 高产耐旱耐涝不择地而生的包芦一经引种,便迅速在徽州得到大面积推广种植,成为徽州乡民救荒疗饥的最基本食粮,故道光《徽州府志》云:"而今充斥者,惟包芦。"③

明清时期徽州的农业生产尽管因苞芦等新型农作物的引种而有所发展,但是其农业生产的基本结构仍以稻作农业为主、旱作农业为辅。然而,约占徽州土地面积70%~80%的山场,确实也为明清徽州林业经济和以山场经营为主的副业经济,提供了最为直接的物质基础。因此,在明清徽州乡村社会经济结构中,林业和副业经济占据了突出的位置和重要的比重。

事实上,早在两宋时期,徽州就是一个林业经济相当发达的地区之一,林业经济在其整个经济比重中处于主导地位,成为徽州乡村社会的支柱性产业。当地乡民充分利用山区丰富的林业资源,开发山区,发展山林经济,从而推动了徽州社会经济的迅速发展。我们在资料中看到,两宋以降的徽州各地山林生产和贸易十分繁荣。"休宁山中宜杉,土人稀作田,多以种杉为业。杉又易生之物,故取之难穷"。④ "山出美材,岁联为桴,下浙河"。⑤ "祁门水入于

---

① 嘉靖《徽州府志》卷八《物产》,淳熙《新安志》卷二《物产·谷粟》记载文字与此略同。
② 嘉庆《黟县志》卷三《地理志·物产》。
③ 道光《徽州府志》卷五之二《食货志·物产》。
④ 淳熙《新安志》卷二《物产·木果》。
⑤ 淳熙《新安志》卷一《州郡·风俗》。

鄱，民以茗、漆、纸、木行江西"。① 徽州每年都有大量的杉木等木材被运往浙江严州和杭州等地贩卖，严州税收的一大部分来自于对徽州木材的抽税。据范成大《骖鸾录》记载：在严州码头浮桥，"歙浦杉排毕集桥下，要而重征之，商旅大困，有濡滞数月不得过者。余掾歙时，颇知其事。休宁山中宜杉，土人稀作田，多以种杉为业。杉又易生之物，故取之难穷。出山时价极贱，抵郡城已抽解不赀。比及严，则所征数百倍。严之官吏方曰：'吾州无利孔，微歙杉不为州矣。'"② 可见，在宋代，原产徽州的木材长途贩运贸易，已成为徽州重要的支柱性产业。沿至明清时期，徽州的林业经济依然极为发达，当地山区盛产的木材，被徽商们源源不断地运往杭州等地贩卖牟利。"徽处万山中，每年木商于冬时砍倒，候至五六月，梅水泛涨，出浙江者，由严州；出江南者，由绩溪。顺流而下，为力甚易"。③ 种植树木以发展林业经济，远比种植粮食作物利润为大。正如祁门善和《窦山公家议》所云："田之所出，效近而利微；山之所产，效远而利大。今治山者递年所需，不为无费，然后利甚大，有非田租可伦，所谓'日计不足，岁计有余'也。"④ 种植林木贩卖四方，以换取利润购买米粟等必需的粮食，维持最基本的生活。这是明清时期徽州乡村社会人们生活资料的主要来源，也是徽商的重要经营领域，所谓"上供国课、下资民生"是也。⑤ 可以说，林业经济是徽州经济的基础所在，这就难怪清末徽州知府刘汝骥在分析徽州由富变贫的原因、亟图振兴徽州经济时，要把"讲树艺"作为了第一要事了。他说："自唐宋以来，[徽州]便号富州，今何忽贫瘠若此？当务之急，莫要于讲树艺之事。"⑥

明清徽州山场栽种的林木，主要为松、杉等品种。"大抵新安之木，松、樲

---

① 淳熙《新安志》卷二《物产·木果》。
② (宋)范成大：《范成大笔记六种·骖鸾录》，北京：中华书局，2002年，第45页。
③ (清)赵吉士：《寄园寄所寄》卷十一《泛叶寄·故老杂记》。
④ 万历《窦山公家议》卷五《山场议》。
⑤ 《清道光二十六年二月徽州某县吴务本等立养山议墨合同》，原件藏南京大学历史系资料室，编号000058。
⑥ (清)刘汝骥：《陶甓公牍》卷十一《禀详·详报物产会开会文》。

（杉）为多，必栽植，始成材，而婺源、祁门之民尤勤于栽植。凡栽树，以三十年为期，乃可伐。祁门知县桂天祥议曰：'本县山多田少，民间差役日用，咸于山木赖焉。是一山木之兴，固百计之攸属也"。① 松、杉为易生之木，且产量大、销售价格高。因此，围绕松、杉等林木种植、分配、销售和管理等，在明清时期的徽州逐渐形成和建立起了一整套相当完善的制度和措施。明代嘉靖年间，祁门善和程昌专门编纂了旨在进行各项管理的手册——《窦山公家议》，其中《山场议》一卷，对该村的山场保护、种植以及各项管理，进行了详尽规定，云："昔议山场，管理兼之。今祖山皆合，更置五人专治其事，而管理考其成焉。其加意于山场者，至矣。治山者，其敬承之哉。得人共济，不出二纪之余，当获无穷之利。"②善和的山场在此之前是委托给整个善和乡的管理者负责的，并未设专人进行管理。因此，尽管在嘉靖二十六年（1547年）即订有"各房不许侵害"的合同，但因缺乏专人监督与管理，故而"数十年来未见遵行，徒废心力"。为扭转这一被动局面，善和程氏宗族重新调整了山场的管理办法，从每年轮值的五名管理者中，专门委任1人充任"治山者"，专治山场一年，对山场进行全方位的监管，其内容涉及山林的种植、防火防盗、巡山监督、山林砍伐以及对治山者违规的惩处等一系列极其细致的山场管理制度。"各号山场浩繁，必须得人司治。若并责之管理，不免有事繁不给之虞；若欲另置五首，不免有政出多门之弊。为今之计，莫若将今年管理之人，仍委专治山场一年，庶事两无相碍。其治山者，务要不时巡历，督令栽养，毋为私身之谋。其管理者（指当年值守的管理者——引者注）务要不时检点，给与馈饷，毋为秦越之视。如此，则合异统同，栽培甚便，保养无难，将来材木不可胜用矣"。③ 总之，明清时期，在以山林生产与经营为主要经济支柱的徽州，林业的生产、经营与管理，是极为规范而周详的。

明清徽州山区的副业生产与经营也十分繁荣。在整个明清徽州经济结

---

① 嘉靖《徽州府志》卷八《物产》。
② 万历《窦山公家议》卷五《山场议》。
③ 万历《窦山公家议》卷五《山场议》。

构中,茶叶、枇杷、雪梨、蜜枣、杨梅、板栗和猕猴桃等富有特色的生产与贸易占有重要的比例。

茶叶是徽州传统副业生产中最具特色与优势的产业。由于徽州山区的自然环境十分适合茶叶的种植,因此,徽州的茶叶无论是在种植面积、产量、品种,还是在贸易、流通等方面,都拥有其他产业所无法比拟的优势。徽州茶叶种植历史悠久,早在唐代,陆羽的《茶经》即有"歙州[茶]生婺源山谷,与衡州同"的记载。① 宋代徽州茶叶种植、生产、加工和贸易发展迅速,优质名茶层出不穷。据淳熙《新安志》记载:"茶则胜金、嫩桑、仙芝、来泉、先春、运合、华英之品,又有不及号者,是为片茶八种,其散茶号茗茶。"②宋代徽州赋税中,仅茶课一项,即达61264斤,③其总产量由此略见一斑。明清时期,徽州茶叶生产、加工与贸易继续发展,仅休宁一县即载有茶6893450株,按照当时国家每10株官抽1株的税制,休宁每年被抽取的茶税即达到689345株,征课茶芽86188斤3两,折合铜钱11602697文。④ 不仅如此,明代中叶以后,徽州还涌现出了以松萝茶为代表的一批优质名茶。明代隆庆年间,"榔源松萝"和"老竹大方"等名优茶叶品种相继上市,松萝茶遂成为与吴之虎丘、钱塘之龙井相抗衡的全国名茶之一。万历《歙志》所云:"茶多出黄山榔源诸处,往时制未得法。二十年来,邑人有剃染、松萝者,艺茶为圃,其法极精。然蕞尔地耳。别刹诸髡采制归,共以取售,总号曰'松萝茶'。间有艺园中者,制出尤佳。顾其法已流布,在在能之。"⑤冯时可《茶录》亦云:"近出松萝,最为时尚……是茶始比丘之大方。大方虎丘最久,得采制法。其后于徽之松萝结庵,采诸山茶于庵焙制,远迩争市,价倏翔涌,人因称'松萝茶'。"⑥关于松萝茶的采制方法,闻龙所著的《茶笺》有着较为翔实的记载:"茶初摘时,须拣去枝梗、老叶,

---

① (唐)陆羽:《茶经·八之出》。
② 淳熙《新安志》卷二《物产·木果》。
③ 淳熙《新安志》卷二《贡赋·茶课》。
④ 康熙《休宁县志》卷三《食货·田赋》。
⑤ 万历《歙志》考卷五志六《物产》。
⑥ (明)冯时可:《茶录》。

唯取嫩叶，又须去尖与柄，恐其易焦，此松萝法也。炒时，须一人从旁扇之，以祛其热，否则黄，色香味俱减。"①明末徽州仿照松萝茶制作之法，开始炒制青绿茶，清咸丰以后开始外销，因主要集中在休宁县之屯溪加工运销，故名"屯绿"。② 除以上名品之外，明清特别是清代徽州的优质名茶还有黄山毛峰、顶谷大方、雀舌、婺绿和祁门红茶等。明清徽州茶叶生产与加工，为徽商四大经营领域之一的茶叶经营和贸易打下了雄厚的物质基础。诚如《歙风俗礼教考》所言："歙之巨业，商盐而外，惟茶北达燕京，南极广粤，获利颇赡。"③茶叶生产与贸易在清代中叶以后至清末，已成为徽州重要的支柱产业，茶叶的兴衰，直接影响到徽州经济的发展，"山郡贫瘠，恃此灌输；茶叶兴衰，实为全郡所系"。④

早在宋代，依靠山区丰富资源制作和加工的徽州各种民间工艺品如徽墨、歙砚、徽笔和澄心堂纸等文房四宝，即已驰名遐迩。"徽处万山中，绝无农商之利，莽茗之外惟墨……新安四宝：澄心堂纸、汪伯玄笔、李廷珪墨、旧坑石之砚"。⑤明清以降，徽墨生产与销售继续发展，名家所制之墨名重一时，"歙工首推制墨……墨工惟歙最著，以流传有自也。南唐李超及其子廷珪始作，宋时潘谷继之。(明)嘉靖后，若罗小华、程君芳、方于鲁、吴去尘，皆名重一时。半螺寸铤，珍同拱璧。而国朝(指清朝——引者注)之贡上方，邀宸鉴，则有曹素功。此外，擅名墨薮者，尤不下百数十家，胥能行世传远。夫文房精玩四，而婺之砚、歙之墨，徽居其二"。⑥歙砚产自婺源龙尾山，故又有"龙尾砚"之称，唐开元年间即已出现，南唐时为朝廷所重。明代以来，歙砚生产蓬勃发展，涌现出许多优质品种。嘉靖《徽州府志》引《一统志》云："其品有五，一曰

---

① (明)闻龙：《茶笺》。
② 参见屯溪市地方志编纂委员会编：《屯溪市志》，合肥：安徽教育出版社，1990年。
③ (民国)许承尧：《歙事闲谭》卷十八《歙风俗礼教考》。
④ 《治事丛谈》，转引自张海鹏、王廷元主编：《明清徽商资料选编》，合肥：黄山书社，1985，第172—173页。
⑤ (清)赵吉士：《寄园寄所寄》卷十一《泛叶寄·故老杂记》。
⑥ (民国)许承尧：《歙事闲谭》卷十八《歙风俗礼教考》。

眉子石,有七种;二曰外山罗纹,有十三种;三曰里山罗纹,有一种;四曰金星,有三种;五曰驴坑,有一种,总谓之'龙尾石'。大抵歙石之珍,以青色绿晕多金星者为上。"①纸是徽州传统的工艺产品,徽州山区盛产的楮树,是生产优质书画用纸的主要原料,以楮皮为原料、辅以特殊的工艺而生产的书画用纸——澄心堂纸,深受文人喜爱,南唐甚至有"澄心堂凝霜"之号,李后主专造澄心堂以贮之。宋梅尧臣对澄心堂纸给予了高度赞誉,诗云:"澄心纸出新安郡,腊月敲冰滑有余。"②明清徽州各类纸品数量繁多,且质量多称上乘,"歙纸有麦光、白滑、冰翼、龙须诸名。大抵水清洁,利沤楮,故制成似玉雪"。③

尽管山区林木及其副产品生产、加工与贸易的手工业和商业构成了明清时期徽州经济结构的主体,但并不能说明徽州没有农业及农业生产。恰恰相反,明清徽州的农业生产依然在山多田少、土地硗确的不利自然条件下取得了一定程度的发展。

总之,丰富的山区林木和优质石材资源,为明清时期徽州副业生产创造了广阔的空间。以文房四宝为主体的工艺品生产,以采摘、加工为主体的茶叶生产,是明清徽州副业生产的重要组成部分。此外,诸如漆器、竹编、石灰、药材以及雪梨、香榧等副业生产也很发达。正是对这些山区林木、茶果、药材和手工业工艺产品的生产、加工与贸易,才使得农业生产相对较为薄弱的徽州获得了经济发展的契机,从而形成了以山区林木及其副产品的生产、加工与贸易为主、农业生产为辅的乡村经济结构。

还要特别指出的是,在明清徽州乡村经济结构中,在外经商的徽商所获利润的大规模回流徽州本土,在徽州经济发展和经济结构转型中起到了毋庸低估的作用。

在明清特别是明代中叶以降社会变迁与转型的过程中,徽州的社会与经

---

① 嘉靖《徽州府志》卷八《物产》。
② (民国)许承尧:《歙事闲谭》卷三十《澄心堂纸》。
③ 民国《歙县志》卷三《食货志·物产》。

济结构尽管发生了一系列变化,但就总体而言,尚未突破传统经济与社会结构的固有状态。徽州依然和全国其他地区一样,遵循自身的发展道路,缓慢地向前发展着。

第二章 明清徽州乡村社会的经济与日常文化生活

明清时期,徽州乡村社会经济与文化生活,从内容上看较为丰富多彩,从形式上看也是纷繁多样,且随着社会的变迁特别是徽商的大规模崛起,其社会经济与文化生活也呈现着不断变化的态势。

第一节 明清徽州乡村社会的经济与日常文化生活的地域性差异

明清时期徽州乡村社会的经济生活包含着丰富的内容,且因地理条件和物产情况的不同,徽州六县的经济生活地域性差异较为明显,即使在各县内部的不同地域,由于大山的阻隔和经济发展的不平衡,也呈现出不同的特点。嘉靖《徽州府志》云:

> 郡有三俗:附郭为歙,歙之西接休之东,其俗富厚,备于礼,身安逸乐,而心矜势能之荣,操其奇赢,以相夸咤。然其人貌良而衣缝整齐,缘饰文雅,为独盛焉。白岳山而上,此休西乡也,其西为祁,其西南为婺,俗好儒而矜议论,柔弱纤啬归本,比者稍稍增饰矣。然操什一之术不如东南,以习俭约,致其蓄积。休之北为黟,地小人寡,纤俭大类祁、婺,戈戈益甚焉,颇有稼穑之业,质木少文,有古之遗风。

乌聊山之北为歙之南、东二乡及绩邑也,其俗埒于黟而缙绅之士过之。①

以上文字,将明代中叶以降徽州六县之地的经济和日常文化生活描述得十分详尽妥帖。事实上,这一描述的确是徽州六县经济与日常文化生活地域性差异的真实写照。徽州各县内部经济与日常文化生活的差异,我们仅以歙县为例说明之。万历《歙志》云:

> 考其风俗,则东、西、南、北四乡,西乡为独盛矣。虽广袤相联,而山川隔阂,蓦然不同。东近昌化、绩溪,其土瘠而麤;北近太平,其土硗而确;南近淳安、遂安,其土疏而斥,大都其境扼塞,其人木强无文,然近则稍趋靡矣;西乡三面辖本县,而西一面辖休宁,其土沃衍,其人轻扬。②

在描述了歙县东、南、西、北四乡经济与日常文化生活的地域性差异之后,《歙志》还对这些差异所产生的原因进行了深入的剖析,并以西浙、东吴和本府六县为例,阐释了这些差异的地理性因素。

> 夫风俗钟于山川,而亦宥于山川。川则通流,似分而合也;山则阻碛,似合而分也。西浙、东吴诸郡,山少水多,大都泽国,故其风俗无甚县('县'同'悬'字——引者注)殊,淳浇仿佛递降,听其语音而可知也。郡中无论各县,语音殊甚,即一县四乡、一乡各里,亦微有殊。此无他,隔水尚通声,隔山则隔气耳。细考疆域,六县盘亘万山,四塞绾毂,惟邑之西与休宁之东遭百里,平阳沃野,共为俵收,而西乡独盛。袤广不过四十余里,为落百区,井闬相望,积鸣犬吠,隐隐赈赈。约略而数,朝内缨绅,椽间笏库,闺中环佩,市上绮纨。若聚为一区,则岂止大郡、大藩,即五陵、三辅亦所未敌也。其余三乡,

---

① 嘉靖《徽州府志》卷二《风俗》。
② 万历《歙志》考卷五志六《风土》。

非崎岖局隘,则瓯脱荒凉,中固不无巨聚,然皆旷远绵邈矣。则西乡之昌明靡丽,雄视三乡也。固宜虽然,风气先开,混沌尽凿,西乡是也。①

《歙志》对明代中叶以来歙县经济与日常文化生活地域性差异的描述和分析,既重点突出了产生这些差异的地理因素,即山川阻隔,同时也注意到了人文和经济上的因素,应当说是很中肯的。不过,对导致歙县经济与日常文化生活地域性差异的人文和经济因素,该志的分析显然还有不少欠缺。事实上,经济、思想、科技与文化的因素在经济与日常文化生活的地域性差异中,发挥了极其重要的作用。同时,时代和社会的变迁,也是造成经济与日常文化生活差异不可忽视的要因之一。对此记载的徽州地区各类文献俯拾皆是,不胜枚举。还以明代歙县为例,影响该县的经济与民众日常文化生活的变化,时代与社会变迁的因素几乎起主导的作用。"长老称说,成(化)、弘(治)以前,民间椎少文,甘恬退,重土著,勤稼事,敦愿让,崇节俭,而今家弦户诵,夤缘进取,流寓五方,轻本重末,舞文珥笔,乘坚策肥。世变江河,莫测底止"。② 即以歙县桂溪一村为例,亦颇能说明问题。据嘉庆《桂溪项氏族谱》云:"吾乡风俗最敦厚,闻隆(庆)、万(历)年间,九十上者代率数人,八十上者代率数十人,七十、六十者项背相望,庞眉皤发,衣冠甚伟。每日临坐街衢,遇后生辈过,肃衣起揖,揖毕命坐。与谈孝友、节义以及治家勤俭、田舍作苦、贸迁有无诸务,若亲子弟然,而诸后生远在数十步外已正容敛气,疾趋而前,肃揖立□,惟诺惟谨。不命之退,不敢退。至(天)启、(崇)祯朝,老成人虽有持古道者,后生辈则迂道过之,或揖后托他故,诡辞而避之最后,则老成人反避后生不复出。陵夷至明末,年少凌长,壮欺老,即相遇诸途,拱而不揖矣。甚者,一言相规,从后诟谇之矣,至今颓风不可挽也。江河日下,砥柱无人。"③

由是观之,时代和社会的变迁,对一个地域的经济与民众日常文化生活

---

① 万历《歙志》考卷五志六《风土》。
② 万历《歙志》卷首《序·洪文衡序》。
③ 嘉庆《桂溪项氏族谱》卷二十一《风俗·龙章公梓里遗闻五则》。

的变化所起的作用是巨大的。

第二节　明清徽州乡村社会中的家庭经济与日常文化生活

在徽州乡村社会中,家庭是最基本的生产与生活单位。虽然封建政权鼓励多世同居共爨,彰表所谓的"义门",但是,家庭的内部矛盾、封建政府析产分户的赋役政策,恰恰与此相背离。因此,明清时期徽州的乡村社会,成千上万个小家庭是构成徽州乡村社会经济与民众日常文化生活的最基本单元。

明清时期,徽州乡村社会聚族而居,每一自然村庄,往往就是一个同姓宗族成员的聚居之地。"徽俗,士夫巨室多处于乡,每一村落,聚族而居,不杂他姓。其间,社则有屋,宗则有祠,支派有谱,源流难以混淆。主仆攸分,冠裳不容倒置。此则徽俗之迥异于别郡也"。① 因此,在"山限壤隔"②的徽州山区乡村社会,宗族是居住于该村庄成员的主要精神依托。祭祀祖先等一系列经济、社会与日常文化活动,也基本上以宗族为中心展开。

除宗族之外,明清徽州乡村社区中还建立了大量的会与社,会社组织为参加该组织的成员提供尽可能的服务。包括社会、经济与日常文化活动,只要在遵守会社规约的前提下,所有参加会社的成员都享有会社所提供的一切服务。因此,在讨论明清徽州乡村社会经济与日常文化生活这一问题时,我们应当特别注意的是乡村社会中的等级、阶级和阶层之间的差别,家庭、宗族、会社、乡约和村庄等组织在徽州乡村社会经济与民众日常文化生活中拥有不可替代的管理和协调作用。表面上看来,包括宗族、会社、乡约和村庄的所有成员的地位似乎是平等的,但事实上,隐藏在这些组织背后的等级和阶级观念却极为森严,这是我们万万不可忽视的。实际上,在明清徽州乡村社会经济与民众日常文化生活中,家庭、宗族、会社、乡约和村庄成员的权利、责任和义务并不是平等的,而是有着清晰的等级和阶级界限。因此,在分析这

---

① （清）程庭：《春帆纪程》,载《小方壶斋舆地丛钞》第五帙,杭州古籍书店,1985年。
② 淳熙《新安志》卷一《州郡·风俗》。

一问题时,我们仅以家庭、宗族、会社和村庄等组织为单位,按组织成员中等级和阶级的不同,分别进行阐述。

明清时期的徽州乡村社会是一个典型的宗族社会,家庭是社会的细胞,它既是乡村社会经济与民众日常文化生活的基本单位,又是构成宗族团体的单位。家庭是由夫妻关系与亲子女关系结成的最小的社会生产与生活共同体。① 具体到徽州,有的学者将明清徽州的家庭概括为是"以父系血缘关系为基础的具有独立财产权的社会基层组织"。② 强调夫妻和子女关系在家庭中的地位和作用,这在一定义上符合现代家庭的基本要求,而强调父系血缘和财产关系,这对于以徽商而著名的徽州地区而言,似乎更为切合实际。

我们将传统徽州的家庭分为主干家庭、核心家庭、残缺家庭和累世同居的联结大家庭等类型。但因徽州宗族观念较为浓重,因此,以父母与子女同居共食的主干型家庭、以父母与未婚子女同居共爨的核心型家庭,以及以祖孙三代或多代同居共爨的联结型家庭(或称"大家庭"),是传统徽州家庭类型的主要类型。③ 在徽州,由于明清至民国时期,佃仆制顽固存在,因此,我们也将佃仆视为徽州家庭成员特别是地主家庭成员中的特殊一员。但是,在法律和经济地位上,他们与家庭中的家长、家众拥有较强的人身依附关系。

累世同居共爨的联结型大家庭,始终是历代封建王朝最高统治者提倡和表彰的典范,有的甚至被朝廷旌表为"义门",明清徽州社会中累世同居共爨的大家庭也是客观存在的。但是,此类家庭并非明清徽州家庭结构中的主体。特别是在徽商大量外出、社会急剧变迁的明代中叶以后,徽州这种同居共爨的联结型共祖大家庭,正在不断地减少,大家庭的共产正在为小家庭的析产所取代,兄弟或父子等家庭成员在经商和财产方面的纠纷与矛盾,正在动摇着封建大家庭的根基。至清末,连一向民风淳朴的绩溪,大家庭或小家庭成员之间的矛盾,已使同居共爨成为根本无法实现的理想。在为实施宪政

---

① 参见乌丙安:《中国民俗学》,沈阳:辽宁大学出版社,1985年,第130页。
② 高寿仙:《徽州文化》,沈阳:辽宁教育出版社,1993年,第35页。
③ 唐力行:《明清徽州的家庭与宗族结构》,载《历史研究》1991年第1期。

而进行的绩溪县民情习惯调查中,调查者根据实际指出:"我绩析产者十之八九,共产者不过百分之二三……然兄弟叔侄之析产者,商铺仍合赀。不肖者彼此妒忌,大都貌合神离。"① 从徽州历史上父子、叔侄、兄弟之间严格按法律程序进行田宅买卖交易、钱财借贷典当,以及明清以来分家阄(关)书大量存在的情况来看,徽州联结型同居共爨的共祖大家庭正在日益减少。正所谓"国有剖符之理,家无不分之势。与其亲殁而致子之争执,孰若亲存而定子之事?古之义合者,终不免于异,其能久历百世耶?"② 因而,明清徽州家庭的真正主体类型,是主干型与核心型的小家庭。

明清徽州家庭的内部成员由家长和家众组成。家长不仅掌握着整个家庭的田宅、钱物等经济命脉,而且控制着家庭成员的日常经济与文化生活。在"父母之命,媒妁之言"的家长制统治下,儿女的婚姻大事,都受到家长的控制与支配。当然,作为一家之长,在社会发生急剧变迁之时,也备感治家的艰难,祁门善和程氏家族即在《窦山公家议》中开宗明义地指出:"家国一理,齐治一机,况国易而家难,家之齐者尤难乎。"为使家庭保持稳定,维护家长的权威,就显得特别重要而迫切。为此,程氏家族拼命地强调家长的权威,要求家族所有成员,"凡事属兴废大节,管理者俱要告各房家长,集家众,商榷干办。如有徇己见执拗误事者,家长家众指实纠正,令其即行改过。如能奉公守正者,家长核实奖劝,家众毋许妄以爱憎参之,以昧贤否"。③ 家长对内管理家庭成员的共同生产与生活秩序,维持家庭成员之间和睦相处;对外以家庭名义处理各种日常事务与邻里家庭之间的纠纷,承担封建国家的赋税和差役。家属以及寄养在本家的佃仆等成员,一律在家长的统一管辖下,按尊卑、长幼、男女的等级次序各行其是。正如歙县《潭渡孝里黄氏族谱》所云:"家长总治一家之务,必须谨守礼法,为家人榜样,不可过刚,不可过柔,但须平恕容

---

① (清)刘汝骥:《陶甓公牍》卷十二《法制科·绩溪民情之习惯》。
② 王钰欣、周绍泉主编:《徽州千年契约文书》(宋元明编)卷五《嘉靖二十二年歙县余程氏立阄书》,石家庄:花山文艺出版社,1991年,第213页。
③ 万历《窦山公家议》卷一《管理议》。

忍，视一家如一身。在卑幼固当恭敬，而尊长亦不可挟此自恣，至于攘臂奋袂，忿言秽语，皆足启后人暴戾，尤宜首戒。若卑幼有过，当反复告诫，屡诫不悛，则以家法惩之。"①

在明清徽州的家庭中，家长有教育子女使其成人、成才的责任和义务，祁门文堂陈氏宗族一再要求族内各家庭认真培养子孙，"若人家有子孙者，用心教训，则孝顺和睦相延不了，读书者可望争气做官，治家者可望殷富出头，就是命运稍薄者，亦当立身学好。如树木枝干栽培不歇，则所结果子种之别地生发根苗，亦同甘美，是光前裕后第一件事也"。②婺源江氏宗族也告诫族人，"族中子弟天资颖异，富者自行择师造就，贫者祠正、副于祭内量贴灯油，四季会考，敦请科第者主其事，以次给赏纸笔，以示劝勉，其费皆动支祠银"。③祁门《平阳汪氏族谱》也在《家规》中告诫家长要教训子孙，云："小成若天性，习惯如自然。身为祖父，不能教训子孙贴，他日门户之玷岂是小事？但培养德性，当在少年时。平居无事，讲明孝悌、忠信、礼义、廉耻的道理，使他闻善言又戒放言、戒胡行、戒交匪类，无使体披绸绢、口厌膏粱。其有天性明敏者，令从良师习学。不然，令稍读书，计力耕田亩，毋误终身可也。"④成年男子，或读书入仕，或经商、力田。"人生斯世，士农工商，各执一业……为族人者，纵莫能上之读书为士，下之力田为农，至于为工为商，守分安生，何所不可？乃有不务生业、游手好闲、赌博骗财、诱人为非者，真盛世之敝民、乡族之巨蠹也"。⑤对女子，家长要教以闺门礼仪，严男女内外之别，做到"男不言内，女不言外。非丧非祭，不相授器。男女相渎，便非佳事。须要慎闺门、别嫌疑，非同父子侄，不得穿房入户"。⑥

对家中老人，要善待之以孝，使其颐养天年。对奴仆、佃仆和婢女，要严

---

① 雍正《潭渡孝里黄氏族谱》卷四《家训》。
② 隆庆《文堂乡约家法》。
③ 万历《萧江全谱》仁集一卷《祠规》。
④ 民国《平阳汪氏族谱》卷首《家规》。
⑤ 万历《歙西岩镇百忍程氏本宗信谱》卷十一《族约篇第九》。
⑥ 民国《平阳汪氏族谱》卷首《家规》。

尊卑等级名分，徽州主仆名分极其严肃，"脱有稍紊主仆之分，始则一人争之，一家争之，一族争之，并通国之人争之，不直不已"。① 徽州家庭虐待婢女恶名远播，因此，奴婢等地位卑贱者阶层生活十分凄惨，"休邑恶俗，民间畜养女婢，皆至四五十岁不准婚配。家家如是视为故常"。② 不仅如此，婢女们还被施以残酷的刑罚，"徽俗御婢之酷，炮烙、挺刃习以为常"。③ 在卑幼尊长关系的处理上，徽州特别强调"卑幼不得抵抗尊长，其有出言不逊、制行悖戾者，姑诲之。诲之不悛，则众叱之"。④

在明清徽州的家庭中，除佃仆、奴婢的地位卑贱以外，妇女的地位也十分卑微，在经济上缺乏独立的地位，即使是家产析分，她们和男子相比，其继承权也是被剥夺的。小户人家的妇女日夜操劳，生活俭朴，"女子尤好能俭，居乡者数月不占鱼肉，日挫针治繬纫绽。黟、祁之俗织木棉，同巷夜从相纺绩，女工一月得四十五日"。⑤ 徽州很多家庭在管理家庭的《家规》中，都对妇女的言行进行了严格的约束，休宁《茗洲吴氏家典》在其八十条的《家规》中，有关妇女的规定就达十九条之多，其中既有关于长辈主母、少母的规定，也有晚辈子女、媳妇以及诸妇的详细规定，其内容涉及言行举止等各个方面。《家规》明确歧视妇女，认定"女子小人，最能翻斗是非"，因而谆谆告诫家长和家众，"切不可纵其往来，一或不察，为祸不浅"。⑥ 歙县潭渡黄氏宗族家长，在《家训》中明确要求"各堂子姓当以四德三从之道训其妇，使之安详恭敬，俭约操持，奉舅姑以孝，事丈夫以礼，待娣姒以和，抚子女以慈。内职宜勤，女红勿怠，服饰勿事华靡，饮食莫思饕餮，毋搬斗是非，勿凌厉婢妾，并不得出村游戏，如观剧、玩灯、朝山、看花之类。倘不率教，罚及其夫"。⑦ 徽州妇女的日

---

① 康熙《徽州府志》卷二《舆地志下·风俗》。
② （清）廖腾煃：《海阳纪略》卷下《两江总制傅、安徽巡抚江详文》。
③ （明）傅岩：《歙纪》卷九《纪谳语》。
④ （清）吴翟：《茗洲吴氏家典》卷一《家规》。
⑤ 嘉靖《徽州府志》卷二《风俗》。
⑥ （清）吴翟：《茗洲吴氏家典》卷一《家规》。
⑦ 隆庆《潭渡孝里黄氏族谱》卷四《家训》。

常文化生活极其贫乏,她们在三从四德封建礼教的约束下,几乎被剥夺了一切经济与文化的权利,即使乡间最普通的迎神赛会和戏剧演出,她们都被禁止参加和观看,"妇女烧香、赶会、观剧,易招物议,诗礼之家宜禁止"。① 休宁《茗洲吴氏家典》则明确要求"妇女宜恪守家规,一切看牌、嬉戏之具,宜严禁之"。② 徽州大部分妇女还被剥夺了改嫁的权利,要求"从一而终",即使偶有改嫁者,也会遭到各方面的歧视。万历《休宁县志》对该县妇女因勤劳俭朴、守贞守节而得到的称颂和因被迫改嫁而受到的侮辱,描绘得惟妙惟肖,云:

> 匹必名家,闺门最肃。女人能攻苦茹辛,中人产者常口绝鱼肉,日夜绩麻挫针,凡冠带履袜之属咸手出,勤者日可给二三人。丈夫经岁客游,有自为食,而且食儿女者。贾能蓄积,亦由内德助焉。独居习劳,自严闲卫,闻点污者、再醮者,辄改容唾骂之。不幸夫亡,动以身殉,经者、刃者、鸩者、绝粒者,数数见焉。或称未亡人,而代养、而抚孤,嫠居数十年,终始完节,在在而是也。处子或未嫁而自杀,竟不嫁以终身,且时一见之,虽古列女,何以远过焉。彼再嫁者,必加之戮辱,出必毋从正门,舆必毋令近宅。至穴墙乞路、跣足蒙头,儿群且鼓掌,掷瓦石随之。知耻者,宜无所死矣。③

徽州妇女社会及经济地位的卑微,深受程朱理学的影响,尤其是朱熹理学关于三从四德的强调,即在家从父、既嫁从夫、夫死从子,徽州节烈妇女数量之多,是其他地区所罕能与比的,故有"新安节烈最多,一邑当他省之半"④的记载。

---

① 民国《济阳江氏统宗谱》卷一《纪述三·江氏家规》。
② (清)吴翟:《茗洲吴氏家典》卷一《家规》。
③ 万历《休宁县志》卷一《舆地志·风俗》。
④ (清)赵吉士:《寄园寄所寄》卷二《镜中寄·孝》。

第三节　明清徽州乡村社会中的宗族经济与日常文化生活

宗族起源很早。徽州的强宗大族经历了历史上三次中原士家大族的南迁,至宋元时期才逐步定型、并在明清之际得到繁荣发展。诚如赵吉士所云:"新安聚族而居,绝无一杂姓搀入者,其风最为近古。出入齿让,姓各有宗祠统之,岁时伏腊,一姓村中,千丁皆集,祭用朱文公家礼,彬彬合度。父老尝谓新安有数种风俗胜于他邑:千年之冢,不动一抔;千丁之族,未常散处;千载谱系,丝毫不紊。"①明清徽州宗族大体有以下几种结构:(1)一般宗族:宗族—房分;(2)大宗族:宗族—房(门)派—支派;(3)联宗宗族:始居地宗族—迁徙地宗族—房派—支派。② 不同的宗族结构,体现在宗族祠堂上也有不同的类型,既有"会祭有万丁之祠"③的统宗祠,也有宗祠、支祠和家祠。许承尧在《歙县志》中云:"邑俗重宗法,聚族而居,每村一姓或数姓各有祠,支分派别,复为支祠,堂皇闳丽,与居室相间。"④在号称祠堂之乡的黟县南屏,至今仍保存有全族共有的宗祠、某姓支派所有的支祠和一家或数家所有的家祠等三种类型的祠堂多所。在绩溪,一般小姓宗族则仅"有香火堂无宗祠"。⑤

在明清徽州宗族结构中,族长高居于上,拥有对本族经济、文化和各种纠纷事务的裁判权、处置权与决定权。族长,一些地方亦称"户长""家长""族正""宗正"等。族长之下为各房(门)房(门)长,房(门)长一般代表本房,被推选参加协助族长处理重大事务。如休宁商山吴氏宗族就于族规中规定:"祠规虽立,无人管摄,乃虚文也。须会族众共同推举制行端方、立心平直者四人,四支内每房推选一人为宗正、副,经理一族之事。遇有正事议论,首家邀

---

① (清)赵吉士:《寄园寄所寄》卷十一《泛叶寄·故老杂记》。
② 冯尔康:《中国古代的宗族与祠堂》,北京:商务印书馆国际有限公司,1996年,第46页。
③ 乾隆《绩溪县志》卷首《序·较陈锡序》。
④ 民国《歙县志》卷一《舆地志·风土》。
⑤ 乾隆《绩溪县志》卷一《方舆志·风俗》。

请宗正、副裁酌。如有大故难处之事,会同概族品官、举监生员、各房尊长,虚心明审,以警人心,以肃宗法。"① 祁门汪氏宗族则主要以户长充任宗族族长,民国《平阳汪氏宗谱·家规》云:"宗子主祀,礼也。或年幼分卑,不能表率一族。必择族中才德兼优、为族所推重者,立为户长,又于各房择年长者为之赞焉。合族有事,主持有人。即子弟有不肖者,亦得循规惩戒,庶公举有成,家法得申。"张一栋在对这条《家规》作注解时,进一步对户长的作用、地位、选拔标准等问题进行了阐释,指出:"户有长,以统一族之众,而后一族有主,犹家有长,以统一家之事,而后一家有主。然族之立,不必徒以年分,须择平素为人端正、刚直不阿,可以统驭一户、协服人心者,以为之长。事有关宗祖,合族利害,彼自会众商榷,不退缩推诿。"② 民国《济阳江氏统宗谱》对族长的地位、作用及选拔标准,有着极其详细而具体的阐述,云:"族长为一族之尊,其责任视家长尤重。今《家训》十数条,惟赖族长家谕而户晓之。但身正则不令而行,不正则虽令不从,整躬率物,又别有道,族长勉乎哉。凡为族长者,年必高,行必尊,尤须公而不私,正而不偏,廉而不贪,明而不昧,宽而不隘,耐而不烦,刚而不屈。七者兼备,乃能胜任。若名实相远,怀私徇情,唯唯诺诺,而不能服人者,众共退之,别立齿德俱尊者为族长。"③ 总之,宗族的族长是宗族中辈分较尊、处事公正、德高望重而被族众等推选出来的一族负责人。族长是族权的代表,族长拥有对本宗族经济财产、宗族成员之间纠纷和打架斗殴等事务的处置权与裁判权。族长和宗子一起主持宗族的祭祀,负责制定族规家法,劝化教导族众奉规守法,处理本宗族对外交往与交涉事务,维护本宗族成员的共同利益。正如民国《歙县志》所云:"邑俗旧重宗法,聚族而居。每村一姓或数姓,姓各有祠,支分派别,复为支祠,堂皇宏丽,与居室相间。岁时举祭礼,族中有大事,亦于此聚议焉。祠各有规约,族众公守之。推辈行尊而年齿高者为族长,执行其规约。族长之能称职否,则视乎其人矣。祠之富者,皆有

---

① 《商山吴氏宗法规条》(明抄本)。
② 民国《平阳汪氏宗谱》卷一《家规》。
③ 民国《济阳江氏统宗谱》卷一《江氏家训》。

祭田,岁征其租,以供祠用,有余则以济族中之孤寡。"①在祁门善和程氏宗族内,族长窦山公程新春"尤操履刚正,里或有讼,率不白郡县,惟求公一言决平"。②正是靠着这种处事公正、操履刚正的作风,窦山公赢得了族人的普遍尊重和爱戴,善和程氏宗族也由此得以振兴,成为祁门北鄙的一方巨姓大族。在徽州,担任族长之职的既有缙绅、平民,也有商人和农民,但基本以缙绅、地主为主,毕竟宗族祭田等经济基础主要是靠"富室捐置"的,③贫民族长毕竟只是极少数。族长是封建王朝统治者行使基层统治权的代表,因此,在某种程度上说,宗族是封建社会后期乡村基层社会的准基层组织。为进一步发挥宗族维护基层社会治安的作用,清世宗和高宗时期曾专门颁布法令,要求各族设立族正,以强化对宗族的改造,发挥其教化、治安之作用,所谓"今各祠既有族长,而族长之下又有房长。地近而情亲,分尊而责专。既为房、族之长,岂有止司祠祭而于族中之贤否利害漠不相关之理? 莫若官给牌照,假以事权,专司化导、约束之事"。④

族长之下是各房的房(门)长或家长,他们出席由族长召集的讨论和商议族中重大事务的会议,拥有对族内经济和日常文化生活中某人、某事的发言权。他们和族长一道,共同组成了以族长为核心,族副、房(门)长、家长共同参与决策的缙绅集团。如黟县环山余氏宗族就在《家规》中明确规定由族长为核心所组成的宗族缙绅决策集团。"家规议立家长一人,以昭穆名分有德者为之;家佐三人,以齿德众所推者为之;监视三人,以刚明公正者为之。每年掌事十人,二十以上、五十以下子弟轮流为之。凡行家规事宜,家长主之,家佐辅之,监视裁决之,掌事奉行之,其余家众,毋得各执己见,拗众纷更者倍罚"。⑤

族众即本宗族有血缘关系的宗族成员,他们是宗族中的主体,占据了宗

---

① 民国《歙县志》卷一《舆地志·风土》。
② 万历《窦山公家议》卷首《窦山先生程公行实》。
③ 民国《歙县志》卷一《舆地志·风土》。
④ (清)徐栋辑录:《保甲书辑要》卷三《广存·谕议每族各设约正》。
⑤ 民国《古黟环山余氏宗谱》卷一《家规》。

族中的绝大多数。族众拥有参加宗族祭祀等活动的权利和遵守族规的义务，享受宗族的赈济、教育与保护。如祁门善和程氏仁山门宗族的五大房族众即拥有参加祠祀、享受分胙的权利，该族《窦山公家议》规定："正居祠堂，东、西二房不时致奠，每岁除夕、正旦，少长毕集，照次叙拜，各房为首者各备果酒，奠后相庆。"①合族祠，"每岁正旦，合族为首者具酒饼致奠。奠毕，分少长叙拜散饼"。② 对不守族规家法者，轻则警告惩治，重则削除族籍，所谓"祠立家规，犯者必戒"。③ 乾隆《歙淳方氏柳山真应庙会宗统谱》就明确规定："倘有不孝不义、行止有亏，及败伦伤化者，黜而削之。"④

在明清徽州乡村社会的经济生活中，宗族成员往往被宗族要求恪守明太祖《圣谕六条》"各安生理，勿作非为"的理念，无论为士、为农、为工、为商，只要能解决生计问题，都被宗族所提倡和鼓励。而游手好闲、不事生业，甚至为奸为盗，则为宗族所严禁和唾弃。隆庆祁门陈氏宗族的《文堂乡约家法》对于"各安生理，勿作非为"之内容，阐述得尤为详尽。我们仅将其文字照录于下：

> 盖人生有个身，即饥要食，寒要衣；有个家，便仰要事，俯要育。衣食事育，一时一刻不能少缺。若无生理，何处出办？便须去作非为。然生理各各不同，有大的，有小的，有贵的，有贱的，这个却是造化生成，命运一定。如草木一样种子，其所遇时候、所植地土不能一般，便高低长短许多不同。人生在世，须是各安其命，各理其生。如聪明，便用心读书；如愚鲁，便用心买卖；如再无本钱，便习手艺，及耕种田地，与人工活。如此，方才身衣口食，父母妻子有所资赖。即如草木之生，地虽不同，然勤力灌溉，亦要结果收成。若生理不安，则衣食无出、饥寒相迫、妻子相闹，便去做那非理不善的事。求利未

---

① 万历《窦山公家议》卷三《祠祀议》。
② 万历《窦山公家议》卷三《祠祀议》。
③ （民国）许承尧：《朱氏祠志》，转引自张海鹏、王廷元等主编：《明清徽商资料选编》，合肥：黄山书社，1985年，第33页。
④ 乾隆《歙淳方氏柳山真应庙会宗统谱》卷一《凡例》。

得,而害已随之,大则身亡家破,小则刑狱伤残。眼前作恶之人,昭昭自有明鉴。①

《文堂乡约家法》对"各安生理,勿作非为"的阐释,剔除落后腐朽的宿命论之外,应当说是很有说服力的。类似的文字记录,在徽州各地的谱牒中很多,它实际上反映了明清徽州乡村社会中宗族对其成员社会经济生活的某种安排和期待。

在徽州宗族的结构中,处在最底层的是各类仆人,如佃仆、庄仆、世仆、家仆和奴婢等。他们与主家并无血缘关系,同主家无论是族长还是族中成员族众,都拥有较强的人身依附关系,地位卑贱,但常年甚至世代与主家宗族成员生活在一起。因此,将其归入宗族是有一定道理和依据的。如休宁商山吴氏宗族对宗族庄仆,即立有专条进行规定和约束,云"主仆分严,徽称美俗。近来各乡巨室之仆,每年侵渔致富、赎身出屋、越礼犯分、抗僭无比,自今即当预为之防。倘有此等,宗正、副访出,将赎身之物追入祠中公用,仍拘原仆听宗正责罚,或有豪奴凶恶,抗忤主辈,有伤大体,宗正、副即行拘入祠中公用,仍拘京外。听宗正责罚。或有豪奴凶恶,抗忤主辈,有份大体,宗正、副即行拘入祠中,从重责罚"。② 他们的经济与日常文化生活,更多的是被宗族的族长所限制和控制,所谓"葬主之山,佃主之田,住主之屋者,皆世仆也",③与主人之间保持相当严密的人身依附关系。

总之,在明清以来徽州宗族结构中,等级制度是极其森严的,宗族的经济、文化特别是祭祀等一切活动,虽然在表面上看都是围绕着血缘关系亲疏而进行的,但事实上,正是这种温情脉脉的血缘关系,才真正掩盖了宗族内部的剥削关系和等级制度。

---

① 隆庆《文堂乡约家法·演义附》。
② 万历《商山吴氏宗法规条》(不分卷)。
③ (清)高廷瑶《宦游纪略》卷上。

第四节　明清徽州乡村社会中的会社经济与日常文化生活

在明清徽州的乡村社会中,存在着各种类型的会社组织,一个村庄建有数个或数十个会社的现象十分普遍。发起成立会社的人员多为乡绅、本村或宗族的头面人物,他们依靠会社成员交纳的会金和其他诸如土地(文中所指的土地包括水田、旱地、山场和塘堨等。以下不再说明——作者注)和山林等会产,根据轮值或阄定会首的方式,将会金和会产作为生息资本,由值年会首负责经营,并将经营所得利润,作为开展会社活动的资金。应当说,这类会社,乡绅往往控制了其整个活动命脉。特别是乡村文会与祖先和神灵祭祀的会社,如清明会、祝圣会、三宝会、关帝会等,由会社的发起者和组织者——乡绅集团,往往在其中发挥了重要的作用。会社的生息功能是显著的,在明清徽州乡村社会中,几乎每一会社都有生息功能。

明清徽州乡村社会中会社的经济与文化生活,比宗族更加丰富多彩,而会社组织的游神赛会活动,是明清徽州乡村社会中日常文化生活的最集中体现。游神赛会场面宏大,惊心动魄;参与者和观赏者人数众多,如痴如醉。虽然历代徽州各地官府屡次明令禁止,但作为徽州乡民日常文化生活的最主要组成部分,游神赛会绝不因官府的一纸禁文而废止。在黟县"俗多联神赛会,汪公华、张公巡、许公远昔以防御有功德于民,关圣帝、周宣灵王以忠孝为民所奉,康公深则自山右与张公巡为黟人迎归者,并称'张、康菩萨最显灵'。张公巡为太子舍人,西安糖坊街有宋碑,称张巡为三太子。黟人祀张公巡,又祀三太子……凡黟之联关赛会者,或六关,或十关,岁时迎送于祠厅,与会者合息所出,盛饰仪卫,演剧娱神,饮福受胙,举挙相劳。或用不敷,至派丁钱以从事,即借质亦不悔也"。[①]清代黟县城隍会曾因扮演荒诞不经的鬼卒而受到知县的明令禁止。该禁文告示指出:"照得十月初一日,恭值城隍神会,阖邑

---

① 道光《黟县志》卷三《地理志·风俗》。

人等烧香酬愿,原所不禁。兹访得有等好事之徒,扮演鬼卒,声状百出。甚或涂脂抹粉,巧装女鬼,彻夜街游。"①

至于明代歙县各类游神赛会,更是名目繁多。对此,万历《歙志》有着详细的记录:

> 乡之有社,祭先啬,祝丰年,此农事耳,大都以社稷为主。其次则程忠壮、汪忠烈,是皆生为本乡英杰,殁为本乡明神。又次则关公,海内皆祀之,邑中亦多为之祠。至张、许二帝与周翊应侯诸凡敕赐庙额,列之祀典,宜也。今则淫祀蔓衍,各乡赛神,诚为可笑。正月、三月、四月间,则乡人或以马、或以舆奉神出游,旗旄鲜丽,仪卫庄严,已为媚神矣。乃有为珠翠金银之冠、盘龙翥凤之饰,旌幢蔽野,箫鼓连天。彼此争妍,后先相望,则又可诧也。更有降神之人,披发袒膺,持斧自斫,破脑裂胸,溅血数步,名曰'降童'。蓦见恶状,令人吐舌……邑中甚有为五寸之神,美其衣冠,华其舆马,役此降童,喧轰街市。罢则褫其衣冠,裸而置之。至于次年,出诸尘垒,又复为此。②

明清徽州广大乡村社会中的游神赛会活动,主要是由各类会社出面组织和协调的,如延续时间长达数百年的休宁县十三都三图以旌城为中心的联村游神活动,即是由聚居于当地各村的汪、吴、王等姓联合成立的祝圣会组织进行的,"住居十三都三图里长吴天庆、保长汪宗公及士农工商各户人等,为议祝会事。切以田禾丰熟、人丁茂盛,全仗神灵护佑,是以各村各乡立会敬神祭祀,巡游田间,邀神欢媚之意。今本都本图上自上庄,下至下岭,俱属越国汪公九相公、胡元帅名下所辖,向虽立会祭祀,未举出游之典,今议奉神出游,春祈祝会,必需人力扶持,钱财给用。议得士商之家出钱备坐辇,执事各件用度,农工之家出力。上、下村司事帝辇、相辇,上庄司帅轿,各执其事,共祝年

---

① 道光《黟县志》卷三《地理志·风俗》。
② 万历《歙志》考卷五志六《风土》。

谷丰登、人民乐业,人喜神欢,□然福禄永赖。如有不敬事肃奉者,神必降祸其家,□此立议,各宜遵照"。① 游神赛会所需资金和经费,也由会社负责筹集。

戏剧演出是明清时期徽州乡村社会乡民日常文化生活中又一必不可少的活动,所谓"徽俗最喜搭台观戏"。② 一般来说,戏剧演出多由宗族和会社组织等出面组织进行,如休宁祝圣会就有组织演戏的节目,祝圣会的《会规》中,有关演戏的规定十分明确,"本村祝明圣会,各户遵前规例,恪守无异,迩来会戏亦守前规。自今而后,犹恐新春雨雪阻期,众议凡戏子若到,天色晴,即在台上搬演;若雨雪不能外演,的议堂中搬演,以便会首之家"。③ 在祁门、婺源和绩溪等县山区,许多村庄和宗族往往对违反宗族或村庄规约的人给予"罚戏一台"的处分,这从另一个侧面反映了明清徽州乡村社会的戏剧文化生活状况。

明清徽州乡村乡绅的日常文化生活,或许更能反映徽州丰厚的文化底蕴。居住在徽州山区抑或盆地的乡绅们,在其致力于发展宗族经济、提高宗族地位的同时,还努力投身于文化建设。他们悉心向学,结成文会,互相唱酬,砥砺名节。遍布徽州乡村的私塾、书屋和文会等,是明清徽州乡绅投身文化建设的集中体现。

下面,我们仅以明代祁门十西都谢村乡绅为例,具体说明乡绅在文化建设方面的贡献。

明代中叶以后,谢村乡绅谢琏及其子谢知远在不断扩张势力、发展经济的同时,还努力发展宗族文化。嘉靖二十九年(1550年),谢知远在本家已经构建善则堂和叔谢芝芳构建一本堂(嘉靖七年创建)的基础上,倡导谢氏家族成员订立义约,成立家会,以增强谢氏宗族仲宗派成员的亲和力与凝聚力,

---

① 《崇祯十年至康熙四十九年祝圣会簿》,抄本,原件藏南京大学历史系资料室,编号000055。
② (明)傅岩:《歙纪》卷八《纪条示·禁夜戏》。
③ 《崇祯十年至康熙四十九年祝圣会簿》,抄本,原件藏南京大学历史系资料室,编号000055。

"今有谢堂、谢琭、[谢]知远告诸父兄弟侄,共遵圣谕,立为家会,每月朔日,长幼咸集,交劝为善,人心翕合,悉照旧文,将地扒补……自义立后,各宜允守毋替,如违兹义甘罚白银贰十两公用,仍依此文为始。每月朔日,除出外,俱宜赴会领父兄教诲。凡在一本堂子孙各分钦遵"。① 正是通过这种积极地参与家族公共事务,谢知远逐渐在谢村政治、经济与日常文化生活中赢得了尊重,成为整个谢村谢氏家族成员中的精英与核心。谢氏孟宗派谢芊、谢显和仲宗派谢琏还一直追随著名理学家、广东甘泉湛若水,谢显甚至专门创建了"全交馆"(亦称"神交馆",后改为"神交精舍""神交书院"),以弘扬和传播湛若水的心学思想。谢知远极力参与对湛若水的顶礼膜拜,嘉靖三十一年(1552年),他同谢氏家族谢慎德、谢堂,不远千里徒步到广东增城,向湛若水请求赐记。于是湛若水专门写了一篇《神交精舍记略》以赠,这就是名噪一时的《神交书院记》。② 这些乡绅在文化上整合了包括谢村在内的整个祁门十西都谢氏宗族的精神文化生活,创造了较有地域特色的乡村日常文化生活。在歙县潭渡,居住于该村的黄氏宗族乡绅们,建立诗社,互相唱和,使村庄的日常文化生活充满着诗情画意。他们"结社赋诗,或集振流之亭,或酌后乐之轩,或登函成之台,或访青莲之刹。坐花邀月,嘲雪绘风,极陶写性情之乐"。③

总之,在明清徽州乡村社会的经济与日常文化生活建设中,乡绅、族长、家长等乡村精英们作出了不少贡献,但充满了等级色彩。相对而言,乡绅和村民、家长和家众、族长与宗族成员、主人与奴仆等不同等级之间,其经济文化生活的内容也各不相同。这种等级和阶层之间经济与日常文化生活的差异,其实正是当时徽州社会中不同等级和阶层经济与政治地位的侧面反映。

---

① 《嘉靖二十九年正月十五日祁门谢村谢玄芳、谢莹、谢瑞、谢环、谢顺、谢佩、谢理、谢堂、谢王相、谢珹、谢璋、谢琭、谢宫、谢知天、谢诰、谢知贤、谢托和谢知恩等立一本堂义约》,原件由卞利收藏。
② 同治《祁门县志》卷十一《舆地志·古迹·神交精舍》。
③ 道光《潭渡杂志·诗社》。

第三章　明清徽州堪舆风水信仰泛滥与徽州社会经济

　　堪舆风水是中国古代社会人们确定阴阳宅布局、朝向,营建宫室、坟墓,探讨人与自然、人与居葬环境之间关系的一种技巧和术数。它最初萌芽于原始社会后期,自西周以降,随着阴阳八卦理论的形成和发展,"仰则观象于天,俯则观法于地"的堪舆风水理论亦逐渐得以产生和推广,并逐渐成为人们选择最佳居处环境的一门重要学问。明人谢肇淛在论及堪舆风水术之起源时,指出:"自西周以后,始有堪舆之说,皆用之建都邑耳。如《书》所谓'达观于新邑,营卜瀍涧之东西',《诗》所谓'考卜维王,宅是镐京'者,则周公是第一堪舆家也。而葬之求吉地,则自樗里始。"[①]西晋末年,著名学者、文学家和训诂学家郭璞撰著《葬经》,开始把堪舆风水学说引入阴宅的选择与营造,并提出了一系列系统完整的堪舆风水理论,促进了堪舆风水理论的传播与发展,"自是以来,流传日久,著述日繁"。[②] 延至唐宋时期,在上层统治者笃信和倡导下,一批职业堪舆风水家如雨后春笋般地涌现出来,加之程朱理学在理论上的推波助澜,于是,堪舆风水学说便以一整套完整的理论和丰富的实践,在社会上广为传播。发展至明清时期,上自皇帝宫室营造、皇陵地址方位选择,下至民间百姓建房筑墓,无不广延请地师,寻觅风水吉地。与此同时,关于堪舆风水

---

① (明)谢肇淛:《五杂俎》卷六《人部二》。
② (民国)柴萼:《梵天庐丛录》卷三十《风水》。

的著述文献，也开始广为刊刻与流传，直接导致了风水著述充斥于世、风水信仰泛滥全国的局面，对当时的社会经济造成了很大的影响。

徽州与堪舆风水两大流派——江西派和福建派产生之地江西与福建毗邻，历史上特别是明清时期，其堪舆风水信仰极为浓厚，举凡村落选址、居室营造、坟墓选择，均延请地师广寻风水吉壤，已成为一种普遍现象，且非常泛滥。为寻求一块宝地或一眼吉穴，徽州人不惜斥巨资而为之，甚至人为破坏风水，盗葬吉穴，引起旷日持久的官司之讼，造成社会财富极大的浪费，对徽州社会经济造成了消极的影响。

第一节　明清徽州堪舆风水信仰的泛滥

堪舆最初是指与天有关的诸神，《周礼占梦疏》云："堪舆天老曰：假令正月阳建于寅，阴建在戌。"至于堪舆到底为何方神灵，成书于东汉时期的《论衡》也难以说清，云："堪舆历历上诸神非一。"许慎在《说文解字》中这样对"堪舆"进行解释："堪，天道也；舆，地道也。"清人朱骏声进一步对许慎的解释进行了发挥，指出："盖堪为高处，舆为下处，天高地下之义也。"这一引申恰如其分地表达了堪舆风水追求天、地、人和谐的理念，成为后世人们对"堪舆"二字的基本理解。西晋以后，堪舆与风水的含义逐渐趋同。"风水"一词源于西晋，何为"风水"，托名郭璞所著的《葬经》认为，"气乘风则散，界水则止，故谓之风水"。这样，选择自然界万物之中具有代表性的"风"与"水"两种物质为代表，并借以探求人类最佳居处和最好葬地，趋吉避凶，是堪舆风水术追求的主要甚至是唯一的宗旨和目的。

徽州人对堪舆风水的信仰和崇尚由来已久，几乎与郭璞所倡导的堪舆风水理论同时产生。西晋永嘉之乱、唐朝末年和南宋之初，伴随中原地区三次大动乱，北方世家大族大量迁徙至山壤阻隔的徽州山区。他们不仅带来了先进的生产工具和生产技术，而且带来了堪舆风水文化。在迁徙定居之初，来自中原地区的世家大族竞相寻觅选择吉壤良宅，作为自己居处的福地。号称徽州第一大姓的程姓宗族,在其始迁祖程元谭东晋迁居歙县篁墩时,其宅居"为水所汇,近及千年,磻石宛然,滨水而列",就是经过精心选择而为后世堪舆者所津津乐道的风水宝地。可见,郭璞堪舆风水之说盛行之际,正是徽州堪舆风水信仰和崇尚兴起之时。

唐宋是堪舆风水理论和实践发展的鼎盛时期,社会上出现了诸如杨筠松、何令通、曾文迪、吴克诚、赖文俊等一批职业堪舆风水师。他们著书立说,传播和发展郭璞的堪舆风水理论。随着科技的发展,特别是罗盘制作技术的进步,为堪舆风水的发展提供了工具和技术上的支撑,加上程朱理学的极力鼓吹,宋代的堪舆风水学说和理念日益深入人心,并广泛发展和普及。程颐提出葬地要避免"五患",即他日不为道路、不为城郭、不为沟地、不为贵势所夺、不为耕犁所及。朱熹进一步发展了程颐的理论,指出,阴宅阳基择地精善于否,对后世子孙门庭的兴衰有着决定性影响,即所谓"风水夺神功,回天命,致力于人力之所不及"。① 对于视朱熹为圭臬、事事恪守朱熹《文公家礼》的"聚族而居,尤重先茔"的徽州人来说,朱熹的风水理论不啻是一条难以逾越的戒条。在朱熹等对堪舆风水理论的大力倡导下,择居讲求吉壤、葬地寻觅吉穴的观念便在徽州大地上迅速地蔓延和泛滥起来。南宋罗愿在其纂修的《新安志》中,留下了徽州人重视风水、拘泥阴阳的文字记录,云:"歙为负郭县,其民之弊,好委人事,泥葬陇卜窆,至择吉岁,市井列屋,犹稍哆其门,以傒吉向。"②这是宋代徽州风水信仰影响世风民俗的一个真实记录。

明代中叶以后,随着徽州书籍刊刻业的繁荣和徽商的崛起,一批堪舆风水著作得以广为刊刻与传播,潜心于堪舆之学的学者不断增多,堪舆风水观念日益深入人心,建房造墓选择风水成为徽州人社会生活的一种常态。"堪舆之家,泥于年月,或谓某房利、某房不利,大家牵制不葬"。③ 利则建,不利则迁、则避,这是徽州人风水信仰的一个基本理念。尽管历史上许多有识之

---

① (清)赵吉士:《寄园寄所寄》卷七《獭祭语·人事》。
② 淳熙《新安志》卷一《州郡·风俗》。
③ (明)古之贤:《新安蠹状》卷下《牌票·行六县劝士民葬亲》。

士对堪舆风水的荒诞无稽曾进行过有力的批判,但结果大多收效甚微,徽州人依然信之弥笃。徽州巨商大贾在积财百万、千万衣锦还乡之际,往往不惜斥巨资,用于寻觅和购置所谓吉壤良穴。清代歙县棠樾鲍氏宗族在经营两淮盐业暴富之后,主观上认为是祖坟风水遗泽后世的结果。因此,当在其祖坟右侧尚可"附葬一穴"的情况下,由鲍氏宗族公议"族内愿附葬者,输费银一千两",该眼坟穴最终于嘉庆八年(1803年)"照议扦葬"。一眼坟穴,竟然价值白银千两,足见真穴吉壤的难得和珍贵。在这种竞相寻觅购置龙脉真穴即所谓风水宝地之风的推波助澜下,明清时期的徽州城市和乡村卷起了选择和购置龙脉吉穴的狂潮,一时间形成了堪舆风水信仰与实践的泛滥之势。有的人在死者在世时即营造坟穴,有的人因未能觅到风水真穴而将亲人遗体停柩于山野十年甚至数十年而不葬,也有人为争觅风水龙脉、不惜倾家荡产诉诸公庭乃至以武力强夺强占,正所谓"风水之说,徽人犹重之,其平时构争结讼,强半为此"。①

第二节 明清徽州堪舆风水信仰泛滥与徽州社会

明清时期,徽州堪舆风水信仰的泛滥和竞相寻觅购置吉壤良穴现象的出现,尽管从环境保护同人与自然和谐相处的角度看,尚有一定的积极意义,但就徽州社会生产与生活而言,其影响显然消极意义更大。

首先,由于人们普遍将选择风水良穴吉壤视作一种"不仅求安,且欲以求福利"②的行为,这就使得因"势家贪吉谋葬"而引发的纠纷与诉讼充斥着公庭,累年不结,直接造成了财产的巨大损失和浪费,严重者甚至危及生命,形成了一股恶劣的社会风气。明代崇祯年间歙县知县傅岩就曾指出:"徽尚风水,争竞侵占,累讼不休,如洪包、方惟一等多案,结而复起,历年未已。"③由

---

① (清)赵吉士:《寄园寄所寄》卷十一《泛叶寄·故老杂记》。
② 嘉庆《黟县志》卷三《地理志·风俗》。
③ (明)傅岩:《歙纪》卷五《纪政绩·事迹》。

于徽州强宗望族极度重视祖坟风水的意义,故围绕以祖坟风水为中心而导致盗葬和侵害案件往往形成旷日持久的诉讼,以致"祖坟荫木之争,辄成大狱"。① 再加上拥资巨万的徽商的卷入,更是使得风水争讼变得扑朔迷离。"至于商贾在外,遇乡里之讼,不啻身尝之,醵金出死力",②而且"勇于私斗,不胜不止"。③ 明代徽商"家巨万,与人争数尺地,捐万金"。④ 其用于诉讼的费用已远远高出诉讼标的数尺地本身的价值。嘉靖八年(1529年),休宁县茗洲吴氏宗族后山一眼吉穴被浯潭江氏觊觎,"浯潭江氏扬言于清明日至我后山葬柩",吴氏宗族不甘示弱,"集百人,剑挺至门上,族子弟亦都肄以待"。一场为争夺风水吉穴的大规模宗族械斗眼见就要发生,所幸经与之毗邻的祁门孚峰李质先、阳源谢文学等人百般调解,才使这场一触即发的宗族械斗得以避免。⑤ 徽州堪舆风水信仰泛滥之害由此可见一斑。故康熙《徽州府志》云,徽州人笃信风水"虽求福,无奈反祸"。⑥

其次,明清时期徽州堪舆风水信仰和崇拜的泛滥,还严重地干扰了当地乡村社会的日常生产与生活。在徽州人笃信风水、拘泥阴阳的信仰和观念影响下,明清时期的徽州乡村社会普遍出现了为寻觅风水吉穴而将亲人灵柩停放于外、暴尸于野的现象。"徽俗惑于风水,多不葬亲,将尸棺遗弃道旁、山墺之间,或二三十年,或三四世,不得归土。凡行道之人,睨而不视,尚且不忍,何况子孙恬然不动意?是何良心之尽丧也"。有鉴于此,万历时期的徽州知府古之贤专门颁布《行六县劝士民葬亲》,对徽州人这种不孝不义之风俗进行了严厉地批判,并动之以情,晓之以理,责令徽州各地迅速安葬其死去的亲人,"倘再有不孝子孙,听信阴阳术士,拘泥不葬;或内有悭吝、推奸之人,不肯出财治葬,故行阻挠者,自今约示之后治罪,勿悔矣。为此,仰县官吏明与民

---

① 民国《歙县志》卷一《舆地志·风土》。
② (明)王士性:《广志绎》卷二《两都》。
③ (明)李维桢:《大泌山房集》卷六十六《何中丞家传》。
④ (明)谢肇淛:《五杂俎》卷四《地部二》。
⑤ 万历《茗洲吴氏家记》卷十《社会记》。
⑥ 康熙《徽州府志》卷二《舆地志·风俗》。

约,责限一年之内,通要殡完。目今大寒节令,年月不拘,可葬一半;新年、清明节令,墓龙不守冢,可葬一半;明年冬下,尽要葬完。其有无子孙者,于本图无碍官地,准其报官瘗殡。每棺一具,仍给食谷三石,以资扛抬。每季终,责令地方将各都未葬尸棺呈报到官,着落地方催督里长,里长催督户人,依约举行。如有抗违,查照子孙弃尸律令,一体治罪。申府施行,毋得违错"。①但一种陋俗既已形成,便很难在短时期内因一纸告示禁令所能革除。事实上,直到清代,徽州人这种亲殁因不及时安葬而停柩于野的陋俗始终没有得到根除,相反却愈演愈烈。康熙年间,徽州依然是"亲殁不即营宅兆,富者为屋以殡,贫者仅覆茅茨,至暴露不忍见者"。康熙《徽州府志》在分析造成这一社会现象的原因时,指出:"由俗溺阴阳,择地择日拘忌,以故至屡世不能复土举葬。"该志编纂者还就此对这种陋俗进行严厉挞伐,云:"盖抛弃暴露,不孝莫大焉!溺不可知之说,贻害至大焉!不知贤有司必严行檄示劝化,或以数月为限,庶几弊俗可免。"②事实上,徽州籍官员、缙绅不仅未能发挥革除弊俗的积极作用,反而笃信风水,推波助澜,直接助长了堪舆风水信仰和崇尚的泛滥。康熙时户科给事中、休宁人赵吉士就是其中最为典型的代表。他在康熙十三年(1674年)将父母简单落葬的珰源台上狮高原,系明崇祯十六年(1643年)赵吉士携母亲逃避战乱之处。后赵吉士始终为未能替父母找到真穴龙脉重新落葬而寝食不安,于是专门到南京白下拜访地师,并借奉旨伐木之机,在徽州境内广觅真穴,最后终于在周地师帮助下于休宁县觅得一真穴。用周地师的话来说,就是"地已得矣,风水合局不必言,合抱大木罗列于前,亦不知多少"。赵吉士遂不惜重金成事。为免有误,他广延徽州"阖郡堪舆家二十余人,纷纷点穴不定"。于是,赵吉士亲自"用称土法,择土之重者用事,及开金井,土如紫粉,光润异常,登山者咸贺得地"。③经过再三选择,才最终觅得一眼真穴。由此可见,风水真穴之难觅。尽管赵吉士并未明确交代为父母觅吉

---

① (明)古之贤:《新安蠹状》卷下《行六县劝士民葬亲》。
② 康熙《徽州府志》卷二《舆地志·风俗》。
③ (清)赵吉士:《寄园寄所寄》卷十一《泛叶寄·故老杂记》。

穴的具体花费,但从兴师动众的规模和最终的结果来看,这眼真穴的价格想见一定不菲。至于一般平民百姓及一贫如洗的佃仆,在既无重金寻觅吉地,又无力营葬亲人的情况下,便只好任其亲人之尸棺暴露于野了。"将亲尸暴弃,骨不归土,魂不归尸,哀号于风露之下"。① 嘉庆十三年(1808 年),刚刚莅任黟县知县的吴甸华见该县"暴露之棺,所在皆有,且有年久朽败者"。于是,经过仔细调查,结果,"各都未葬竟有三万二千四百余棺"。于是他"询诸绅耆,知所以因循,约有四等。上户多惑于青乌家言,次则谋生于外,又次则赤贫无力及身死无后并无亲族者"。调查清楚原因之后,吴甸华亲自捐资购地,添设义冢,发放葬费,"沿村劝谕,亲为纠察",②并"严为示禁,且量助以资,或冀此风稍改"。③ 虽然自明至清,徽州历届府县官员力图禁止因惑于堪舆风水而暴露尸棺不葬的陋俗,但皆收效寥寥,以致到清末,徽州人"迷信风水,顾忌时日,小数经年停丧不葬,或厝诸浅土"④的陋俗依然顽固存在。

明清时期徽州人迷信堪舆风水、亲殁不即时营葬,不惜将亲人尸骨"抛弃暴露"的陋俗"贻害至大",⑤直接造成了山洪暴涨之际尸骨"一概漂没无踪"⑥、磷火飘荡四野"前仆后追"等恐怖现象的发生,严重干扰了人们正常的生产和生活。而这种现象的发生,则又为堪舆家门制造了新的口实,导致徽州迷信腐朽的堪舆风水信仰更趋泛滥,在一定程度上阻碍了社会文明的进步与发展。

再次,明清时期徽州堪舆风水信仰的泛滥,还直接滋生了一批不事生业、专以为人观风水觅吉壤为能事的堪舆家、风水师这一社会的寄生阶层。在现存徽州各种府县志书和各类家谱文书文献中,有关专以看风水为职业的堪舆家和地师事迹记载连篇累牍,俯拾皆是。明初官至山西运粟主簿的黟县宏村

---

① (明)古之贤:《新安蠹状》卷下《行六县劝士民葬亲》。
② 道光《黟县志》卷十五《艺文志·国朝·添设各都义冢劝民安葬碑》。
③ 道光《黟县志》卷三《地理志·风俗》。
④ (清)刘汝骥:《陶甓公牍》卷十二《法制科·婺源风俗之习惯》。
⑤ 康熙《徽州府志》卷二《舆地志下·风俗》。
⑥ (明)古之贤:《新安蠹状》卷下《行六县劝士民葬亲》。

人汪思齐三次聘请号称"国师"的休宁帝师何可达为宏村选址规划,清初户科给事中、休宁旧市人赵吉士广延徽州境内二十余位堪舆家为父母选择吉穴。这些事实都有力地说明,职业堪舆家和风水师这一社会寄生基层在徽州不仅数量众多,而且有着广泛的影响。至于以看风水而闻名,打着传播"救贫之术"①旗号的金达等风水名师,在徽州更此比皆是。而婺源人汪朝邦因"言得吉穴葬亲,自云葬后当有显者"而后果真应验家有升官的所谓"借祖宗之骸骨,以求子孙富贵"②现象,被堪舆家附会为所谓风水应验的实例对徽州社会影响尤为巨大。而黟县知县陈涧仪自诩"明堪舆之术,谓城南地形势佳"③而不惜倡导将县学迁址的折腾,对徽州教育文化的影响,又不知有多么深远。

最后,明清时期徽州堪舆风水信仰的泛滥,还加深了人民的苦难,强化了该地区以佃仆制为核心的主仆名分制度和尊卑等级制度。佃仆制是盛行于宗族控制较为牢固的明清时期徽州地区一种特殊的租佃制度,佃仆由于"葬主之山,佃主之田,住主之屋"④等种种原因,而与主人保持一种极为严重的人身依附关系,所谓"主仆之分甚严,役以世,即其家殷厚有资,终不得列于大姓"。⑤"此俗至今犹然,脱有稍紊主仆之分,始则一人争之,一家争之,一族争之,并通国争之,不直不已"。⑥ 佃仆成为明清时期徽州受压迫和剥削最深的社会阶层,他们为主人看守坟墓、抬轿撑船、搬运尸体和随时听从差使等。特别是看守坟墓一项,正是徽州世家大族和富商巨贾重视风水、保护先人坟墓"龙脉吉壤"免受侵害的一个重要。在明代祁门县善和程氏宗族聚居村,祖先坟墓被视为"人之根本",任何人都"不宜轻动,苟轻动之,犹植木而戕其根,

---

① 道光《黟县志》卷十七《人物志·寓贤》。
② (清)刘汝骥:《陶瓷公牍》卷十二《法制科·绩溪风俗之习惯》。
③ 道光《黟县志》卷四《职官志·名宦》。
④ (清)高廷瑶:《宦游纪略》卷上。
⑤ 康熙《婺源县志》卷二《疆域志下·风俗》。
⑥ 康熙《徽州府志》卷二《舆地志下·风俗》。

欲枝叶之茂得乎？故凡当保者，不可忽也"。① 因此，程氏家族的各处坟茔，都有专门佃仆负责看守管理，并制定了严厉苛刻的惩罚措施。一旦发现所看守之坟墓被毁、荫坟树木被盗，看守佃仆将会受到严厉的惩处。"各处坟茔树木，属前遮蔽者可少剪除，系庇荫者宜慎保守，各房不得纵容奴仆擅自盗伐，及外人侵损，管理者查访，从中处治。百花园墓，今立庄仆看守，凡有折一草木，责必归之"。②"伴仆痛责三十，本主罚银五分"。③ 正是由于佃仆们的严格看守和精心培护，才使得徽州地区世家大族那种"往往始迁祖墓，自唐迄今，犹守护祭扫惟谨"，④以致形成"千年之冢，不动一抔"⑤的社会风俗。由是可见，明清徽州堪舆风水信仰的泛滥，使得本来就已成为社会生产力发展严重障碍的落后的佃仆制得以顽固存在与发展，并进而形成阻碍社会进步的沉重枷锁。

第三节　明清徽州堪舆风水信仰泛滥与徽州经济

明清时期徽州堪舆风水信仰的泛滥，不仅污染了社会风气，阻碍了社会文明的进步，而且更为严重的是，它还对当地的经济发展造成了消极影响，直接干扰了徽州地区经济的正常有序发展。

首先徽州地处山区，境内"万山环绕，川谷崎岖，峰峦掩映，山多而地少"，⑥"岩谷数倍土田"，⑦适宜种植粮食作物的田地面积极为有限，徽州当地生产的粮食，无法满足人们的基本生活需求。正如嘉靖《徽州府志》所云："徽郡保界山谷，土田依原麓，田瘠确，所产至薄，独宜菽麦、红虾籼，不宜稻粱。

---

① 万历《窦山公家议》卷二《墓茔议》。
② 万历《窦山公家议》卷二《墓茔议》。
③ 万历《窦山公家议》卷五《山场议》。
④ 民国《歙县志》卷一《舆地志·风土》。
⑤ （清）赵吉士：《寄园寄所寄》卷十一《泛叶寄·故老杂记》。
⑥ 民国《徽商便览·缘起》。
⑦ （明）汪道昆：《太函集》卷七《新都太守济南高公奏最序》。

壮夫健牛，田不过数亩，粪壅缛栉，视他郡农力过倍，而所入不当其半。又田皆仰高水，故丰年甚少，大都计一岁所入不能支什之一，小民多执技艺，或贩负就食他郡者常十九，转他郡粟给。"①明末歙县知县傅岩云："新安所产米谷，不足民食之半。"②嘉靖《徽州府忌》亦云："徽州介万山之中，地狭人稠，耕获三不赡一，即丰年亦仰食江楚十居六七，勿论岁饥也。"③因此，明清时期徽州的粮食和土地价格昂贵，《歙事闲谭》引江天一《止庵集》说："余郡处万山中，所出粮不足一月，十九需外给。远自江广数千里，近自苏、松、常、镇数百里，纳钞输牙，舟负费重，与所挟资准。以故江南米价，徽独高。"④而据俞弁《山樵暇语》记载云："江南之田，唯徽州极贵，一亩价值二三十两。"⑤徽州的田地价格尚且如此之昂贵，且"生齿日繁，庐舍坟墓不毛之地日多"。⑥ 在笃信堪舆风水之术的徽州，要想寻觅一眼吉穴龙脉的风水宝地，其价格便可想而知了，正如万历《歙志》所云："堪舆之事急于营谋矣，但求者既多，而售者顿踊，甚至周椰片地，可以布金而成。又且奈之何哉！要之死者得土不啻得金。"⑦将巨额资金购置荒冢坟穴，一方面造成了死人与活人争地的局面，加剧了徽州原本就山多地少的人地矛盾；另一方面，这些巨额资金不是用于生产，而是用于购置风水宝地，势必影响当地山区经济的开发和发展，一定程度上阻碍了徽州社会经济的发展。

其次，明清时期徽州堪舆风水信仰的泛滥还制约了当地手工业和矿业的发展。地处徽州西部的祁门县盛产优质高岭土甚多，而高岭土是景德镇瓷器生产的主要原材料，也是祁门高岭土产地人民谋生的重要经济来源。而建在激流湍急河上的舂米设施——水碓，更是人们生活不可缺少的生产设施。这

---

① 嘉靖《徽州府志》卷八《食货志·岁供》。
② （明）傅岩：《歙纪》卷五《纪政绩》。
③ 康熙《休宁县志》卷七《艺文志·汪伟奏疏》。
④ （民国）许承尧：《歙事闲谭》卷六《明季县中运米情形》。
⑤ （明）俞弁：《山樵暇语》卷八。
⑥ （清）顾炎武：《天下郡国利病书》卷三十二《江南二十·歙县风土论》。
⑦ 万历《歙志》考卷五志六《风土考》。

就是所谓的"土瘠民贫,岁入无几,多取给予水碓、磁土"。但就是这种设置水碓、开采磁土借以谋生的行当,也被与堪舆风水联系了起来,被认为"水碓隘河身,磁土伤龙骨,皆利害攸关"①的大事,而被当地官府严禁。尽管同治年间祁门知县周溶对水碓有碍龙身的荒诞不经观念进行了批评,指出:"水碓之便于民昭昭……今日徽郡之患,不在水碓,而在垦山。"②但却坚持认为"磁土伤龙骨诚然"。③ 徽州西北的黟县山区蕴藏着丰富的煤矿资源,该县"六都地方,四面皆山,山多产煤"。④ 丰富的煤炭矿藏吸引着远近牟利者前来开采。如能妥善加以处理,制定规章,并严格按规开采,有序管理,本应是一件利国利民的好事。但是因为自清代乾隆以来,黟县历任知县甚至徽州知府由于受到堪舆风水的影响,认为采矿有碍风水坟茔、伤害龙脉地骨而严禁开采,嘉庆十六年(1811年)十月,黟县知县吴甸华在其所颁布的《禁开煤烧灰示》禁令中指出:"邑境山环水抱,生齿日繁,生计亦裕。间值歉岁,尚义成风,亦多周恤,皆由地气完固,故民风不至浇漓。一经开煤,烧一山之灰,用两山之石,山多被凿,地脉重伤,甚或开挖之处逼近坟茔,更于土俗风水有碍。"为此,"预立明示,永行禁止,以全地脉,以保民命,以安恒业,以息讼端"。⑤ 同样还是发生在黟县,乾隆年间江西窑民邹国仲来到芙蓉嶂下窝僻之处,"租挖泥土,做造砖瓦",尚未获利,黟县全县士绅便联合呈控于知县顾学治,控告邹国仲造窑烧砖"火灼龙脉……开窑挖泥之处,大有伤害一邑县龙"之势,结果邹国仲被拘捕,其所造之窑被悉数拆除。为免以后年久日深,"民间罔觉,或有仍蹈前辙,祸害复生",乾隆四十六年(1781年)之初,顾学治亲颁《保龙脉示》,并勒石严禁。"县龙自发脉以至入首,其中前项等处地方,并南北两向有关县龙之处,俱永远不许开窑挖害、凿挖石土"。⑥ 违者严惩不贷,定行重究。由此

---

① 同治《祁门县志》卷五《舆地志·风俗引康熙县志》。
② 同治《祁门县志》卷十二《水利志·水碓》。
③ 同治《祁门县志》卷五《舆地志·风俗·署府傅给六都通都文会请禁挖煤示》。
④ 道光《黟县续志》卷十一《政事志·附禁·禁开煤烧灰示》。
⑤ 道光《黟县续志》卷十一《政事志·附禁·禁开煤烧灰示》。
⑥ 道光《黟县续志》卷十一《政事志·附禁·乾隆四十六年知县顾保县龙示》。

可见,泛滥的堪舆风水信仰对明清徽州地区的手工业与矿业发展,确实起到了较大的阻碍作用。至近代,徽州知府刘汝骥以举办宪政、兴办实业为己任,针对徽州堪舆风水信仰泛滥严重阻碍矿业开采的弊端,一针见备地指出:"辟风水之谬,则矿业可兴易。"①尽管如此,在堪舆风水信仰根深蒂固的徽州矿业依然难有起色。

最后,明清时期徽州堪舆风水信仰和崇拜的泛滥,还对当地的商业及其商业资本产生了消极的影响。在山多田少、人众地寡的自然环境和人口增长压力下,明清时期的徽州无论是庶民百姓,还是乡绅豪族,大多以经商为第一生业,"吾邑地狭人稠,则无田可耕,故人多逐末,奔走江湖,车马舳舻,几半天下"。②"以贾为生意,不贾则无生……人人皆欲有生,人人不可无贾矣。故邑之贾岂惟如上所称之大都会者皆有之,即山陬海壖、孤村僻壤,亦不无吾邑之人"。③在明代中叶以后至清代中期,徽州甚至出现了"十三在邑,十七在天下"④的现象,形成"无徽不成镇"⑤的格局。由于辛勤开拓,诚实经营,徽商逐渐积累了巨额的财富,成为明清时期商业舞台上一支实力最雄厚、规模最庞大的地域性商帮群体。"富室之称雄者,江南则推新安,江北则推山右。新安大贾鱼盐为业,藏镪有至百万者,其他二三十万,则中贾耳"。⑥富商大贾拥有巨额财富,但却热衷于购置土地和风水坟地等,"以末致富,以本守之",使其商业资本迅速走向封建化。清代婺源人俞铨"幼失怙,性耻书史,后经商赀裕,为支祖立祀田祭扫,修葺本支谱牒。凡先茔未妥者卜吉安葬,费不下千金"。⑦乾隆十三年(1748年),祁门汪庭芝在经商致富后,"所置屋宇田地风

---

① (清)刘汝骥:《陶甓公牍》卷十二《法制科·婺源民情之习惯》。
② 万历《歙西岩镇百忍程氏本宗信谱》卷十一《族约篇第九》。
③ 万历《歙志》传十志二十《货殖传》。
④ (明)王世贞:《弇州山人四部稿》卷六十一《赠程君五十叙》。
⑤ 民国《歙县志》卷一《舆地志·风土》。
⑥ (明)谢肇淛:《五杂俎》卷四《地部二》。
⑦ 光绪《婺源县志》卷三十五《人物志·义行》。

水等业,并购买奴婢男妇壹房,所费共有数千余金"。① 事实上,有关徽商用巨额资金购置风水土地、营卜龙脉吉穴的事例不胜枚举。这种行为不利于扩大再生产,不能促进商业的进一步发展,对维护和巩固封建制度的经济基础和意识形态起着巩固作用,是一种历史的反动和社会文明的倒退。

---

① 《乾隆十三年祁门汪姓阄书》,转引自章有义:《明清及近代农业史论集》,北京:中国社会科学出版社,1997年,第322页。

第四章 明清徽州经济活动中的乡例

明清时期,在徽州的乡村社会经济和日常文化生活中,广泛存在着一种乡民约定成俗的民间习惯和规则,这就是"乡例"。经济活动中的"乡例",是指乡村社会中土地交易、动产或不动产借贷与典当,以及其他相关经济活动因约定俗成而逐步形成的各种乡村规则和惯例。① 尽管这些乡例和国家的成文法、地方官府的行政法规,经常会发生抵触、矛盾、对抗甚至冲突,但其在调节乡村社会的经济关系和维持乡村社会秩序等方面,依然发挥了不可忽视的作用。可以说,乡例是一种乡民自我管理、自我控制和自我服务的一种不成文的村规民约。

在明清时期的徽州社会中,因各种经济活动的乡例大多系民间约定成俗而形成,故很少被文字记录下来。因此,要想对明清徽州的乡例进行系统地探讨和全面地研究,是非常困难的。

第一节 土地买卖中大、小买和皮、骨分营等乡例

在明清徽州乡村经济活动的乡例中,有关土地买卖方面的乡例极为繁

---

① 参见张研:《关于中国传统社会土地权属的再思考——以土地交易过程中的"乡规"、"乡例"为中心》,载《安徽史学》2005 年第 1 期。

多,且相当复杂。

明清时期特别是清代中叶以后,徽州乡村社会的土地买卖市场繁荣,土地所有权转移极其频繁。同全国其他地区一样,在明清徽州土地买卖活动中,较早地出现了大买与小买、田骨与田皮分营的现象,且渐次发展成为较为固定的乡例。实际上,这种大买与小买,其标的物对象都是土地,只是同一块标的物所有权被肢解为两个部分,即大买和小买而已,二者既可作为所有权进行转让,也可作为使用权进行租佃。更为令人惊奇的是,小买田主在转让出租小买权的时候,大买田主不得干涉,一些地区甚至出现了转让或出租小买田不向大买田主打招呼的乡例。当然,这种乡例在徽州不同地区,有着不同的表现形式。由于乡例规定小买田既可由小买田主永远耕种,即有永佃权,又可由小买田主自由转让,故事实上也构成了一种所有权,只是隐藏在使用权背后的不完全所有权,在国家成文法中并不具有合法性而已。①

关于大买和小买、田皮与田骨的乡例,明清时期尤其是清代徽州地区各地乡村有着不同的情形,黟县和歙县乡村中大买和小买乡例就存在着较大差异。民国《黟县志》说明了黟县关于大买和小买出现的两种原因,即一为偷逃土地买卖的契税,以所谓的"典首契"代替正常的土地卖契;一为租佃即为获得永远佃耕该块田地所付出的典首银,从而成为拥有小买权的拥有者。"我邑田业有所谓'典首'者,不知始自何年,往往一业两主。正买契券则须收割投印,典首契无收割投印,而价与正买不甚相远,称曰'小买'。买正租而不买典首,但收谷一季而无麦,虽是土例,于理欠顺。曾闻老者言,是因'抵首'之误。抵首者,由佃人与佃人争上首,佃人田中业已播种,此田或易主,或佃主另招新承佃者,认上首种子农耕价,渐渐失真变成典首。又云:昔日地狭人稠,欲佃不得,于是纳金于田主,田主收其金,则此田永远由其承种。若欲易佃,则必偿旧佃之金,故曰'典首'。倘该田之业,田主并未收过佃户之金,则此田之典首仍旧归田主所有。此亦一说也。未知孰是,因两存之"。② 客观

---

① 参见卞利:《清代江西赣南地区的退契研究》,载《中国史研究》1999 年第 2 期。
② 民国《黟县志》卷二《风俗·黟俗小纪》。

地说,黟县存在的这种土地买卖中大买与小买并存的情况,其所产生的原因,《黟县志》所指出的两种因素都兼而有之。

早在明初,徽州即已出现山、地、田骨与田皮的划分,这是《黟县志》所说的第一种因素的直接渊源。在明永乐十四年(1416年)十一月,祁门十西都谢则贤卖山地赤契中,就已出现了"山骨"的文字记录,云"今将前项四至内合得分数山地骨并苗,尽数立契出卖与本都谢能静名下"。① 田地与山场骨权、皮权的分营,直接催生了大买和小买的产生。如果说田骨即田地所有权买卖还能称得上是土地买卖的话,那么田皮的买卖其实既是一种非完全所有权即田皮权的买卖,同时更像一种租佃权的转让。加上明清两代于民间土地买卖交易中收取交易额的百分之三作为契税,这对于大土地购买者来说,无疑是一笔很大的开支。而典当土地,按《大明律》和《大清律》规定则是免征契税的。以包括典首契、小买契在内的典当契代替买卖契,其实就是一种规避偷逃契税的行为。这种情况清代中叶前后至清末,在江西、安徽、浙江和福建等地,是一种普遍的社会现象。②

下面,我们仅以《顺治十六年祁门江求富出佃田皮契》和《清乾隆三十二年五月黟县十都三图余阿朱立典田约》为例,来说明田皮的转让及其转让中的乡例:

1. 顺治十六年祁门江求富出佃田皮契

十一都江求富,今因缺用,自情愿将土名岭脚舍面前田皮柒坵,计租肆秤,出佃与同都叶名下为业,三面凭中议作时值价粪力田皮纹银贰两贰钱正。其田自今出佃之后,一听佃人永远耕种无阻。未佃之先,与内外人等并无重张交易不明等事。如有,自理,不干佃人之事。今恐无凭,立此情愿出佃田皮为照。

弟人江求仙(押)

---

① 张传玺主编:《中国历代契约会编考释》(下),《明永乐十四年祁门县谢则贤卖山地红契》,北京:北京大学出版社,1995年,第738页。
② 参见卞利:《清代江西赣南地区的退契研究》,载《中国史研究》1999年第2期。

順治十六年十一月十九日自情愿出佃田皮人　江求富（押）

奉　男　　江孟志（押）

代笔人　　程士高（押）①

2. 清乾隆三十二年五月黟县十都三图余阿朱立典田约

立典约人余阿朱，今因乏用，自情愿将承祖典首田壹处，土名上段，计租贰拾陆咀拾叁斤伍两，凭中出典与汪名下归租为业，当得九伍色价银贰拾肆两正。其银当日收足，其典首田即听业主管业，另招人耕种，无得异说。恐口无凭，立此典约存照。

乾隆三十二年伍月　日立典约人　余阿朱（押）

同男　　国玠（押）

国玗（押）

中见兄　国春（押）②

从这二纸出佃田皮或典首契中，我们不难看出几个问题：第一，立契出佃田皮或典首人分别是拥有田皮所有权的祁门十一都江求富和黟县十都三图余阿朱，承佃人分别为叶某和汪某。第二，出佃田皮或典首收取租佃费，实际即是"典首银"。叶某和汪某分别付出了二两二钱和九五色纹银二十四两的承佃费后，实际上也就分别获得了这两块田地的永远耕种权，即永佃权。更为要紧的是，这种权利是永久的，事实上也就暗示了承佃人可以自由将其出佃于第三方，即"其典首田即听业主管业，另招人耕种"。第三，考虑到二者出佃田皮和典首契并未有交纳地租的要求，据此，我们基本可以断定，这是以出佃田皮或典首为名，行出卖田皮之实，进而偷逃契税的土地买卖行为。

《黟县志》所指出的后一种因素，明清时期的徽州也是普遍存在的。清末徽州知府刘汝骥曾在一份呈文上批复，云："佃字从人从田，人田各得其半也。

---

① 王钰欣、周绍泉主编：《徽州千年契约文书》（清民国编）卷一，《顺治十六年祁门江求富出佃田皮契》，石家庄：花山文艺出版社，1991年，第51页。

② 刘伯山主编：《徽州文书》第一辑（5），《清乾隆三十二年五月黟县十都三图余阿朱立典田约》，桂林：广西师范大学出版社，2005年，第378页。

徽州山多田少,但患无可耕之田,不患无可招之佃"。① 地狭人稠、人多田少,直接导致了佃户为争夺佃权而被地主强索"典首"、"上首"或"顶首"银现象的发生。下面一张徽州某县《乾隆四十三年杨文衣收上首喜礼字据》,即反映了清代徽州转卖和出让佃权收受上首银即喜礼字的情况。该《字据》原文如下:

> 立收上首喜礼字人杨文衣,因上年祖遗破井栏唐家嘴田种三石,计租三十六石,契卖汤姓。今汤姓转卖与陈文衣,系属上首,凭中议定上首喜礼大钱四千五百正。比即钱字两交,并无不清。恐后倘有户族人等异说,尽在文衣一力承管。此据。
>
> 立收上首字人杨文衣(押)
>
> 乾隆四十三年正月十一日　证　樊仲全
>
> 　　　　　　　　　　　　　　　曹昌年
>
> 　　　　　　　　　　　　　　　彭永怀
>
> 　　　　　　　　　　　　　　　陈序之　　仝见②

关于土地大买与小买的乡例,正如上引数契所反映的内容一样,拥有大买权和小买权的业主,其所享受的权益是不同的。大买和通常的土地买卖一样,需要交纳交易的契税,从而使白契转化为"赤契"或"红契",而小买则可不用交纳契税。歙县的大买与小买的乡例如下:"歙邑买卖田地之契约,有大买、小买之区别。大买有管业收租之权利,小买则仅有耕种权,对于大买主,仍应另立租约。大买契内注明'立大买'契人、今将某号大买田出卖与某收租管业'等语,小买契内则书'退顶小买田人、今将受分小买田出退与某过割耕种'字样。小买与永佃之性质相近,小买田之转移,大买主不得干涉。"③ 而绩

---

① (清)刘汝骥:《陶甓公牍》卷三《批判·户科》。

② 王钰欣、周绍泉主编:《徽州千年契约文书》(清民国编)卷二,《乾隆四十三年杨文衣收上首喜礼字据》,石家庄:花山文艺出版社,1991年,第5页。

③ 《民商事习惯调查录》之《第九章 安徽省关于物权习惯之报告·第一节 歙县习惯·不动产之大买小买》。南京:司法部印行,1930年,第407页。

溪县之大买和小买的乡例与歙县基本相似,略有差异。对此,《民商事习惯调查录》有着相当详细的记载:"绩溪田地向分种名目:一曰'起佃',此等田地系将'大买'、'小买'、'草粪'各种权利并合为一,最为上格;次曰'大买',此等田地只有所有权而无佃权;三曰'小买',又名'小顶',其权利以佃种为限,如或自己不种,转佃与他人耕种,得与大买人分收租谷,并独收麦租。大买与小买人分收租谷时,其成数或二八或三七或四六不等。例如,二八大买名色,每亩大买占谷租八分,小买只占二分,余均以此类推,惟大买名色无论二八、三七、四六,只收谷租而无麦租。此外,西乡八都一带尚有草粪权一项,其名目始于前清雍[正]、乾[隆]以后,其四分之中,大、小买仍按成约多寡分配。虽该田最为膏腴,亦不能于四分租之外增加分毫,其性质与小买相似,而其收益权利则超大、小买。"①

为说明清代歙县大、小买的情况,现特将清代歙县出卖"小买"田契、卖"大买"田契和退"小买"田契之内容及样式,分别举例说明如下:

  1.清咸丰元年十二月歙县二十一都二图许广年卖大、小买田赤契

  二十一都二图立杜卖大、小买田契许广年,今因正用,愿将遗受被字一千零四十一号、被字一千零三十四号,田税二亩五分二厘七毫,土名隔家圢及石公塘;被字一千零七号,塘税七厘,土名石公塘;又一千零四十号,塘税一厘,土名四亩塘。凭中立契出卖与十甲程兆兴户名下为业,三面言定得受时值库平纹银二十八两整。其银当即收足,其田即交管业,其税推入买人户内支解输粮,无得异说。此系两相情愿,并无准折等情。倘有内外人等异说,均是出卖人承担,不涉受业人之事。今欲有凭,立此杜卖田契,永远存照。

  咸丰元年十二月　日立杜卖大小买田契人　许广年

---

① 《民商事习惯调查录》《第九章 安徽省关于物权习惯之报告·第一节 绩溪县习惯·土地所有权有起佃、大买、小买、草粪之别》。南京:司法部印行,1930年,第407页。

　　　　　　　　　凭中　汪易三
　　　　　　　　　　　许禹言
　　　　　　　　　亲笔

再批:原来赤契因与别号相连,不便检出。又照。①

2. 清道光八年四月歙县二十一都一图毕景星等卖大买田赤契

二十一都一图三甲立便卖大买田人毕景星、赞候、受昌,今将遗下公业场字一千二百三十八号,田税八分一厘五毫;又场字一千二百三十九号,田税四分二厘六毫三丝,土名汪堨圻,四至不开,照依清册,凭中立契出便卖与二十一都一图一甲程名下为业,三面言定得受曹[漕]平纹银四十两整。其银彼[比]即收足。其田[税]随即推入买户内支解输粮无辞。从前至今并未典当他人、重复交易。此系两相情愿,并无威逼、准折等情。倘有亲房内外人等异说,俱系出卖人一并承肩,不涉受业人之事。今欲有凭,立此便卖田契,永远存照。

道光八年四月　日立便卖大买田契人　毕景星　毕赞候　毕受昌

　　　　　　　　凭　中　　程炳耀
　　　　　　　　代　笔　　程元恺②

3. 清嘉庆元年十月歙县黄瑶珍退小买田契

立退小买田契人黄瑶珍,今因欠少使用,自情愿将自己作种场字号小买田业,计税一亩五分,土名金线充,凭中立契出退与家堂兄名下为业,三面言定得受小买田价之丝银二十四两整。其银当即收足,其田即交过割管业作种,无得异说。此系两相情愿,并无威逼、

---

① 安徽省博物馆编:《明清徽州社会经济资料丛编》(第一集),《歙县许广年卖大小买田赤契》,北京:中国社会科学出版社,1988年,第166页。
② 安徽省博物馆编:《明清徽州社会经济资料丛编》(第一集),《歙县毕景星等卖大买田赤契》,北京:中国社会科学出版社,1988年,第157~158页。

准折等情。倘有亲房内外人等异说，俱系出退人承当，不涉受业人之事。今恐无凭，立此退据，永远存照。

　　嘉庆元年十月　日立退批人　黄瑶珍

　　　凭　中　黄福兴　黄福招　黄双喜　黄绥衡

　　亲笔①

　　以上所引的清乾隆至咸丰年间三张歙县乡村的大、小买田杜卖契、便卖大买田契和出退小买田契，从文字上看，我们似乎都可以认定其为田地买卖契约。但仔细审视，则发现三者之间的差别还是明显的。第一张《清咸丰元年十二月歙县二十一都二图许广年卖大、小买田赤契》，本身和以往的田地买卖几乎无任何差异，其系投税过割过的赤契，因为其卖出的是该块田地包括所有权和使用权在内的所有权利，只不过加上一个"杜卖"字样，这是和当地盛行的加价或找价相联系的。第二张《清道光八年四月歙县二十一都一图毕景星等卖大买田赤契》，和以往出卖的田地契约要件相同，且亦系赤契。唯一不同的是，在大买和小买分营的前提下，毕景星卖出的只是大买权，而不是该块田地的所有权利。我们可能要问，该块田地大买田的卖主毕景星是否同时拥有该块田地小买权？显然，从该契约的字面上，我们是无法得知的。在这种情况下，我们姑且认为毕景星仅仅拥有该块田地的大买权而并未拥有其小买权。至于第三张《清嘉庆元年十月歙县黄瑶珍退小买田契》，则完全出卖的是该块田地的小买权。对比《民商事习惯调查录》关于歙县大买和小买田的记载，我们完全可以确定"小买田之转移，大买主不得干涉"之乡例是清代歙县普遍存在的现象。实际上，这种乡例是与当地官府的官方法规互相矛盾和相互抵触的。因为早在嘉庆四年（1799年），徽州知府就曾针对大买和小买分营以及由此而引起的诸多弊端颁文严禁。"嘉庆四年，徽州府太爷竣[亮]为严禁小买名色以清田业、以息讼端事。照得民间置买田业，佃户领种，一户

---

　　①　安徽省博物馆编：《明清徽州社会经济资料丛编》（第一集），《歙县黄瑶珍退小买田契》，北京：中国社会科学出版社，1988年，第194～195页。

一佃,遵例皆然。惟徽郡恶俗,有等射利之徒,私放滚折,窥有租种田亩,辄令佃户立券抵质,按亩放银七八两不等,每两索取利谷二三斗。更有一种佃户,将些微酒食顶首,初放于甲,又放于乙,渐增渐多,往往过于契价。每年秋割,无论丰歉,将伊所放小买先行收足,然后再交业主田租。及至交割正租,有等刁佃拖欠短少,或将干谷用水泡胀,搀和谷櫢,多般搪塞。设或田主理论,起佃另召,辄敢勒掯,借称'小买'名色,将田强霸耕种,以致买田之家常轮无租之赋,而小买之家反得无税之租。不特田主之受累匪轻,而穷民亦遭盘利病民"。① 但是,禁令的效果是很糟糕的,不但禁而不止,而且愈演愈烈,至嘉庆、道光之后,大买、小买不仅没有因禁止而消失,反而变得公开化,并最终发展成为徽州乡民土地买卖交易中的不成文习俗与惯例——乡例。乡例的这一约定俗成的特征,正是村规民约所具有的典型特征。

第二节 土地买卖中活卖与绝卖及其找价乡例

在土地买卖活动中,明清时期徽州还有一种乡例,即"找价"以及由此而产生的"活卖"与"绝卖"俗例。"活卖"即非一次性将土地所有权及其他权利卖断,而"绝卖"或称"永卖"、"杜卖"、"杜断",即一次性将土地所有权与使用权全部卖断。在大买、小买分营后,有关土地的大、小买权也出现了活卖和绝卖的现象。但是由于明代中叶以后徽州的土地价格一直呈上涨之势,因此,早先卖出土地的人往往觉得卖出的价格偏低,于是便开始向原先的买主寻求补偿,这就是所谓的找"不敷",亦称"找价"、"加价"或"添价"等。

找价习俗在明初即已在徽州个别地区出现,②安徽省博物馆收藏的一件明建文四年(1402年)六月初三日休宁县十二都十保胡佑卖田赤契中即出现

---

① 刘伯山主编:《徽州文书》第一辑(2),桂林:广西师范大学出版社,2005年,第227页,《清嘉庆年间孙正望等禀状》。
② 参见刘森:《明清时期徽州民田买卖制度》,载《阜阳师院学报》(社科版)1987年第1期。

了交易正价之外加价的萌芽，"又添价钞二贯"①这一简略的文字，是迄今所见明清徽州土地买卖中最早关于增找加价的记录。然而，明清徽州真正意义上的找价，还是在土地买卖中活卖或典当与断卖现象出现之后才产生的。明正统二年（1437年）九月，休宁县十二都十保汪思济在典当包括体字五百大号田等四块田地无法按时取赎，被迫取得原受典人汪介美添凑价之后，将该四块田地断卖与汪介美。该契文写道："前项各号田亩，先前典去价谷。今来无价取[赎]，自情愿将前项四号四至内田，断卖与同都原受典人[汪]介美名下，面议添凑价谷四拾祖[咀]。价当日收讫，别不立领[札]。其田今从出卖之后，一听买人自行闻官受税、收苗，永远管业。"②明代中叶以后，随着土地价格的飞涨，在"田少而值昂"，③素有"寸土寸金"④之称的徽州，找价之风大盛。"田产交易，昔年有卖价不敷之说，自海公（瑞）以后，则加叹杜绝，遂为定例。有一产加五六次者，初犹无赖小人为之，近年则士类效尤，觍然不顾民义。稍不如意，辄架扛枪奸杀虚情，诬告纷纷。时有'种肥田不如告瘦状'之谣"。⑤值得注意的是，关于找价的所谓乡例，有明一代除个别地方官府予以承认外，中央和绝大部分地方政府是不予承认的，找价基本上被视为恶风陋俗而受到严厉禁止。明末崇祯年间还在由官府统一颁发的《官版契纸》中，明确规定了打击找价行为的条款，指出："领有契纸，纳过税银者，不许卖主告增价值。"⑥但值得注意的是，在包括徽州在内的许多地区，找价作为一种乡例，却一直在暗中进行着。崇祯七年（1634年）的福建闽清县陈以海找价契即是

---

① 安徽省博物馆编：《明清徽州社会经济资料丛编》（第一集），北京：中国社会科学出版社，1988年，第12页，《休宁县胡佑卖田赤契》。
② 安徽省博物馆编：《明清徽州社会经济资料丛编》（第一集），北京：中国社会科学出版社，1988年，第30页，《休宁县汪思济卖田赤契》。
③ （清）顾炎武：《天下郡国利病书》卷三十二《江南二十·歙县风土论》。
④ 乾隆《绩溪县志》卷一《方舆志·风俗》。
⑤ （明）范濂：《云间据目钞》卷二《纪风俗》。
⑥ 中国社会科学院历史研究所徽州文书整理组编：《明清徽州社会经济资料丛编》（第二辑），《崇祯十二年歙县王文盛等卖山赤契附户部关于"酌采契纸之议"》，北京：中国社会科学出版社，1990年，第558页。

迄今所见较早一份"找价"契,该契全文如下:

> 立当契陈以海六官,原有民田数号,坐产闽清县四都地方,于前年凭中宋云门兄,卖与郑旌迁原佃为业,得价银及苗米石数,俱载原契明白。□□被水崩流,系是旌迁作埠。今遇大造,仍凭原中向旌迁尽出银□拾伍两正。其银即日交足,其苗即往过割郑田进户,六官当永无言尽取赎之理。今欲有凭,立字付照。
>
> 崇祯柒年正月初九日立尽契　陈六官(花押)
>
> 中见　宋云门(花押)①

从这张崇祯七年(1634年)闽清陈六官"找价"契的内容来看,其找价的原因显然属于杨国桢所认为的"土地交易的时间和推收过户的时间实际上存在的距离"。②

延至清初,单独于买卖契约之外而书立加价契的乡例逐渐在徽州得到普及与推广。尽管这种行为是明显违法行为,但民间的"乡例"既已形成,便很难改变。下面三纸加价契分别为清康熙三十年(1691年)徽州府休宁县的加价文契,其内容和形式在当地已有统一化的趋势。

1. 清康熙三十年休宁县首村郁炳光立贴绝池荡契

> 立贴绝池荡文契郁炳光,有祖遗池荡一处,于康熙三十年间,凭中陈思泉等绝卖与江处管业,当得过价讫。今复央原中陈思泉等至江处,加贴绝银三两正。自贴之后,永无异说。恐后无凭,立此贴绝池荡文契为照。
>
> 随契收足贴绝银三两整。(押)
>
> 康熙三十年　　月　　日立贴绝池荡文契　郁炳光(押)

---

① 福建师范大学历史系编:《明清福建经济契约文书选辑》,北京:人民出版社,1997年,第216页,《崇祯七年闽清县陈六官卖田尽契》。

② 杨国桢:《明清土地契约文书研究》(修订版),北京:中国人民大学出版社,2009年,第20页。

见贴　陈思泉(押)

张有伟(押)

孙汇吉(押)

永远大吉①

2.清康熙三十年休宁县首村郁炳光立绝卖二次加绝契

立绝卖二次加绝文契郁炳光,因先年契卖池荡一处,当得过价讫。又于康熙三十年得过加绝银讫。今复央原中陈思泉等至江处,加贴绝银贰两正。自加之后,再无不尽不绝,永无异说。恐后无凭,立此二次贴绝契为照。

随契收领贴绝银贰两整。(押)

康熙三十年　　月　　　日立二次贴绝契　郁炳光(押)

见贴　陈思泉(押)

张友伟(押)

永远大吉②

3.清康熙三十年(1691)休宁县首村郁炳光立第三次加绝池荡契

立绝卖三次加绝池荡文契郁炳光,有祖遗池荡一处,于康熙三十年间,凭中陈思泉等绝卖与江处管业,当得过价讫。今复央原中陈思泉等至江处,加贴绝银壹两正。自贴绝之后,一卖三绝,尽情尽理,再无不尽不绝,永无异言。立此三贴绝文契为照。

随契收足贴绝银壹两整。(押)

康熙三十年　　月　　　日立贴绝池荡文契　郁炳光(押)

见贴　陈思泉(押)

张有伟(押)

孙汇吉(押)

---

① 原件藏安徽大学徽学研究中心特藏室。
② 原件藏安徽大学徽学研究中心特藏室。

永远大吉①

在康熙三十年(1691年)短短的一年之内,郁炳光就对原出卖给江处的池荡地连续进行了三次找价,找价银合计达六两之多。过去我们仅知道福建、江南苏州和松江,以及江西地区的找价比较活跃,殊不知僻处内陆山区的徽州找价行为更频繁。尽管郁炳光在第一次找价文契中就写明"自贴之后,永无异说",第二次找价文契中声明"自加之后,再无不尽不绝,永无异说",但依然进行了第三次找价,最后才"一卖三绝,尽情尽理,再无不尽不绝"。这三次找价都有原中人陈思泉出面作为"见贴"人,这隐约告诉我们,"一卖三绝"似乎已成为该地区约定俗成的民间"乡规"和"俗例"。尽管朝廷和地方官府并无任何找价合法化的规定,但郁炳光能够在一年之内找价三次,说明了国家法律、地方法规和民间俗例之间存在着极大的不对称。这也预示着国家和地方官府如不能及时对找价行为进行规范的话,找价行为有可能出现失控的局面。

这三纸找价契约都是在清雍正八年(1730年)户部出台关于找价部分合法化条款修订以前出现的,或者说民间的这种找价乡例是和国家法规相抵触的,是非法的。但是,在一些地方的司法活动中,这种找价的乡例还是被司法部门和官员所承认。康熙末年,浙江天台知县戴兆佳就是这些地方司法官员中的典型代表。他以"天台陋例,一正必有一找,又有了根方为卖绝,相沿成习"为理由,为消弭买者与卖者之间的找价冲突,缓和矛盾,向天台这一民间"陋俗"妥协。为此,戴兆佳专门出示晓谕:"从前田产交关,凡有应找者,买主、卖主请同原经秉公议处找价若干,立约交银,粘同找契具禀。本县批照用印存执,以斩葛藤。尔等速宜趁此清丈之时,了根找价,各领由单,各自立户,所谓一了百了,永无翻腾。倘经此番清找之后,敢有再起风波,定照违禁律治罪,决不姑容。"②他在《劝谕买产人速循天台旧例了根找绝以斩葛藤以切案

---

① 原件藏安徽大学徽学研究中心特藏室。
② (清)戴兆佳:《天台治略》卷六《告示·劝谕买产人户速循天台旧例了根找绝以斩葛藤以清案牍事》。

牍事》的告示中,明确指出:"买卖田产,不许告找、告赎,此定例也。然律设大法,理顺人情,事则因地制宜,难以拘泥成法。"①这为地方官府将找价行为的合法化形先河。

　　事实上,之所以造成找价现象蔓延和愈演愈烈,是因为其背后有着极为复杂的社会原因和制度缺陷。土地价格的持续上涨,导致原先出卖土地价格较低的卖主心里失衡,希望找回现价与原卖土地价格的差额,即找"不敷"。这只是问题的表面。那么,是什么因素造成了土地价格出卖时的低价呢?其中的制度的缺陷显然是重要原因。按照明代和清代前期十年一次大造黄册的制度规定,土地、田宅买卖行为的产权合法转移,必须要在大造黄册之时方能交割。假如卖者甲在大造黄册的次年进行土地买卖,那么,买者乙则要到十年之后再次大造黄册之时,才能进行产权的交割。这样就势必会出现一种现象,那就是卖者急于出售,买者压低价格。对此,戴兆佳讲得很清楚:"至于找价一项,现奉抚宪通行饬令勒石,永禁催取,碑摹煌煌,功令炳若日星,曷敢违抗?但此一卖不容再赎,一价不许再找,乃据他处之契明价足者而言。若在天台,则有难以一例施行者。天台田土交关,有正必有找,有卖契而无捣根,不许推收过户。所以买卖时立契成交,买主故意留难,短少价值,以存日后捣根地步。卖者急于求售,姑且忍气吞声,以为将来翻腾张本。"也就是说,在土地买卖之时,买者和卖者就已经开始了利益的博弈。买者乘人之危压低价格,卖者忍气吞声急于出手,或故意留难,短少价值,但到大造黄册之年,买者不给找价以捣根,卖者就不许推收过割。衅端一开,便很难收拾,本来卖主出价捣根,已属忍痛求安,"在买者坐拥膏腴,固志得而意满;在卖者剜肉无填,呕心无血",但"一开断赎、断找之门,无论价未足、根未捣而税未过之活产,皆纷纷抱牍前来,即卖经数十余年,捣找数番。入户办粮之绝产,亦投讼棍主维,驾虚渎控,希图蒙混。讼端蜂起,案牍星繁"。戴兆佳不得不再出告示,"示后不计年月远近,如正契之外已有捣根票约而卖主捐不付税者,许

---

①　(清)戴兆佳:《天台治略》卷六《告示·劝谕买产人户速循天台旧例了根找绝以斩葛藤以清案牍事》。

买主速即赴禀,立押印收。若止有正契,果未经捣根者,亦许卖主请同原经公人与买主议明,遵循俗例,照依时值足价,呈验契券,印收完粮,以斩葛藤。敢有买主欺压乡愚,恃横揩勒,定按律照豪强吞并之罪罪之。倘本无可处可找,犹然平地风波,违例刁渎,一经审出真情,必然重责枷示,以儆奸顽,决不稍为宽假"。① 制度的缺陷,使得诸如戴兆佳之类的基层县官在完成国家编制黄册任务和违反国家法照顾民间乡规俗例两者之间,进行着艰难的抉择,显然承担着巨大的政治风险。这就是找价产生、蔓延和找价之风愈演愈烈的最主要原因。

在这一背景下,为了避免越来越严重的社会冲突,国家法终于开始向民间法妥协,以求寻找到国家法和民间法的某种整合方法、途径,缓解社会矛盾,维护社会稳定。

康熙末年,找价行为依然没有得到朝廷的认可,但有所松动。我们在康熙五十四年(1715年)绩溪县梅里周先祖卖地官契中,发现了官版契纸印上了这样的条款,即"凡有式纸纳过税粮者,毋许生端告找增价,违者重究"。② 这条规定透露了一个重要信息,就是土地成交尚未纳过税粮者,可以告找增价。

雍正八年(1730年)户部终于在回复侍郎朝恩的条奏中,由皇帝批准形成了补充《大清律》关于"典买田宅"条款的案例。自此之后,以例代律处置民间田产"找价"行为,终于有了法律上的依据。这条新增补的"例"规定:

> 卖产立有绝卖文契,并未注有"找贴"字样者,概不准贴赎。如契未载"绝卖"字样,或注定年限回赎者,并听回赎。若卖主无力回赎,许凭中公估找贴一次,另立绝卖契纸。若买主不愿找贴,听其别卖,归还原价。倘已经卖绝,契载确凿,复行告找、告赎,及执产动归

---

① (清)戴兆佳:《天台治略》卷六《告示·严禁富户揩赎揩赎刁民告找告赎事》。
② 《清康熙五十四年七月绩溪县梅里周光祖卖地官版契纸》,原件藏安徽省绩溪县梅里村。

原、先尽亲邻之说,借端指勒,希图短价者,俱照不应重律治罪。①

由于雍正八年(1730年)定例实在过于笼统和原则化,操作起来较为困难,因此,乾隆十八年(1753年)四月,刑部议复浙江按察使同德关于"混行告找、告赎者,照讹诈律治罪"的奏疏时所议定的定例,为乾隆皇帝所采纳,成为新的定例。新定例原文如下:

> 嗣后民间置买产业,如系典契,务于契内注明"回赎"字样;如系卖契,亦于契内注明"绝卖永不回赎"字样。其自乾隆十八年定例以前,典卖契载未明之产,如在三十年以内,契无"绝卖"字样者,听其照例分别找赎。若远在三十年以外,契内虽无"绝卖"字样,但未注明"回赎"者,即以绝产论,概不许找赎。如有混行争告者,均应照不应重律治罪。②

这就是乾隆十八年(1753年)清政府重新调整后的关于找价行为的定例。这一定例与雍正八年(1730年)的定例相比,最大的变化就是明确规定了找价的年限,即三十年之内。根据这一定例,只要在乾隆十八年(1753年)即定例规定颁布之前三十年内,即使是"典卖契不明之产"、"契无'绝卖'字样者",亦可以"照例分别找赎"。至于三十年之外,如果契内并未注明"绝卖"字样、虽无"回赎"字样者,那么该产业只有以绝产论处,而无找价的权利了。否则,即要被科以"不应重律治罪"了。

乾隆十八年(1753年)定例颁布以后,包括徽州在内的全国各地卖产"找价"行为完全合法化。至此,只要是符合清王朝定例规定的找价行为,地方官府即全部予以认可。各地找契格式和内容也基本趋于相同,一些地方甚至专门印制了找契契纸,供卖产人使用。我们看到,雍正八年(1730年)和乾隆十

---

① 马建石、杨有裳主编:《大清律例通考校注》卷九《户律田宅·典买田宅第三条例文》,北京:中国政法大学出版社,1992年第436页。

② 马建石、杨有裳主编:《大清律例通考校注》卷九《户律田宅·典买田宅第七条例文》,北京:中国政法大学出版社,1992年,第437页。

八年(1753年)之后,徽州各地乡村土地买卖活动中找价和加价契约明显增多,凡是未在契中注明"绝卖"或"杜卖"、"永卖"字样者,包括典当、租佃、大买和小买等土地,出卖者都有找价和加价的权利。

下面二纸契约即清雍正十年(1732年)黟县张宗于立租佃田找加价契和道光七年(1827年)徽州某县黄瑞珍找小买田契,就是租佃和小买田地找加价的典型文约。

1. 清雍正十年四月黟县十三都三图张宗于立加田契

立加契张宗于,原所卖租佃田乙处,土名下朱,今两商情愿,托凭亲友加到余名下白文价银肆两正。其银当足,其田业即听受主开基竖造。日后内外人等永无生情异说。今欲有凭,立此加契,永远存照。

雍正拾年四月　日　立加契　张宗于(押)

中见亲　余子文(押)

上件契内价银,照数尽行收足无欠。再批。(押)契。①

2. 清道光七年三月徽州某县黄瑞珍找小买田契

立找小买田批人黄瑞珍,因父承退过场字号小买田一业,计税一亩六分,土名大路上。凭中立找批与堂弟媳名下为业,三面言定得受找价足元银十七两整。其银当即收足,其田原管业作种,不得取赎无异。此系二各情愿,并无威逼、准折等情。倘有亲房内外人等异说,俱系一力承担,不涉受业人之事。恐口无凭,立此找小买田批,永远存照。

道光七年三月　日立找小买田批人　黄瑞珍

凭　中　黄观遂

黄福如　黄天瑞　汪君美

---

① 刘伯山主编:《徽州文书》第一辑(5),桂林:广西师范大学出版社,2005年,第360页,《清雍正十年四月张宗于立加田契》。

代　笔　张天培　①

上引二纸找价契,均系租佃和出退小买田地之找价。这二纸契约告诉我们,找价行为合法化后,一切买卖活动,只要未在买卖契约中特别注明"绝卖"字样,又在买卖活动发生后的三十年之内,卖主都拥有增找不敷价钱的权利。清乾隆年间,江西就曾发生了卖妻索找不敷价钱的问题,以致逼得按察使凌燽不得不颁布《禁卖妻找价》的告示。② 更为严重的是,随着找价行为的合法化,徽州地区又渐渐形成了违法的多次找价和绝卖或杜卖、永卖找价的乡例。不仅找价一次、两次,而且三次、四次都有。发展到后来,不仅"活卖"田地山场可以合法地进行找价,而且"绝卖"也加入找价的行列。尽管这种行为是违法的,但却盛行于徽州各地乡村。由此可见,明清徽州民间"乡例"的力量是如何强大。

清嘉庆十二年(1807年)十二月黟县八都三图查高宙杜绝卖山契和找价契,就是清代徽州土地卖绝后找价的典型事例。

1. 清嘉庆十二年十二月黟县查高宙立找价复据

立复据查高宙,因嘉庆十年原卖土名余婆坞山壹处,得实价银拾乙两。因中人短价,身心不甘。又央族侄等理论,买人又备价银五两五钱,身已亲手收足。自议之后,再不入山侵窃及借端生事。其山日后听买人蓄养树木柴装柴薪,丝毫无阻。恐口无凭,立此复约为据。

嘉庆十二年十二月　　　日立复据　查高宙(押)

见议　兄高宥(押)

依口代笔　族侄希进(押)③

---

① 安徽省博物馆编:《明清徽州社会经济资料丛编》(第一集),北京:中国社会科学出版社,1988年,第420页,《黄瑞珍找小买田契》。

② (清)凌燽:《西江视臬纪事》卷三《条教·禁卖妻找价》。

③ 刘伯山主编:《徽州文书》第一辑(3),桂林:广西师范大学出版社,2005年,第396页,《清嘉庆十二年十二月查高宙立复据》。

附:清嘉庆十年正月黟县查高宙立杜绝卖山赤契

立杜卖契人查高宙,今因不便,自情愿将承父阄分土名余婆坞山乙炔,系经理菜字号,计山税四分五厘正。其山新立四至,东至山脚,西至山降,南至高宰山界,北至启进山界。今将四至之内,凭中尽行立契出卖与堂兄高森名下为业,三面言定实值九柒色价银拾壹两整。其银当日收足,其山听从买人蓄养柴薪树木,砍斫无阻,其税另立推单。如有来历不明等情,尽是出卖人之当,不涉受买人之事。自成之后,两各无悔。今欲有凭,立此杜绝卖契,久远存照。

再批:契内改时字拾字两个。(押)

嘉庆拾年正月　　日立杜绝卖契人　查高宙(押)

中见　兄高宥(押)

查启鑫(押)

代笔　伯升本(押)

上件契内价银,当日尽行收足无欠。再批契。(押)[①]

我们对照了嘉庆十年(1805年)正月查高宙卖山契,其使用的规范文字为"杜绝卖契",显而易见的是,按照乾隆十八年(1753年)调整后的关于"找价"的法律规定,绝卖土地行为,是无权要求找价的,否则就是违法行为。一旦诉诸官司,往往会以败诉而告终。嘉庆十九年(1814年)十一月同样发生在黟县,该县十都丰登村谢卢氏向买主索取找价时,就因"契注'杜绝'字样,例无加价之理"而遭到了买主的拒绝,好不容易央托保长理说,也未能达到目的,最后只好以立"借字"的名义,从原买主那里借得赖以度日的银两。该契原文如下:

2.清嘉庆十九年十一月黟县十都丰登村谢卢氏因卖杜绝田地

[①] 刘伯山主编:《徽州文书》第一辑(3),桂林:广西师范大学出版社,2005年,第379页,《清嘉庆十年正月查高宙立杜绝卖山赤契》。

第四章 明清徽州经济活动中的乡例

不准加价而立借字

  立借字人谢卢氏,今因荒歉,三子不能供给,自身到方有德家,意想以昔年所卖土名叶家滩田壹处,计田乙坵,计租拾伍砠正,硬行加价以后,鸣保向说。当日契明价楚,业交税割,契注"杜绝"字样,例无加价之理,原中不便向加。今蒙保再三项说,借到方有德名下九七元银伍两正,其银言定候子兴隆之日送还归楚不误。如不能还,当必图报。日后子孙服内人等再不得以此田生端加价、移借等情。今欲有凭,立此借字为据。

  再批:填字四个,又照。(押)

  嘉庆拾九年十一月   日立借字人   谢卢氏(押)

      中   见   服侄人谢灶尾(押)

      依口代笔   保证蒋庆(押)①

  实际上,在宗族聚居的徽州乡村社会里,真正像原买主方有德这样拒绝为杜绝卖契找价的现象毕竟不多见。在乡里乡亲和宗族患难相恤的广大乡村,为了体恤杜绝卖田地的原卖主的困难,原买主一般都会采取折中的办法,对原卖主的找价要求酌情予以支持。这里例外的是,原卖主谢卢氏和原买主方有德之间并无血缘亲属关系,方有德在已经给谢卢氏加价一次的情况下,以"例无加价之理"而断然拒绝了其二次加价的要求,应当说也是有一定道理的。不过,需要说明的是,这里方有德所谓"例无加价之理"的"例",并不是指当地的乡例,而是指乾隆十八年关于"绝卖"不得找价的"例"。相比之下,发生在清代乾隆六十年(1795年)十二月徽州某县陶声华三次获得找价权利,其结局则远比谢卢氏要幸运得多。

  立重复加添字人陶声华等,因上年将薛家巷仓房一所杜卖与陈,已经杜加添过。今因手中不足,浼中捺劝,重复加到陈名下大钱

---

 ① 刘伯山主编:《徽州文书》第一辑(5),桂林:广西师范大学出版社,2005年,第122页,《清嘉庆十九年十一月谢卢氏立借字》。

玖仟。自重复之后,永断葛藤。立此重复字为据。

六年十一月廿八　陶冠英滥加二千。

卅　　陶声华、陶琼英滥加三千六百,皆无字,图珍老手付。

立重复加添字人　冠英(押)

声华(押)

群英(押)

乾隆六十年十二月廿六日凭中　韦薪传　沈文招

仝见　陶德符　余禹平①

从上引乾隆六十年(1795年)徽州某县某村陶声华等立"加添字据"的文字来看,我们发现它至少体现了以下几点关于徽州增找加添不敷的乡例内容。第一,加添行为是合法的;第二,加添找价不止一次,而是重复进行了三次;第三,经过三次加添找价,该块土地方才被彻底绝卖,即"永断葛藤"。

总之,明清徽州各地乡村社会关于找价的乡例,与同一时期江南(含江苏和安徽二省,清康熙六年二省分别建省)、浙江、江西和福建等地一样,是在不断演变的过程中逐步形成的。从乡村社会民间屡遭国家法禁止和打击的违法乡例,到国家调整立法、正式认可找价乡例;从国家法认可的具备找价条件下的合法找价,再到突破甚至违犯国家法认可条件杜、绝卖土地的多次找价乡例形成,这一反复而曲折的过程,真实地反映了包括明清在内的历史上民间许多乡例形成的机理。尽管这些乡例从法理上讲是不合法的,但又是合情理的。"律设大法,理顺人情,事责因地制宜,难以拘泥成法"。② 乾隆六十年(1795年)十二月徽州某县陶声华在土地卖绝的情况下还能连续三次获得找价权利并得到买主的配合,正是"律设大法,理顺人情,因地制宜"礼法合一的中华法系的受益者。

---

① 王钰欣、周绍泉主编:《徽州千年契约文书》(清民国编)卷二,石家庄:花山文艺出版社,1991年,第104页,《乾隆六十年陶声华等立重复加添字据》。

② (清)戴兆佳:《天台治略》卷六《告示·劝谕买产人户速循天台旧例了根找绝以斩葛藤以清案牍事》。

第三节　借贷、典当和租佃活动中的若干乡例

在明清徽州乡村的经济活动中,借贷、典当和租佃等交易市场也十分繁荣与活跃,且在这些经济活动中,往往因惯常于某一规矩和习俗,久而久之,民间便形成了约定俗成的所谓"乡例"。限于史料和作者所见,我们仅将有关借贷、典当和租佃等经济活动中零星的乡例,略举数端,并作简要分析。

明清徽州乡村借贷与典当活动极为频繁,这不仅由于徽商为筹措经营资金的借贷和典当较为普遍,而且乡民迫于生计而进行的各种日常小额借贷与典当活动也极为繁多。正如金声所言,徽商"虽挟赀行贾,实非己赀,皆称贷于四方之大家,而偿其什二三之息"。① 我们在婺源庆源乡绅詹元相的《畏斋日记》中发现,至少在庆源这样一个山村,民间的借贷与典当行为极其普遍,詹元相依靠借贷和典当所获得的利润收入,是其生活来源之重要组成部分。"徽民有资产者,多商于外。其在籍之人,强半贪无卓锥,往往有揭其敝衣残襦,暂质升合之米以为晨炊者,最为可怜。然巨典高门,锱铢弗屑。于是有短押小铺,专收此等穷人微物,或以银押,或以钱押,或以米酒押,随质随赎"。②"村中设有典铺,本以便族人缓急"。③ 一般来说,这样的借贷和典押,都有固定的利息,这种利息因所在地域和乡村的不同而有所不同,进而形成不同地域借贷和典押的所谓乡例。因此,不少乡村借贷人往往在借贷文约中书"照典例起息""如迟,照乡例加息"的字样。

下面四纸关于明清徽州乡村借贷和典当文约中的乡例,反映了明清徽州借贷与典当乡例的一般状况,谨分别照录于下:

1. 明天启三年二月初九日徽州某县吴时标立借银逾期照乡例加息文约

---

① 道光《徽州府志》卷八《蠲赈·金声与徐按院书》。
② (清)林云铭:《挹奎楼选稿·徽州南米改折议》。
③ 光绪《新安吴氏宗谱》(不分卷)。

立借约人吴时标，今因缺用，自浼中借到族兄名下本纹银三两整，其银约至五月付还。如迟，照乡例加息。立此为照。

天启三年二月初九日　立票人　吴时标（押）

中见人　吴学辅（押）

通共本利银三两陆分正。

纹银。①

2. 清康熙十八年十二月徽州某县吴天鹅照典例起息借钱票借券

立借票吴天鹅，为因迁居，急用无措。今央中借到斐翁尊叔祖处本银伍两整，其银照典例起息，约至来春，一并奉还，不致有误。恐后无凭，立此借票为照。

康熙十八年十二月　日立借票人　吴天鹅（押）

央　中　程我登（押）②

3. 清康熙四十三年徽州某县胡心一等借银照乡行息会票

立会票胡心一、胡文标、胡鸣云，今会到亲人方名下本文银一百两整，其利照乡行息，约至来年春，本利兑还无误。存照。

康熙四十三年十二月十五日立会票　胡心一（押）胡文标（押）胡鸣云（押）

见　中　胡文繡（押）

四十五年十二月初六日，本利还过二百十六两。③

4. 康熙五十年七月初十日祁门县十西都谢立栋立照乡例行息借约

---

① 王钰欣、周绍泉主编：《徽州千年契约文书》（宋元明编）卷四，石家庄：花山文艺出版社，1991年，第80页，《天启三年吴时标借银字据》。

② 王钰欣、周绍泉主编：《徽州千年契约文书》（清民国编）卷一，石家庄：花山文艺出版社，1991年，第85页，《康熙十八年吴天鹅借票》。

③《清康熙四十三年十二月十五日徽州某县胡心一等借银照乡行息会票》，原件藏南京大学历史系资料室，编号000175。

立借约人谢立栋,今借到族侄孙宗颢兄弟名下本纹银三两五钱整。其银乡例行息,约至本月尽将本利一并付还不误。立此借约存照。

康熙五十年七月初十日　立借约人　谢立栋(押)
　　　　　　　　　　　　中见族　玉　生(押)
　　　　　　　　　　　　　　　　九　如(押)①

上引四张关于借贷和典当的起息利率皆未在文约中明言,显然其中是有所谓"乡例"规定的。出借人如不能按期交还本金和利息,则照"乡例加息"。此乡例之利率为多少,我们不得而知。在徽州的不同地区,有按年计息者,有按月计息者。按年计息,有"周年一分五厘行息"者,②有"周年二分起息"者,③有"周年二分五厘行息"者,④也有利息八分多起息者,"通足典钱五百千文,言明至次年三月初十日加息六十千文,至期本利一并归楚"。⑤ 按月计息者,则有"每月一分行息",⑥"每月一分贰厘行息者"⑦,"按月一分五厘行息"⑧

---

① 《清康熙五十年七月初十日祁门县十西都谢立栋立照乡例行息借约》,原件由卞利收藏。

② 安徽省博物馆编:《明清徽州社会经济资料丛编》(第一集),《张煦怀借票》,北京:中国社会科学出版社,1988年,第559页。

③ 《元至正二年至清乾隆二十八年休宁王氏文契约誊录簿·附抄郎玉公借票》,原件藏南京大学历史系资料室,编号000013。

④ 安徽省博物馆编:《明清徽州社会经济资料丛编》(第一集),北京:中国社会科学出版社,1988年,第559页,《詹遐年借约》。

⑤ 安徽省博物馆编:《明清徽州社会经济资料丛编》(第一集),北京:中国社会科学出版社,1988年,第560页,《歙县吴长春会票》。

⑥ 安徽省博物馆编:《明清徽州社会经济资料丛编》(第一集),北京:中国社会科学出版社,1988年,第558页,《歙县程翼文会票》。

⑦ 安徽省博物馆编:《明清徽州社会经济资料丛编》(第一集),北京:中国社会科学出版社,1988年,第558页,《歙县程翼文会票》。

⑧ 安徽省博物馆编:《明清徽州社会经济资料丛编》(第一集),北京:中国社会科学出版社,1988年,第560页,《潘伟士借券》。

和"照月二分行利"者等。① 还有如《康熙四十三年徽州某县胡心一等借银"照乡行息"会票》，借主因未能如期归还本息，直至二年后被课以百分之五十八之年利率者，更有所谓的本利翻倍的"驴打滚"式高利贷者。如果揣测不误的话，上引第三纸胡心一因违期被课以百分之五十八之年利率，应当是当地的所谓"乡例"。

明清徽州土地租佃活动中的乡例也是名目繁多。首先是各种押租名色。黟县的所谓"典首"，顾名思义是佃户为租种田主之田地所付出的押租钱。"昔日地狭人稠，欲佃不得，于是纳金于田主，田主收其金，则此田永远由其承种。若欲易佃，则必偿旧佃之金，故曰'典首'。倘该田之业，田主并未收过佃户之金，则此田之典首仍旧归田主所有"。② 黟县称押租为"典首银（钱）"，而歙县则名押租钱为"顶首银（钱）"。大量存在于明清特别是清代徽州乡村各地的"典首"、"贴头"和"顶首"文约，就是这种押租钱成为乡例的最有力证据。明万历三十九年（1611年）三月二十七日休宁县某村郑廷玉等承管包约合同中的所谓"乡例贴头"，实际上就是休宁县乡村土地租佃活动中关于押租的乡例。

> 立承管合同包约人郑廷玉、廷侃等，今因承到吴当、郑英二家名下两半均业山一片，土名屋基后，其山四至照原旧长管。为因本山原有乡例贴头，因吴当用价佃回，自因往外生意，未能照管。近年以来，节被内外人等魃入本山，盗害无厌。今商议山主自情愿召与本身七人名下承管，长养柴薪栖枝，每三春出拚，现议定则，硬包柴价文银吴当、郑英各该壹两柒钱伍分整。其众山原墨用价佃，乡例贴头原价每三春一两五钱。今自愿不能经管，只议硬包文银捌钱，至逐轮三春出拚之日，并柴价共银肆两叁钱正交足，山主方许砍斫。其在山长养逐年松杉杂苗等木，见根长养，当年砍斫柴薪，不许乘机

---

① 刘伯山主编：《徽州文书》第一辑（5），桂林：广西师范大学出版社，2005年，第375页，《清乾隆二十八年八月余文庇立借约》。

② 民国《黟县志》卷二《风俗·黟俗小纪》。

混砍。如有此等见椿,见一罚十,以作监守自盗理论,仍听经公理治无辞。长养成材木植之日,砍斫见数,每百担硬扒壹拾陆担与七人均分。仍者,一听山主照时价挊银,听照前四两三钱则,派二家均分。其长养本山柴薪木植茂盛之日,山主笃念勤心长蓄,亦议原价,不许另挊外人。倘有内外人等入山盗害,拿获刀斧,报知山主,经公陈治,议赏白米三斗与拿获之人,亦不许私自卖放。如有等情,故违合约,甘罚伍石入众公用。今恐无凭,立此合同,永远存照。

万历卅九年三月廿七日立合同承管人　郑廷玉(押)

廷　佐(押)

廷　侃(押)

廷　裕(押)

守山合同面付郑文星收执,　　　　文　星(押)

日后要用,刷出参照。再批。　　　文　钦(押)

有　望(押)

中见人　吴廷全(押)①

明清普遍存在于徽州六县乡村的关于特殊租佃活动中佃仆的乡例,尤其引人注目。"徽俗旧例:仆居主屋,种主田,葬主山,则世世服役,而莫之有违"。② 但是,作为一种落后残酷的租佃剥削制度,明清徽州的佃仆制却根深蒂固地存在于城乡各地尤其是僻远的山村,而且形成了约定俗成、牢不可破的所谓乡例而无法改变,"主仆分严,徽称美俗"。③ "旧家多世系,由唐宋下不紊乱,宗谊甚笃。家有祠,岁时俎豆,燕好不废。小民亦重去其乡,重鬻子女。婚姻论门第,辨别上中下等甚严,所役属佃仆不得犯,犯辄正诸公庭,即

---

① 王钰欣、周绍泉主编:《徽州千年契约文书》(宋元明编)卷三,石家庄:花山文艺出版社,1991年,第417页,《万历三十九年休宁郑廷玉等承管包约合同》。

② 王钰欣、周绍泉主编:《徽州千年契约文书》(清民国编)卷一,石家庄:花山文艺出版社,1991年,第76页,《康熙十二年祁门李应明状纸及批文之二》。

③ 《商山吴氏宗法规条》。

其人盛赀积行作吏,不得列上流"。① 在明清时期的徽州乡村,强宗大族对佃仆的统治和压榨是极其残酷的,佃仆除租种主人田地山场、居住主人提供的房屋、死后葬在主人的山场之外,还要交纳地租和承担主人的各种役使。明代祁门善和村的佃仆"不惟耕种田地,且以备预役使……役使烦苦,且征收科取比昔不无加重,况又有分外之征"。在这种压榨下,佃仆"多饥寒,多流亡"。② 休宁茗洲村吴氏宗族甚至制定了文字详细的关于佃仆的各项差役的条例,名之曰《葆和堂冠昏丧祭及扫墓差遣各仆条规》(以下简称《条规》),该《条规》要求村族内所有佃仆必须"尊家主",即无条件服从家主的一切差遣和吩咐,并告诫佃仆要小心安分,不得犯上作乱。

> 主仆名分,古今皆严,遐迩一体。然君子野人,各相倚顿,故家主相传以来,待尔等向从宽政,应取则取,应与则与,无故不轻詈,无故不轻责,无故不轻耗汝钱一文,无故不轻啖汝酒一杯。且竹木与尔等看守,尽可得利;山业与尔等看守,尽可受惠。田园交尔等耕耘,杂山任尔等拔种,税山任尔等安葬,税地任尔等宅居。雍正七年,本县朱老爷③以种主田、葬主山、住主屋三事通详,有一于此,俱在应主之例。尔等饮水思源,存心护主,则附处家主之旁,诚可安居而乐业。设尔等不自安分,放诞奸谋,只图一己之利,不顾家主之害,则宽适以养邪徒,柔适以蓄不肖,正本清源,势必有逼行究治之事。到此时,其所谓有田不得种,有山不得葬,有屋不得居。何若小心安分,谨遵主训者之为得也?

茗洲吴氏宗族御仆"尊家主"的条规,简直就是对佃仆的威胁与恫吓。正是这种世代相承的、落后的、野蛮的所谓乡例,才使得佃仆制能够在徽州乡村各地存续长达数百年之久,以致雍正五年(1727年)清世宗的"开豁世仆为

---

① 万历《祁门县志》卷四《人事志·风俗》。
② 万历《窦山公家议》卷六《庄佃议》。
③ 该处所指之朱老爷,系休宁知县朱鹭。

良"的诏谕也无法在徽州得到彻底的贯彻执行。在徽州,不仅佃仆自身为仆,而且子孙世代为仆,故当地有"仆生不值半文"之谚。① 佃仆的生活,也绝不像《葆和堂冠昏丧祭及扫墓差遣各仆条规》所描述的那样受到主人良好的关照。相反,佃仆及其子女所承受的苦难则是极其深重的,"徽俗御仆之酷,炮烙、挺刃,习以为常"。② 他们不得与主人发生冲撞、殴斗,否则,即是犯分,要被族规家法处治或被官府罪加凡人一等的法律制裁。他们不得与主人子女通婚,不得拒绝主人的各种差遣。休宁商山村吴氏宗族的《商山吴氏宗法规条》对佃仆的一系列违规行为,规定了严格的宗族内部处理原则,即"赎身出屋、越礼犯分,抗僭无比,自今即当预为之防。倘有此等,宗正、副访出,将赎身之物追入祠中公用,仍拘原仆听宗正责罚,或有豪奴凶恶,抗忤主辈,有伤大体,宗正、副即行拘入祠中,从重责罚"。③ 即使是葬主山,也要在主人的严格限定的各种规条约束之下安葬,不然也会遭到最严厉的惩处,"主山仆葬,此古例也。每月前禀明祠堂何处地名,以便稽查,于主家有碍否,左近有主家祖墓否。果然分毫无碍,方许扦葬。如有碍,则不许。若不先禀明,及有碍家主者,查出,责令迁移之后,仍以故犯论,厝基亦如之。至于坟林树木一尺以内者,竖起为尔等坟林,砍倒算祠堂山业,送一半到祠堂,为完粮之资,给尔等一半,为栽培力分,此古倒[例]也。不得朦胧,违者,议罚。设树木颇大又成林,祠堂需用,偿力分一半,大寒之后,听祠堂砍伐,不得有违"。④ 可见,佃仆葬主山的条件,完全取决于主人的意志与安排,佃仆自身没有任何选择权和决定权。

在明清徽州佃仆制中,还有一种未见诸正式文字记录却有大量文书保存下来的不成文乡例,那就是佃仆一旦有盗砍树木、盗葬坟墓(含私自安厝等)等行为,被主人发现或抓获后,一般都要以立戒约、限约、还约、服约和甘罚约

---

① (明)傅岩:《歙纪》卷九《纪谳语》。
② (明)傅岩:《歙纪》卷九《纪谳语》。
③ 《商山吴氏宗法规条》,明抄本,原件藏国家图书馆。
④ 《葆和堂需役给工食定例·葆和堂冠昏丧祭及扫墓差遣各仆条规》,转引自叶显恩:《明清徽州佃仆制与农村社会》,合肥:安徽人民出版社,1983年,第331—332页。

等文约形式，向主人保证服从一切处罚，从而避免主人告官论处的更为严重的下场。下面，我们谨将明清时期徽州乡村几类佃仆所立的认服或认罚文约列举如下：

1. 明嘉靖四十四年四月二十五日祁门县十四都佃仆汪田等因子汪兴等言语不逊冒犯主人立还文约

十西都汪田、汪富见住第三四都月山下，因子汪兴、汪新得言语不逊，冒犯房东谢诰，诰禀族众谢城、谢璋、谢现等要行理治。自知理亏，情愿托凭三甲里长谢棹立还文约。自今以后，子子孙孙遵前祖父文书，应付使唤，递年拜节，不敢违文背义。如违，听房东赍文告理论罪，今恐无凭，立此还文约为照。

嘉靖四十四年四月廿五日　立还文约人　汪　田

同立文约人　汪　富

中见里长　谢　棹①

2. 明天启六年二月二十二日祁门县佃仆陈社魁等因私厝祖母棺木于主人祖坟旁立限约

立限约仆人陈社魁同侄际固发，今因身不合，于天启五年二月，将祖母棺木一具，私厝洪主祖坟边旁，二载不报，意图侵葬。因事发觉，已另立还服罪文约，求主山地安葬祖母。今因目下日期未卜，托中愿立限约，请主眼同保甲长等，将棺木封号暂厝主山，即择吉日请主到山验葬，不得私行搬移。如擅移不报，即系侵葬，是的听主递官理治无词。今恐无凭，立此限约为照。

天启六年二月廿二日　立限约人　陈社魁

同侄　陈周发

中见保长　饶宗仁

---

① 《明嘉靖四十四年四月二十五日祁门县十四都佃仆汪田等因子汪兴等言语不逊冒犯主人立还文约》，原件由卞利收藏。

　　　　甲长　毕天浩

　　　　义兄　胡社志

　　　　　　　胡社夏①

　　3.清顺治二年九月二十五日徽州某县佃仆王三一等因聚众结寨倡乱等事立甘罚戒约

　　立甘罚戒约地仆王三一、朱良成、倪七周、王冬九,今不合被胡清、汪端时、贵时引诱聚众,结寨倡乱、劫掠放火等事。于本月二十四日,行劫本县西门汪宏剑刀行囊。随于二十五日,又不合,乱砍家主住基对面坟山荫木数根造寨。当有两村家主拿获,口供实情,原系胡清三人倡首。身等不合,误入同伴。甘立罚约,求汪家主原情宽恕,次[此]后不敢复蹈前非。其倡首三犯,听后获日,送官重处。立此甘约存照。

　　乙酉年九月廿五日　立甘罚约地仆　王三一(押)

　　　　　　　　　　　　　　　　　　朱良成(押)

　　　　　　　　　　　　　　　　　　倪七周(押)

　　　　　　　　　　　　　　　　　　王冬九(押)

　　凭现年里长汪文玑朝奉。②

　　4.清康熙十八年祁门县枧坞村佃仆余春生等因盗砍发卖主人毛竹立服约

　　立服约仆人余春生、云生,今因自不合,于本月黑夜盗砍家主枧坞及孔字号、才字号竹贰十余根,卖在泰溪地方。家主访出,当行闻官理治。是身知罪,央(求)亲兄佛生、保生叩求甘罚,愿偿竹价银乙两六钱正,自今悔改前非。倘有再犯,听从家主送官处治无辞。立

---

① 安徽省博物馆编:《明清徽州社会经济资料丛编》(第一集),北京:中国社会科学出版社,1988年,第460～461页,《祁门县仆人陈社魁等立限约》。

② 王钰欣、周绍泉主编:《徽州千年契约文书》(清民国编)卷一,石家庄:花山文艺出版社,1991年,第12页,《顺治二年王三一等立罚约》。

此服约存照。

  康熙十八年十一月　日　立服约人　余春生（押）
            荣　生（押）
        亲兄　　佛　生（押）
            保　生（押）①

5.清康熙十九年四月十九日徽州某县佃仆陈五九因擅自搬往他处居住立甘罚文约

  立甘罚文书仆人陈五九，娶妻旺弟，生女寿弟，向在本家居住服役无异。今自不合，误听旺弟言语，私自搬往七都山塍，赁屋住家。致家主访获，欲行送官，治以背主逃走之罪。身今情知理亏，央求堂叔陈长成代行求饶，愿立甘罚约。自今暂在七都居住，候秋收后，仍前回家居住服役无辞。倘有久居在外及私自另行他往等情，听从家主执此经公治罪。今恐无凭，立此甘约存照。

  康熙十九年四月十九日　立甘罚约人　陈五九（押）
          代笔堂叔　陈长成（押）
            妻旺弟（押）②

  以上五纸关于明清徽州佃仆所立之还文约、限约、甘罚戒约、服约和甘罚文约，分别是因为明清徽州佃仆出言不逊、侵葬主山、聚众倡乱、盗砍主山竹木和擅自搬迁住居等背主悖义行为所致。这些行为，严格来说，全都触犯了当时的国法律条，若按《大明律》和《大清律》处治，其严厉程度是不言自明的。上引第一张《明嘉靖四十四年四月二十五日祁门县十四都佃仆汪田等因子汪兴等言语不逊冒犯主人立还文约》中"汪兴、汪新得言语不逊，冒犯房东谢

---

  ① 王钰欣、周绍泉主编：《徽州千年契约文书》（清民国编）卷一，石家庄：花山文艺出版社，1991年，第84页，《康熙十八年余春生等立服约》。又按：该书未有注明该服约发生地。据考，枧坞在今祁门县新安乡境内。

  ② 王钰欣、周绍泉主编：《徽州千年契约文书》（清民国编）卷一，石家庄：花山文艺出版社，1991年，第86页，《康熙十九年陈五九立甘罚文书》。

诰",其实触犯的是《大明律》"奴婢犯家长"的条款,按《大明律》"凡奴婢骂家长者,绞"的规定,汪兴、汪新得一旦被告官,将可能会被处以绞刑。① 第三张《清顺治二年九月二十五日徽州某县佃仆王三一等因聚众结寨倡乱等事立甘罚戒约》之王三一等行为,其实触犯的可能是《大清律》中"十恶"的首条"谋反"之罪,是要被处以"凌迟"之极刑而不能赦免的。② 至于第二和第四纸佃仆所犯的盗葬厝基与盗砍竹木等行为,其皆违犯了《大明律》和《大清律》中有关"贼盗"的条款,且属"卑幼犯家长"之罪,要加重处罚。而以上所有的佃仆"违法犯罪"行为,最后都以佃仆立戒约、服约和甘罚文约及主人免告官理治的乡例处治,这实际上体现了乡例和国家法的不协调和对抗之处,但同时又得到了民间和地方官府的双重认可,这种表面上看似矛盾的地方,其实正是封建最高统治者追求"无讼"理想和寻求社会稳定目的实现的基本手段之一。

总之,明清徽州产生于佃仆制中的各种乡例,都是最大限度地保护主家的利益。这一方面是由于徽州山隔壤阻地理环境相对闭塞,使得这种残酷的剥削制度拥有生存和延续的土壤;另一方面,则是因为徽州宗族势力十分强大,族规家法组织极其严密。这种乡例对宗族强化内部的控制,尤其是对宗族和家庭内部地位最为卑贱的阶层——佃仆的控制,是极为有利和十分有效的。可以这样说,在对待佃仆的问题上,明清徽州几乎所有宗族成员都在血缘关系的外衣掩盖下,达成了高度的一致。其实,这本身就是关于佃仆制这种野蛮的租佃制度中乡例形成的重要前提条件。还有,就是山多田少、人众地寡及贫富悬殊的社会现实,使得失去土地又无资本经商的人们,为了维持最基本的生存需要,不得不以满足拥有田地、山场和财富的大家族提出的最苛刻条件为前提,向他们寻求经济上的支持,从而最终沦为佃仆。从"居主屋,种主田,葬主山"沦为佃仆、失去自由身之日起,佃仆便将自己的世代子孙

---

① 《大明律》卷二十一《刑律四·骂詈·奴婢骂家长》。
② 《大清律例》卷二十三《刑律·贼盗上·谋反大逆》。

从良民变成了"本身生有男女子孙,永远应主"的"世仆",[①]再无翻身之日。因此,明清徽州关于佃仆的种种乡例虽与国家法有许多变通和模糊之处,但就整体而言,却是十分残酷的。

第四节 结 语

明清徽州的各种乡例,是徽州人在日常经济与社会生活中逐渐形成的一种习惯与规则。它具有以下一些基本的特征:

首先,乡例是约定俗成的。乡例产生于民间,发展于民间,实行于民间,它是广大民众在社会生产与生活实践中日积月累而逐步形成的一种习惯与规则。

其次,乡例具有一定的稳定性。乡例一旦形成,便会被世代延续和继承下来,成为牢不可破的潜规则。这种规则虽然和国家成文法相矛盾甚至冲突,但在远离政治中心的徽州山区乡村,也会被广大乡民们所遵守,成为理所当然的民间法。

再次,就载体和形式而言,乡例一般是非成文的民间约定。它很少被文字专门记录下来,即使偶有记录,也多见诸各种文书或纠纷裁密书。因此,在明清时期徽州经济活动抑或其他活动中,究竟有多少乡例,我们很难用具体的数据或条文给以完整的说明,这在一定程度上,限制了我们对包括徽州在内的各种乡例进行深入、系统的研究。

最后,乡例具有模糊性和变通性特征。乡例既然是约定俗成的非成文规则,那么,其模糊性和变通性特征也就凸显出来。乡例的内容是模糊的,当事人对乡例的理解和解释通常会产生较大的差异。无论是土地买卖中的大买、小买、田皮、田骨,还是典当、借贷活动中的起息标准和利率,以及佃仆制中的主仆身份与权利,当事人往往根据自身的利益来理解和解释。为了减少经济

[①] 《明万历二年四月廿二日祁门县谢村佃仆周祖等立因父逃亡身死请葬主山文书》(抄白),原件由卞利收藏。

活动中的矛盾和冲突,当事人常常会作出某些让步和变通,以化解矛盾,缓和冲突。显然,乡例的模糊性和变通性特征是十分显著的。

总之,明清徽州的乡例不仅内容丰富,涉及面广,形式复杂,且存在地区性差异。值得注意的是,作为一种民间约定俗成的特殊的村规民约,尽管乡例中有诸多不尽合理甚至不合法之处,但存在即合理,它至少在乡村经济活动中发挥了稳定社会秩序的作用。我们应当看到,在明清相对稳定的社会秩序中,作为非文字村规民约的一种重要形式,乡例往往起到了其他文字村规民约难以起到的作用。

第五章　清末徽州社会与文化的艰难转型

进入清代中叶以后,传统徽州社会已经进入了变革的前夜。清政府的盐法改革、英国发动的鸦片战争和随之而来的"咸同兵燹"给徽州带来了深重的灾难。无论是徽商的活动中心长江三角洲地区,还是徽州本土,都受到了空前的战火洗劫,曾经在明清时期盛极一时的徽州社会与文化在多重打击下逐渐走向了衰落。

与此同时,承接历史的惯性,清末徽州的社会与文化依然在同现实的抗争中向前缓慢地发展着。对传统徽州社会与文化的批判、反思与总结,探索适应时代变化的徽州社会与文化发展方向,探寻重建和振兴徽州社会、经济与文化发展的道路,成为清末徽州社会与文化发展的主流。

第一节　鸦片战争爆发前夕的徽州社会与文化

鸦片战争前夕的徽州社会在历经了明代中叶以来的辉煌之后,逐渐失去了进取的动力,步入了衰落的深渊,整个社会充斥着腐败衰退的气息。

作为徽州的社会基础和准基层组织,徽州宗族仍在乡村社会中发挥着控制作用,徽州全部乡民都按照姓氏和血缘,纳入到不同的宗族体系中。"聚族而居,每村一姓或数姓,姓各有祠,支分派别,复为支祠。堂皇闳丽,与居室相间。岁时举祭礼。族中有大事,亦于此聚议焉。祠各有规约,族众公守之。推辈行尊而年齿高者为族长,执行其规约,族长之能称职否,则视乎其人矣。祠之富者,皆有祭田,岁征其租,以供祠用,有余则以济族中之孤寡"。① 宗族通过建祠堂、修家谱和营祖墓的方式,将全体宗族成员以祭祀祖先和祭扫祖墓的名义,严密控制在宗族的管理体系之中。在宗族的控制下,整个徽州社会等级森严,看不到一丝文明进步的曙光。"乡族聚皆聚族而居,多世族,世系数十代,尊卑长幼犹秩秩然,罔敢僭忒。尤重先茔,自唐宋以来,邱墓松楸世守勿懈,盖自新安而外所未有也。主仆之分甚严,役以世,即其家殷厚有赀,终不得列于大姓。或有冒于试者,攻之务去"。② 宗族已成为清末徽州社会发展的桎梏。

僵化的朱熹理学顽固地统治着徽州社会,正如赵汸所云:"新安自南迁后,人物之多,文学之盛,称于天下。当其时,自井邑田野以至远山深谷,居民之处,莫不有学有师,有书史之藏。其学所本,则一以郡先师子朱子为归,凡六经传注、诸子百氏之书,非经朱子论定者,父兄不以为教,子弟不以为学也。是以朱子之学虽行天下,而讲之熟、说之详、守之固,则惟新安之士为然,故四方谓'东南邹鲁'",③ 即使是民间的婚丧嫁娶活动,也"多遵文公家礼"。朱熹之理学几乎渗透到徽州社会的各个方面,其"饿死事小、失节事大","存天理,灭人欲"思想深入人心,以致"新安节烈最多,一邑当他省之半"。④ 对朱熹理学和礼教的坚守,几乎使徽州社会处在窒息的状态。

在毫无生气的社会中,徽州青壮年男性在外辛苦经营,老弱妇幼则在家留守。乾隆中期,脆弱的社会治安体系,在安庆和江西等地棚民的大规模冲击下,不堪一击,致使大量棚民最后通过合法的途径成为徽州的良民。"徽、宁在万山之中,地旷不治,有赁耕者即山内结棚栖焉,曰'棚民'。棚民之多,

---

① 民国《歙县志》卷一《舆地志·风土》。
② 民国《婺源县志》卷四《疆域志七·风俗》。
③ (元)赵汸:《东山存稿》卷四《商山书院学田记》。
④ (清)赵吉士:《寄园寄所寄》卷二《镜中寄·孝》。

以万计也"。① 棚民的大规模涌入和无序开垦,给徽州的生态环境造成了难以修复的灾难。"自乾隆三十年以后,异民临境,遍山锄种,近日地方效尤。每遇蛟水,山崩土裂,石走沙驰,堆积田园,国课永累。且住后来龙山场,合族公业,亦尽开挖锄种。人居其下,命脉攸关。此日坑河满积,一雨则村内洪水横流,祠前沙石壅塞。目击心伤,人皆切齿"。② 生态环境的破坏,使徽州清末社会的发展付出了沉重的代价。

鸦片战争前夕,时任两江总督兼理两淮盐政的陶澍在两淮盐业中实行的票盐法改革,一举动摇并最终摧毁了徽商在两淮盐业中的垄断地位,使徽商四大经营领域中的徽州盐商从此走向衰落。昔日"两淮八总商,邑人恒占其四,各姓代兴"③之繁盛局面风光不再,随之而来的是徽州盐商的大量破产,歙县江村江氏、潭渡黄氏都在此时倾家荡产。曾盛极一时号称"以布衣与天子交"的两淮盐业八大总商之一的江春"自陶澍清欠帑后,公私皆没入,旧时翠华临幸之地,今亭馆朽坏,荆棘满地"。④ 徽州传统经营四大领域的典当、木材等也在明代中叶至清前期鼎盛之后,走向了衰落,明清时代盛极一时的"无徽不成镇",⑤已经成为尘封的历史。

在沉闷窒息的徽州社会中,鸦片战争前夕却迸发出了一束思想解放的火花。著名思想家、乾嘉考据学派皖派领袖戴震率先提出了"理学杀人"的口号,这对奉程朱理学特别是朱熹理学为圭臬的徽州社会,无疑是一束重磅炸弹。戴震在精严考据的基础上阐发义理,大胆揭露和批判了程朱理学"以理杀人"⑥的虚伪本质,提出了"体民之情,遂民之欲"和"富民为本"的思想,闪烁着近代民主主义思想的曙光。俞正燮则打出了提倡妇女解放的大旗,他强烈反对节妇贞女行为,抨击妇女裹足缠脚之俗。指出:"女再嫁与男再娶者等

---

① 高廷瑶:《宦游纪略》卷上。
② 嘉庆《环溪王履和堂养山会簿》(不分卷)。
③ 民国《歙县志》卷一《舆地志·风土》。
④ (清)阮元:《研经室再续集》。
⑤ (清)刘汝骥:《陶甓公牍》卷一《示谕·物产会开会示》。
⑥ (清)戴震:《戴震集》卷九《与某书》。

……其再嫁者，不当非之"，①并责难"男儿以忠义自责则可耳，妇女贞烈，岂是男子荣耀也"②。至于裹足，他经过细致的考证后，一针见血地指出："古有丁男丁女，裹足则失丁女，阴弱则两仪不完。"③因此，应当严禁裹足。俞正燮倡导妇女解放和男女平等的思想，对于被三从四德思想束缚的徽州妇女和徽州社会而言，是一种挑战，从某种程度上说为徽州由传统社会向近代社会的艰难转型奠定了思想基础。

第二节　鸦片战争与"咸同兵燹"对徽州社会与文化的影响

鸦片战争前夕，英国殖民者将毒害中国人民的鸦片大量输入中国。鸦片的输入和民众的吸食，严重损坏了中国人民的身体健康。对此，来自徽州的思想家俞正燮指出："鸦片为害，使民贫，尚可通变；其使民弱，则所关甚大。"④为此，林则徐于道光十九年（1839 年）在虎门销烟。道光二十年（1840 年），英国以虎门销烟为借口，正式发动了对中国的战争，即"鸦片战争"。道光二十二年（1842 年），鸦片战争以中国的战败告一段落，清政府被迫与英国签署了《南京条约》。从此，鸦片被大量地输入中国。

鸦片的大量输入，给徽州社会造成了严重的危害。对此，光绪《婺源乡土志》云："鸦片流毒遍海内，婺人嗜之者亦多，自士夫以及负贩细民，靡然成癖。虽穷僻山居，无他市肆，而烟寮随在皆有。"⑤故徽州知府刘汝骥说："徽俗不论贫富，吃烟者十人而六七，面黧骨削，举目皆是。"⑥吸食鸦片已经成为徽州与赌博、缠足并行的三种陋俗之一。

鸦片的大量输入和吸食，对徽州社会造成了极其严重的影响。一方面，

---

① （清）俞正燮：《癸巳类稿》卷十三《节妇说》。
② （清）俞正燮：《癸巳类稿》卷十三《贞女说》。
③ （清）俞正燮：《癸巳类稿》卷十三《书旧唐书舆服志后》。
④ （清）俞正燮：《癸巳存稿》卷十四《鸦片烟事述》。
⑤ 光绪《婺源乡土志》第六章《婺源风俗·续前六》。
⑥ （清）刘汝骥：《陶甓公牍》卷十《禀详·徽州府禀地方情形文》。

它摧残了徽州民众的身体健康；另一方面，民众吸食鸦片，浪费钱财，且助长懒惰之习，影响了社会经济的发展。正如《胡适口述自传》中云："鸦片鬼的堕落，实有甚于一般游手好闲的懒汉。他们终年耕耘所获，还不足以偿付烟债。"①成瘾的鸦片吸食者甚至倾家荡产，卖妻鬻子。所有这些都有力地说明，鸦片输入徽州和民众吸烟成瘾，直接危害民众的健康，侵蚀着吸烟者的肌体，耗费了社会的财富，败坏了社会风气，给清末徽州带来了深重的灾难。

鸦片战争后，中国逐步沦为半殖民地半封建社会。清王朝政权的腐朽，经济的持续衰退，主权的逐步丧失，包括徽州在内的广大人民群众生活在水深火热之中。

爆发于咸丰元年（1851年）的太平天国运动，在咸丰三年（1853年）攻克南京并建立了太平天国政权，之后安徽便成为了太平天国重要的根据地。清军和太平军在安徽地区展开了一系列惨烈的厮杀。咸丰四年（1854年），太平军正式进入徽州，同治三年（1864年）九月太平军自徽州奔入江西。在长达十余年的拉锯战中，两江总督曾国藩行营驻扎于祁门县，徽州备受荼毒，一府六县先后被太平军攻陷总次数达六十六次之多。这一事件又被称为"咸同兵燹"。

"咸同兵燹"给徽州社会造成了极大的灾难。主要表现在以下几个方面：

一是人口的锐减。长达十余年的兵燹造成了重大人员伤亡，民国《安徽通志稿》云："安徽以长江中游屏蔽太平天国首都，受兵之祸尤烈。曾国藩驻在皖南徽州数年，万山之中，村落为墟。"②婺源"遭'咸同兵燹'，十室九空"。③绩溪则"生人已十亡其八"。④ 在绩溪岭北的上庄，聚居于此的明经胡氏宗族更是损失惨重。据统计，该族兵燹前有男女老幼六千余口，战后"剩余丁口不

---

① 胡适口述、唐德刚译注：《胡适口述自传》，桂林：广西师范大学出版社，2005年，第22页。
② 民国《安徽通志稿·食货考》。
③ 民国《婺源县志》卷首《江峰青·重修婺源县志序》。
④ 民国《绩邑柳川胡氏宗谱》卷首《历代旧谱序·同治八年胡绍曾序》。

过一千二百人左右,人口减少了百分之八十"。①

二是田地荒芜,经济衰退。早在鸦片战争之前,徽州的经济就呈现出了衰退的迹象,"咸同兵燹"更使其雪上加霜,直接导致了徽州经济的进一步衰退,徽州出现了"百业衰替,人口凋减,生计迫蹙"②的局面。"'咸同兵燹'后,人民死亡无算,田亩荒废无算。"③"壮丽之居,一朝颓尽,败垣破瓦,满目萧条。"④在部分地区,因农具被兵燹"毁弃殆尽,耕牛百无一存,谷豆杂粮种籽无从购觅",⑤致使农业生产一时难以恢复,经济发展裹足不前。

三是徽商一蹶不振。"咸同兵燹"也给在外经营的徽商带来了深重的灾难,传统的吴楚贸易被兵燹所中断,大量徽商将资产财富转移至徽州本土,"当粤贼东下,徽人贾于四方者尽挈资以归",⑥"徽商在常、昭,恐遭劫数,囊金回乡",⑦将财富转移至徽州本土窖藏。但"咸同兵燹"在徽州惨烈异常,"蔓延四乡,大肆荼毒,无山不搜,无地不到,无暴不极,无毒不臻,掠人日益千计,破产何止万家!杀人则剖腹抽肠,行淫则威劫凶迫。村村打馆,丝粟无存,处处焚烧,室庐安在"。⑧曾国藩在驻师祁门期间,"纵兵大掠,而全部窖藏一空"。⑨而清政府为镇压太平军所开征的厘金税,更是把徽商推向了破产与灾难的深渊,"商民由富而贫,由贫而至于赤贫,皆由厘金累之"。⑩

四是徽州社会残破不堪。受到"咸同兵燹"的重创,徽州社会残破不堪。"洪、杨起义,由湘鄂蔓延江南以及浙江数省,烽火连天,士农工商不能各安其

---

① 胡适口述、唐德刚译注:《胡适口述自传》,桂林:广西师范大学出版社,2005年,第22页。
② 民国《歙县志》卷一《舆地志·风土》。
③ 民国《婺源县志》卷首《凡例》。
④ (清)刘汝骥:《陶甓公牍》卷十二《法制科》。
⑤ (清)黄崇惺:《凤山笔记》卷下。
⑥ (清)黄崇惺:《凤山笔记》卷下。
⑦ (清)汤氏辑:《鳅闻日记》卷下。
⑧ (民国)许承尧:《歙事闲谭》卷三十一《休宁县众绅士公禀曾都宪》。
⑨ (民国)陈去病:《五石脂》(不分卷)。
⑩ (清)张廷骧:《不远复斋见闻杂志》卷二《陶公三疏》。

业,兄弟妻子转徙流难,房屋俱焚,人将相食,后由曾宪将兵戡乱,而生人已十亡其八,所有编简半付红羊矣……咸同间逃出在外,不知几何"。① 祠堂被毁、谱牒被焚,致使徽州宗族受到几乎毁灭性的打击,受创较深的绩溪旺川,"自咸丰十年粤匪蹂躏,祠宇被毁,谱籍皆成灰烬。数年间,殁者甚多,无庙可祔"。② 在绩溪上庄宅坦村,龙井胡氏宗族也遭到重创,"洪、杨之乱,久战江南,吾乡无一片干净土,公私焚如,百不存一。虽同治中叶大难削平,而疮痍满目,十室九空"。③ 在绩溪县城,"自咸丰十年二月初一贼由旌德至,陷我绩城。八月,复攻破丛山关,郡城失守,直至同治三年,五载之中,杀戮焚掠,迄无虚日,动辄贼众百万。虽深山幽谷、绝巘巉岩,搜掳遍至,人民十不存二,半膏锋镝,半没饥寒,尸骸遍于道路,村落尽为坵墟。乃又瘟疫灾害并至"。④

五是文化备受浩劫。一批文化名人罹难于战乱,学校、书院大量被毁,书籍典藏焚于战火,"其焚掠之惨、胁迫之苦,较他郡为尤烈。徽人向之累于捐输者,今且为贼掳胁,火其居,拘其身,而索其财矣。向之惮于迁徙者,今且无地可迁,无物可载,壮者不能挈其家,老者不能顾其子。其始奔窜山岭,惟畏贼至,其后则寒饿困殆,求一饱而不可得,不复能奔窜,亦不知贼之可畏矣"。⑤ 徽州府城盛极一时的问政书院、紫阳书院尽皆毁于"咸同兵燹",问政书院仅存隶书门额,紫阳书院则全部被焚掠一空,地处歙县西乡的槐塘御书藏书楼也被战火焚烧。大量珍贵的档案、志书、家谱等典籍和名人字画或被洗劫,或毁于战火。祁门县更是"简册剥残,书籍焚毁,如省志、郡邑志千百什一,几于无存"。⑥ 许多地区的"宗祠册籍自经洪、杨兵燹,均荡然无存,祀产

---

① 民国《绩邑柳川胡氏宗谱》卷首《历代旧谱序·同治八年胡绍曾序》。
② 民国《旺川曹氏宗谱》卷一《旧序》。
③ 民国《明经胡氏龙井派宗谱》卷首《明经龙井派续修宗谱记》。
④ 光绪《南关憿叙堂许余氏宗谱》卷一《新序》。
⑤ (清)黄崇惺:《凤山笔记》卷上。
⑥ 同治《祁门县志》卷首《重修祁门县志序》。

无不遗失"。① 绩溪龙井胡氏宗族"自遭兵燹,祠谱无存,总牌亦失遗大半"。②歙县西乡大族林立,各类名家字画、碑帖等收藏丰富,自'咸同兵燹'后,大多毁于战火,如棠樾鲍艾温所藏"法书名画半为贼焚,其存者居人取以易饼,犹鲜有酬者"。③

总之,在"咸同兵燹"的战火洗劫下,徽州社会陷入了前所未有的残破与凋敝之中。

第三节 "咸同兵燹"后徽州社会与文化的变革

"咸同兵燹"给徽州社会、经济与文化造成了深重的灾难。为尽快恢复社会秩序,抚平战争创伤,上至徽州府县各级官员,下到地方乡绅和宗族,渐次展开了恢复社会经济与文化、重建家园的活动。

从徽州知府到各县知县,都以招民垦荒、振兴实业为宗旨,致力于社会经济的恢复与重建。"惟现在实业待兴,孔亟体察我徽情形,农、林、蚕三科目,尤为当务之急"。④ 为此,徽州知府刘汝骥要求徽州人解放思想,更新观念,改变传统思维。"严樵采之禁,则林业可兴;辟风水之谬,则矿业可兴;组织公司,优奖艺徒,则工业、商业可兴。曰:'穷则变,变则通'"。⑤ 徽州各地的父母官们从地方实际出发,提出了一系列发展经济、稳定社会、兴办教育和文化事业的主张。

在地方官府发展实业的政策激励下,徽州的经济得到了缓慢地恢复。"徽州商业,以茶为大宗。闻近岁茶行亏折,每至数十万元之巨,大半为日本、印度茶所夺"。⑥ 衰败的茶业获得了生机,同治五年(1866年),休宁精制的绿

---

① 民国《新安柯氏宗谱》卷二十六《杂记》。
② 《亲逊堂奉先录》第一册《始祖至廿五世》。
③ (民国)许承尧:《歙事闲谭》卷二十《鲍艾温粤乱时之收藏》。
④ (清)刘汝骥:《陶甓公牍》卷五《批判·徽州府茶业董事花翎知府洪廷俊等禀批》。
⑤ (清)刘汝骥:《陶甓公牍》卷十二《法制科·婺源民情之习惯》。
⑥ (清)刘汝骥:《陶甓公牍》卷十《批判·歙县蔡令世信详批》。

茶"特贡",远销俄罗斯。光绪二年(1876年),由黟县余干臣和祁门胡云龙分别在祁门历口和贵溪创制的祁门红茶获得成功,并"运售浔、汉、沪、港等处"①和欧美等国。光绪二十二年(1896年),休宁屯溪余伯陶等茶号试制的"抽心珍眉"和"特制贡熙"绿茶,也行销海内外。一大批实业家和企业家正在崛起,同治年间,歙县汪正大用土丝线织造的"徽州罗绢"远销省内外,并在宣统二年(1910年)获南洋劝业大会特等奖。光绪八年(1882年),休宁苏鹤舜在万安创办聚和烟店,年加工烟丝一百四十担。不但经济得到恢复,而且教育文化也得到了发展,"咸同兵燹"后不久,徽州府即迅速修复了被战乱焚毁的问政书院和紫阳书院,婺源县也以茶捐收入添置了该县紫阳书院膏火及乡会试盘缠。

徽州各地的地方官们还致力于整顿吏治,并在"咸同兵燹"后响应倡修《安徽通志》的号召,开始纂修府县志。徽州知府何家聪在为新修的《祁门县志》撰写《重修祁门县志序》中指出:"倘此时不振起而修辑之,坠绪茫茫,以后更难旁搜而远绍。"祁门县令周溶"慨然以修辑邑志为己任",聘请休宁名士汪韵珊纂修《祁门县志》。尽管因战乱初平、百废待兴,徽州真正纂修成书的仅有《祁门县志》和《黟县志》两部县志,但通过纂修方志以笼络人心、安定地方社会秩序的目的应当说是基本达到了。

在民间,宗族和民众充分发挥了自身的作用。"咸同兵燹"后,徽州许多地区的宗族和乡绅在宗祠遭毁、谱牒被焚、祭祀中断的情况下,率先开始了整修宗祠、编纂族谱和升主祭祀活动,修复宗族和乡绅一度中断的历史记忆,强化宗族的向心力和凝聚力。绩溪龙井宅坦胡氏宗族在"咸同兵燹"战乱结束后,迫不及待地着手进行宗族的恢复与重建活动,率先于同治十年(1871年)修复了被战乱损毁的祠堂——亲逊祠,并同时进行了祠堂的升主活动。接着,又借助于三十四世孙胡志高在战乱中背负逃难而幸免于兵火的嘉靖《龙井胡氏宗谱》和乾隆《考川胡氏统宗谱》等全部族谱和三十六世孙胡道升"燹

---

① (清)刘汝骥:《陶甓公牍》卷十二《法制科·祁门民情之习惯》。

后访求宗祠田簿税册,得于村人破纸篓中"的宗族资料,①以三十六世孙胡宝铎为首的胡氏族内乡绅,自同治十三年(1874年)起着手展开了族谱的编纂工作,并初步编成了宗谱的稿本。最后,全面恢复了宗族的春冬二祭活动。祁门红紫金氏宗族也是在"咸丰年间,粤贼扰乱十余年,房屋烧毁一空,男逃女散,惨不胜言。因谱牒散失,幸同治初年,四方平静,查考宗谱,半属遗亡"②之后,有感于族谱"所以敬宗收族,使人人仁孝之心油然其自动也",③而开始纂修族谱,以期重整和振兴宗族与村庄的社会经济。

值得一提的是,"咸同兵燹"后,风云变幻,沧海桑田,国内外时事的变动,已使徽州无论是地方官府还是乡村宗族都意识到,除了通过传统的方式继续维持统治之外,还必须进行彻底的变革。只有变革才能适应形势发展的变化。为此,在所谓的"同治中兴"以后,徽州地方官府已经在寻求政治上的变革和观念上的革新,以达到稳定和发展的目的。

光绪三十三年(1907年),天津静海人刘汝骥受命赴徽州就任知府。面对洋货充斥和经济衰退之状,刘汝骥从振兴农工商和实施宪政入手,拉开了徽州近代新政的序幕。在徽州知府任上,刘汝骥从徽州各地民情风俗习惯调查开始,"就徽地言徽事、教徽民,或于风化、民智不无坠露轻尘之益用",④责成各地成立谘议局、物产会、不缠足会,整顿学堂,发展农工商实业,严禁吸食鸦片,革除迷信和赌博陋习。用刘汝骥颁布的《详报物产会开会文》所言,就是"当务之急,莫要于讲树艺之事,研究制茶、造纸之方法。其急须扩充者,如祁门之磁土,岁可供全国陶业之用,歙县之煤矿,绩溪之五金各矿。倘得大化学家、大矿学家、大资本家赓续而合作之,更开万事无穷之利。利必归农,本富,此其基础,地不爱宝,新学亟待发明"。⑤

在刘汝骥的改革推动下,徽州各地迅速行动,兴办新式学校,成立物产研

---

① 民国《明经胡氏龙井派宗谱》卷八《龙井宅坦前门相公派》。
② 民国《祁西金氏族谱》卷八《谱略》。
③ 民国《祁西金氏族谱》卷八《序》。
④ (清)刘汝骥:《陶甓公牍》卷十《禀详·徽州府禀地方情行文》。
⑤ (清)刘汝骥:《陶甓公牍》卷十《禀详·详报物产会开会文》。

究会、谘议局和选举事务所,致力于发展经济,培养人才,实施宪政。然而,随着清王朝预备立宪骗局的破产,徽州各地蓬勃展开的宪政改革和发展经济的举措也迅速走向消亡。

在民间,前所未有的变局,使徽州宗族和乡绅也逐渐意识到,保残守缺、顽固坚持传统的宗族控制已无法继续维持下去。因此,一些开明的宗族和乡绅开始不断发出兴办实业、教育、培养实业人才的呼吁。

总之,"咸同兵燹"之后特别是在光绪和宣统年间,徽州上自官府、下至宗族和乡绅,在意识到前所未有的危机后,纷纷采取举措,进行改革与自救,并试图通过改革与自救,推动经济发展,促进社会稳定和文化振兴。尽管因为种种原因,这一改革和自救收效甚微,并最终失败,但它引发的思想解放和观念更新,给沉闷到几乎要窒息的清末徽州社会带来了希望的曙光。

徽商与社会经济

第六章　明清徽商与城市发展

徽商是"徽州商帮"的简称,系指明代中叶以来由徽州府所属歙县、休宁、婺源、祁门、黟县和绩溪六县商人所组成的地域性商人群体。作为活跃于明清商业舞台上一支实力最为雄厚的地域性商人群体,徽商依靠良好的文化素质、艰辛的开拓精神及灵活的经营方略,取得了空前的成功,足迹遍及全国各地甚至海外诸国,创造了"徽商之名闻天下"[①]和"无徽不成镇"[②]的辉煌业绩。

徽商在推动我国城市经济社会发展、丰富城市文化生活与促进中国城市(镇)化的进程中,作出了卓越的贡献,谱写了多彩的城市生活画卷。

第一节　明清徽商与城市经济社会发展

作为明清时期特别是明代中叶以降经济实力和规模人数最大的一支地域性商人群体,徽商的经营虽然遍及各个行业,但主要集中在食盐、典当、茶叶和木材等四大领域,所谓"邑中商业,以盐、典、茶、木为最著"。[③] 徽商活动的地域范围非常广阔,不仅在中国重要的交通枢纽、政治和经济中心,经济最

---

①　(民国)许承尧:《歙事闲谭》卷十八《歙风俗礼教考》。
②　民国《歙县志》卷一《舆地志·风土》。
③　民国《歙县志》卷一《舆地志·风土》。

发达的长江和珠江三角洲地区的城市乡镇,而且在人迹罕至的沙漠地区与海岛,都有徽商活动的足迹和身影。"徽之富民尽家于仪[征]、扬[州]、苏[州]、松[江]、淮安、芜湖、杭[州]、湖[州]诸郡,以及江西之南昌,湖广之汉口,远如北京,亦复挈其家属而去"。① 北京、南京、江苏、浙江、福建、广东、云南、贵州、陕西、河北、山西、河南、湖北、湖南、四川等省及杭州、嘉兴、苏州、松江、淮安、扬州、南昌、开封、武昌等市,无不留下了徽商的踪迹。他们"借怀轻赀,遍游都会,因地有无以通贸易,视时丰歉以计屈伸。诡而海岛,采而沙漠,足迹几半禹内"。② 明代的徽商许栋、汪直、徐海等甚至不惜违犯海禁政策,远赴日本和南洋诸国进行海上贸易。

徽商所到之处,对当地城市的经济繁荣和社会发展,起到了巨大的促进作用。

在明清两代产销量最大的两淮盐区的中心城市——扬州,徽商大量聚集,并几乎控制了两淮食盐的生产与销售,积累了巨额的财富,"徽人在扬州最早,考其时代,当在有明中叶。故扬州之盛,实徽商开之。扬盖徽商殖民地也。徽郡大姓,如汪、程、江、洪、潘、郑、黄、许诸氏,扬州莫不有之,大略皆因流寓而着籍者是也"。③ 徽商还参与了扬州的市政建设,清代盐商歙县人汪应庚除重建平山堂外,还斥巨资修建西园、平楼、蜀冈万松亭等。④ 乾隆二年(1737年),盐商祁门人马曰琯一人独捐2400两白银整修扬州广储门至便益门的街道。扬州康山南河下至钞关北地势低洼,街衢易积水,歙县大盐商鲍志道更是独立出资为其"易砖为石",铺垫了石板路面,还斥资修造了虹桥,等等。⑤ 徽商在扬州不惜捐或斥巨资,用于修桥、铺路,疏浚水道,修治码头,兴建园林和别墅。"扬州园林之美,甲于南中"。⑥ 平山堂、个园、白塔和数十处

---

① 康熙《徽州府志》卷二《舆地志下·风俗》。
② 万历《休宁县志》卷一《舆地志·风俗》。
③ (民国)陈去病:《五石脂》(不分卷)。
④ (清)李斗:《扬州画舫录》卷十六《蜀冈录》。
⑤ 嘉庆《棠樾鲍氏宣忠堂支谱》卷二十一《中宪大夫肯园鲍公行状》。
⑥ 董玉书:《芜城怀旧录》卷二。

独具一格、构筑精妙的园林建筑,为扬州城市的繁华增添了亮丽的色彩。徽商的这一行为,直接促进了扬州城市建设和经济繁盛,带动了城市建筑业、金融业、饮食业、服装业、首饰业甚至娼妓业等相关产业的发展。张岱描述了明末扬州清明日繁华的景象:"是日,四方流寓及徽商西贾、曲中名妓,一切好事之徒,无不咸集。长塘丰草,走马放鹰;高阜平冈,斗鸡蹴踘;茂林清樾,劈阮弹筝;浪子相扑,童稚纸鸢;老僧因果,瞽者说书;立者林林,蹲者蛰蛰。日暮霞升,车马纷沓,宦门淑秀,车幕尽开,婢媵倦归,山花斜插,臻臻簇簇,夺门而入。"①

"上有天堂,下有苏杭"。在明清时期并称为江南二大都会的苏州与杭州,"新安六邑多戀迁他省,吴门尤夥"。② 举凡盐业、典当业、茶业、丝织业、棉布业、木材业、粮食业、奢侈品生产与销售业等等,都可看到徽商活动的身影。"徽郡商业,盐、茶、木、质铺四者为大宗。茶叶六县皆产,木则婺源为盛。质铺几遍郡国,而盐商咸萃于淮浙"。③ 清代康熙九年(1670年),苏州城内有棉布字号21家,三十二年(1693年)发展到76家。④ 据范金民考证,"这些字号即使不是全部,至少也是绝大部分系徽商所开,甚至主要系休宁人所开"。⑤ 徽州汪氏的益美字号行销200多年,名闻天下,"二百年间,滇南漠北,无地不以益美为美"。⑥ 苏州最著名的阊门外泰伯庙前徽商的"一文钱"布店,历经数百余年,依旧长盛不衰。"'一文钱'三字大如栲栳,犹煌煌照人目"。⑦

---

① (明)张岱:《陶庵梦忆》卷五《扬州清明》。
② (清)朱珔:《小万卷斋文稿》卷十八《徽郡新立吴中诚善局碑记》。
③ (民国)陈去病:《五石脂》(不分卷)。
④ 苏州历史博物馆等合编:《明清苏州工商业碑刻集》,第54~55页,《苏州府为核定踹匠工价严禁恃强生事碑(康熙九年)》;第55~57页,《苏州府为永禁踹匠齐行增价碑(康熙三十二年)》,南京:江苏人民出版社,1981年。
⑤ 范金民:《明清时期活跃于苏州的外地商人》,载《中国社会经济史研究》1989年第4期。
⑥ (清)许仲元:《三异笔谈》卷三《布利》。
⑦ (清)许奉恩:《里乘》卷一《一文钱》。

杭州水路交通便捷,物产丰富,素系商贾财富汇聚之区,也是明清时期商业、丝织、棉布、锡箔业的大都会。"今天下浙为诸省首,而杭又为浙首郡,东南一大都会也。其地湖山秀丽而冈阜川源之所襟带,鱼盐秔稻丝绵百货于是乎出,民生自给。谈财赋奥区者,指手屈焉"。① 徽州与杭州毗邻,所谓"新安、武林一水相原委者,壤封错秀,风俗便安。或托业卤差政,或姻娅于兹邦,其子弟所籍,犹之乎土著也"。② 水路可沿新安江直达杭城,往来交通极其便利。历史上,徽州与杭州之间就有有着非常密切的经济和文化交往,早在南宋时期,徽州山区盛产的木材就沿着新安江源源不断地输入杭州。明清时代,"新安之富家,行贾多在武林"。③ 徽州盐商、木商、茶商、典商和粮商齐聚杭州,长袖善舞,纵横捭阖,创造了一个又一个的财富神话。来自黟县的张小泉剪刀、绩溪的汪裕泰茶庄和号称江南"财神爷"的"红顶商人"胡雪岩,都在这里充分展示了徽商擅于经营的长技。江干的徽州惟善堂会馆④、武林门外的宝善堂、钱塘江边的徽商杭州木业公所⑤、西子湖畔的崇文书院⑥、杭州城北的安徽会馆⑦等徽商会馆、公所的建立,以及杭州城内"徽商登岸之所"——徽州弄⑧、徽州盐商聚居之区——徽州塘等徽商集中居住社区的出现,标志着徽商在杭州已成为一股不可忽视的力量。徽商在杭州获得了巨大的财富,同时也对杭州城市经济和社会的发展起到了极大的促进作用。

"买不完的松江布,织不尽的魏塘纱"。明清时代的松江府是一个棉布业和商业繁华之区,蕴藏着无限商机。徽商很早就涉足松江地区的棉布业,明清时代松江府城中的许多布商字号为徽商所开。明代成化年间,徽商在松江

---

① 万历《杭州府志》卷首《徐栻·万历七年杭州府志序》。
② 康熙《紫阳崇文会录》卷首《汪元功·崇文会录序》。
③ (清)钱谦益:《牧斋初学集》卷五十九《汤孺人墓志铭》。
④ 光绪《新安惟善堂征信全录》(不分卷)。
⑤ 宣统《徽商公所征信录》(不分卷)。
⑥ 康熙《紫阳崇文会录》卷十二。
⑦ 光绪《浙省新建安徽会馆》(不分卷)。
⑧ 乾隆《杭州府志》卷五《市镇》。

获得了巨大成功,致使"松民之财,多被徽商搬去"。① 到了清末,上海县城还有祥泰、余源茂、恒乾仁等众多徽商开设的规模较大的老牌棉布字号。近代上海开埠以后,徽州茶商和菜馆大举进入上海滩。在上海的徽商中,实力最强的首推茶商。他们将徽茶运抵上海,再装上沙船,销往海外市场。清代光绪二十一年(1895年),徽州外销的绿茶和红茶约一千三百二十万斤,②其中绝大部分都是由徽商运往上海销售的。

在上海,徽商纷纷设立茶号、茶庄,大街小巷随处可见。清末民初仅绩溪人在那里就设有33家茶号,"吾乡(余川——引者注)人多操茶业,侨上海,道(光)、咸(丰)间称最盛"。③ 而到抗日战争前夕,徽商在沪经营茶叶的商号更是数以百计。如黟县人在天津路开设的"公兴隆"、绩溪上庄余川村人汪立政于清咸丰元年(1851年)在河南路(上海旧城老北门)开设的"汪裕泰"等都是经营绿茶出口贸易的著名茶栈。徽商在上海经营的茶庄以"汪裕泰"规模最大,它下设6个发行所,经营30多个品种茶叶,号称"茶叶大王"。④《余川越国汪氏族谱》称汪立政"自创汪裕泰茶肆于沪南。公练达世务,智虑奇伟,有大志,待人尤诚恳,豁露肝胆,不欺一诺。以是所业隆隆日上,闻誉交驰。前后三十年间,相继于上海、苏州、奉贤等处创列九肆"。⑤ 徽商在上海经营餐馆,大东门的"大辅楼"、海宁路口的"海华楼"、小东门的"醉白园"、九江路的"太和园"及福州路上的"中华第一楼"等,都是上海滩著名的徽菜馆,来自绩溪的徽厨用精致的技艺烹制出的徽菜别具风味,深得顾客的青睐。创建于乾隆十九年(1754年)的上海徽宁会馆——思恭堂(在今制造局路300号),成为徽商在上海的重要据点。旅沪徽商以群体的力量,确立了在上海各大商帮中的显赫地位。

驰骋在全国各大城市的徽商在创造了巨额财富的同时,也极大地促进了

---

① (明)李绍文:《云间杂识》。
② (民国)刘锦藻:《清朝续文献通考》卷四十二《征榷十四·榷茶》。
③ 民国《余川越国汪氏族谱》卷三《传状上·汪以德公传》。
④ 中共上庄镇余川村支部委员会等编:《余川村志》,第201~205页。
⑤ 民国《余川越国汪氏族谱》卷三《传状上·汪以德公传》。

所在城市的经济繁荣和社会发展,使城市的生活更加美好,真正实现了徽商与经商城市之间的互惠双赢。

第二节　明清徽商与城市多元文化的互动

徽商不仅辛勤开拓,追逐巨额的商业利润,带动了城市经济的繁荣与社会的发展,而且重视文化建设。徽商将徽州文化传播到经商所在的城市,并吸收和融入当地的文化,从而形成了丰富多彩的多元城市文化交流与互动的绚丽画卷。

明清时期,徽商积极参与经商所在城市的文教事业。他们捐资助学、创办书院,参与各级教育机构的创设和管理,推动了当地的教育文化事业的发展。清康熙年间,徽州盐商在扬州创设敬亭书院;雍正年间,祁门盐商马曰琯重建扬州梅花书院,并延请名师大儒讲学。梅花书院造就了汪中、王念孙、段玉裁、洪亮吉、孙星衍等学界名流硕儒。乾隆元年(1636年),徽商汪应庚捐资五万余两重建江都府学和江都、甘泉县学宫,又以二千余金,制祭祀乐器,同时又以一万三千金购买一千五百亩学田,作为以后维修府学、学宫馆宫及资助学子考试专项经费。①

在盐商聚居的扬州,徽商们斥资资助文人的学术文化事业,"盛馆舍,招宾客,修饰文采"。② 在他们周围,集结了一批又一批的学者和文人。明代休宁商人汪新经商于扬州,"既雄于赀,又以文雅游扬缙绅间,芝城姜公、金公辈名儒巨卿皆与公交欢"。③ "怀才抱艺者,莫不寓居于此"。④ 扬州真正成为了人文荟萃之地。扬州八怪中的郑板桥很早就得到了祁门盐商马曰琯生活上的接济,度过了穷困潦倒的生活。徽商为郑板桥、金农、黄慎等扬州八怪提供

---

① (民国)许承尧:《歙事闲谭》卷十三《汪上章事略》。
② 民国《歙县志》卷一《舆地志·风土》。
③ 顺治《休宁西门汪氏宗谱》卷六《挥金新公墓志铭》。
④ (清)孔尚任:《孔尚任诗文集》卷七《与李畹佩》。

了优越的物质生活条件,使他们焕发了创作的激情,成为中国艺术史上一枝耀眼的奇葩。徽商还在扬州蓄养戏班,延聘优伶,致使扬州成为当时全国的戏曲中心。乾隆五十五年(1790年),歙县大盐商江春蓄养的"三庆班"、"四喜班"、和"春班"、"春台班"等四大徽班进京,为乾隆皇帝祝寿,将戏曲发展到了极致。徽商对学术事业的资助,直接导致了"徽扬学派"的产生,"徽郡大姓,如汪、程、江、洪、潘、郑、黄、许诸氏,扬州莫不有之,大略皆因流寓而着籍者也。而徽扬学派,亦因以大通"。①

杭州主动接纳了徽商所带来的徽州文化,明代杭州戏曲中的徽腔就非常盛行。据记载,明末杭州演武场,徽州旌阳戏子搬演目连戏,剽轻精悍、善于扑打的演员三四十人,在杭州连演了三天三夜,场面十分火爆。② 徽腔在杭州的盛行,对浙江的地方戏曲产生了很大的影响。在清代的南京,"金陵为明之留都,社稷百官皆在……梨园以技鸣者,无论数十辈,而其最著者有二:曰兴化部;曰华林部。一日,新安贾合两部为大会,遍征金陵之贵客文人与夫妖姬静女,莫不毕集,列兴化于东肆,华林于西肆,两肆皆奏鸣凤"。③ 南京上新河向为徽州木商聚居之区,专门建有徽商会馆。徽州木商还于每年四月初的天都会专门举办徽州灯展演,"旗帜、伞盖、人物、花卉、鳞毛之属,剪纸为之,五色十光,备极奇巧"。④ 南京举城士庶前往观赏,灯火达旦,一幅盛世升平的景象。徽州文化因徽商的传播而植入徽商经营的城市,促进了城市多元文化的互动和发展。

素有"九省通衢"之誉的汉口,是徽商云集的又一中心城市。"楚之汉镇,为商贾云集之区,而新安人来于此者尤多"。⑤ 他们在这里经营盐业、粮食、丝绸、棉布,获得了丰厚的商业利润。徽商还广泛地参与当地的文化建设,广交当地文人雅士,与之唱酬。徽商将徽州本土喜欢打官司的风俗带到了汉

---

① (民国)陈去病:《五石脂》(不分卷)。
② (明)张岱:《陶庵梦忆》卷五《扬州清明》。
③ (清)张潮:《虞初新志》卷三《马伶传》。
④ (清)甘熙:《白下琐言》卷四。
⑤ (清)董敷桂:《紫阳书院志略》卷八《复新安巷碑记》。

口。清初,徽商为了拓宽新安巷,"开辟马头,以便坐贾行商之出入",维护徽商的群体利益。但这一举措触犯了当地土著的利益。为此,聚居汉口的徽商不惜动用会馆的全部资产,同当地人进行了六年诉讼,"土人阻之,兴讼六载。破赀巨万,不能成事,以致力竭资耗",未能取胜。直到四十余年之后,才将官司赢了过来。不仅拓宽了新安巷,而且"置买店房,扩充径路,石镌'新安街'额,开辟新安马头,兼建'奎星楼'一座,为汉镇巨观"。[①] 所以在武汉流传着这样一句民谣:"哪怕你湖北人刁,徽州人买断你汉口的腰"。[②]

徽商广泛参与经商所在城市的文化建设,在主动吸收异地文化的同时,也保留和改造了自身的文化。婺源商人"素质朴,最可嘉者,大腹贾在外开行栈,毛蓝土布长衫、红青土布马褂、双梁阔头粗布鞋,以会客于茶寮酒肆、笙歌罗绮之丛,至今苏松人传为笑话,亦以此重婺商焉"。[③] 在扬州、武汉、苏州和杭州等繁华的商业大都市,徽商通过与当地官员、商人、文人和百姓的交往与交流,形成了一种文化上的认同。在苏州,歙县商人潘之恒"以文名交天下士"。[④] 在南京,婺源商人李廷芳"与留都诸缙绅游,皆以行谊相推重"。[⑤] 在浙江杭州,"吴宪自新安来钱塘,初试额未有商籍,业鹾之家,艰于原籍应试。宪因与同邑汪文演,力请台使(巡盐御史——引者注),设立商籍,上疏报可。至今岁科如民籍例,科第不绝,皆宪之倡也"。[⑥] 徽商以"贾而好儒"的"儒商"相标榜,"商名儒行","居商无商商之心……好贤礼士,遇贤士则挥金不靳,有李白散金扬州之风"。[⑦] 徽商的这一乐善好施之举,有力地推动了城市多元文化的交流、互动与发展。

---

① 乾隆《重修古歙东门许氏宗谱·观察蓬园公事实》。
② 曹觉生:《解放前武汉的徽商与徽帮》,载《史学工作通讯》1957年第3期。
③ (清)刘汝骥:《陶甓公牍》卷十二《法制科·婺源民情之习惯》。
④ (明)汤显祖:《汤显祖集》卷四十一《有命处士潘仲公暨吴孺人合葬墓志铭》。
⑤ 万历《三田李氏统宗谱·仲父光禄寺署丞冲源先生行状》。
⑥ 嘉庆《两浙盐法志》卷二十五《商籍二》。
⑦ 嘉靖《竦塘黄氏宗谱》卷五《明故金竺黄公崇德公行状》。

第三节　明清徽商与城镇化进程

明代中叶以后,商品经济发达的江南市镇,多系徽商聚集之地。徽商的活动,直接关系江南市镇的兴衰。

徽州的茶商以苏州为基地(总庄),在周边城镇广泛设立茶庄,进行辐射状经营。绩溪《盘川王氏宗谱》载:嘉庆时,绩溪人王泰邦在周庄镇创设商号,春季市茶叶,冬季卖海货,获利丰厚。他扶植后进,慷慨好义,每年必储备巨额资金用于救灾恤贫与造桥修路种种公益事业。① 杭州府仁和县塘栖镇地处水路交通枢纽,财货聚集,甲于一方,往来商旅船舶,日夜络绎不绝,被徽商视为获利之渊薮,举凡开典鬻米、贸丝开车者,骈臻辐辏。② 据光绪《塘栖新安怀仁堂征信录》载,"浙仁和之塘栖,系省垣首镇,同人之商于斯者,不下千数,休、歙、绩为盛,婺、祁次之"。③ 为此,道光初年专门在这里建立了"怀仁堂"会馆,作为保护和联络同乡、同行及进行商品信息交流的场所。"咸同兵燹"后,怀仁堂被毁,同治年间再次得到重建。

徽州粮商广泛活跃于苏州市镇的米粮市场,如苏州米粮集散中心枫桥、平望镇,就有许多徽商往来。清朝光绪年间,吴江县盛泽镇共有米业字号44家,其中徽商汪姓开设的字号就达11家之多。④ 徽商还在盛泽建造了"徽宁会馆",并购置房产、田产、义冢和供装卸货物用的码头。

棉布生产中心在苏州府嘉定县的南翔、罗店二镇,素来享有"金罗店、银南翔"的美誉。"我镇南翔,以寺得名,去嘉定邑治二十里而近,四方商贾辐辏,廛市蝉联,村落丛聚,为花、豆、米、麦、百货之所骈集"。⑤ 罗店镇"在(嘉

---

① 民国《盘川王氏家谱》卷三《式南公家传》。
② 光绪《塘栖镇志》卷十八《风俗》。
③ 光绪《塘栖新安怀仁堂征信录·程嘉武同治四年募建塘栖新安会馆缘起》
④ 苏州历史博物馆等编:《明清苏州工商业碑刻集》,南京:江苏人民出版社1981年版,第234~236页,《吴江盛泽镇米业共所碑记》。
⑤ 嘉庆《南翔镇志》卷二《书院》。

定)县治东一十八里……今徽商凑集,贸易之盛,几埒南翔矣。"①在众多的富商大贾中,徽商占绝大多数。正如唐时升所云:"新安人善贾,游行江湖,天下都会,处处有新安人,而三吴之地,则在嘉定者多。"②徽商遍布嘉定城乡各地,或为行商,或为坐贾,不仅控制了当地的食盐和典当行业命脉,而且掌握了棉纱、布匹和丝绸业的生产和销售中枢。南翔和罗店二镇是明清时期棉布生产和销售的专业市镇,南翔镇徽州布商云集,罗店镇则徽州棉花商人汇聚。这两大市镇都因徽商的侨居和贸易而盛极一时。明代歙县布商李成山依靠贩运南翔布匹至山东临清销售而发家致富,并长期定居在南翔。③ 其实,类似李成山因经商而定居于南翔的徽商实在是不胜枚举。

明朝万历年间,侨寓南翔的徽商深受当地地痞无赖的骚扰,被迫迁徙至外地躲避,从此,南翔镇的商业便一蹶不振。徽商撤离了,一座繁华的江南市镇顷刻之间就这样走向了衰落。直到清代乾隆年间,南翔镇的经济才逐步得到恢复和发展,重新趋于繁荣。而鄱阳湖畔的江西永修县吴城镇原本是一个无名小镇,因为徽商的参与,成了徽商的辐辏之区,逐渐开始繁华起来,成为远近驰名的商业重镇。徽商就是这样,用自己的勤劳和智慧,在中国的繁华都市与偏僻乡镇,进行着艰辛地开拓。他们的去留聚散,已经成为决定江南一个地方经济盛衰和兴替的决定性因素。正如胡适所说:"一个地方如果没有徽州人,那这个地方就只是个村落。徽州人住进来了,他们就开始成立店铺,然后逐渐扩张,就把个小村落变成个小市镇了。"④由此可见,明清时代徽商在加速城镇化进程中,确实发挥了其他力量所难以起到的作用。

近代以来,曾经驰骋明清商界、长盛不衰近四百年的徽州商帮,因为内外

---

① 万历《嘉定县志》卷一《市镇·罗店镇》
② (明)唐时升:《三易集》卷十九《商山吴隐君七十寿序》。
③ (明)归有光:《震川先生集》卷十八《例授昭勇将军成山指挥使李君墓志铭》。
④ 胡适口述、唐德刚译注:《胡适口述自传》,桂林:广西师范大学出版社,2005年,第14页。

交困等各种主客观因素的影响而逐渐淡出了人们的视野,并最终退出了历史舞台。但是,徽商曾经创造的财富神话,他们在促进城市经济和社会发展、推动城市多元文化建设以及在推进中国城镇化进程中作出的卓越贡献,却是不可磨灭的。

第七章　明清徽商的职业道德和技能教育——
　　　　以《生意手册》为中心

作为明清时代活跃在商业舞台的一支重要的地域性商帮，徽商"贾而好儒"。徽州人一向崇文重教，外出经营的徽商对经商人才的培养和教育也极为重视。为了使自己的子弟将来能够养成吃苦耐劳和坚韧不拔的意志，徽商往往将自己的子弟放在他人的店铺内学习和锻炼，并从最基本的经商知识学起，同时接受职业道德的培训。对此，不少商业书和徽州方志、族谱等文献都有大量的记载。我们于2001年3月在安徽省绩溪县上庄镇收集到一册学做生意的手抄残本古籍，无封面、封底。由于该手抄本系清代上庄某位茶商赠送给即将远赴上海经商的儿子的，其内容涉及对经商人才的职业道德培养、专业技能教育及经商过程中的各种注意事项。因此，我们将其暂定名为《生意手册》。

《生意手册》真实地记录了关于清代徽商的职业道德培养和技能教育的内容，经与其他众多的明清徽商商业书对照，该书记录的文字，除部分内容摘自其他商业书之外，其中不少内容尚系首次披露。因此，其学术价值弥足珍贵。

下面，我们仅以该《生意手册》为主，对明清时代徽商的职业道德和技能教育进行探讨和分析。

第一节 《生意手册》版本和主要篇目

《生意手册》不分卷，残本，无作者，无封面、封底，系毛笔楷书手抄。根据该书书脊所题页数，我们知道，《生意手册》全本应当有41页，而残本起自12页，止于40页。该书末尾作者《自造格言叹语》云："我幼年到上洋，忽然余四载，一事不成功。所做茶为业，自知习学成人，有终之日，而后再看己时，自可为君也乎哉！"①又据出售此书的商贩说，该手册系从上庄附近人家收购。由此，我们推测，该《生意手册》的作者应是上庄附近的茶商。而"学做生意要语"一节附语云："因汝不曾客远，今一朝遥隔，恐汝无寻头绪。故特书此与汝，便带随身，暇时展开壹看，牢记在心，谨守遵行，庶几有助。不可谨作一场，闲话略而忽之也。顾汝此行，生意之道壹通，不但你壹人幸，即家门祖宗亦幸甚矣。汝其勉之遵。"②这则附语透露的信息表明，该《生意手册》应是专门为即将外出经商的儿子撰写或抄录的。

《生意手册》共由《学做生意要语》《江湖序》《劝商贾》《商略》《雇舡》《银色》《稻米》《商旅之要》《客途》《行船风信》《机关》《标舡规单》《格言致论其一其二其三》《警戒夫妇之文》《朱文公家训》《不自弃文〈附:项托小儿论〉》《立教一犯于此，贫贱自然》《江西巡抚宋老爷劝世文》《世人要习十好休学十穷》《忆处事》《说世人不足》《说能者则误也》《说人心不知足》《朱夫子治家格言》和《自造格言叹语》共26篇组成。

我们从现存的徽州各种《商贾便览》和《客商规略》之类的商业书中，尚未发现有上述内容的"生意手册"。但由于《生意手册》中的内容不少是从各类商业书中抄录汇辑而来，同时又夹杂了作者自身的经商经验和教训等体会，因此，我们推断，《生意手册》应系由清代上庄附近某位茶商结合自身经商经历而抄录汇编的日用经商手册。

---

① 《生意手册·自造格言叹语》，清抄本。
② 《生意手册·学做生意要语附语》。

第二节 《生意手册》所见徽商的职业道德教育

明清时期的徽商在对经营人才的培养和教育中,十分重视职业道德教育。"有德无才可贵,有才无德可轻"。①"忠诚立质,长厚摄心,以礼接人,以义应事"。②"宁奉法而折阅,不饰智以求赢"。③ 良好的道德品质,不仅是经商者应具备的基本素质,也是经营获得成功的主要保障,同时更是做人的基本准绳。正如明代徽商程春宇所云:"至诚忠厚,虽无能干,其信实正大可取,总有妙才转换之智……凡人存心处世,务在中和,不可因势凌人,因财压人,因能侮人,因仇害人。倘遇势穷财尽,祸害临身,四面皆分仇敌矣。惟能处势益谦,处财益宽,处能益过,处雠益德。若然,不独怀人以德,足为保身保家之良策也。"④在《生意手册》的《学做生意要语》中,作者对经商人才的职业道德教育提出了十条具体的要求。分别是:

第一要勤苦。"清早不必要人呼唤,先起来开了店门,扫地揸灰,打扫店堂,收拾得好。如安置东西,件件色色俱要有个次第,才有章法。一则不碍手脚,二则便于取用也。如生意稍间,或时打学筹盘,或认呈色筹盘,愈熟愈好,不是才晓得些就玄开手。若如此,依旧无用,故筹盘银色要时时习学,不可趁间东走西荡,以误正业也。若店中生意忙时,须要启眼洞烛,不必时时俱要人吩咐方好,切不可筹懒账。□□好嬉间了,身子怀自己□□□"。⑤ 明代徽商

---

① (明)程春宇:《士商类要》卷二《买卖机关》,杨正泰:《明代驿站考附录》(增订本),上海古籍出版社,2006年第364页。
② (明)曹嗣轩编撰,胡中生、王亹点校:《休宁名族志》卷二《张·渔滩》,合肥:黄山书社,2007年,第372页。
③ 民国《丰南志》卷六《艺文志上·寿序·良宦公六十序》。
④ (明)程春宇:《士商类要》卷二《买卖机关》。
⑤ 《生意手册·学做生意要语》。

程春宇在《士商类要》中也指出:"富从勤得,贫系懒招。"①"凡取账,全要脚勤口紧,不可蹉跎怠惰。收支随手入账,不致失记差讹。"②勤奋刻苦、艰辛开拓的"徽骆驼"精神向来是徽商的本色,这是徽商在经商人才培养中首先必须强调的基本素质。关于徽商勤苦的史实,明清时期徽州的族谱和方志等文献中有着大量的记载。歙县江村江鳌公世代经商于淮阴,在明末战乱中,资产全部被席卷一空,他"苦心焦思,栉风沐雨,晨夕不怠,家声遂以大振",③完成了先人未竟的事业。明代休宁西门徽商查岩振一生勤苦,艰辛开拓,"岭南塞北,饱谙寒暑之劳;吴越荆襄,频历风波之险",④最后获得了成功。所有这些都是徽商勤苦拼搏的有力例证。

第二要诚实。无论是对亲友,还是对买卖客人,都要以诚实待人。"言语必信,举动至诚。如逐宗逐件,须要来清去白,不可因无人看见,即爱小私积分毫。欲起此心,即想曰不可自欺也。立心如此,何等正大光明,自然一心在正路上,用工夫何不能成立?既能成立,何止万倍之利。虽有紧急要物,不妨告禀本东支取应用,不得私取分毫应己之急也"。⑤ 明代歙县岩寺商人吴南坡有一句经典名言,即"人宁贸诈,吾宁贸信",虽五尺童子,亦不能欺。⑥ 清代歙县盐商江长遂,"待人接物,诚实不欺,以此致资累万"。⑦ 徽商的诚实经营,为自身赢得了良好的信誉和无限商机,以致"四方争趋(吴南)坡公。每入市,视封识为坡公字,辄持去,不视精恶长短"。⑧

第三要谦和。《生意手册》告诫说:"谦是谦恭,和是和气。如对店中亲友、买卖客人交谈之间,须要和颜悦色,不可粗心暴气。"⑨对此,明代徽商程

---

① (明)程春宇:《士商类要》卷二《为客十要》。
② (明)程春宇:《士商类要》卷二《买卖机关》。
③ 道光《济阳江氏族谱》卷九《故处士之鳌公传》。
④ 万历《休宁西门查氏祠记·凤湖处士彦辉查公墓志铭》。
⑤ 《生意手册·学做生意要语》。
⑥ 康熙《古歙岩镇东础头吴氏族谱·吴南坡公行状》。
⑦ 道光《济阳江氏族谱》卷九《故布政司理问长公遂、按察司经历长遇公合传》。
⑧ 康熙《古歙岩镇东础头吴氏族谱·吴南坡公行状》。
⑨ 《生意手册·学做生意要语》。

春宇在其所著的《士商类要》之《为客十要》中亦云:"凡待人,必须和颜悦色,不得暴怒骄奢,年老务宜尊敬,幼辈不可欺凌。此为良善忠厚。"①俗话说,和气生财。明代歙县竦塘盐商黄崇敬虽富甲一方,资产雄厚,但为人十分低调谦和,以老子"深藏若虚,盛德若愚"②为座右铭,襟怀冲淡,远避名势,清心寡欲。清代歙县西溪南商人吴嵩堂,曾谆谆告诫自己的子女,无论是经商还是做人,一定要"存好心、行好事、说好话、亲好人"。用他自己的话来说,就是"人生学与年俱进,我觉'厚'之一字,一生学不尽亦做不尽也"。③

第四要忍耐。《生意手册》云:"忍是含忍,耐是耐惟。或是同店朋友,以恶加我;或是本东言重,使我难当,惟以忍之为高,不可强辩。"又云:"书曰:必有容,德乃大;必有忍,其乃有济。君子立心,未有不成于容忍而败于容忍也。容则能恕人,忍则能耐事。一毫之拂,即勃胅而怼;一事之违,即愤肤而发。是无涵养之力,乃薄肤浅学之人也。是大丈夫当容人,不可为人所容。君子当制欲,不可为欲所制。"④常言道,忍得一时忿,终为人上人。在和顾客打交道的经商过程中,经常会遇到顾客的言语或其他方式的刁难,作为经营者,必须有涵养,学会隐忍,把顾客当作自己的衣食父母,方才能赢得顾客。

第五要变通。"变者,不执一;通,达也。假如店中某货,系合某价钱成本到店,目今时价,算该有几分钱利息……卖时,其中价目或增或减,须看货之行弃。行者,不妨价增;弃者,亦须减价"。⑤《生意手册》要求学徒们必须学会善观时变,毕竟商海风云莫测,要想赢得商机,变通是不得不学的。《休宁县志》记载明代徽商的一段话很能说明问题,那就是"因地有无以通贸易,视时丰歉以计屈伸"。⑥

---

① (明)程春宇:《士商类要》卷二《为客十要》。
② 嘉靖《竦塘黄氏宗谱》卷五《明处士竹窗黄公崇敬行状》,明嘉靖四十一年刻本。
③ 民国《丰南志》卷六《皇清附贡生诰授资政大夫候选道加四级恩加顶带一级又恩加一级议叙加六级显考嵩堂府君行述》。
④ 《生意手册·格言致论其一》。
⑤ 《生意手册·学做生意要语》。
⑥ 万历《休宁县志》卷一《舆地志·风俗》。

第六要心有主宰。"凡人做事,必须克己无私。为客经营,勿以贪小失大。买卖虽投于经纪,主意实出乎自心"。①《生意手册》云:"或是店中左邻右舍,或是地方上朝日熟识之人,或是远处生疏亲友,或以酒食请你,或以心爱之物送你,或央你做中作保,云有重物谢你;或与你打合别处私开小店;或某处赌博邀你去看看;或某人家有标致女子,同你去瞧瞧;或家中盗出物件,借你去寄寄,明日与你分;或偷出来的东西,贱卖与你。以上数者,皆自诱你上钩当,送你下陷坑的事。当此之事,须要心中有主宰,总以不贪外财为心。"② 经商必须心有主宰,不可轻信他人,贪图外财。"守己不贪终是稳,利人所有定遭亏"。③ "凡见人博弈赌戏,宜远而不宜近。有人携妓作乐,不得随时打哄。"④否则,难成大业。的确,"居商无商商之心,不效贪商窥觎分毫",⑤不可贪财,这不仅是徽商的忠告,而应当是所有商人都必须熟记于心的准则。

第七要俭朴。"彼大富固有自来,吾衣食丰足,未必不由勤俭所得"。⑥《生意手册》说:"虽手头有两把银子辛赀,凡衣可被体,食可充饥,无冻饿之苦,足矣。""凡做生意之人,总以朴实俭约为本,才成得人家。则心志放纵,用度奢侈,未有能成立者也。"⑦其《士商类要》亦一再告诫经营之辈:"贸易之道,勤俭为先。"⑧"夫人一勤则天下无难事,其功名富贵无不自勤中来也;一俭其则胜于求人,其布帛粟麦未尝不是俭中事也……为商者俭则财利富"。⑨ 徽商虽富甲一方,但大多是小本经营起家。"虽挟赀行贾,实非已赀,皆称贷于四方之大家,而偿其什二三之息"。⑩ 因此,勤俭是他们的一贯本色。正如

---

① (明)程春宇:《士商类要》卷二《经营说》。
② 《生意手册·学做生意要语》。
③ (明)程春宇:《士商类要》卷二《买卖机关》。
④ (明)程春宇:《士商类要》卷二《为客十要》。
⑤ 嘉靖《竦塘黄氏宗谱》卷五《明故金竺黄公崇德公行状》。
⑥ (明)程春宇:《士商类要》卷二《买卖机关》。
⑦ 《生意手册·学做生意要语》。
⑧ (明)程春宇:《士商类要》卷二《贸易赋》。
⑨ (明)程春宇:《士商类要》卷二《立身持己》。
⑩ 康熙《徽州府志》卷八《蠲赈·金声与徐按院书》。

明代休宁商人汪岩福那样,善于自律,虽然贸易致富,但"务为节约,与家人同艰苦,大布之衣,大帛之冠,脱粟之饭,身自甘之",①"居安佚而志在辛勤,处盈余而身甘淡泊",②这样才能积累起财富。所以,顾炎武说,徽商"勤俭家甲天下,故富亦甲天下"。③

第八要重身命。《生意手册》告诫学徒们,一定要珍惜生命。"凡一切危身陷命之事,一践其辙,皆系不顾身者也,最宜深戒之"。④ 对于人生来说,每个人的生命只有一次,生命的存在是第一位的,绝不可为一时之贪财而轻命。徽商汪某,虽然从事典当业获取暴利而富甲一方,但因过于刻薄,"持筹握算,锱铢必较",一生无子,"族人争立",财富被族人抢夺一空,最后饮恨而暴卒。⑤

第九要知义理。《生意手册》把义理提到了立身之基的高度,认真辨明了义理之间的关系,指出:义理"二字分明,则言行之间无处而不当,即立身之基自此固矣"。经商实践中,徽商以义为利的例子很多。明代歙县商人许尚质常语于人曰:"夫人所为欲富厚者,谓礼义由之,生且有所用之也,即不能用,则雇反为财用耳。"因此,凡"心礼义所向,争先赴之"。⑥

第十要不可忘本。"常见许多后生,才晓得些生意,便将自己看得天尊般高,眼里无人,即见着可厌不礼他。如此骄人,不多时又见无依倚了。再要开口求人荐举,自亦口涩难言矣。汝今此去,倘得成立之,如此忘本之事,断然不可为也。牢记,牢记"。明代休宁率东人程莹,经商于浙江湖州,虽富可敌国,但始终不忘根本,依然以耕读为本教育子弟,并在不久后退隐,以古文图书自娱。绩溪章廷泰随父亲一道经商,以义获利,为乡里所重。致富后,他慷慨解囊,创建章氏祠堂,兴造文昌阁,凡是乡里修桥修路及赈贫恤孤等活动,

---

① 顺治《休宁西门汪氏宗谱》卷六《明光禄寺署丞乡大宾岩福公暨配金孺人墓志铭》。
② 嘉靖《汪氏统宗谱》卷三十一。
③ (清)顾炎武:《肇域志》。
④ 《生意手册·学做生意要语》。
⑤ (清)董含:《三冈识略》卷八《积财贻害》。
⑥ 嘉靖《新安许氏统宗世谱·朴翁传》。

他都倾囊而出,毫无难色。

《生易手册》之《学做生意要语》最后总结说,以上十条不仅是学做生意的大概,也是为人处世不可缺少的要领。作者谆谆告诫将出远门经商的儿子,"因汝不曾客远,今一朝遥隔,恐汝无寻头绪。故特书此与汝,便带随身,暇时展开一看,牢记在心,谨守遵行,庶几有助。不可谨作一场,闲话略而忽之也。顾汝此行,生意之道一通,不但你一人幸,即家门祖宗亦幸甚矣"。① 可见,徽商对经商人才职业道德的培养和教育,并不仅仅限于一般的经商知识和职业道德的培养,而且包括更深刻的为人处世的教育。

第三节 《生意手册》所见徽商的经商基本技能教育

拥有良好的职业道德,爱岗敬业,这是徽商取得成功的重要法宝。《生意手册》谆谆告诫即将出远门经商的儿子,做事一定要认真,始终如一。"人在世间,所行之事,所做那一样事务,以根本为主,不可忽将忽里。一切不要邪心易怪,天命已成,何须思想。有富贵,有贫穷,总要认真为正"。② 吴中孚的《商贾便览》亦一再重申,经商务必要精益求精,"技贵精专,业防贫滥。贫滥之人,心志不定。得陇望蜀,居此图彼。羡人之美,耻己之恶,皆是无厌之徒,终无结实。若能自守本业,技艺日加淬励,着意用心,不失故物,是为固本之道"。③

首先,就经商的基本技能而言,同《士商类要》和《商贾便览》一样,《生意手册》也要求外出经营者首先要学会察言观色,掌握机关。"凡与人交接,便宜察言观色,务要背恶向善。处事最宜斟酌,不得欺软畏强"。④ "投牙要三相:相物、相宅、相人。入座试言:言直、言公、言诈。物古不狠,老实节俭;宅

---

① 《生意手册·学做生意要语附语》。
② 《生意手册·自造格言叹语》。
③ (清)吴中孚:《商贾便览》卷一《江湖必读原书》。
④ (明)程春宇:《士商类要》卷二《为客十要》。

新而焕,标致奢华;百结鹑衣,贫穷之背;异妆服饰,花子之流;礼貌谦谀,心中叵测。起直率,面亦无阿。问价即言,大都不远。论物口慢,毕竟怀欺。相见恭而席丰,货快有价;跟随缓而款略,本少且迟。空客劝盘,求为替代;门前久坐,专等姨夫。客来无货,非取账,必是等人。买主私谈不扣银,定然夹账。许多卖少,卖少接新,客之常情。说快反迟,哄起货之旧套;齿下不明,久后徒然混赖。当场既久,转身何必趄毁誉。中防家奴,误主指示处,恐稍子利,私客、荐客须防。有故牙、攒牙,亦是常情……口是心非难与处,为人犹己可相亲。太过者满则必倾,执中者平而且稳。出纳不问几何,其家必败;算计不遗一介,维事有成。斯言浅易,无非开启迷蒙;意义少文,惟在近情通俗"。① 善于辨明市牙和顾客,这是经商者外出经营时必须首先明了和掌握的基本知识和技能。掌握了这些知识与技能,便不至于陷入各种圈套和陷阱之中。

其次,一定要守法经营。《生意手册》在《商旅之要》中明确指出:"既为商旅,要知商税来由。身在江湖,岂可抗违。王法番货,全凭官票。引盐自有水程,茶引与盐引相同,白礬同茶引之例。新小钱非贩卖之货,腌丑肉有盘诘之由。硫磺焰硝,岂宜贩卖?但凡违例,切莫希图。"② 可以说,依法守规,这是经商者应当特别牢记在心的基本规则。违犯了这一规则,则可能导致官司之讼和牢狱之灾。③ 因此,"但凡违例,切莫希图"。

最后,就专业技能而言,《生意手册》根据不同的经营领域和行当,提出了不同的要求。概括而言,主要包括以下几部分:

第一,外出经营时,要了解路途地理环境、风土民情及注意事项。根据作者所了解和综合前人的经验,《生意手册》专列《客途》一篇,云:"巴蜀山川险阻,更防出入之苗蛮。北直陆路平夷,犹惧凶强之响马。山西、陕西崎岖之地,辽东、口外凶强之方。黄河有溜洪之险,闽广有峻岭之艰,两广有食盐之

---

① 《生意手册·机关》。
② 《生意手册·商旅之要》。
③ 参见卞利:《论明清时期徽商的法制观念》,载《安徽大学学报》(哲社版)1999年第4期。

毒,又兼瘴气之灾。陆路有吊之徒,舡户有暗谋之故。浙路上江西亦多辛苦,中原到云贵多少颠危。长江有风波盗贼之忧,湖泊有风水渔舡之患。山河愁水势来涌,又恐不常之变。闸河怕官座粮舡之阻,更兼走溜之忧。矿贼当方有之,盐徒各处难静。荆州到四川,生而拚死。胶州收六套,死里逃生。为名者,君命难违;为利者,财心肯息。已上乃明知而故为也。又有可避之不虞,却要人心之准备哉。"① 其实,有关客途的注意事项,明代休宁商人黄汴《一统路程图记》、程春宇《士商类要》和清代徽商吴中孚《商贾便览》等均有阐述,《生意手册》显然是抄录上述诸商书并加以综合而成。这是徽商外出经营所必须掌握和具备的最基本知识。

第二,徽商外出经营路途艰辛险恶,水路势必雇用船车。"顾舡须投牙计处,询彼虚实,客中第一要务也"。② "蓬踪四方,举目有江湖之异;程途千里,屈指非朝夕之间。莫图系楫偷安,苟免征车,受许多颠险、无数疏虞。古语:舟中皆敌国。寓意尚和。谚云:隔板是黄泉。勉人知谨。波涛千派,挂风帆益励战兢之心;星月一天,摇夜橹更防窥伺之辈"。③ 因此,在雇用船车时,一定要注意安全,事先从各方面做好防范工作,借此以避免不测。"偶遇接谈,最宜寻消问息;沿途搭伴,恐为入室操戈。水火无情,切莫展头焦额;尔我相济,势须学者击尾援。所为者如斯不谦,似守株待兔。费心皆觅利,真个如涉海求珠。名列后先,轮班提备。戒酣歌,愚人视听;禁呼喊,骇众观瞻。若守夜,莫解衣,才闻警,便须设备。分别勤堕,赏罚过功。到头无半点之虞,举目贺万全之喜。共前约,毋致后,尤同舟之人请书芳字"。④

第三,要学会辨别银色。不管经营哪一种业务,商品交易多以银钱为通货。尤其是白银,掺杂使假向来是奸商玩弄的阴谋伎俩。因此,无论是学徒还是外出经商,学会和掌握辨别银色,显然是非常重要的。可以毫不夸张地

---

① 《生意手册·客途》。
② 《生意手册·顾舡》。
③ 《生意手册·标舡规单》。
④ 《生意手册·标舡规单》。

说,学会和掌握辨别银色,这是徽商必须掌握的最基本技能之一。对此,《生意手册》云:辨别银色"实生涯之本饮,过目须要留心。看银之法,不可大略,必须四面氏险参看,呈色相同,方才真正。若还不一,必之硗蹊。九州岛四海,亿万众民,造假万端,异名无限,岂能尽知?各宜酌见斛斗,右手低而速者轻,倾手高而缓者重,恐有鸡窝、缺角、麻脸、回斛、辄荡"。①

第四,充分学习和掌握不同经营领域的专业知识。徽商经营领域多,活动范围广,"今之所谓都会者,则大之而为两京,江、浙、闽、广诸省次之,而苏、松、淮、扬诸府,临清、济宁诸州,仪征、芜湖诸县,瓜州、景德诸镇……故(歙)邑之贾,岂惟如上所称大都会皆有之,即山陬海壖、孤村僻壤,亦不无吾邑之人,但云大贾则必据都会耳"。② 总之,崛起于明代中叶的徽商"其货无所不居,其地无所不至,其时无所不鹜,其算无所不精,其利无所不专,其权无所不握"。③ 其所经营的领域尽管极为广泛,但"盐、茶、木、质铺为大宗,茶叶六县皆产,木则婺源为盛,质铺几遍郡国,而盐商咸萃于淮浙"。④ 粮食、棉布和丝绸等也是徽商经营的大宗领域。不同的经营行业对商人的专业技能要求自然不一。如棉布,一位佚名的徽商在《布经》中即对经营棉布业的专业技能进行了总结,诸如《看白布诀》《指明东路铁锭木锭诀》《门庄买布要诀》《指明布中一切条款》《字号看白布总论》《看白布总诀》《认刷纱病处木锭铁锭分解》《指明浆纱水纱二布分解》《收门庄要诀》《看毛头大略总要》《青蓝布看法》《看翠兰月白秘言》《看法条例》《染坊总诀》《染各样杂色每百疋该用颜料数目》《门市染标寇颜色染价每百匹照码六折》《江西出靛道路地名》《各路靛》《看光布总论》《看光布秘言》《各样退法》《看光布歌诀》《石上踹布法》《看手踹手及磙子石头四事总诀》和《五逆生意》,⑤几乎囊括了棉布字号、染坊等所有的知识与技能。如何方能取胜,《布经》云:"端坐正容,澄心静念。按四时而取用,

---

① 《生意手册·银色》。
② 万历《歙志》传卷十《货殖传》。
③ 万历《歙志》传卷十《货殖传》。
④ (民国)陈去病:《五石脂》。
⑤ 《布经》,清抄本。

由学习以精明。当知清晨精气充足,谨防午后眼力昏迷。察坐处之明晦,知移步之改行。"①《生意手册》从颗粒大小、糠之细粗、皮之厚薄、开手软硬和谷嘴有无等诸多方面,专门就稻米经营的专业知识和技能进行了说明,云:"先看稻米大小,次看糠之细粗、皮之厚薄、开手软硬、谷嘴有无。稻之饱(别)瘪,便看椿头。辊打者稻光而有米,斜掼者稻生而无椿。糯米肥圆而多酒,粉皮红间而多糟。所贱者,阴花尖细无浆。小麦沟深皮厚者面少,粗壮子实者面多。晒堆须要伏天,若经秋风,多蛀。豆中所贵者,圆大肥明、精神干净、皮薄白嘴,可堪作腐;所贱者,土珠死损、虫口潮湿、楷箕发白,正可作油入榨。若置芝麻与菜子,须寻油价何如。只怕盦而不怕陈,不嫌淄而只嫌土:陈者不堪作糖,土者不宜入榨。晴风开斛不拆,阴风折耗却多。要试新陈,皮包洗擦。菜子,长江不及河南,上者老干净润,下者嫩瘟。瓜棱要知好驳,探筒滑顺,到底者必干。界久一堆两辨,木樨黄者为上。棉花一朵八子、九子者,四两多衣,五六子者,三两之外,白净老者为佳。"②程春宇在《士商类要》中特别强调,"如贩粮食,要察天时;既走江湖,须知丰歉"。③ 显然,从事稻米等粮食经营者,以上专业知识和技能是必须具备的基本素质。

总之,明清时代的徽商,在市场规模的不断扩大、市场形势变化莫测情况下,只有掌握了一定的专业知识和技能,并将其熟练地运用经营之中,审时度势,采取灵活机动的策略,才能使自己立于不败之地。徽商之所以能在竞争激烈的市场中驾轻驭熟,独执商界之牛耳,是与其掌握经营的专业知识和熟练的行业技能分不开的。

第四节 结语

从以《生意手册》为中心的明清时期徽州众多商业书的文字叙述中,我们

---

① 《布经·配布总论》,清抄本。
② 《生意手册·稻米》。
③ (明)程春宇:《士商类要》卷二《客商规略》。

不难发现,就是通过上述这样一些职业道德和职业技能的培训和为人处世的教育,徽商才能够在做人与经商方面,一代一代继承与延续下去,并积累了巨额财富,传播着商业文明。

我们还应看到,明清时代徽商的职业道德培养和专业技能教育并不是在教室或课堂中进行的,而是在经商的实践中逐渐学习和掌握的。在实践中学习,在学习中实践,这是明清时期徽商教育与培养的基本经验。"子弟投师学贸易,先分尊卑称呼。行铺正主为师,并有总管及正店官带徒者,此皆专管专教之师,本称老师。同事中有年长过我二十以上者,均当以老师老伯称之;年长十岁以上者,以老叔称之;数岁及先后学徒年长者,皆以老兄称之;惟后来年小于我者,方可以老弟呼之"。①尽管在店铺中习学尊卑等级森严,但对于学徒而言,尊师重教则是最基本的准则。只有手脚勤快、眼耳并用,"脚勤口紧",②"启眼洞烛",③才能在实践中学到真经,《生意手册》中《学做生意要语》之第一要语《勤苦》,正集中体现了这一要求。

无论是《生意手册》《客商规略》,还是《士商类要》《商贾便览》,明清时代徽州所有的商业书都有其自身显著的特点,那就是通俗易懂、注重实际、不尚空谈。《生意手册》就明确道明该书"斯言浅易,无非开启迷蒙;意义少文,惟在近情通俗"。④《一统路程图记》和《商贾便览》则全然系作者黄汴及吴中孚一生经商经验的总结。正如黄汴明隆庆四年(1570年)在《一统路程图记》序言中所言:"余家徽郡万山之中,不通行旅,不谙图籍,土狭人稠,业多为商。汴弱冠随父兄自洪都至长沙,览洞庭之胜,泛大江,溯淮扬,薄庋燕都。是年,河水彻底,乃就陆行,自兖至徐,归心迫切,前路渺茫,苦于询问,乃惕然兴感,恐天下之人如余之厄于歧路者多也。后侨居吴会,与二京十三省暨边方商贾贸易,得程图数家,于是穷其闻见,考其异同,反复校勘,积二十七年始成帙,

---

① (清)吴中孚:《商贾便览》卷一《工商切要》。
② (明)程春宇:《士商类要》卷二《为客十要》。
③ 《生意手册·学做生意要语》。
④ 《生意手册·机关》。

分为八卷,卷有所属,俾一展册,而道路之远近,山川之险夷,及风波盗贼之有无,靡不洞其纤悉,九州岛地域在指掌间矣。"①

值得注意的是,徽商不仅在教育和培养学徒时要求严格,而且在使用人才时,也注意扬长避短,努力发挥人才的长处。"合伙开行,择能者是从;分头管事,以直者托付。一行若有数人合伙经纪,我当择其忠厚者付之以本"。②明代歙县潭渡商人黄谊,择人而任,盐典并举,"基之以勤俭,参之以筹划,将之以果敢",③以奇制胜,终获成功。而休宁西门汪福光,则于经营中"学陶朱公师,研乘心算,贾盐于江淮间,舠至千只,率子弟贸易往来,如履平地。择人任时,恒得上算,用是赀至巨万",④迅速致富。

徽商谆谆告诫自己的子弟,不要掺杂使假,不要坑蒙拐骗,不要见利忘义,要择地趋时,开拓进取,方才能获得大利。明代婺源盐商李大皓在传授自己的经验给伙计时说:"财自道生,利缘义取。"⑤闻者无不为之而折服。明代歙县徽商许秩"南讫闽广,北抵兖冀",⑥善于捕捉商机、用人,积累十余年,成富商巨贾。这些都是徽商成功的宝贵经验。

当然,徽商因用人不善而招致失败甚至倾家荡产者,也不乏其例。明崇祯六年(1633年),在江宁开设典当行的歙县商人王竹,因用人不慎,被所雇佣掌管业务的谢尚念"盗卷衣饰货物计银叁百余两逊走,不知去向",⑦最后被迫破产歇业。这个教训是极为深刻的。这就是吴中孚所说的"行铺事繁,用人比多。授执合宜,诸凡妥帖。贤愚倒置,事必乖张"的道理。⑧

徽商用人正反两个方面的例子告诉我们,在培养经商人才时,一定要慎

---

① (明)黄汴:《一统路程图记》卷首《一统路程图记序》,杨正泰:《明代驿站考附录》(增订本),上海:上海古籍出版社,2006年。
② (清)吴中孚:《商贾便览》卷一《江湖必读原书》。
③ 雍正《潭渡黄氏族谱》卷九《黄东泉处士行状》。
④ 顺治《休宁西门汪氏宗谱》卷六《益府典膳福光公暨配金孺人墓志铭》。
⑤ 万历《三田李氏统宗谱·环田明处士李公行状》,明万历刻本。
⑥ 嘉靖《新安许氏统宗世谱·平山许公行状》。
⑦ 《明崇祯六年七月廿六日江宁县缉捕谢尚念告示》,原件藏安徽省图书馆。
⑧ (清)吴中孚:《商贾便览》卷一《工商切要》。

之又慎。人才的专业技能与经营水平固然很重要,但人才的品德和操守更为重要,两者相辅相成、缺一不可。没有正确的知识技能教育和良好的职业道德教育,徽商的成功或许会大打折扣。《生意手册》看似绩溪上庄一地某位商人的教子之道,但由于作者汇录了大量具有普遍意义的学徒经商常识,因此,从某种程度上说,它也是明清时期整个徽州商人群体关于经商人才的育人之道。

第八章　明清徽商捐助公益慈善事业及其目的和动机

"富室之称雄者,江南则推新安,江北则推山右。新安大贾,鱼盐为业,藏镪有至百万者,其他二三十万则中贾耳"。① 作为明代中叶崛起的全国最大的两支地域性商帮群体,徽商在成为富甲一方的富商大贾后,踊跃捐资兴办和扶持社会公益与慈善事业,并因此而赢得了"贾而好儒"的赞誉。徽商果真是勇于担当社会责任的儒商良贾吗?隐藏在慷慨捐助社会公益和慈善事业背后的动机究竟是什么?

第一节　明清徽商对公益事业的捐助

一、教育和文化事业

徽州虽地处深山,峰峦掩映,但重视教育,向有"东南邹鲁"和"文献之邦"之誉,虽"十户之村,不废诵读",②"当其时,自井邑田野,以至远山深谷,居民之处莫不有学、有师、有书史之藏",③各个家庭几乎都对子女教育给予了特

---

① （明）谢肇淛：《五杂俎》卷四《地部二》。
② 嘉靖《婺源县志》卷四《风俗》。
③ （元）赵汸：《东山存稿》卷四《商山书院学田记》。

别的关注,有的甚至不惜在家族的族规家法中予以强调。如休宁茗洲吴氏家族就在《家规》中明确要求:"子孙自六岁入小学,十岁出就外傅,加冠入大学。当聘致明师,训饬以孝悌忠信为主,期底于道。若资性愚蒙,业无所就,令习治生理财。"①徽州的家庭和家族为鼓励子弟读书入仕,往往专门辟有膏火田、学田或专门出资资助贫困家庭子弟读书,如休宁茗洲吴氏家族就在《家规》中,对贫困家庭子弟作出资助读书的规定,云:"族中子弟,有器宇不凡、资禀聪慧而无力从师者,当收而教之,或附之家塾,或助以膏火。培植得一个两个好人,作将来模楷。此是族党之望,实祖宗之光,其关系匪小。"②

"几百年人家无非积善,第一等好事只是读书"。读书入仕,成为宋代以来徽州人摆脱生存危机的普遍追求。在这种重视教育的氛围下,徽州学校、书院、书屋乃至私塾教育十分发达,书院、书屋和私塾等各种学校举目皆是。但是,这些学校的基础设施和办学经费从何而来?官府和宗族的资助固然必不可少,但是,官府的资助和宗族由耕地所得毕竟有限,正如《两淮盐政全德记》所云:"歙在山谷间,垦田盖寡,处者以学,行者以商,学之地自府县学外,多聚于书院。书院凡数十,以紫阳为大。商之地海内无不至,以业盐于两淮为著,其大较也……大之郡邑,小之乡曲,非学,俗何以成?非财,人何以聚?既立之师,则必葺其舍宇,具其斋粮,及夫释菜之祭、束修之礼,是不可以力耕得之也。"③显然,学校所需的各项开支,仅仅依靠山多田少的乡民耕种所得是远远不够的。因此,为学校筹集和捐助资金的重任就落到了富甲一方的徽商身上。事实也的确如此,我们看到,明清时期徽商在辛苦经营致富以后,纷纷慷慨捐资助学。徽商的捐助和支持,无疑也是很多学校赖以维持和发展的一个重要原因。早在明代,祁门商人马禄就曾出资三百金,修缮了家乡的学宫。在绩溪,因经商致富的清代徽商章必泰,不仅鼎力资助东山书院,而且亲

---

① (清)吴翟:《茗洲吴氏家典》卷一《家规》。
② (清)吴翟:《茗洲吴氏家典》卷一《家规》。
③ 道光《徽州府志》卷三之一《营建志·学校》。

捐白银二百两,用于绩溪县考棚的建设。① 而清代两淮盐商歙县棠樾鲍氏宗族,在支持家乡学校教育方面,更是频出大手笔。议叙盐运使鲍漱芳于嘉庆十二至十六年(1807—1811年)联合四川道御史鲍勋茂等先后为重修徽州府学及尊经阁等设施捐助白银14000余两;② 两淮盐商鲍志道先响应曹文埴建议,捐银3000两,倡复古紫阳书院。乾隆五十九年(1794年)又捐银8000两,并以此银之利息"按月一分起息,每年应缴息银960两,遇闰月加增80两,由府学教授按年分两次具文赴司请领",作为歙县紫阳书院的膏火费。包括商人在内的黟县绅士也积极捐输紫阳书院,并从捐建紫阳书院考棚银内拨出6000两作为膏火银,胡尚熷、胡元熙、胡积成再捐银5000两,合计11000两。其中7000两由徽州府责令歙县和休宁二县典商作为生息资本,每年缴利息银840两作为紫阳书院的办学资金。③ 为了能为这些学校延请名师授课,徽商们还捐助专款,用于聘请书院山长。黟县徽商和乡绅为重建碧阳书院,前后捐银置地合计80000余两。④ 嘉庆十六年(1811年)书院落成后,所余60000两分发给盐典商生息,每年收入的利息金3600两,则作为"延请山长修金、生童住院膏火,而邑中应乡试、会试者于此中给以资斧"。⑤

徽州宗族的助学资金很大一部分也是来源于徽商的捐助。休宁茗洲吴氏宗族在《家规》中规定资助族中"器宇不凡"者读书之膏火银,不少就是来源于族中商人的捐输。至于绩溪宅坦胡氏宗族对族中子弟读书、赴试之资助与奖励银两,很多也是源自族内徽商的捐助。该族规定:"凡攻举子业者,岁四仲月,请齐集会馆会课,祠内支持供给。赴会无文者,罚银贰钱;当日不交卷者,罚银一钱。祠内托人批阅,其学成名立者,赏入泮贺银一两;出贡,贺银五两;登科,贺银五拾两,仍为建竖旗匾;甲第以上,加倍。至若省试,盘费颇繁,贫士或艰于资斧,每当宾兴之年,各各给元银贰两,仍设酌为饯荣行。有科举

---

① 宣统《绩溪西关章氏族谱》卷二十四《家传》。
② 道光《徽州府志》卷三之一《营建志·学校》。
③ 道光《歙县志》卷二之三《营建志·学校》。
④ 《清嘉庆十六年十月新建碧阳书院记碑》,原碑现嵌于黟县中学崇教祠内墙壁中。
⑤ 道光《黟县二志》卷十五《艺文志·碧阳书院复旧章记》。

者,全给禄遗者,先给一半,俟入棘闱后补足;会试者,每人给盘费拾两。"①在这些经费中,来自于宅坦徽商的捐赠,应当说占据了很大的比重。

婺源县汪口村的私塾——养源书屋及其膏火田,是由清光绪十年(1884)徽商俞光銮捐资购置的。嵌于养源书屋入门墙壁中的《光绪十年三月二十三日婺源永禁霸收霸吞和私相典卖养源书屋膏火田碑》记录了俞光銮捐助养源书屋膏火田的情况,兹照录于下:

> 钦加同知衔特授婺源县正堂加十级录十次吴　为给示勒石、永远遵守事。据东乡六都汪口封职俞光銮呈称:职少孤贫,成童后,贸易江西,辛勤积累,随置田亩。因思承先裕后,励学为先,而励学则储田为要,除存祀田慰先灵微派田亩为六子分析外,仍余之田,另立户册完课,存为后人膏火之资。爰立条规六本,俾六子各执一本,相期世守勿替。是慎于始者贵要其终,而望之深者尤虑之远。惟恐日后弊生,或有不肖之子孙举此田而私废之,则励学将堕于半途,而砚田莫贞于悠远。为此,吁叩恩赏给示,以禁私废而杜私受等情到县。据经批饬:储田若干另立,是何户册完课?所立如何规条?着遵照指饬,禀候给示去后。兹据俞光銮粘呈:储田各户田亩条规前来,除批查阅粘单储田各户,命名曰"培文""培养""会文""广进""永昌""培裕""养源"等名目。条规首重完粮,头年拨存租价,将上、下忙钱粮便于上忙一概完纳等语。其急公好义、尊君亲上之心已见大概,而励学培植后人之心并经收支用各节,无不尽美尽善,实堪嘉奖,应准立案给示,勒石永远遵守。倘年深日久,或有不肖之子孙,敢于霸吞私典私卖,抑或附近居民知情,私相质买情事,准随时禀由地方官,分别追还治罪挂示外,合行给示遵守。为此,示仰俞光銮之六子暨裔孙人等知悉,务各遵照条规,轮值经收管理。倘年深日久,或有不肖之子孙敢于霸书霸吞私典私卖,抑或附近居民知情私相质

---

① 民国《明经胡氏龙井派宗谱》卷首《祠规》。

买情事,准即随时赴县具禀以凭,分别追还治罪。各宜凛遵毋违。
特示。

  右 仰 知 悉
  光绪十年三月二十三日示
  告示。实勒养源书屋晓谕。①

这通碑刻的学术价值在于它详细记录了徽商俞光銮捐资置立汪氏宗族养源书屋膏火田的过程和管理膏火田的规则,对我们研究明清时期徽商捐资助学的具体程序、运作和资金(含膏火田)的管理,有着重要的参考价值和意义。

二、徽商对筑桥和修路等公益事业的捐助

明清时期,徽商不仅支持和捐助徽州的教育事业,而且对筑桥修路的社会公益性事业,也慷慨解囊襄助。

徽州地处山区,山高水急,筑桥修路是一件积德行善、造福于家乡人民的义举。对此,依靠诚实经营致富的徽商,往往不惜斥巨资慷慨资助。实际上,早在宋代,徽商已有捐资建桥之举。歙县许村许规在宣州经商获利后,捐出黄金建造高阳桥。② 明代歙县徽商许岩保"性好善,葺路建亭,不遗余力,时造万年桥,岩保输资三百缗"。③ 清代乾隆三年(1738年),歙县富堨商人汪士嘉独自捐资建岑山、杨村两石桥,乾隆六年(1741年)再次斥资修葺长生桥等公益设施。④ 歙县北岸吴氏宗族以经营茶叶著名,该村与大阜之间的衍庆桥是徽州往来江浙的孔道,自明万历三年(1575年)北岸徽商吴月山独自捐资建成后,历经二百余年,渐有倾圮。于是,在道光十三年(1833年),北岸徽商

---

① 《清光绪十年三月二十三日婺源县永禁霸收霸吞和私相典卖养源书屋膏火田碑》,原碑现嵌于婺源县汪口村养源书屋入首墙壁中。
② 道光《歙县志》卷八之八《人物志·义行》。
③ 道光《歙县志》卷八之八《人物志·义行》。
④ 道光《歙县志》卷八之八《人物志·义行》。

吴德基再次斥资 50000 余缗加以重修。① 至今仍横跨于歙县练江之上的安徽省最长的石拱桥——十六孔太平桥,也是徽商捐助建造和修缮的杰作,清代黟县西递徽商胡元熙即是捐助太平桥建设和维修的巨贾之一。胡元熙,字叔成,清道光二十二年(1842 年)歙县重修河西桥即太平桥时,他联合倡议徽商程祖治等集资白银 10000 两用于太平桥的修缮,历时八年告竣。黟县西递巨贾胡贯三,在江西鄱阳、九江和景德镇经商致富后,不仅斥巨资白银 5000 两建碧阳书院,而且独自出资修缮和建造了包括休宁登封桥在内的多座桥梁和道路,"造齐云山下登封桥、霭冈桥,襄造渔亭永济桥,修造本邑及歙、休、祁邑大路九处,前后费白金八万两"。② 祁门通往省会安庆的历口历济桥,更是包括祁门商人在内的诸多徽州商人及商号集体捐资、协力建造的徽州著名桥梁之典型代表。③ 婺源徽商捐资修桥的事迹,多不胜数。明代婺源轮溪商人洪尚微经商镇江等地致富后,欲捐资建清华石桥,但因费用高昂未能如愿,其子益善承父遗志,慷慨捐二千金,并亲自"鸠工董役,凡历三载"方成。④ 清代婺源朗湖徽商叶上林中年贸易岭南,资产丰厚以后,乐善好施,"遇善举慷慨不少吝。杰坑朗湖新岭以西云庵、永丰桥,皆独立建造"。⑤

徽商们不仅捐资建桥,而且在道路建设上不遗余力地出钱出力。我们在祁门大洪岭山路两旁的石刻上,发现了近十通关于徽州黟县、祁门、歙县和休宁商人捐资修路的芳名录,甚至远自安庆府潜山、怀宁、太湖和望江等地的商号亦参与了捐助修路的义举。对徽商的捐资修路,曾任江宁布政使李长森称赞道:"盖闻天下非常之事,必待非常之人;有非常之人,始建非常之功。向闻徽池交界,有岭大洪,系通衢省会要道,上下绵长,蔽日遮云,高难仰视,漫天雪飞,汗流如雨。重阴则冰积,土润若酥,行人苦之。自明万历间祁门郑节妇出金修辟,经今二百余年,山崩水浅,石蹬剥蚀,岭路倾危,肩挑负贩者,常以

---

① (民国)许承尧:《歙事闲谭》卷二十七《衍庆桥》。
② 嘉庆《黟县志》卷七《人物志·尚义》。
③ 光绪《重修历济桥志》。
④ 民国《婺源县志》卷三十七《人物志·义行》。
⑤ 光绪《婺源县志》卷三十五《人物志·义行》。

性命为忧。徽之人事久欲重修,计资非数万金不能兴工,计时非数寒暑不能竟事,以致事终未果。今黟县学生舒君朝瑜、候选同知史君世椿等来往其间,触目惊心,毅然倡捐万金,引为己任,并不惮劳烦,四出劝募,集徽郡诸善士解囊而共襄之,逾六年而功告竣。不但于斯岭开山凿石,改曲为直,化险为平,令人共乐康庄。且因新造蛟岭被水冲塌,行旅兴嗟。君等又复亲临筹划,于蛟岭对山,凿造石板大路,并接通永安石桥,以利行人。"① 关于此次重修大洪岭道路捐助情况,另一通乐输碑有着详细的记录。我们统计了包括黟县叶义泰、苏丰裕、万和号、泰昌号、源兴号,歙县广裕号、同德号、同盛号和生源号,休宁义茂号、荣盛号、义兴号和公盛号,祁门开泰号、和丰号、和义兴号等在内共三百五十一家商号和个人的捐赠情况,这些商号和个人总计捐钱 5306 千文、纹银 213 两 2 钱和元银 123 两 4 分。② 其实,这是记载徽商捐助道路兴修的芳名碑。

至于市镇乡村之间的山路修筑,徽商所进行的捐助记录更是比比皆是。明代歙县义成徽商朱永通,"质直好义,见善必为",他亲自捐资开凿歙浦至渔梁码头的道路,"以利行人"。③ 清代歙县江村商人江演也热心公益事业,"郡北新岭峻险,行人艰阻,呈请当事,独立捐金数万,开通新路四十里,以便行旅"。④ 清代黟县赤岭商人苏源,经商江西都昌,"尝往来浮梁、乐平,于南村岭上建凉亭,施茶于三星庵,行人便之。又于邑西武岭建如心亭,修亭至花桥路三十里"。⑤ 歙县的箬岭是歙县、休宁、太平和旌德等县通往宣州的要道,"高径二十里,逶迤倍之。大约道险涩南北合百里。行其间者,榛莽塞天地,藤蔓翳日月"。清代歙县程光国为诸生时,曾有志于兴修此道,但碍于囊中羞涩,未能如愿。后来,程光国弃儒从商,决心斥资修之。于是,他"儒而兼贾,

---

① 《清道光七年孟冬祁门县大洪岭修路碑》,原碑现立于祁门县大坦乡大洪岭上。
② 《清道光七年孟冬祁门县大洪岭修路乐输芳名碑》,原碑现立于祁门县大坦乡大洪岭上。
③ 道光《歙县志》卷八之八《人物志·义行》。
④ 道光《歙县志》卷八之八《人物志·义行》。
⑤ 嘉庆《黟县志》卷七《人物志·尚义》。

生计稍裕,即决意为之,薙莽凿石,铲峰填堑。危者夷之,狭者阔之,几及百里。以歙石易泐不可用,本山石不足,复自新安江辇载浙石青白坚久者补之,长七八尺至四五尺不等,皆随道之广狭筑之。咸自履勘,不假手于人。盖蓄数十年心力,甫得就焉……于是,行者始不避昼夜,不虑霜霰霖雨,往返百里,均若行庭宇间。又虑道渴力乏之无所憩也,岭半本有旧刹,狭陋过甚,复兴工庀材,筑楼数十楹。自此,行者有所憩,渴者有所饮,暮夜者有所栖宿"。① 清代婺源沱川徽商余源开在经商获得成功后,也乐善好施,先后斥资筑桥修路,"里东韦石岭崎仄难行,独立修平,并置租煮茗济渴。他如创义祭、建石桥及考棚、城垣,均输助襄成"。②

明清时期,徽商不仅斥资修建桑梓故里的道路与桥梁,而且在寄籍和侨寓的经商之地,也将自己的商业利润,用来支持和捐助那里的道路桥梁等基础设施的建设。清代歙县商人刘正实在扬州经商期间,曾经捐输万金,用于龙门桥的兴修。③ 清代歙县富堨商人何永昌,在湖北广济和江西彭泽经商时,"见义必为,尝伐石甃江西彭泽县之梧桐岭,建太平庵于其上,构茶亭以荫暍者,施田亩以资僧廪。修黄州之牛栏矶庙,设救生船,掩埋广济午山湖灰劫场之暴露……在武穴镇数十年,施粟设浆,有'何善人'之目"。④ 经商四川的清代婺源商人詹文锡,曾经捐数千金凿山开道,劈开惊梦滩,使来往重庆的商旅行人免遭覆舟之苦,当事者嘉其行,"勒石表曰'詹商岭'"。⑤ 总之,作为善举之一的筑桥修路,明清时期的徽商都是乐于捐助的。正如善书《文昌帝君阴骘文直解》所云:"修数百年崎岖之路:崎岖是高低不平的山路,这样山路是必要修的。凡数百年高低不平的山路,往来走路大不方便,自己有力量,拿出钱来修平了;若无力量,募化众人的钱修平了,是最大的阴功。造千万人来往之桥:凡千万人来往的桥,是必要修的。凡有水无桥之处,若不造桥,千万人

---

① 道光《徽州府志》卷三《营建志·仓局附义路》。
② 光绪《婺源县志》卷三十五《人物志·义行》。
③ 康熙《重修扬州府志》卷五十二《人物志·笃行》。
④ 道光《歙县志》卷八之八《人物志·义行》。
⑤ 光绪《婺源县志》卷二十八《人物志·孝友》。

就不能来往了,也必修好了。造桥的人叫千万人都方便,阴功最大,有为造桥成仙的。所以桥不可不造。"① 修路造桥,积德行善,历来是包括徽商在内的徽州人倡导的义举。即使是小本生意者,也无不以造桥修路为其乐。歙县上丰蕃村有一座石板小桥,就是卖草鞋老人的鲍老人捐资修建的。所以,为纪念这位热心公益事业的老人,此桥又被人称为"鲍老桥"。

第二节　明清徽商对慈善事业的捐助

一、对灾荒救济的捐助

对社会慈善事业,徽商也倾全力予以支持和捐助。在封建社会中,灾荒救济和社会慈善事业基础相当薄弱,尤其在徽州山区的乡村僻野,除宗族之外,包括救济、保障和福利等社会慈善事业,基本上处于一种无人过问、无钱资助状态。老无所养、病无所医、难无所济和死无所葬等,几乎成为徽州下层社会大众的一种常态。明清时期,徽商崛起以后,这种局面多少有所改观。不少徽商在创建义仓、灾荒赈济、建立医院和捐助鳏寡孤独的社会弱势群体上,都一改重利轻义的传统商人形象,不惜倾囊而出,从而为徽州的社会救济和社会慈善事业作出了自己应有的贡献。

明清徽州的各种方志和文献留下了徽商捐助灾荒和支持社会慈善事业的记录。明代歙县稠墅商人汪泰护在灾荒之年,一次性就捐粟六百石,使饥民得以活者甚众。② 万历十六年(1588年),徽州全境发生罕见的山洪,随后,"疫大作"。面对这一奇灾和瘟疫,徽商慷慨解囊,歙县岩寺徽商吴文光"设粥以饲饥者,出钱米以周贫乏,施棺椁以掩道殣。次年,应诏输赈千石"。江村商人江希文则"捐施医药,全活甚众"。路口商人徐鲸和徐景鸿也纷纷"捐资

---

① (清)符焕:《文昌帝君阴骘文直解》。
② 道光《歙县志》卷八之八《人物志·义行》。

籴赈",徐鲸还因此次捐赈荣膺冠带。① 身任盐运副使的婺源汪道赐也在这一年"平粜施粥济饥,赖活无算。复施棺埋葬三百余冢"。② 明末崇祯十四年(1641年)徽州发生大旱灾,"道殣相望"。歙县丰南商人吴孟嘉同叔震吉一道,"倡为捐粥食饿者,全活数千人"。③ 清初顺治四年(1647年),婺源发生奇荒,"米每石八金",该县段莘商人汪思孝"乞籴休歙,不可得。道殣相望,孝尽出仓廪,活人无算"。④ 康熙六十一年(1722年),歙县岁欠,经商浙江的瞻淇人汪燧亲"散积谷五百石以赈族人"⑤。雍正九年(1731年),寄籍江都的盐商歙县潜口人汪应庚,"作糜以赈伍佑、下仓等场者三月"。十年至十一年(1732—1733年),江都江水迭涨,汪应庚又出金安集灾民,"随运米千石往给,时疫疠继作,更设药局疗治。十二年,复运谷数万石,使得哺以待麦稔。是举存活九万余人。又于邻邑之丹徒、兴化,并输粟以济"。⑥

不仅捐助和赈济灾荒,明清时期的徽商还十分重视灾后的疫病防治和生产自救工作。针对大灾之后可能或已经出现的疫病流行情况,徽商在直接捐钱捐粮赈济灾民的同时,还不惜捐资为广大灾民采购置药品,悉心加以救治。清代雍正十年(1732年)、十一年(1733年)间,扬州"江潮迭泛,安集流移。时疫疠继作",汪应庚亲设药局,"更备药饵,疗活无算"。⑦ 对因灾荒或疫病而死亡的灾民,徽商也慷慨解囊,出资置棺为之掩埋。婺源商人金荣生侨居金陵,在道光十一年(1831年)的水灾中,他不仅"散给衣食"与灾民,而且建义济堂,以"掩骸瘗暴"。⑧ 对因自然灾害所引起的物价上涨,徽商也充分发挥

---

① 道光《歙县志》卷八之八《人物志·义行》。
② 民国《婺源县志》卷三十七《人物志·义行》。
③ 民国《丰南志》卷三《人物志·义行》。
④ 民国《婺源县志》卷三十七《人物志·义行》。
⑤ 道光《歙县志》卷八之八《人物志·义行》。
⑥ 道光《歙县志》卷八之八《人物志·义行》。
⑦ 乾隆《汪氏谱乘·光禄寺少卿汪公事实》。
⑧ 光绪《婺源县志》卷三十四《人物志·义行》。

自身的优势,着力平抑物价。乾隆十六年(1751年)徽州府发生旱荒,粮价暴涨,"米价不特昂贵无比,且至无米可买,民情窘迫"。歙县盐商程扬宗毅然响应徽州知府的输银救灾呼吁,于次年一次性捐出六万两白银"买谷积贮",平抑粮价。①为稳定灾区物价作出了自己的贡献。徽商还十分重视灾后的重建工作,芜湖凤林、麻浦二圩有田数十万亩,道光十年(1830年)发生大水后,歙县商人许仁倡捐巨万,用于修堤筑堰,并亲"董赈事,以工代赈"。次年春工竣,"夏水又至,漫圩堤丈许",他一面安置灾民"赁船载老弱废疾置高垲,设席棚,给饼馒,寒为之衣,病为之药";一面着手灾后自救、恢复生产,"为养耕牛,水落更给麦种",进行灾后的恢复与重建工作。②嘉庆十年(1805年)黄淮大水后,歙县盐商鲍漱芳集众输银三百万两,抢救恢复水毁工程,③这是徽商捐资赈灾的大手笔。

二、对社会慈善事业捐助

明清时期,徽商还积极支持和大力捐助社会保障与社会慈善事业建设。事实上,明清以来建立于徽商集中经商之地的各类会馆等组织,本身就是徽商进行社会保障和慈善事业建设的集中体现。最能反映徽商支持和捐助社会保障设施建设的事例,就是徽州本土的族田、义田的设立及宗族祠堂的建设。明代祁门商人李秀"为贾真州,赀致大千,往往以济人为事。邑学宫圮,议修复,秀捐金佐用……家祠未建,秀独立创成。助祭田,祀祖先。其他为善于乡,济贫乏、赈岁饥、修造桥梁道路,善迹可纪者甚多"。④清代乾隆十六年(1751年)歙县发生饥荒,侨寓扬州的歙县籍徽商方西畴"出资千金助建惠济仓,又于本里创设义塾,亲族之不能婚娶者依之"。⑤婺源商人汪肇基在外经商十余年,"获奇赢以归,乡人劝买田为子孙计。基曰:'吾虽未读书,独不闻

---

① 民国《歙县志》卷十五《艺文志·奏疏》。
② 民国《歙县志》卷九《人物志·义行》。
③ 民国《歙县志》卷九《人物志·义行》。
④ 康熙《祁门县志》卷四《孝义》。
⑤ 道光《歙县志》卷八之八《人物志·义行》。

愚而多财则益其过乎?'尽分财以周恤村邻。族夫妇某,供给至老。助王某完婚。凡施棺、救灾诸义举,皆不惜捐赀,年六十,仅存薄田数亩"。① 清代休宁陈村人陈志铭行贾六合县,曾捐助该县修缮学宫。对家乡的公益事业,他也倾囊襄助,所居之陈村"对河路通婺源,向募造船通济,迄无成绪。独捐田租,立义渡户,名为造船及渡夫工食之费,而岁修亦取给焉。族中无宗祠,独立捐建,并置祭田"。② 歙县岩寺商人佘文义,经商致富后,淡泊名利,但积德行善,捐助社会保障和慈善事业,慷慨解囊,"置义田、义屋、义塾、义冢,以赡族济贫,所费万缗。又捐四千金,造石桥于岩镇水口,以利行人,人谓之'佘公桥'"。③ 清末,徽州的慈善设施建设急需得到资金的资助。于是,徽商自觉地投入慈善设施的捐助与建设,仅休宁一县就建有十处公益性慈善组织和设施。对此,徽州知府刘汝骥云:"休宁之富,在于屯溪。局卡林立,商贾辐辏,故善举最易组合。同仁会以掩埋路骼为目的,公济局以施药、送棺、收婴、施牛痘为目的,华山惜字会、培文惜字会以敬惜字纸为目的,阳湖登善集、万安停柩处以暂安旅榇为目的,此社会之最有价值者也。"④婺源商人也不甘落后,他们同休宁商人一样,不惜斥资创建各种公益和慈善组织,"婺邑社会,有以一邑为范围者,有以一乡一村为范围者。紫阳学社目的在辅助官治,文庙灯会目的在庄严祀事,劝学所目的在普及教育,自治研究所目的在讨论公益,物产分会目的在宏奖实业,统计分会目的在调查庶物,不缠足会目的在改良闺范,皆以一邑为范围者也。城乡之集善局,以慈善为目的,水龙会、水筹会以拯火灾为目的。各乡文会以观摩文艺为目的,青苗会以保护农林为目的,桥会、路会以便行人、备水患为目的,皆以一乡一村为范围者也"。⑤ 徽州知府刘汝骥对此不无自豪地指出:"婺事之有秩序者,以城乡集善局为最。发起人捐资提倡,赞助人协力维持。手续几经,规模乃具,其助育婴、种牛痘、收字

---

① 光绪《婺源县志》卷三十五《人物志·义行》。
② 道光《休宁县志》卷十四《人物志·尚义》。
③ (民国)许承尧:《歙事闲谭》卷十四《佘公桥》。
④ (清)刘汝骥:《陶甓公牍》卷十二《法制·休宁民情之习惯·从团体上观察民情》。
⑤ (清)刘汝骥:《陶甓公牍》卷十二《法制·婺源民情之习惯·从团体上观察民情》。

纸、救火灾、施棺木,种种慈善之举,皆能按序实行。"①

正如民国《歙县志》在表彰潭渡徽商黄以正时所云:"至赈饥、驰逋、助葬、订婚、施棺、掩骼、设渡、修桥数十年,力行不倦"。② 其实,关于徽商支持与捐助社会慈善事业的案例,何止黄以正一人,翻开徽州每一部地方志和家谱,类似黄以正之辈的义举,可谓比比皆是。当然,徽商不惜斥巨资支持与捐助社会慈善事业的义举,虽然暂时使自己的经济利益受到一些损害,但就长远利益而言,徽商的这一做法,其实恰恰为自己赢得了信誉,赢得了顾客,赢得了市场,从而为其进一步的发展打下了一个坚实的基础。祁门渚口木商倪望铨在经商江西之时,正逢当地发生涝灾,灾民嗷嗷待哺。此时倪望铨解囊相助,致使灾民渡过难关,"受惠者众,而名日高,商业日盛,家道日隆"。倪望铨的义举赢得了美名,在灾荒过后,其商业经营日益兴隆,终使自己成为富甲乡里的富商大贾。③

第三节 明清徽商捐助公益和慈善事业的目的和动机

当用"贾而好儒""儒商""义商"来称赞徽商的义举时,我们还要看到,明清时期的徽商慷慨捐助社会公益和慈善事业的背后隐藏着巨大的商业利益。徽商其实是把对公益和慈善事业的捐助当作一种商业手段来经营的,没有利益的捐助当然大量存在,但是,与自身切身利益相关的捐助却是广泛存在的事实。正如汪道昆在《太函集》中所指出的那样,"贾为厚利,儒为名高,夫人毕事儒不效,则驰儒而张贾;既侧身飨其利,及为子孙计,宁驰贾而张儒。一张一弛,迭相为用,不万钟则千驷,犹之转毂相巡,岂其单厚计然乎,择术审矣。"④也就是说,汪道昆把徽商包括贾而好儒式的捐助等行为视为一种

---

① (清)刘汝骥:《陶甓公牍》卷十二《法制·婺源绅士办事之习惯·属诸事者》。
② 民国《歙县志》卷九《人物志·义行》。
③ 民国《祁门倪氏族谱》续卷《望铨公启垣公两世合传》。
④ (明)汪道昆:《太函集》卷五十二《海阳处士金仲翁配戴氏合葬墓志铭》。

"术"。这其实正是徽商捐助公益慈善事业的动机和目的。因为善于攻关的徽商最清楚"若欲取之,先欲予之"的生意经。

首先,徽商对社会公益和慈善事业出手大方的捐助,与自身的切身利益密切关联。徽商之吝啬闻名遐迩,时人凌濛初就曾指出:"徽州人有个僻性,是乌纱帽、红绣鞋,一生只这两件事不争银子,其余诸事悭吝了。"① 之所以对公益和慈善事业如此慷慨地捐助,主要在于利益的驱动。为了攫取最大利益,徽商不惜"广挟金钱,依托势要,钻求札付"。② 在经商地捐资进行园林、道路、桥梁、学校、书院和城市基础设施建设,并资助慈善事业,其实是出于趋炎附势,迎合当地官员的需要。在扬州经营盐业的徽商江春等人为乾隆皇帝接驾,不惜斥资千万两白银,用于城市园林、道路等基础设施建设,《扬州府志》云:江春"为总商四十年,国家有大典礼及工程灾赈,兵河饷捐,上官有所筹划,春皆指顾集事"。③ 最后获得乾隆皇帝的赏识,获赐正一品官衔。江春的捐助行为正是为了得到最高统治者的支持,把持两淮盐业的支配地位和垄断优势。其实,徽商对公益和慈善事业的捐助,与其纵情声色犬马的消费相比,可谓是小巫见大巫,连清世宗雍正皇帝都曾对徽商的奢侈消费行为加以谴责,并亲降谕旨给盐政官员,予以劝诫,云:"朕临御以来,躬行节俭,欲使海内之民,皆敦本尚实,庶康阜登而风俗醇。夫节俭之风,贵行于闾里,而奢靡之习,莫甚于商人。朕闻各省盐商内实空虚,而外事奢侈,衣服屋宇,穷极华靡;饮食器具,备求工巧;俳优妓乐,恒舞酣歌;宴会嬉游,殆无虚日。金钱珠贝,视为泥沙。甚至悍仆豪奴服食起居,同于仕宦。越礼犯分,罔知自检;骄奢淫佚。相习成风,各处盐商皆然,而淮、扬为尤甚。使愚民尤而效之,其弊可胜言哉。尔等既司盐政。宜约束商人,严行禁止,出示晓

---

① (明)凌蒙初《二刻拍案惊奇》卷十五《韩侍郎婢作夫人,顾提控椽居郎属》。
② (明)贺仲轼:《冬官记事》。
③ 同治《续纂扬州府志》卷十五《人物志七·流寓》。

谕,谆切劝诫,使其痛自改悔。庶循礼安分。不致蹈僭越之愆。"①两淮盐商汪应庚于雍正十年(1732年)、十一年(1733年)长江潮水迭涨,洲民偕离之际,"先出橐金安集之,随运米数千石往给。时疫疠继作,更设药局疗治。十二年(1734年),复运谷数万石,使得哺以待麦稔。是举存活九万余人。又于邻邑之丹徒、兴化并输粟以济"。②汪应庚的捐助,应当被视为在雍正斥责盐商奢侈之后的被动之举。因为富甲一方的徽商们深知,倘若在灾荒瘟疫横行之际和统治者需要的关键之时,依然为富不仁,不能解囊相助,最终结果可能将受到统治者的制裁,激起民众的反抗。明代万历三十五年(1607年),河南巡抚沈季文就曾向皇帝建言,对徽商课以重税,云:"征税之法当税富民,不当税贫民;当有官税,不当有私税;当征有税之税,不当征无税之税。商贾之中有开设典当者,但取子母无赋役之烦、舟车之榷、江湖之险,此宜重税,反以厚赂而得轻。至于小民担负之微,市饼卖浆,豨毛牛骨,终日经营,不过铢两,反以输纳而得重,此甚非平也。今徽商开当遍于江北,赀数千金,课无十两,见在河南者,计汪充等二百十三家,量派银二千六百余两,抵其全数,足免贫民。盖取之富商者,不过割其羡余;征之微末者,则如脧其膏脂臣。"③明末在镇江府金坛县经营的徽州典商,因垄断经营获取暴利,曾导致该县诸生的群体性呈控事件,"金坛当质铺俱系徽商,典利三分;银水戥头,几及五分。诸生则控之县,求减恤民。诸商敛银八百浼王冯二绅,王则为酌之曰:两外二分五厘,两内则仍三分。诸生复叫号于通衢曰:日求减典利为贫民也,贫民有两外之典乎?王冯等又深恶之矣。诸生之出言竖议,大约多在乡绅,意复不肯扬善隐恶"。④

其次,徽商对桑梓故里公益和慈善事业的捐助,也体现出较大的利益关

---

① 《清世宗实录》卷十,雍正元年八月己酉条。
② 民国《歙县志》卷九《人物志·义行》。
③ 《明神宗实录》卷四百三十四,万历三十五年六月丁酉条。
④ (清)计六奇:《金坛狱案》。

系,那就是光宗耀祖,获得当地官府和宗族的支持。特别是捐助宗族纂修族谱、建祠堂、兴办学校、铺设桥梁和道路,在某种程度上都有为自己扬名、为宗族争光的目的。明代歙县岩寺人吴惟禄,"以亢宗为志",十四岁即外出经商,致富后,"其与乡邦交也,往往周人之急,赈人之乏,贫而贷者薄其利,贷而无偿者焚其券。人咸德之"。嘉靖二十三(1544年)、二十四年(1545年)家乡连遭灾荒,"都移文府县谕富民出银分赈饥户,君即应召",该族《古歙岩镇镇东墈头吴氏族谱》在记载称赞吴惟禄的义行时,最后加上一句"盖性乐于施非假以荣名也",①说其不是为了"荣名",恰恰是此地无银三百两。徽商捐助家乡公益和慈善事业的事例很多,恕不一一列举。但我们注意到,即使是在当地隐恶扬善的族谱和方志记载中,徽商仗义行善事迹被无限夸大的同时,依然有不少为富不仁的徽商对自己的宗族和家乡锱铢至极,甚至一毛不拔,康熙休宁县某宗族就在《丛桂堂置产簿》的《序言》抱怨道:"虽曰名门右族,然读书者未有科甲,以振作其家声;生意者并未见有捐资,以光大其们闾。所谓大家规模、大家气象者,殊无有也。"②众所周知的号称"江南财神爷"的红顶商人胡雪岩,虽然在经商地杭州经营阜康钱庄获利极丰,并创建庆余堂药店,普施杭州大众,但对家乡绩溪湖里宗族求其捐资纂修族谱则不屑一顾,分文未捐,以致在清末湖里《明经胡氏族谱》中,对胡雪岩无任何记录。直到光绪十年(1884年),胡雪岩以江西补用道员的名义,参与并支持湖里胡氏宗族同邻村中王村王姓祖庙之争的诉讼,③才挽回了面子。正因为部分徽商为富不仁、锱铢异常,在明清的一些笔记和小说中,徽商的形象才被真实地揭示,清人董含在《三冈识略》中,记录了徽州汪程二大姓富商的因果报应,云:"新安有富人二:一程,一汪,以贾起家,积财巨万。性鄙啬,虽产日广,而自奉弥俭。以重利权子母,持筹握算,锱铢必较。汪无子,病将革,族人争立,抢夺一空,奴辈各攫货散去,汪卧床不得食,引首四顾,饮恨而卒。程三子,长子获与乡荐,

---

① 康熙《古歙岩镇镇东墈头吴氏族谱·仰山吴君行状》。
② 康熙《丛桂堂置产簿·序》,原件藏南京大学历史系资料室。
③ 光绪《仝王姓交涉公事》,原件藏绩溪县胡里村胡开阳处。

贪济以横，田宅益广。遇乱，怨家群起劫之，被杀，余二子五孙皆死于兵。"①许仲元以徽州某富翁为富不仁得到因果报应的事例警示人们，这位在苏州经营致富的富商在向他人传授致富奇术时说，"求富不难，汝等先治其外贼，后治其内贼，起家之道，思过半矣"。外贼指的是眼、耳、鼻、舌、身，而"内贼亦有五，仁、义、礼、智、信是也。仁为首恶，博施济众，尧舜尤病。我神前立誓，永不妄行一善，省却几多挥霍。匹夫仗义，破产倾家，亦复自苦。我见义则忘，落得一生享用。至礼尚往来，献绡赠劈，古人太不惮烦。我来而不往，先占人便宜一着。智慧为造物所忌，必至空乏。终身只须一味混沌，便可常保庸福。若千金一诺，更属无益。不妨口作慷慨，心存机械，俾天下知我失信，永无造门之请。此五者皆除内贼之诀也。精而明之，不爱脸，不好舌，不惜廉耻，不顾笑骂，持此以往，百万之富，直反掌间耳"。②这也就难怪明清江南地区的文人和民众对徽商恨之入骨了。在明代的松江府，"成化末，有显宦满载归，一老人踵门拜不已。宦骇问故，对曰：'松民之财，多被徽商搬走，今赖君返之，敢不称谢。'"③康熙浙江《平湖县志》说："湖人之髓，其足供徽人嗜吸耶？"④《此中人语》则云："近来业典当者最多徽人。其掌柜者，则谓之朝奉。若辈最为势利，观其形容，不啻以官长自居，言之令人痛恨。"⑤因此，凌濛初在《初刻拍案惊奇》中多次借用主人公的话，斥责徽商为"徽狗"。⑥

复次，徽商热心捐助文人会社活动，笼络经商地和全国知名文人，其幕后更是隐藏着不可告人的动机和目的。其一是附庸风雅；其二，是借助知名文人为其美化形象。籍贯为歙县的汪道昆身兼官员、文人、学者和商人为一体，在《太函集》中连篇累牍地为徽商树碑立传，不惜笔墨赞美徽商的各种义举，这自不必说。即使是闻名全国的明清文人和学者，在其文集中，也都有大量

---

① （清）董含：《三冈识略》卷八《积财贻害》。
② （清）沈起凤：《谐铎》卷七《鄙夫训世》。
③ （明）李绍文：《云间杂识》。
④ 康熙《平湖县志》卷四。
⑤ （清）程址祥：《此中人语》卷三《张先生》。
⑥ （明）凌蒙初：《初刻拍案惊奇》卷九《宣徽院仕女秋千会，清安寺夫妇笑啼缘》。

关于为徽商作序、作传、作墓志铭的文字记录。但除了笑纳数额不菲的润笔费之外,他们还是从心理上鄙夷和排斥徽商的暴发户嘴脸的,甚至用"新安耳食"①和"铜山钱库"②来嘲讽徽商故作高雅的举止。连素来与徽州商人和官员交情甚笃的王世贞都不屑一顾地当着休宁艺术家詹景凤的面,对徽商与苏州文人的交往加以调侃,云:"新安富贾见姑苏文人,如蝇之聚一膻"。詹景凤回云:"姑苏文人见新安富贾,亦如蝇之聚一膻,何也。"③明清知名文人、官员与徽商之间的彼此利用关系,由此可见一斑。当崇祯十五年(1642年),钱谦益借游黄山之机,用重金赎回被徽商购买的王维《江山霁雪图》之时,他是如何描写名画落入徽商而重见天日的文字,我们就理解了江南文人、名士是如何从心底里鄙夷满身铜臭的徽商的了。钱谦益写道:"[冯]祭酒没,此卷为新安富人购去,烟云笔墨,堕落铜山钱库中三十余年。余游黄山,始赎而出之,如丰城神物,一旦出于狱底,二公有灵,当为此卷一鼓掌也。"④

再次,徽商虽然热衷于社会公益和慈善事业之捐助,在经商地和徽州故里广施义棺、义冢,但是,当这些行为和自身利益发生冲突和矛盾之时,他们则变成了另一付嘴脸。杭州西湖南北二山,为天子岗-天目山东向余脉,逶迤东来,气势磅礴,"风气盘结,实城廓之护龙",向为杭州"百万居民坟墓之所在也,往时徽商无在此图葬者"。但聚集杭州的徽商在明代成化以后,看中了这块风水宝地,不惜"冒籍占产,巧生盗心。或毁人之护沙,或断人之来脉,致于涉讼,群起助金,恃富凌人,必胜斯已"。⑤ 这种挖人祖坟为己所用的强盗行径,正是掩藏在所谓乐善好施徽商背后的利益纠葛。而在清初,当聚居汉口的徽商不断斥资捐助文人社团、与当地文人墨客吟诗作词,呈现出一派祥和气氛之时,因为拓宽新安巷路径、开辟码头、"以便坐贾行商之出入"而与当

---

① (明)沈德符:《万历野获编》卷二十六《玩具》。
② (清)钱谦益:《牧斋初学集》卷八十五《题跋三》。
③ (明)詹景凤:《詹氏性理小辨》卷三十八《攟藻下》。
④ (清)钱谦益:《牧斋初学集》卷八十五《题跋三》。
⑤ 万历《杭州府志》卷十九《风俗》。

地居民产生了利益纠纷,遭到了当地居民的阻止。此时的徽商立即露出了狰狞的面目,不惜动用所有手段,"兴讼六载,破赀巨万",甚至连每年祭祀朱熹的专用经费都搭上了,最后还是输了官司,"以致力竭资耗,而祭典缺然"。直到四十余年之后的康熙十二年(1673年),这场旷日持久的诉讼,才以徽商的胜诉而告结束。于是,胜诉的徽商"置买店房,扩充径路,石镌'新安街'额,开辟新安马头,兼建'奎星楼'一座为汉镇巨观……更收买附近会馆房屋基地,造屋数十栋,以为同乡往来居止,并设经学,延师儒以为同乡子弟旅邸肄业之所"。① 徽商的如此行径,着实让汉口的民众胆寒,直到民国年间,因为这件事,汉口的民众还在记忆中流传着一句俗语,"哪怕你湖北人刁,徽州人买断你汉口的腰"。② 光绪中叶,来自婺源的典商江永泰,竟然通过种种手段,把江西德化县救生船和鄱阳县普济堂这一纯粹是公益与慈善事业的经费,作为经营的生息资本本金,③徽商那种为了自身的利益,不断挑战社会正义和所谓乐善好施良贾、义商底线的面目,完全暴露在世人面前。

最后,我们还要特别指出的是,关于徽商"贾而好儒"、捐助公益和慈善事业的所有史料,几乎都来自徽商所在宗族的族谱、徽州本土的方志和一批文人的记录,而族谱、方志本身扬善隐恶的曲笔书法,是造成对捐助公益、慈善事业徽商一边倒称赞的缘由所在。更何况徽州名门望族族谱纂修和刊印开销大部分都是来源于徽商资助的呢!至于明清知名官员、文人、学者不惜笔墨赞誉徽商的善行善举,则大多是拿了徽商不菲的润笔费而不得不写下言不由衷的阿谀奉承之词,明代中叶以后商人与官场及文人的互动,就是在这样一种彼此利用的场域里展开的。

我们这里强调明清时期徽商热衷于慈善公益事业,剖析隐藏在其背后的

---

① 乾隆《重修古歙东门许氏宗谱》卷首《许多闿族公撰观察蓬园公事实》。
② 曹觉生:《解放前武汉的徽商与徽帮》,载《史学工作通讯》1957年第3期。
③ 《光绪十九年至二十三年江永泰典当铺经营文书》,原件分藏于安徽师范大学和安徽省图书馆。

动机和目的,并不是为了全盘否定明清徽商捐助公益和慈善事业的善举,而是在于厘清学界不加鉴定和区分,盲目相信和使用徽州族谱及方志文献的记录,一味颂扬徽商的不实学风。

第九章　从江永泰典当铺歇业看清末徽商的衰落

位于鄱阳湖东岸、皖赣两省边界的江西鄱阳县,向来是重要的军事要塞、富裕的鱼米之乡和繁华的商业之区。鄱阳县与安徽省东至县相连,鄱江与徽州府婺源县相通。明清时期特别是清代中期,鄱阳商业繁荣,商贾云集,"樯帆安泊,商贾辐辏"。清末同治、光绪年间,鄱阳出现了徽(州)、抚(州)、南(昌)、饶(州)四大商帮。商业竞争带来了商业的发展,鼎盛时,鄱阳镇有大小商店1930余家,其中的徽商更是以资金雄厚、经营领域广泛而著称。婺源人曹崧曾捐费千余金于鄱阳石门街创建了徽州会馆,作为徽商活动的场所。根据《明清徽商资料选编》载录,徽州府属歙县、祁门、休宁和婺源等县都有商人在此经营,举凡食盐、棉布、舟筏、稻米和典当等行业,徽商无不涉足。

但因资料有限,学术界一向缺乏对徽商在鄱阳的经营规模及其行业研究。我们有幸在安徽省图书馆和安徽师范大学图书馆查阅到关于清末婺源典当商江永泰的数件文书。鉴于该典当商在"咸同兵燹"后来此经营,深受兵燹重创的清末鄱阳县,百废待兴,且因官府吏治腐败,徽商在此经营举步维艰。江永泰典当铺从开业经营永泰质铺,到改营典当铺,再到难以为继而被迫歇业,反映了清末徽商经营的艰难,是包括典当商在内的徽商走向衰落的集中反映。

据文书记载,江永泰于光绪二年(1876年)在鄱阳县治所在地古渡镇东关外开设永泰质铺,旋于光绪十四年(1888年)领帖改开典当铺。但因生意萧条,各种"费用浩繁,甚至入不敷出"。①江永泰面向民间经营,而且发挥调剂余缺的功能。但仅靠面向刚刚历经"咸同兵燹"浩劫的鄱阳百姓,是难以为继的,故不得已将质铺更名为当铺,并主要以承揽德化县救生船经费和鄱阳县普济堂经费生息银两为主业。种种官府的敲诈勒索,最终使得江永泰不得不走向了关门歇业的命运。

第一节 徽商及其江永泰在鄱阳经营过程

由于两地距离较近,早在宋代,徽州婺源就与鄱阳发生了联系与交往。据淳熙《新安志》云:"婺源阻五岭,其趋鄱阳径易。"②明清时代,徽商更是大举进入鄱阳经商,但屡遭抢劫,"其鄱阳地方,以篾绳拦河,五日一开,婪胥吻满乃放舟子,方鼓楫而进,而浮梁县地方两岸林莽张挺掷石以待矣,辱虎撑牙,将敢谁何! 名为抢米,并货物攫去,稍与争抗,立死梃下,舟亦椎碎。商人赴诉于浮梁,知县反听胥吏拔置,言'贫民无活计,暂借尔商救度'。此言一出,兔胆愈壮,劫杀遍野"。③雍正十年(1732年),来自歙县江村的江登云十六岁时即前往鄱阳经营盐业,"十六岁从兄客鄱阳。予族多治禺甸业,时勉亭公司饶埠鹾务,深器公之才识,尽假手焉"。④嘉庆年间任两淮盐运总使的鲍志道幼贫,在十一岁时,则"弃家习会计于鄱阳",⑤从事典当行业,后因拾金不昧而备受赞誉。祁门渚口倪尚荣因家贫而先操生意,后到鄱阳从事典当行业经营,"爰以铢积寸累之资,去而学贾,往来于鄱湖闾水间,不

---

① 《清光绪二十二年四月初六日江西鄱阳县关于江永泰当铺歇业的告示》,原件藏安徽省图书馆。
② 淳熙《新安志》卷一《风俗》。
③ 康熙《徽州府志》卷八《蠲赈·汪伟等奏疏》。
④ 道光《济阳江氏族谱》卷九《清覃恩累晋武功大夫袁临时将署南赣总兵官登云公原传》。
⑤ 嘉庆《棠樾鲍氏宣忠堂支谱》卷二十一《中宪大夫肯园鲍公行状》。

避艰险,差幸亿则屡中,操奇计赢,境遇渐丰,而秉性好善……甲申以后,家道日隆"。① 而休宁县西门的汪氏宗族成员在明代中叶则已经进入婺源营生了。

徽商队伍中规模最大、人数最多的还是来自鄱阳的邻县婺源县。据民国《婺源县志》记载,婺源四乡多有前往鄱阳经商者,清代婺源清水港汪潮浩"尝贩布鄱阳",② 鄱阳彭家埠,向系婺源商人"公买彭姓地为婺舟泊岸之所,康熙二十六年饶埠陈宗彝等勒索婺船每只二钱五分,又私用小票勾通营汛查验。婺邑乡绅查魁、王太成、商人金鸣虞等呈控当道,立碑永禁"。③ 位于安徽东至与鄱阳县交界之处的边陲重镇——石门街历来是鄱阳县闻名遐迩的商业重镇,商贾云集,清末这里曾建有湖北、河南、南昌、抚州、乐平、万年、吉安、徽州、樟树、安徽、太湖、下波阳等十三个会馆,其中的徽州会馆即是由婺源商人曹崧"捐费千余金"④建造的。此外,除徽州会馆外,还有来自婺源捷坑的曹德谦创建的星江会馆,曹德谦"自少贾鄱阳之石门,生业充裕,独立建星江会馆。又买山创置义冢,施棺瘗暴。凡徽、婺之旅于斯土者均赖焉"。⑤

总之,明清时代的鄱阳县是徽商聚居汇集的重要之商埠,江永泰正是在这一大背景下,于"咸同兵燹"后只身来到鄱阳经商,并于光绪二年(1876年)在县治鄱阳镇东关外开设了永泰质铺。但战火劫余的鄱阳,吏治腐败,民生凋敝,永泰质铺的生意并无起色。苦苦硬撑了十二年之后,江永泰终于决定将永泰质铺变更为典当铺,将生意由面向民众,改为面向地方官府,承揽德化县救生船和鄱阳县普济堂经费,用作生息银两的营生。

---

① 民国《祁门倪氏族谱》卷续《贞一堂季亭公行状》。
② 民国《婺源县志》卷三十《人物志七·孝友三》。
③ 民国《婺源县志》卷八《建置·津梁·鄱阳船埠》。
④ 光绪《婺源县志》卷三十四《人物·义行》。
⑤ 民国《婺源县志》卷四十《人物志十一·义行六》。

第二节　江永泰典当铺的两笔官府买卖

光绪十四年(1888年),江永泰改永泰质铺为永泰典当铺,将主营业务由原来的质押财物变更为典当生息银两。从已发现的三件文书来看,江永泰典当铺更名后做的两笔买卖分别是德化县救生船经费和鄱阳县普济堂经费的吸存和放贷,江永泰赚取的是存贷之间的差价。

第一、二件文书分别是由鄱阳县知县颁发给江永泰的《光绪十九年二月申解江永泰典当铺承领德化县救生船成本息银投兑缘由》和《光绪二十二年正月申解江永泰典当铺承领德化县救生船经费成本息银投兑缘由》文书。内容如下:

文书1:光绪十九年二月申解江永泰典当铺承领

德化县救生船成本息银投兑缘由

谕

钦加同知衔、赏戴花翎升用州调署鄱阳县正堂加十级纪录十次徐□为转饬知照事。光绪十九年二月初五日,奉藩宪方批:本县申解江永泰典铺承领德化县救生船经费成本息银投兑缘由。奉批,据申解到该县江永泰典铺呈缴:德化县救生船经费成本生息,自光绪十八年七月初一日起,至十二月底止,息银一百六十两,已饬库如数兑收,印发批回备案矣。仰即知照,此缴抄申批发等因到县,奉此。合就转行。为此,谕仰该江永泰典铺即便知照毋违。特谕。

右谕仰江永泰典铺。准此。

光绪十九年二月初九日谕(鄱阳县满汉合璧印)①

文书2:光绪二十二年正月申解江永泰典当铺承领德化县救生船经费成本息银投兑缘由

---

① 原件藏安徽师范大学图书馆,馆藏号:385号。

谕

　　钦加同知衔、赏戴花翎调署鄱阳县事准调庐陵县正堂加五级纪录四次冯□为转饬知照事。光绪二十二年正月十八日，奉署藩宪翁批：本县申解江永泰典铺呈缴德化县救生船经费息银缘由。奉批：据申解到该县江永泰典铺呈缴德化县救生船经费成本生息，自光绪二十一年七月初一日起，至年底止，息银一百六十两，已饬库如数兑收，印发批回，备案矣。仰即知照，此缴抄申批发等因到县，奉此。合行转饬。为此，谕仰该典即便知照毋违。此谕。

　　右谕仰江永泰典铺。准此。

　　光绪二十二年正月廿八日（满汉合璧印）①

以上两件文书分别是光绪十九年（1893年）和二十二年（1896年）鄱阳县知县颁给江永泰典当铺的知照谕文，内容是催缴江永泰典当铺招存德化县救生船经费的生息银两。从文书中我们发现，江永泰典当铺承领德化县救生船经费利息是按照半年一期计算的，即每年七月一日至十二月底，利息是白银160两。这份谕文为我们提供了德化县救生船经费本金经费的具体数额和半年160两的利息，但《大清律例》关于私放钱债和典当财物利息有明确规定："凡私放钱债及典当财物，每月取利并不得过三分。年月虽多，不过一本一利。"倘若违反者，律有明禁，"违者，笞四十，以余利计赃，重者坐赃论"。②也就是说，江永泰典当铺若严格依法经营的话，其所放贷的银两利息月息最高不得超过30%，年息最高不得超过100%，即一本一利。而江永泰承揽招存的德化县救生船费用之利息当然不会超过《大清律例》的规定利率，否则，江永泰便无利可图。显然，半年160两的利息，按照《大清律例》规定半年最高利率50%计算的话，其本金当不会高于320两。

第三件文书为《光绪二十二年正月二十八日鄱阳县谕（申解江永泰典当

---

① 原件藏安徽师范大学图书馆，馆藏号：385号。
② 《大清律例》卷四十《户律·钱债》。

铺承缴普济堂成本息银)》,全文如下:

> 谕
>
> 钦加同知衔、赏戴花翎调署鄱阳县事准调庐陵县正堂加五级纪录四次冯　为录批转饬事。光绪二十二年正月初三日,奉署藩宪翁批:本县申解江永泰典应缴普济堂息银缘由。奉批:据申解到江永泰典应缴普济堂成本项下光绪二十一年七月初一日起,至十二月底止,生息库平银壹百三十三两一钱二分五厘到司,已如数饬库兑收,并印发批回矣。仰即传谕该典知照,此缴抄申批发等因到县,奉此。合就转饬。为此,谕仰该典即便知照毋违。此谕。
>
> 右谕仰江永泰典铺准此。
>
> 光绪二十二年正月廿八日(满汉合璧印)

同第一、二件文书一样,光绪二十二年(1896年)正月廿八日鄱阳知县关于申解江永泰典当铺承缴普济堂成本息银知照谕文,也是鄱阳知县将该县普济堂之经费存寄于江永泰典当铺,借以获取利息并向江永泰催缴光绪二十一年(1895年)七月至年底半年利息银两133两1钱2分5厘,利息具体数额已经精确到了"厘"这一货币计算单位。但其本金,我们依然无从知晓。

从上述光绪十九年至二十二年(1893—1896年)鄱阳县知县颁发给婺源典商江永泰典当铺三件催缴或承兑德化县救生船经费和鄱阳县普济堂经费生息银两利息的知照谕文内容来看,江永泰典当铺的本金主要源于当地官府。

第三节　江永泰典当铺的歇业及其反映的近代徽商衰落

近代徽商在封建政府、外国资本主义和官僚资本的三座大山压迫下,走向了衰落。开设于江西鄱阳县城东关外的婺源江永泰典当铺正是在这一背景下歇业的。

光绪二十二年(1896年),江永泰向鄱阳知县胡提出了典当铺歇业的申请,其理由是"近年来生意冷淡,费用浩繁,甚至入不敷出"。尽管江永泰在递交申请前曾犹豫踌躇再三,但"非沐恩准停业,实属力难支持"。四月初六日,鄱阳胡知县批准了江永泰的申请,同意江永泰典当铺关门歇业,并为此颁布告示,张贴于江永泰典当铺墙壁上,依法宣布债权和债务的清理和结算。告示内容如下:

> 钦加同知衔署鄱阳县正堂加二级纪录四次胡　为给示停当侯取事。兹据安徽婺源县职商江永泰禀称:于光绪二年在东关外开设永泰质铺,旋于光绪十四年领帖改开当铺。只以近年来生意冷淡,费用浩繁,甚至入不敷出。职商踌躇再四,非沐恩准停业,实属力难支持。为此,粘呈印帖,恳请转详并恳给示,以便收歇等情到县。据此,除禀批示并据情详缴印帖外,合行给示停当候取。为此,示仰阖邑诸色人等知悉,尔等须知:该江永泰典当铺,现已禀缴印帖,停当候取。尔等所当衣物等件,赶紧照章措备钱文,携票取赎。若系日期未满,该典当铺不得藉词不缴;已期满者,不准留利,亦不得强取。自示之后,各宜凛遵毋违。特示。
>
> 右给谕通知。
>
> 光绪二十二年四月初六日
>
> 告示。实贴江永泰典当铺。①

这张告示,明确同意并批准了江永泰典当铺歇业的请求,即"禀缴印帖,停当候取",同时对歇业后的善后事宜作了具体的规定,要求所有与江永泰典当铺有关联的债权人和债务人,限期来店清理交割:"尔等所当衣物等件,赶紧照章措备钱文,携票取赎。若系日期未满,该典当铺不得借词不缴;已期满者,不准留利,亦不得强取"。②

---

① 《清光绪二十二年四月初六日江西鄱阳县关于江永泰当铺歇业的告示》,原件藏安徽省图书馆。

② 《清光绪二十二年四月初六日江西鄱阳县关于江永泰当铺歇业的告示》,原件藏安徽省图书馆。

江永泰典当铺债权人和债务人清理交割的业务持续了一年有余，光绪二十三年（1897年）四月二十九日，鄱阳知县胡再次颁发谕文，要求江永泰遵照饶州知府吴的批示意见，将各项寄存于店内的各项公款如数缴清，"以到库之日止息""谕仰江永泰典当立即遵照宪批，将领过各项公款银两，如数缴清，以凭具报，毋稍迟延查缴清公款"。① 谕文全文如下：

清光绪二十三年四月鄱阳县谕（江东江永泰典当铺歇业事宜）

谕

钦加同知衔署鄱阳县正堂加二级纪录四次胡　为录批转饬事。

本年二十二日，奉府宪吴批，据鄱阳县具详，卑县江永泰典铺歇业，呈缴印帖由。奉批，据详已悉，仰即饬令该典将领过各项公款银两，如数缴清，具报查考，仍候藩宪批示缴等因到县。奉此，合行谕饬。为此，谕仰江永泰典立即遵照宪批，将领过各项公款银两，如数缴清，以凭具报，毋稍迟延。查缴清公款，现奉藩宪批示，应以到库之日止息，并即知照，切切。特谕。

右谕仰江永泰典。准此。

光绪二十三年四月廿九日谕。

通过鄱阳知县和饶州知府的批示，江永泰典当铺完成了歇业程序的申报，清理了债权和债务，最后关门歇业。

近代以来，随着清王朝政策的调整和外国资本主义的侵入，以盐、典、茶、木为四大主要经营领域的徽商逐渐走向衰落和瓦解，"徽郡商业，盐、茶、木、质铺四者为大宗。茶叶六县皆有，木则婺源为盛，质铺几遍郡国，而盐商咸萃于淮、浙。自陶澍改盐纲，而盐商一败涂地。左宗棠增质铺岁月，而当商几败。及今茶市，既不改良，而连岁之亏耗者，不可胜数。然徽人谓曾国藩驻师祁门，纵兵大掠，而全部窖藏一空"。② 清末徽州知府刘汝骥在给歙县知县蔡

---

① 《清光绪二十三年四月鄱阳县谕（江东江永泰典当铺歇业事宜）》。
② （民国）陈去病：《五石脂》。

世信的公文中亦云:"徽州商业,以茶为大宗。闻近岁茶行亏折,每至数十万元之巨,大半为日本、印度茶所夺。"①具体到婺源,刊刻于清光绪三十四年(1908年)的《婺源乡土志》一针见血地指出:"我婺物产,茶为大宗,顾茶唯销于外洋一路。迩年茶市窳败,业茶者富贵降为穷户,而农民依茶为活,遂苦不可支。"②加上"咸同兵燹"的浩劫,包括婺源在内的徽州"发逆而后,商业衰颓,十室九空"③,"生计既极艰难,商贾迥不如前"。④

近代徽商在内外交困中走向了衰落,江永泰典当铺的歇业只是万千徽商走向困顿、凋敝、衰落和瓦解的一个典型案例而已。

---

① (清)刘汝骥:《陶甓公牍》卷三《批判·户科》。
② (清)董钟琪:《婺源乡土志》。
③ (清)刘汝骥:《陶甓公牍》卷十二《法制科·婺源民情之习惯》。
④ (清)刘汝骥:《陶甓公牍》卷十二《法制科·婺源风俗之习惯》。

人生仪礼与民俗

分角已成过半人

第十章 明清徽州的婚姻仪礼

家庭是社会的细胞,婚姻是家庭的基础。没有两性之间的婚姻,也就没有家庭和宗族。因此,婚姻不仅是"合二姓之好",而且是"承万世之嗣"的大事。对于一个人的一生而言,结婚是人生的大礼,是个人的终身大事。婚礼的仪式是一个人脱离前一状况,进入建立个体家庭、延续家族香火的重要阶段。由于婚礼是人生仪礼中划时代的大礼,因而在徽州受到了最为广泛的重视。

同全国其他地区一样,明清时代拥有深厚儒家传统的徽州婚姻礼俗,一般都遵循儒家传统的"六礼"模式,只是在不同区域、不同历史时期,其程序和名称略有细微差异而已。徽州婚姻礼俗中的"六礼"分别是纳采、问名、纳吉、纳征、请期和亲迎,这就是所谓的"婚礼尚门阀、齐年齿,下达之后,六礼必备,无论贫富,皆有其文"。[①]

第一节 明清徽州婚姻仪礼的基本特点

明清时期徽州的婚姻严格恪守"父母之命,媒妁之言","婚姻,事由父母、

---

① (清)刘汝骥:《陶甓公牍》卷十二《法制科·婺源风俗之习惯》。

祖父母,律法昭然"。① 其婚礼仪式也呈现出由繁而简、从俭到奢的发展态势,并在长期的社会实践中,逐渐形成了一些极具地域特点、相对较为稳定的婚姻礼俗文化。

明清时期徽州的婚姻礼俗呈现出以下两大特点:

第一是同姓不婚。同姓不婚的族外婚在中国历史上早有规定,《礼记》云:"娶妻不娶同姓,买妾不知其姓,则卜之。"姓氏是宗族的标志,在封建宗族制度控制严密的徽州,同姓不婚不仅是一个法律问题,因为《唐律》《大明律》和《大清律》等都严格禁止同姓为婚,违者分别被处以徒、杖等刑,而且更是一个宗族血缘伦理问题(尽管更历数代,同姓之间的血缘关系已不复存在)。久而久之,这种同姓不婚(即严禁族内婚姻)的规定逐渐演变并固定下来,成为徽州婚姻礼俗中一种约定俗成的重要习俗惯制。明代祁门县郑氏宗族就严格告诫族人,"凡为桓公裔者,吾知皆吾郑也,逾百世而婚姻不通也"。② 清末绩溪《南关敦睦堂许氏宗谱》专门立有《宗祠规约》,云:"同姓不婚,《周礼》则然,应毋庸赘。然我祠既有两姓,而又同出一姓,必定规约以昭世守,各派丁世居故土,两姓同出一姓,不能为婚。"③民国初年编纂的绩溪《余川越国汪氏族谱》对违犯族内同姓不婚《祠规》的成员,给予开除族籍的严厉惩罚,规定:"凡派下子孙,有同姓为婚暨娶奴仆之女为妻者,革出,毋许入祠。"④

第二是门当户对。徽州婚姻讲求门第(即门当户对)观念的习俗由来已久,根深蒂固。尤其在封建等级制度极为盛行的明清时代,这种习俗惯制不仅适用于宗族,而且适用于整个徽州社会。"婚姻论门第,辨别上中下等甚严。所役属典仆不得犯,犯辄正之公庭,即其人盛赀积行作吏,不得列上流"。⑤ 为了防止族内成员与门第不对之家缔结婚姻,徽州不少强宗大族甚至在族规、家法中严定戒条,限制和惩治紊乱婚姻门第之辈。如成书于明代

---

① (明)觉非山人:《珥笔肯綮·礼》。
② 万历《祁门清溪郑氏家乘》卷四《规训》。
③ 光绪《南关敦睦堂许氏宗谱》卷十《宗祠规约》。
④ 民国《余川越国汪氏族谱》卷十八《祠规》。
⑤ 万历《祁门县志》卷四《人事志·风俗》。

万历年间的休宁县《茗洲吴氏家记》即于《家典》中规定："门第不对,乡都诟笑,是人自以奴待其身,以卑下待其子,我族即不当与之并齿,生不许入堂,死不许入祠。"①民国绩溪县磡头许氏宗族亦在族规中要求本宗族成员"婚姻嫁娶须择阀阅相当者,不可下配匪伦,致辱祖先。违者,即不得入祠"。② 这种对违犯宗族族规予以"生不许入堂,死不许入祠"几乎是开除族籍的处罚,可谓十分严厉而苛刻。

那么,徽州人婚配万一发生门不当户不对情况,一般是怎样处置的呢?按照徽州宗族族规家法的规定,明清时期徽州人通常采取强行干预的方式予以解决。康熙《徽州府志》云:"婚姻论门高,治桂裳装,具量其家以为厚薄。重别臧获之等,即其人盛赀厚富,行作吏者,终不得列于辈流。此俗至尽犹然。脱有稍紊主仆之分,始则一人争之,一家争之,一族争之,并通国之人争之,不直不已。"③歙县潭渡黄氏宗族规定:"婚姻乃人道之本,必须良贱有辨,慎选礼仪不忒、温良醇厚有家法者,不可贪财慕色,妄偶滥配,聘娶优伶臧获之女为妻。违者,不许庙见。"④清代祁门县即曾发生过一起违犯门当户对原则而被宗族强行处置的事件。世代聚居于该县西乡历溪村的王氏宗族族谱《王氏统宗谱》载明:"异子异姓不得紊乱宗支,婚姻不缔于不重之门。祖规森严,谁敢逆犯……至缔婚于不重之门,前圣玑结婚于汤姓,众心不服,造成人命,累死数人,祖祀神会败尽,前车可鉴。况合都四村公立合文,杜禁结婚于不重之门。今我族际旸等各自数家恃强不遵,复娶于张、汤二姓以致大众议论旸等诣祠削除,不载入谱。"为应对以后再次发生类似事件,历溪王洪锦等二十四人以全体宗族成员的名义,于咸丰六年(1856 年)订立了《同心合文契》,规定:"诚恐伊等(即指王际旸等——引者注)狼心莫测,事后生波,凡我同人不得不预立章程。伊等如有恃强逞凶等事,大家俱要入局,不得退

---

① 万历《茗洲吴氏家记》卷七《家典记》。
② 民国《涧洲许氏宗谱》卷十《祠规附家法》。
③ 康熙《徽州府志》卷二《舆地志下·风俗》。
④ 雍正《歙县潭渡孝里黄氏族谱》卷四《家训》。

缩。"①王氏宗族以一纸契约合同的形式,动员全族之力,集中对付有关违反门当户对婚姻原则的族人。应当指出的是,这种形式在明清时期的徽州是极为普遍的现象。

徽州人婚姻中门当户对的习俗的形成,既有政治性的因素,即维护封建的尊卑等级名分秩序,也有宗族伦理的原因。事实上,政治因素在徽州并不占据主要地位。在不少家谱族规中,嫁女必须超过己家,但也不得攀附豪门势族;娶妻看中的也只是对方良好的家风。民国祁门县左溪《平阳王氏宗谱》即在《家规》中云:"嫁女必须胜吾家,娶妇必须不若吾家……凡嫁女不须扳豪门、附势利、贪财礼,但取旧家子弟忠厚相传及读书业农务正者,便可许配。媳亦视其阃教严肃、习俗淳厚之家,即缔姻。若富贵之女,佚乐骄奢,必非门户之福。"②休宁县《茗洲吴氏族家典》也于《家规》中强调:"昏(同'婚'字——引者注)姻必须择温良有家法者,不可慕富贵,以亏择配之义。其豪强逆乱、世有恶疾者,不可与议。"③

总之,明清时代徽州婚姻礼俗虽然特别强调门当户对的门第观念,但在现实生活中,并非完全如此,人们择偶真正看重的还是男女双方良好的家世与家风传统。正如休宁县茗洲吴氏宗族所规定的那样:"婚姻必须择温良有家法者,不可慕富贵,以亏择配之义。其豪强逆乱世有恶疾者,不可与议。"④

当然,择偶及婚姻中的经济因素也是十分重要的,尽管很多文字材料对此都予以挞伐,但事实上正是因为这种现象的客观存在,才会引致人们的强烈呼吁。

---

① 《祁门历溪咸丰六年同心合文契》,原件藏安徽师范大学图书馆。
② 民国《平阳王氏宗谱》卷一《家规》。
③ (清)吴翟:《茗洲吴氏族家典》卷一《家规》。
④ (清)吴翟:《茗洲吴氏家典》卷一《家规》。

第二节　明清徽州婚姻仪礼的程序与活动内容

明清时代的徽州是一个号称"东南邹鲁"①的礼仪之邦,凡事大多恪守朱熹的《文公家礼》。休宁县茗州吴氏宗族在其《家典》中,就曾明确要求全体宗族成员:"我新安为朱子桑梓之邦,则宜读朱子之书,取朱子之教,秉朱子之礼,以邹鲁之风自待,而以邹鲁之风传之子孙也。"②婚礼是人生重要仪礼,正所谓"冠婚丧祭,礼之大者。文中子曰:冠礼废,天下无成人矣;婚礼废,天下无家道矣"。③

在重视传统仪礼的徽州,婚礼是非常隆重而神圣的。其仪式遵循儒家传统的纳采、问名、纳吉、纳征、请期和亲迎六礼原则。

下面,我们仅以清代雍正年间休宁县的《茗洲吴氏家典》为例,分别就徽州婚礼中的六礼程序及内容分别予以阐释。

何谓纳采?"纳采者,谓媒氏之言既通,女家许之矣。然犹不敢必,故纳礼以求之,而听其采择也"。因考虑到繁琐的程序,徽州很多地区实际上把问名也合并到纳采之中了。民国《歙县志》云:"议婚之始,由媒氏往来通言,先致女子之年命于男宅,曰'携年庚'。复致男子之家世于女宅,曰'开脚色'。寓古纳采、问名之意。"④"问名者,问女氏之所自出也"。⑤ 其操作程序是主人即主婚者具书红柬,式样和内容为:

忝通家姻 | 晚生
侍教弟 | 姓名。熏沐端肃,顿首拜

启上

---

① 弘治《徽州府志》卷一《地理一·风俗》。
② 雍正《茗洲吴氏家典·序》。
③ (清)吴翟:《茗洲吴氏家典》卷一《家规》。
④ 民国《歙县志》卷一《舆地志·风土》。
⑤ 雍正《茗洲吴氏家典》卷四《昏礼仪节》。

大某某即某某翁某老亲家老先生老大人台下：

伏承

尊慈不鄙寒微，曲从媒议，许以令媛贶室仆之几男某 或某亲某之子某 。兹有先典，谨专人纳采兼以问名者。

世系

曾祖某　　　　　曾祖母某氏

祖某　　　　　　祖母某氏

父某　　　　　　母某氏

几男名某某，岁月日时生

伏冀

尊慈俯赐

鉴念不宣

龙飞康熙　　年　　月　　日　　谷旦

　　　　　　　　　　　某顿首如初

纳采问名帖（红柬）准备好后，由男家奉帖告于祠堂。告祠仪式结束，遣使子弟持红柬至女家。至女家门外，媒人先入告主人。执事者陈礼物于女家大门外，另用盘子装书函置于桌上。迎宾入内，女方亦奉书告于祠堂，然后回复男方红柬。复文内容及式样如下：

悉通家姻 晚生侍教弟 姓名。熏沐端肃，顿首拜

启上

大某某即某某翁某老亲家老先生老大人台下：

伏承

尊慈不鄙寒微，过听媒言，择仆之第几女某 某亲某之几女某 。作配令

嗣。既蒙采择，敢不拜从。重蒙问名。谨具如左：

世系

曾祖某　　　　　　曾祖母某氏

祖某　　　　　　　祖母某氏

父某　　　　　　　母某氏

几女名某某，岁月日时生。

伏惟

尊慈特赐　　鉴念不宣

龙飞康熙　　年　　月　　日　谷旦

某顿首如初

男方接到女方回复的红柬及回赠礼物之后，旋即退出。

以上两道程序，徽州民间俗称为"配八字"，即男女双方互相在红柬中书名和出生年月日时，然后延请阴阳先生测算，"先取女宅年月日时八字，送男宅配合。如能合，则男宅秘密设法至女宅看女，谓之'看人'"。① 如果八字相冲相克，此桩婚姻便就此夭折。若男女双方八字相合，则下一步便进入纳吉和纳征环节。

对纳吉和纳征的含义，《茗洲吴氏家典》进行了阐释，云："纳吉者，以女氏而加诸卜筮，而献其吉于女家也。纳征又名'纳币'，征之为言证也。纳币帛以为婚礼所以证，成其事也。请期者，请问婚姻之期也。"在歙县，男女双方议成后，男方要准备果饼、腥鲜等礼物送与女家，"名曰贽定，盖即古之纳吉也。纳征，俗称'行聘'，视家境之丰啬，定礼仪之隆杀"。② 女家收到男方的纳吉礼物后，"则请翁姑及婿履式，以时致馈，曰'送鞋样'。既而行聘，曰'下定'，即古纳征也"。③ 关于小定即纳征礼品之多寡，不同时代有不同标准。《绩溪庙子山王氏谱》对清末同治、光绪年间至民国初年小定礼数额有较为具体的

---

① 民国《绩溪庙子山王氏谱》卷九《宅里略二·风俗》。
② 民国《歙县志》卷一《舆地志·风土》。
③ （民国）许承尧：《歙事闲谭》卷十八《歙风俗礼教考》。

记录,云:男女双方议婚互相比较满意后,通常由女方开具礼单送男家商定,"礼单内分干礼、非干礼,干礼谓之'财礼银',同(治)、光(绪)间,财礼银以六十四元为已多,后渐增加。光绪二十年后,增至八十四元。民国以来,有至一百二十元、(一百)四十元者。非干礼既系猪肉、鱼包、面饼、蛋等品,猪肉初仅六十四斤,现亦增至一百四十斤、(一百)六十斤,其余亦以次增加。议既定,即由媒人先送果子糕或加干礼数元,至女宅下定,谓之'担小定',亦有不担小定即大定者。再逾时日,择定日期,男宅将财礼银并其他礼品,附以鞋样,送往女宅,谓之'担鞋样',亦谓之'大定'。是时,女婿同去者,谓之'女婿上门'。宴之,谓之'待女婿',席甚丰厚"。① 正所谓诗云:"纳采问名为递手,嫁裹粽子馈男家;郎官粽独大如枕,枣栗金蹄多好些。"②纳吉、纳征或称小定、大定即定亲后,每逢过节,祁门县等地的男方还要向女家送礼,以示问候,并名之曰"追节"。③

为省略繁文缛节,休宁县《茗洲吴氏家典》将纳币、纳征和请期四道程序合并。若纳币、纳征和请期三道程序合并举行,则礼书内容和式样如下:

悉通家姻 | 晚生
侍教弟 | 姓名。熏沐端肃,顿首拜

启上

大某某即某某翁某老亲家老先生老大人台下:

伏承

某之子某

嘉命,许以令女贶室仆之子某 | 若某亲
某之子某 | ,加之卜占,巳叶吉兆。

---

① 民国《绩溪庙子山王氏谱》卷九《宅里略二·风俗》。
② (清)吴梅颠:《徽歙竹枝词》。
③ 程成贵:《徽州文化古村——六都》,安徽大学徽学研究中心编印,2000年版,第181页。

兹有先典，敬遣使者行纳币礼。谨涓吉日以请，曰某月某日甲子，实惟昏期。伏冀

  [若请期另行，则去"谨涓吉日至惟婚期"八字] 尊慈俯赐

鉴念不宣

 龙飞康熙年　月　日　谷旦

   某顿首如初

然后奉书以告于祠堂，遣使者至女家。女家主人迎使者，奉书以告于祠堂，具复书。内容式样如下：

 悉通家姻 [晚生侍教弟] 姓名。熏沐端肃，顿首拜

启上

大某某即某某翁某老亲家老先生老大人台下：

伏承

 嘉命，委禽寒宗，顾惟弱息，教训无素，切恐弗堪。卜既叶吉，仆何敢辞。兹又蒙顺先典，贶以重礼，辞既不获，敢不重拜。若夫昏期，惟命是听，敬备以须。伏惟

 某之子某

鉴念不宣 （若请期另行，则去"若夫昏期，致敬备以须"九字）

 龙飞康熙年　月　日　谷旦

   某顿首如初

请期即商定婚礼举行的具体日子，亦有称为"定日子"者。如果是专门请期，还要单独行文。在歙县，"请期，则以骈俪语为启，先迎娶行之，并由家主

各请福德者一人,书男女命于绢制或绫制之庚帖,曰'批庚'",①"或附纳聘函中,亦有特举者,曰'送日子书',即请期之礼"。② 在绩溪,经过小定、大定即订婚礼后,过了一段时日,"男宅择定结婚日期,经女宅同意,即择日送礼品及书至女宅,谓之'担日子书'"。临近迎娶前几日,女方要先把嫁妆送至男家,谓之"抬嫁妆"。③ 将要嫁出之女,此时开始行成年礼及笄礼,所谓"女子将嫁而笄,名曰'上头'"。④ 祁门县在请期时,男家要用红纸写上婚期,备礼由媒人送至女家,俗谓之"过书"。

以上所有这些程序和仪礼,其实都是为最后的迎娶成亲服务的。

在完成上述复杂的程序并商定好婚期之后,一切活动便都围绕着亲迎或迎娶这一婚姻礼俗中最后也是最为隆重的环节展开。休宁县《茗洲吴氏家典》云:"亲迎者,婿至女家而受之于女氏之父母,御轮三周,而迎之归也。"在亲迎仪式举行的前一天,女家使人张陈其婿之室,俗谓之曰"铺房"。所谓张陈者,乃系指陈设布置毡褥帐、幔帷、幕等新房应用之物,至于陪嫁的衣裳,锁之于箧笥即可,不必陈设布置。绩溪县则在迎娶前数日的某一夜过半之时,令新人赴灶神及父母前辞拜,俗谓之"辞香火"。是时,即将出嫁新娘之母女抱头大哭。须臾,新人上轿起行,抬至男家,谓之"抬新人"。下轿,男女二童扶新人行,谓之"搀"。⑤ 在祁门县,迎娶前三日,男家要备"边猪犀米"送到女家,谓之"竖头担",以示迎亲日近,通知女家做好准备。婚礼前两日,男家专门遣人往女家搬运嫁妆。徽州新娘的陪嫁品,一般包括新房家具、床上用品及各种首饰。不过,徽州嫁妆中有两件物品是必备的,即红漆马桶和一对灯盏,马桶中一般装有红枣、花生、红鸭蛋(用红颜色染成)、百子糕等,其寓意是早生贵子。而灯盏至男家后,应立即点上,称"发灯",寓意人丁兴旺。

---

① 民国《歙县志》卷一《舆地志·风土》。
② (民国)许承尧:《歙事闲谭》卷十八《歙风俗礼教考》。
③ 民国《绩溪庙子山王氏谱》卷九《宅里略二·风俗》。
④ 嘉庆《绩溪县志》卷一《风俗》。
⑤ 民国《绩溪庙子山王氏谱》卷九《宅里略二·风俗》。

不过,明清时期徽州不少地区并"无亲迎礼",①特别是在歙县,"婚嫁亲迎,歙俗行者绝少"。②故《歙风俗礼教考》云:"始娶,婿不亲迎,惟以亲族名帖致女家,曰'领亲'。女家以名帖答,曰'交亲',亦不亲送也。伴妇舆者,婿家惟用仆妇之吉者以迎,谓之男妇,曰'伴亲'。女家用老成妇妪以送,曰'伴娘'。意殊缜密。"③在绩溪,迎娶前一天晚上,太阳将落之际,男方将迎娶新娘的花轿送至女家,谓之"送轿"。婺源县的迎娶礼更为繁琐,一般须历时五天左右。吉期前两日,男方要将正单开列的聘金和礼物,请数人担至女家,称为"担上头盒"。担上头盒当天,女家开始大宴宾客。女子出嫁前一日,还要请为人正派、福寿齐全、儿孙满堂的妇女作"孵鸡抹",即伴娘,并由孵鸡抹用红、绿两根丝线为新娘绞去脸上的汗毛,称为"开面"。④开面即意味着姑娘时代的结束,开面时要念唱开面歌,歌词是:"一线金,二线银,三线做夫人,四线事事如意,五线五子登科,六线六六大顺,七线七仙容貌,八线八仙京寿,九线九子十三孙,十线十全十美。好好好,白头偕老;喜喜喜,夫妇齐眉。"⑤开面后,还要举行男方亲迎花轿的人陪新娘酒席、辞堂和上轿等仪式。

新娘花轿从娘家抵达男方后,由门外到屋内,从下轿、拜堂、行合卺礼,到进入洞房,每一过程都有许多繁文缛节,这其中既有趋吉避凶的仪式,也有荒诞不经的迷信与禁忌。如抬新娘的花轿来到男方家门口落地时,按徽州礼节规定:新娘的双脚是不能沾地的。为此,又产生了另外两种足不沾地的形式。有的地方是在新娘下轿时,于地上铺上三条或五条布袋,由新娘行走其上,使人转接,一直接到洞房内床上,意指"代代相传"或"传宗接代"。在绩溪,这种风俗尤盛,"夜将半,列双彩烛前导,以青囊铺地。新郎、新人由青囊上步行入房,谓之'送房'。其经过青囊时,以一人将后囊抛至前方,又一人接之,仍铺地上,谓之'传袋(义为"代")'。传袋者,多取福人,其传第一袋时,传者唱曰:

---

① (清)刘汝骥:《陶甓公牍》卷十二《法制科·歙县风俗之习惯》。
② 乾隆《橙阳散志》卷六《礼仪志·冠婚》。
③ (民国)许承尧:《歙事闲谭》卷十八《歙风俗礼教考》。
④ 毕新丁:《婺源风俗通观》,北京:中国文联出版社,2006年,第13页。
⑤ 毕新丁:《婺源风俗通观》,北京:中国文联出版社,2006年,第119页。

'一代高一代。'第二袋则接者唱曰：'代代高'"。① 而在有的地方,则于花轿抬至男方家门口时,由新郎背新娘下轿。此意则为新娘以后与男方发生口角时着想,那时,新娘可能会说,"不是我自己自愿到你家来的,是你背我进门的"。两种新娘足不沾地的形式,看似差别不大,实际上个中蕴涵着十分丰富的内涵,前者实际上反映了妇女地位的低下,而后者则说明了妇女拥有一定的社会地位。此外,新娘入洞房以后,还要举行拜堂、闹房和撒帐仪式。正是"鼓乐喧随花轿抬,大门钱少莫叫开；红灯火把拥妇路,大担早挑望晕来。轿门扶出拜高堂,袋亲金莲入洞房；总说三朝无大小,妄排谑语闹新娘"。②

新婚后次日,新郎新娘还要依次拜见舅姑。第三日,新娘在新郎陪同下,入祠堂行庙见之礼。第四日,新郎盛装往女家,拜见岳父母及女家诸亲。

至此,明清时代徽州婚礼的所有仪式告以结束,新郎新娘组成新的家庭,进入一个全新的家庭生活阶段。

第三节 明清徽州的其他婚姻礼俗

明清时期,徽州婚姻礼俗除了严格按照朱熹《文公家礼》要求的一般习俗惯制进行外,还有一些特殊的婚姻习俗惯制,这些习俗惯制中不少是陋俗,但确实体现了浓郁的徽州地域特色。

一、劳役婚

劳役婚是一种以入赘形式出现的为主家即妻子之家或妻子之主服役的特殊婚姻形态。在明清时期徽州佃仆制普遍存在的情况下,这种形式的劳役婚十分普遍。

劳役婚是有年限的,下面一纸徽州人为养老而招亲的文书即是有年限者：

---

① 民国《绩溪庙子山王氏谱》卷九《宅里略二·风俗》。
② （清）吴梅颠：《徽歙竹枝词》。

十都李仲德年二十九岁,未曾婚娶。有谢士云宅长女蜀娘,未曾出事。今凭亲眷谢元熙为媒,招仲德到谢士云宅为养老婿。随即告禀亲房族长,已蒙允可,今自过门。合亲之后,自当侍奉舅姑二尊及管干公私户门等事,务在精勤,毋致怠惰。二亲存日,决不擅自回家。百年之后,倘要回宗,听从自便。如违,一任经公陈治,仍依此文为用。今恐无凭,立此文书为用者。

洪武元年四月初八日 ①

这样一纸入赘文书的期限是舅姑二亲死亡,即直到为岳父岳母大人送终为止。劳役婚也有无限期的,也有契约为证:

十六都程祐一,今因无妻空身,托媒投赘房东郑臣五公焦坑口庄人郑五孙媳吴氏为妻,抚育子女成人,养郑五年老,及承种田地、照管山场,永远应付。自投赘之后,务要小心伏(服)侍,毋得言语抵畜(触)、私自回祖。如违,听自房东理治,纳还财礼银壹拾五两整。今恐无凭,立此为照。

万历二十一年六月廿日　立投约人　程祐一(押)
　　　　　　　　　　代书媒人　鲍　志(押)②

应当指出的是,徽州历史上所谓养老或服役的招亲入赘的婚姻形式,主要限于下层民众特别是佃仆等地位卑下、无经济能力婚娶的阶层。所赘之家,或丧夫而陷于贫困,或奴婢使女等同样卑贱阶层之人。

佃仆、奴婢人数相对较多的休宁县茗洲葆和堂吴氏宗族,就对客村仆人招亲和本村仆人招亲以及奴婢招赘等,制定了极其详细规条,云:

客村人招亲:向来招亲者,多不肯回宗,以家主及村例宽厚所

---

① 王钰欣、周绍泉主编:《徽州千年契约文书》(宋元明编)卷一,石家庄:花山文艺出版社,1991年,第23页。

② 张传玺主编:《中国历代契约会编考释》下册,北京:北京大学出版社,1995年,第1056页。

致。今人丁繁众,谁多山场,足供斫伐?谁多田园,足供耕种?谁多屋宇,足供居住?游手好闲,势必有放僻邪侈之事。为今之计,承主家生子,不得迁移。招亲年满者,即时回宗。本主之家不得贪图招亲之人,不得留念其古老招亲之人。或时势难归,必须还祠堂应主纸笔,倘日后回宗,批明原笔缴还。本村人招亲:在本村招亲者,年若满足,本主不用,即一体守船桥,交财薪银,认甲丁,不得假托本主之名,以避差役。招赘:本村招赘者,悉听其便,若寻客村者,不许。如万不得已,无论众、己仆,必须禀明祠堂,还定应主文书,庶乎其可,否则断断不允。若朦胧成就者,责令本人夫妇回归故乡,本村不容其居住。到客村招亲:贫不能娶,招亲客村,势也。必须禀明家主,文书求家主居间,年满回宗。招亲之年,本村不唤差役。①

由此可见,徽州历史上所谓的劳役婚主要是限于佃仆、奴婢等下层之人,在某种程度上说,这种劳役婚的实质也是一种变相的买卖婚姻,只不过男方出的不是金钱财礼,而是一种折算的劳役。

作为一种赘婚形式,寡妇"招夫养子"②而形成的男方被称之为"接脚夫",其地位尤低,徽州人甚至称之为"仆下之仆"。③

二、童养婚

明清时期徽州婚姻礼俗中还普遍存在着童养婚的习俗。在徽州,儿女自小订婚或指腹为婚后,因女家贫穷,无力抚养而送至男家生活,待长大至成婚年龄时再举行婚礼。特别是嫁女时需要一大笔陪嫁费,往往使女家不堪承受,因而个别地方甚至往往有溺杀女婴的陋俗。

---

① 光绪《葆和堂需役给工食定例》,转引自章有义:《明清徽州土地关系研究》,北京:中国社会科学出版社,1984年,第135页。

② 民国司法部印行:《民商事习惯调查录》第九章《安徽省关于亲属继承习惯之报告》。

③ 阿风:《试论明清徽州的"接脚夫"》,载朱诚如、王天有主编:《明清论丛》第一辑,北京:紫禁城出版社,1999年。

童养婚在明清以来的徽州各地极为盛行。清朝末年,歙县"贫家女子,有自襁褓时为人所抱养作童养媳者"①;绩溪县"民情重生男不重生女,俗有'赔钱货'之呼,憎而贱之……近又有抱女养媳之一种习惯,大抵为节省婚费起见也";②婺源县"乡曲贫民子息既多,必乳养媳妇,或子未生而先抱媳者",③如此等等。在童养婚习俗惯制下,童养媳在男家备受折磨和虐待,过着一种似人非人般的生活。

这种早婚习俗,是对妇女的一种摧残。童养媳在婆家几乎是受尽了苦难和折磨。徽州有一首歌谣唱出童养媳心中的痛苦与哀怨。这首歌谣名字叫《等郎媳》:

> 娘啊娘,
> 做事真荒唐。
> 把我嫁到人家去,
> 童养媳等同年郎。
> 我大他十岁何样讲?
> 不像老婆不像娘。
> 驮着要拉尿,
> 哭着要吃糖。
> 日间带他嬉,
> 夜间驮上床,
> 清早带他着衣裳。
> 等到郎大我又老,
> 等到有儿又同样。
> 天下多少违心事,

---

① (清)刘汝骥:《陶甓公牍》卷十二《法制科·歙县民情之习惯·溺女之有无》。
② (清)刘汝骥:《陶甓公牍》卷十二《法制科·绩溪民情之习惯·溺女之有无》。
③ (清)刘汝骥:《陶甓公牍》卷十二《法制科·婺源风俗之习惯·婚嫁》。

命里注定没法想。①

是的,一个未谙世事的幼女,在其天真活泼的童年即要忍受这种成年人都无法忍受的苦难。而当其处于妙龄怀春之时,却又要在侍候少年郎吃喝拉撒的过程中打发着自己的青春。这就难怪女子要发出"娘啊娘,做事真荒唐"的感叹了。一句"等到郎大我又老,等到有儿又同样",道出了多少童养媳的辛酸和无奈。

三、抢亲

抢亲是历史上徽州经常出现的一种婚姻习俗。何谓抢亲?民国《绩溪庙子山王氏谱》曰:"男宅不得女宅同意,强将女子抢来,谓之'抢亲'。"不过,徽州的抢亲大多是善意的。在绩溪,抢亲行为如果是在担过鞋样之后,结果是大多可和平解决;而若是发生在未担鞋样之前,"则女家必起诉涉讼"。② 对于抢亲之俗,清末徽州知府刘汝骥认为这是婚礼败坏之体现,云:"绩邑婚礼之坏,莫如抢亲,往往婚期未订,夫家遽纠众,乘隙将女抢归成婚,最为陋习。推厥原因,殆由礼物太繁,聘金过多,殆无力者迫而出此。"③

徽州抢亲的主要过程大体是:男方在聘礼送毕后,由新郎亲带身强力壮者数人至女家,抢亲者想方设法将新娘骗出门外,然后用白汗巾将新娘拦腰兜起,反背新娘快速逃跑,并燃放三声爆竹。新娘被抢回男家后,随即举行婚礼,大宴宾客,其礼仪与明媒正娶的完全相同。次日,再由男家聘一说情人和一女伴专程前往女家送所谓的"望娘礼",并约定回门的日子。④

明清时代的徽州还有另外一种抢亲的习俗,那就是寡妇的公婆、叔伯,擅自将寡妇出卖,与买方约定日子抢走。寡妇被抢到男家后,也同样举行婚礼,

---

① 转引自陈政:《休宁民间歌谣谈》,载《海阳漫话》第三辑,合肥:安徽美术出版社,1989年,第216页。
② 民国《绩溪庙子山王氏谱》卷九《宅里略二·风俗·婚嫁》。
③ (清)刘汝骥:《陶甓公牍》卷十二《法制科·绩溪风俗之习惯·婚娶附说》。
④ 程富金:《徽州风俗》,合肥:黄山书社1996年,第53~54页。

并宴请宾客。与上述抢亲不同的是,新婚后,寡妇不再到娘家省亲。

不过,抢亲成功的事例尽管很多,但失败的情形也不在少数。在明清时代的徽州,因抢亲而引发的诉讼、械斗事件也经常发生,"历久相沿,绝不为怪,甚至酿成械斗巨案。至妆奁,中人之家约五百金之率,千金者亦间有之。其或有力之家,因女家不允婚期,亦蹈此恶习"。①

四、早婚

明清时期的徽州一向有早婚的习俗,究其原因,大概是由于男子外出经商谋生的需要。徽州山多田少、人众地寡,在人口急剧膨胀的情况下,为摆脱衣食不足的生存危机,徽州人自幼便养成了外出经商谋生的习惯,所谓"前世不修,生在徽州,十三四岁,往外一丢"。② 所以,徽州同四川一样,为了外出经商就早日成婚,往往年未及冠及匆匆结婚,明代地理学家王士性说:"蜀中俗尚缔幼婚,娶长妇,男子十二三岁即娶,徽俗亦然。然徽人事商贾,毕娶则可有事于四方。"③的确,徽州人早婚的习俗中充满了很多的无奈。

早婚不仅给身心尚未完全发育成熟的少年男女带来体弱多病的弊端,而且更重要的是少年新婚之别、踏上茫茫经商征途后,居家苦守的少女不得不肩负起奉养公公、婆婆等重任。而程且硕在他的《春帆纪程》中,都对这种充满着少妇辛酸的陋俗大加赞赏,说:"男尚气节,女慕端贞,虽穷困至死,不肯轻弃其乡。女子有自结褵未久、良人远出,终其身不归而谨事姑嫜,守志无暇,没齿无怨。此又余歙邑之独善于他俗者也。"④由于经商的艰辛,这种少年夫妻的新婚之别往往变成生死诀别、商人妇的空守孤房以致终身的事例,在徽州可谓是比比皆是。因此,徽商的经商成功史,在某种程度上说也是一部徽州妇女的血泪史。

---

① (清)刘汝骥:《陶甓公牍》卷十二《法制科·绩溪风俗之习惯·婚娶附说》。
② 程成贵:《徽州文化古村——六都》,合肥:安徽大学徽学中心编印,2000年,第188页。
③ (明)王士性:《广志绎》卷五《西南诸省》。
④ (清)程庭:《春帆纪程》。

徽州在太平天国运动以后,由于受到战乱的破坏,人口大量锐减,因此,为尽快恢复人口,早婚习俗遂日益泛滥起来。这种早婚习俗直接给人口的素质带来了严重的影响。在受创较重的绩溪县,男女婚嫁年龄原本较为正常,"婚嫁每在二十岁外,粤匪而后,户口凋零,家家俱望添丁,婚嫁年龄较早,久而沿为习惯。绩人又素无远志,学问、经济之企望,其取偿也易盈。为父母者,但早为子女完婚,子孙众多,含饴是乐,其愿已足。痨瘵病多,人种日弱。学问牵于爱欲,而程度日低;经济繁于食齿,而困难日甚"。① 早婚的危害,给徽州带来的一个直接后果就是人口素质的大幅下降。

第四节　徽州婚姻仪礼中的陋俗

徽州婚姻习俗中有很多陈规陋俗,如彩礼、闹房等,而婢女不予适时婚嫁,则可称得上是丧尽天良的一种陋俗。

一、徽州婚姻礼俗中的陋俗

历史上徽州婚娶中的陈规陋俗如童养婚、早婚和抢亲等,十分繁多。清代前期,徽州的婚姻民俗中,存在许多陈俗陋规,对此,《茗洲吴氏家典》曾经不厌其烦地进行列举,并痛加挞伐,云:

> 概自昏(婚)礼不明,有阴阳拘忌选命合婚、男女失时者;有自幼许字,指腹为昏(婚)、致疾病贫窭、背信爽约者;有门第非偶、妄自缔昏(婚)者;有过听媒妁之言、不以性行家法为务,而惟依财附势是急者;有弃亲丧之礼,而讲合卺之仪,宽括发之戚,而修结发之好者;有张鼓吹、演戏剧以娱宾亲者;有男女混杂、行类禽兽,如世俗所谓闹房者;有往来礼节不周,更相责望,遂致乖争者。种种恶习,不可枚举。②

---

① (清)刘汝骥:《陶甓公牍》卷十二《法制科·绩溪民情之习惯·婚嫁之年龄》。
② (清)吴翟:《茗洲吴氏家典》卷四《昏礼议》。

延至清末，徽州知府刘汝骥在《陶甓公牍》中，对包括休宁县在内的婚娶中存在的陋俗，从九个方面进行了归纳，它们分别是：

> 论婚之家，先讨八字，必问女子缠足不缠足，缠足信为大姓，不缠足者疑为小姓，一陋也；门户相当，男家无言矣，女家又要求家赀之比我好。彼媒妁以虚与委蛇对付之，二陋也；事谐矣，开一礼单送男家去，糜费以二百圆为中数，三陋也；星期既定，聘礼或有不给，媒妁不敢担此任，女家必欲求其盈，虽男家借贷典质而不顾，四陋也；幸而勉强敷用，而花轿、鼓吹、头面、酒烛，下人之把持，甲头之讨索，其实数必出于估数之外，几耗中人之产，五陋也；鼓吹喧于门，灯烛辉于室，衣冠集于筵。内有哭声，母不忍舍其女也；外有争吵声，下人索赏封也。主者嗫不作声，旁人圆其说曰："不哭不发，不争不发。"五（应为"六"——引者注）陋也；醮礼成矣，交拜毕矣。三朝，新妇拜谒翁姑礼也，而闹新人之俗相沿不废，扮弄新奇，伤风败俗，意何取乎？六（应为"七"——引者注）陋也；回门甫毕，男家之责备苛求，尽入于女母之耳。女母召其婿于内室，礼未行毕，口已开声曰："是云云者，而出于若家耶，吾何能堪？"婿但唯唯退，细心不吃。旋设盛席，日晡席罢，母又持女哭而别，七（应为"八"——引者注）陋也；互接亲家，女母赴召而男母不报。于是，奁赠有责言，三节有责言，始则背诉于戚里，继则面数乎女母。新人若闻，若不能尽闻，至进退左右俱龃龉，积不能平，男母乃禁儿子省其岳家，甚或禁儿子入乃妇房，八（应为"九"——引者注）陋也。①

在列举了徽州婚娶中九大陋俗及其具体表现后，刘汝骥还对产生这些陋俗的原因进行了分析，认为：徽州婚娶中的众多陋习，"如此成为风俗，皆由女学不兴，家庭教育无人讲习"所致。②

---

① （清）刘汝骥：《陶甓公牍》卷十二《法制科·休宁风俗之习惯·婚娶》。
② （清）刘汝骥：《陶甓公牍》卷十二《法制科·休宁风俗之习惯·婚娶》。

怎样才能革除这些陋俗呢？显然，刘汝骥是寄希望于教育特别是女学教育。

二、婢女不予适时婚嫁

徽州虽有早婚的陋俗，但实际上早婚多是限于富家子弟，贫寒人家子弟往往不得不熬到大龄方能成婚。在清末的歙县，婚嫁的年龄，贫富之家是有很大区别的，"富民饶于赀，则婚嫁早，往往在弱冠前，贫者迟至二三十岁不等"。① 婺源县的情形与歙县也很类似，富家子弟的早婚与贫家子弟的晚婚形成了极为鲜明的对比。根据气候、身体因素和社会情状的综合考虑，刘汝骥认为：婺源县的男女婚嫁年龄，"男子应以廿四五岁，女子应以二十岁为适当。乃乡俗联姻，多尚同齿，婚嫁期在十七八岁为多。富贵之家，配合尤早，未胜舞象，已谱求凰，甫结鸦鬟，辄来雁币。子姓繁而尪羸强半，学殖落而进取难言。职此之由，至乡曲贫民，年逾三十，配偶未谐者，又在在皆有。其因由经济困难，其果将使户口消灭"。②

不仅贫家子弟有晚婚现象，更有甚者，地位卑贱的婢女的婚嫁还受制于主人，以致失时。清代康熙年间，出任休宁知县的廖腾煃曾在一则公告中不无辛酸地指出："本县访闻，民间蓄养婢女，有至四五十岁不嫁者，有终其身不嫁者。类皆鸠形鹄面，背偻鬓斑，昼则挑柴汲水，夜则挨磨赁舂。终岁勤动，未有止息。论力竭而不以为劳，则有功矣；观虐使而不以为怨，则有义矣。乃不以时为婚配，兼收夫妇之用，而锢其身如幽囚，永绝生育之仁。"这是一种"丧失良心，败坏雅化"、令人发指的残忍恶俗。③ 而这种恶俗竟然在休宁县成为"家家如是，视为故常"的现象。④ 连为《海阳纪略》作注的储欣也认为："此风吴下所无，士大夫家婢子有三十不嫁者，邻里以'老丫头'目之，而唾骂

---

① （清）刘汝骥：《陶甓公牍》卷十二《法制科·歙县民情之习惯·婚嫁之年龄》。
② （清）刘汝骥：《陶甓公牍》卷十二《法制科·婺源民情之习惯·婚嫁之年龄》。
③ （清）廖腾煃：《海阳纪略》卷下《禁止锢婢示》。
④ （清）廖腾煃：《海阳纪略》卷下《为条陈编审并各款通详两院文》。

其主父母为刻薄,不意徽之习为故常也。"另一作注者汪紫沧也云:"风俗之恶,莫此为甚。"①为此,廖腾煃亲颁《禁止锢婢示》,要求休宁全县立即革除这一恶俗,"示出之后,立将高年女婢分别嫁娶。如敢故违,严行十家举首,不论宦家士族,立即拿究,详请两院,处以禁锢良人、败坏风俗之律,决不轻贷"。②

包括陈规陋俗等在内的明清时期徽州婚姻礼俗中的各种习俗惯制,是在徽州长期的社会生产与生活中逐渐形成的,它是徽州传统儒教社会妇女地位低下的产物。如何革除这些陋俗,仅靠一纸法令是远远不能做到的。移风易俗,循序渐进地进行革易,保留良风美俗,革去恶俗陋俗,才是良方。

---

① (清)廖腾煃:《海阳纪略》卷下《禁止锢婢示》。
② (清)廖腾煃:《海阳纪略》卷下《禁止锢婢示》。

第十一章　明清徽州的丧葬仪礼

"生在苏州,长在杭州,死在徽州","生要生到苏州,长要长到扬州,葬要葬到徽州",在徽州广泛流传的上述民谚中,尽管生长之地略有差异,但死地和葬地则是一致的,那就是徽州。

明清时期的徽州,在三次中原世家大族移民完成之后,特别是明代中叶以降,随着徽商的崛起,"徽商遍天下"①局面的形成,传统的"尚武之风"向"右文之习"转型,尤其是以祖籍徽州婺源朱熹为代表的理学,在徽州社会得到普遍认同和广泛传播。朱子的《文公家礼》已成为徽州人生活中恪守不怠的重要规范,"新安自南迁后,人物之多,文学之盛于天下。当其时,自井邑田野,以至远山深谷,居民之处,莫不有学有师,有书史之藏。其学所本,则一以郡先师子朱子为归:凡六经传注、诸子百氏之书,非经朱子论定者,父兄不以为教,子弟不以为学也。是以朱子之学虽行天下,而讲之熟、说之详、守之固,则惟新安之士为然"。②徽州也因此而赢得了"东南邹鲁"③和"礼仪之邦"④的美誉。

---

① 康熙《黟县志》卷一《风俗》。
② （明）赵汸:《东山存稿》卷四《商山书院学田记》。
③ （元）赵汸:《东山存稿》卷四《商山书院学田记》。
④ 乾隆《绩溪县志》卷一《方舆志·风俗》。

"事死如事生",在恪守朱熹理学和《文公家礼》的徽州,明清时期人们对人生仪礼中的丧葬礼俗格外重视,自"嘉(靖)、隆(庆)以来,多遵文公家礼,厚薄虽称家,而衣衾含殓,人子务自致焉。四日始成服,设灵座,树名旌,擗踊苫次,茹素啜粥,以承四方之吊。朝夕设饭,七日致奠"。① 在僻处休宁西部山区的茗洲,聚居该村的吴氏宗族精英吴翟更是在清康熙年间编纂《茗洲吴氏家典》,从而完成了对朱熹《文公家礼》的继承与改造,形成了隆重而繁缛的徽州人生仪礼——"四礼",其中尤以丧葬仪礼最为繁琐。但不可否认的是,在坚持遵照《文公家礼》办理丧葬事宜的同时,民间使用僧人和道士超度亡灵的礼俗,以及拘泥阴阳风水、铺张浪费的违背礼制等现象依然普遍存在。对此,民国《歙县志》一针见血地指出:"丧礼,殓死,衣冠犹存古制。俗尚七七,延僧诵经,相沿已久,虽远近佞佛,然借以展哀思、伸孺慕,于俗固无损。至鼓吹迎宾,酒筵款客,喧笑于素帷丹旐之旁,蔑礼甚矣。"②

本章以《茗洲吴氏家典》为中心,通过对明清时期徽州府县方志、日用杂书等典籍文献和丧葬文书的分析,对明清时期徽州地区丧葬礼俗进行深入探讨。

第一节 明清徽州丧葬仪礼的基本程序及其主要活动

"夫人子事亲之道,生则奉养,尽其爱敬,死则殓葬尽哀"。③ 明清时期的徽州,在对待亲人死亡的丧葬方面,可谓是竭尽全力。在基本恪守国家祭祀仪礼和《文公家礼》处理丧葬事宜的同时,也明显夹杂着自身的地域民俗特点。这就是"丧祭遵文公家礼,浮屠间用之",④即《文公家礼》要遵守,用浮屠或道士超度亡灵之俗也同时并行。

---

① 万历《休宁县志》卷一《舆地志·风俗》。
② 民国《歙县志》卷一《舆地志·风土》。
③ (清)张大翎:《时俗丧祭便览·慎终说》。
④ 同治《祁门县志》卷五《舆地志·风俗》。

明代中叶以来,有感于徽州丧葬用浮屠超度和奢靡之风泛滥,一些居住在徽州山村的乡绅士人,开始对包括丧葬仪礼在内的人生"四礼"进行了整合,在强调遵行朱熹《文公家礼》的同时,也不乏因地制宜地创造和革新之举。根据明清时期的国家制定颁行的冠、婚、丧、祭仪礼中的丧礼规范,合乎规范的丧礼基本按照以下程序进行。

一、初终与报讣

初终就是人死亡之始。关于庶人(即百姓)初终的诸种仪礼,《大明会典》规定:"疾病迁居正寝,清扫内外,分祷所祀,使人坐持手足,遗言则书之,属纩以俟绝气。气绝乃哭。废床寝于地,乃易服,男子扱上衽被发徒跣,妇人去冠被发不徒跣,诸有服者皆去华饰。"①徽州初终之礼,大体能遵此礼。吴翟在《茗洲吴氏家典》的《丧礼仪节·初终》中云:"疾病,迁居正寝。既绝,乃哭。加新衣,属纩,楔齿,举哀。复,升屋,招呼'某人复'。卷衣,降。哭,擗。"②在徽州地区,人死忌讳直言,一般以"过辈""过身""百年"等词婉称。人在病危时,一般有家人在旁,尤其是老人病危时,儿女子孙都要临床服侍、听取遗言。一旦咽气,家人要迅即记下死亡时刻,哭喊死者的名字或称谓,谓之"开喉咙"。同时摔碗摔盆,一般要摔碎三只碗。摔碗的意思,其一是送死者灵魂平安出走;其二是告知邻里家里有丧事。哭声和摔碗声夹杂,左邻右舍便知其家中有丧事。之后家人要立即撤去死者的床单、被褥及蚊帐等,只让其躺在床板上,称为"退位"。"退位"的目的是让尸体尽早冷却,不至于用被褥保留体温,尸体一下子不能冷却,俗称"不收尸"。

在这一程序中,还有许多仪式的细节,诸如每一环节的具体操作要领,《茗洲吴氏家典》皆以注释的方式夹注在文中。

关于民间丧礼的规定,死者在告别人世后,除家族内部成员立丧主、治棺和治衣衾外,其最重要的社会活动则是向死者生前之亲朋好友报讣。讣告由

---

① 万历《明会典》卷一百《礼部五十八·丧礼五·庶人》。
② (清)吴翟:《茗洲吴氏家典》卷五《报讣议》。

护丧的司书为之发书。关于报讣文字格式,家庭成员尊卑、长幼、男女各有不同,《茗洲吴氏家典》为我们提供了清代康熙年间标准的报讣样式:

父丧讣式

家严某某公享年若干,不幸于某月某日某时寿疾终正寝。忝在至戚知,谨以讣闻。

康熙　年　月　日

　　　　　　　　　　　　　　　孤子姓某名某泣血

母丧讣式

家慈某氏孺人享年若干,不幸于某月某日某时寿疾终内寝。忝在至戚知。谨以讣闻。

康熙　年　月　日

　　　　　　　　　　　　　　　哀子姓某名某泣血

在明清时代的徽州,由于在外经商者众多,父母之丧,往往不在身边。这种情况下,报讣之文字,由次子名义发布,如无次子,则由孙讣之,"如父母丧,长子远游,则次子称名讣之。但于正寝下加'长兄某某,远游未归,某某摄治丧事'。于月日下加'摄丧孤哀子某某泣血'。如无次子,则孙讣之"。① 孙辈撰写之报讣格式文字如下:

家祖某某公享年若干,不幸于某月某日某时寿疾终正寝。忝在至戚知,谨以讣闻。

康熙　年　月　日

承重孙姓某名某②

我们仅摘录了父母之丧的讣告文字,其实,家族内部丧者性别、辈分和身份不同,讣告的文字也略有不同,"如祖父母丧,承重孙远游,则次子称名讣

---

① (清)吴翟:《茗洲吴氏家典》卷五《报讣议》。
② (清)吴翟:《茗洲吴氏家典》卷五《报讣议》。

之。如无次子,则次孙讣之。但于正寝下加'嫡孙某某远游未归,某某摄治丧事',于月日下改'摄丧期服孙某某稽颡拜'。如祖在而遭母丧,则改'承重孙'为'杖期孙',改'孤哀子'为'哀子'。如妻之丧、子孙之丧、妇之丧、兄弟之丧皆属无子者,则竟称主丧者之名,讣以亲戚僚友"。① 流传于徽州乡间的清代手抄本《东帖体要》记载:"父死曰'先考',母死曰'先妣'(考者言其德行之盛,妣者言其媲美以考也——原注)。父丧称'孤子',母丧称'哀子'。"②讣文中男称"寿终正寝",女称"寿终内寝"。至于报讣文的具体内容和格式,则因死者的身份、地位而异。清朝程文浚所著《送货礼全书并古简帖》记录了丧父之讣文格式:

> 不孝△罪孽深重,不自殒灭,祸延严君△府君,享年几十有几,痛于△年月日时寿终正寝。忝在至亲,谨以讣闻。孤子△泣血稽颡。③

接到讣闻的直系亲属,要不远千里,赶回送葬,谓之"奔丧"。其他亲友要根据与死者的亲疏关系,决定是否前往吊唁。通常,"友人死,不赴者不吊;亲戚死,必吊"。④ 于出殡之日,带上棒香、锡箔、火纸、爆竹"四色礼",前往奔丧。"关系密切、身份高的亲友还送挽幛(绸簇),乃古时铭旌之遗意"。⑤

徽州人初终时,家人除向亲友报讣外,立丧主则是必备的程序。《丧大记》云:"丧有无后,无无主。"此谓何者?"言无后不过死者绝嗣,无主则缺于宾礼。可无后,不可无主也"。丧主为死者丧葬期间最有权威之人,"此见主宾之主,为最重也"。⑥

---

① (清)吴翟:《茗洲吴氏家典》卷五《丧礼仪节·初终》。
② (清)佚名:《东帖体要》卷三《丧事门》,原件藏安徽大学徽学研究中心。
③ (清)程文浚:《送贺礼全书并古简帖》,原件藏安徽大学徽学研究中心。
④ 民国《绩溪庙子山王氏谱》卷十一《宅里略二·风俗·丧葬》。
⑤ 歙县地方志编纂委员会编纂《歙县志》,合肥:黄山书社,2010年,第1114页。
⑥ (清)吴翟:《茗洲吴氏家典》卷五《丧主议》。

初终时,丧家之急于营造者,乃棺椁,"人子送亲最要紧者,莫如棺木。平日预备者少,临时营造者多"。① 对棺木的要求,《茗洲吴氏家典》云:"命匠择杉木为棺,其制头大足小,仅取容身,勿令高大及为虚檐高足,内外施布漆,以灰铺底,厚寸许,加七里板。其底四隅各钉大铁环,动则以大索贯而举之。"② 绩溪鱼川耿氏宗族则要求族人营造棺木"多板,宜用坚老杉木造作,须用良工糊缝,内外均宜多用生漆"。③

以上为死者初终时举行的礼仪。

二、沐浴、袭含、小殓、灵座、魂帛、铭旌

明清时期徽州丧葬仪礼的第二阶段有诸多仪式。其中为死者沐浴、袭含、小殓、灵座、魂帛和铭旌是主要内容。具体操作要领如下:

首先执事者事先准备好袭衣、沐浴、饭含之具,《茗洲吴氏家典》规定:"一桌陈袭衣,置东壁下;一桌陈沐浴、饭含之具,置西壁下。含饭用米一抄,渐令精,实于碗,加以匙,乃设帷而沐浴。"④清代祁门县则"含饭,祁用银钱代之"。⑤

仅以小殓为例来看徽州的丧礼第二阶段的操作仪式:

> 小殓:死之明日,执事者以桌子陈小殓衣衾于堂东北壁下。遇盛暑或不及待明日,则从权行之。铺布绞:先布横者三幅于衾下,乃布直者一幅于横者上。加衾:于布绞上加衾。安尸于衾上。去枕:先去其枕。藉首:舒绢叠衣,以垫其首。补空:仍卷两端,以补两肩空处。夹胫:又卷衣以夹其两胫,取其正方。掩尸:以衾掩尸,先掩足,次掩左,次掩右,首后掩。绞衾:先结直者一幅,次结横者三幅,

---

① 民国《绩溪鱼川耿氏宗谱》卷五《祖训》。
② (清)吴翟:《茗洲吴氏家典》卷五《丧礼仪节·初终》。
③ 民国《绩溪鱼川耿氏宗谱》卷五《祖训》。
④ (清)吴翟:《茗洲吴氏家典》卷五《丧礼仪节·初终》。
⑤ (清)刘汝骥:《陶甓公牍》卷十二《法制科·祁门风俗之习惯》。

绞毕,覆以大殓之衾,置魂帛于当胸。①

程序完成之后,"主人、主妇凭尸哭擗……主人以下哭,尽哀,乃代哭不绝声"。②

三、大殓

大殓是丧葬仪礼中特别重要的一环,如果说上面的程序还是停尸于堂的话,那么大殓则是死者入棺供人凭吊了。在徽州,大殓一般在小殓的次日,即死者死后的第三日天明以后进行。

《茗洲吴氏家典》对徽州的大殓仪节也作了详细具体的规定:

> 厥明,执事者陈大殓衣衾:小殓之明日,死者之第三日也。执事者以桌子陈大殓衣衾于东壁下。遇盛夏或不及待三日,亦从权行之。举棺入。置于堂中少(稍)西。举棺:役者先置两凳于堂中少(稍)西,举棺以入。置凳上:置衾之有绵者,垂其裔于四外。乃大殓。盥洗:子孙妇女及侍者俱洗手。举尸于棺:子孙妇女及侍者共举尸,纳棺中绵衾内。实齿发:实生时齿发及所剪爪于棺中四角。塞空缺:又揣其空缺处,卷衣塞之,务令充实,不可动摇。收衾:收绵衾之四裔垂棺外者。先掩足,次掩首,次掩左,次掩右,令棺中平满。凭哭,尽哀:主人、主妇凭棺而哭。盖棺:役者用生漆灰涂口,加盖下钉。谢宾。拜,兴;拜,兴。复灵座:置于堂中。设铭旌,跗:立于柩东……设灵床于柩东:床帐、荐席、屏枕、衣被之属,皆如平生时。朝则奉魂帛出就灵座,夕则奉魂帛入就灵床,卧之被中。或厅窄不能设床,其魂帛至楗垂帘,朝启夕闭。乃设奠:以服为次序而哭奠。仪如小殓奠。主人以下各归丧次。止代哭者。帷堂:堂上设帐幙。③

---

① (清)吴翟:《茗洲吴氏家典》卷五《丧礼仪节·沐浴、袭含、小殓、灵座、魂帛、铭旌》。
② (清)吴翟:《茗洲吴氏家典》卷五《丧礼仪节·沐浴、袭含、小殓、灵座、魂帛、铭旌》。
③ (清)吴翟:《茗洲吴氏家典》卷五《丧礼仪节·沐浴、袭含、小殓、灵座、魂帛、铭旌》。

四、成服

所谓成服，是指与死者有五服关系的亲属，在吊唁和守灵期间所穿的丧服，丧服共分五等：斩衰、齐衰、大功、小功和缌麻。"至于服制，一曰斩衰，用极粗有子带黑色麻布，不缝下边，凡杖，父用竹，母用桐，长齐心，上圆下方，三年；二曰齐衰，用稍粗生麻布，缝下边，杖期不杖期，皆一年；三曰大功，九月；四曰小功，五月；五曰缌麻，三月。父母之丧，及嫡孙父殁为祖承重者，服斩衰。余则有正丧，有反丧。正丧自父母以上至高祖，反丧自妻子以下至元孙，各有等杀之服。五服之外，皆袒免之亲，以白棉布裹额而已。孝子三年不祭祖庙，不谦宾客，不赴喜筵"。①

《大明会典》规定："大殓之明日，厥明，五服之人各服其服入就位，然后朝哭相吊如仪。成服之日，丧主及兄弟始食粥。"②《茗洲吴氏家典》亦云："厥明，五服之人各服其服入就位：大殓之明日，死之第四日也。夙兴，具服。衰衣、衰裳、衰冠、绖、屦、杖，五服各有制。"③

在出殡之前的成服阶段，丧家孝子贤孙等家庭成员都要朝夕哭奠，"哭无时，朝夕之间，哀至则哭于丧次"。④

五、吊奠赗

吊奠赗，俗称"出礼"，即前来吊唁的亲友以礼物和钱财相送，由丧家招待其餐饮的活动。如果说上面两个阶段的丧葬仪礼还仅限于家庭或家族内部的话，那么，这一阶段的仪礼则是面向社会，接受亲友吊唁、收受亲友礼金与财物。实际上，从吊奠赗开始，葬礼才更具社会意义。

《茗洲吴氏家典》关于吊奠赗的记载，其文字与《大明会典》和《大清会典》

---

① 光绪《仙源杜氏宗谱》卷首《家礼》。
② 万历《明会典》卷一百《礼部五十八·丧礼五·庶人》。
③ （清）吴翟：《茗洲吴氏家典》卷五《丧礼仪节·成服》。
④ （清）吴翟：《茗洲吴氏家典》卷五《丧礼仪节·朝夕哭奠 上食》。

所记几无区别,内容皆为告诫前来吊唁的亲友。"丧礼以哀为本",①所有参加丧葬仪礼的家人和宾客,都应庄严肃穆,心情哀伤沉痛。整个仪礼的程序较为繁琐。仅将文字照录于下:

凡吊皆素服:吊者至,护丧先入告,主人以下各服其服,就位哭以待。就位:吊者至,向灵座前立。举哀。哀止。诣灵座前。上香。鞠躬,拜、兴、拜、兴、拜、兴、拜、兴、平身:吊者拜毕,主人持杖哭出,西向立。主人稽颡,再拜、兴:宾亦哭,东向答拜。礼毕:吊者退,主人哭,入丧次,护丧代送出。待吊客皆素馔……奠用香、茶、酒、果:有状,或用食物,即别为文。赙用钱帛:有状,惟亲友分厚者有之。具刺通名:宾主皆有官,则具门状。否则,具一名刺,先使人通之,与礼物俱入。入哭,奠讫,乃吊而退:既通名,丧家焚香、燃烛、布席,皆哭,以俟护丧出,迎宾入至丧次中。赞唱。序立:独祭则日就位。举哀。哀止。鞠躬,拜、兴、拜、兴、拜、兴、平身:尊者则唱两拜。诣盥洗所:若是众宾,则尊者一人独诣。盥手。帨手。诣灵座前。跪:尊长者则不用此句。焚香。酹酒:执事者跪奉盏与宾,宾接之,倾酒于地。三奠酒:执事接盏,置灵座前。读奠章:赞止哭者,祝跪读宾之右,读讫。举哀。俯伏、兴、平身:若不跪不用此二句。复位。鞠躬,拜、兴、拜、兴、拜、兴、平身。焚奠章。哀止。礼毕:行礼毕,主人持杖哭出,西向立。主人稽颡再拜,兴。宾亦哭,东向答拜。宾致慰词,主人谢宾,举哀:宾主相向哭,尽哀。哀止:宾哀宽譬主人曰:"愿抑孝思,俯从礼制。"礼毕:宾揖而出,主人哭而入,护丧送出。远则送至别室,素馔款待。②

六、治葬

这一阶段中,最重要的仪式就是掘坟穴和出殡。

---

① 光绪《仙源杜氏宗谱》卷首《家政》。
② (清)吴翟:《茗洲吴氏家典》卷五《丧礼仪节·吊奠赙》。

与不少地区殡葬合一不同的是,明清以降,僻处皖南山区的徽州殡与葬是分离的,出殡和掘坟埋葬是分别独立的两个阶段。这就是所谓的"古礼",由此亦衍生出一系列的社会问题,如停棺不葬、久厝不葬等。《茗洲吴氏家典》按照《文公家礼》的篇目设计,并基本照抄《文公家礼》的文字,"三月而葬,前期择地之可葬者……择日开茔域,祠后土"。① 《大明会典》之《择地 祭后土》一节文字,则被《茗洲吴氏家典》并入《治葬》篇中,想是徽州过于迷信堪舆风水之说,往往为择葬地,经年甚至数年、数十年殡厝不葬,乃至有"终身不葬、累世不葬……悖礼伤义",②所谓"徽俗惑于风水,多不葬亲,将尸棺遗弃道旁。山壑之间,或二三十年,或三四世,不得归土"。③ 著者故意不予强调而已。

先来看择地。选择葬地坟墓,有所谓"五患"之忌。《文公家礼》引程子言云:"惟五患者不得不谨,须使它日不为道路,不为城郭,不为沟池,不为势豪所夺,不为耕犁所及也。"④朱熹还进一步发展了堪舆风水理论,认为:"风水夺神功,回天命,致力于人力之所不及。"⑤在朱熹等对堪舆风水理论的大力倡导下,葬地寻觅吉壤开茔已成为一种牢不可破的理念,正所谓"风水之说,徽人犹重之"。⑥ 清康熙年间户科给事中赵吉士为给父母寻找一块风水坟穴,"不惜重价成事,阖郡堪舆家二十余人,纷纷点穴不定。予用称土法,择土之重者用事,及开金井,土如紫粉,光润异常,登山者咸贺得地"。⑦ 显然,徽州选择风水坟地早已超出"礼"所规定的范围和边界,而成为当地的一种陋俗了。

选择好吉壤之后,接着便是择日开茔了。开茔时要举行隆重的仪式,以

---

① (清)吴翟:《茗洲吴氏家典》卷五《丧礼仪节·治葬》。
② 万历《明会典》卷一百《礼部五十八·丧礼五·庶人》。
③ (明)古之贤:《新安蠹状》卷下《牌票·行六县劝士民葬亲》。
④ (宋)朱熹:《家礼》卷四《治葬》。
⑤ (清)赵吉士《寄园寄所寄》卷七《獭祭语·人事》。
⑥ (清)赵吉士《寄园寄所寄》卷十一《泛叶寄·故老杂记》。
⑦ (清)赵吉士《寄园寄所寄》卷十一《泛叶寄·故老杂记》。

祭祀后土。其仪式及程序如下：

> 择日开茔，域祠后土：主人既朝，哭讫，率执事者于所得地掘兆，择远亲或宾客一人，吉冠素服，告后土氏，祝。率执事者设位于中标之左，南向。设盏，注酒、果、脯、醢于其前，又设盥盆、帨巾于其东，赞唱。就位：告者北面立。鞠躬，拜、兴、拜、兴、平身。盥洗：告者与执事者俱洗。诣香案前。跪。上香。酹酒：倾酒于地。三献酒：执事者斟酒，置神位前。俯伏、兴、平身：少退立。读祝：祝取板跪于告者之左而读之。复位。鞠躬，拜、兴、拜、兴、平身。焚祝文。礼毕：主人归就灵座前哭，再拜，后仿此。①

祝文格式如下：

> 维□□几年，岁次干支几月干支越干支朔几日干支，某官姓某名某，敢昭告于土地之神：今为某官某姓名，母则云某封某氏，营建宅兆，神其保佑，俾无后艰。谨以清酌脯醢，祗荐于神。尚飨。②

祈祝后土之神后，即开始穿圹，作灰隔，刻志石，造明器和大轝、竹格、翣、功布等丧具。穿地直下为圹；穿圹既毕，乃先布细炭末于圹底，然后布石灰、细沙、黄土，拌匀后，覆盖于其上，谓之灰隔；刻志石即撰刻墓志铭；丧车谓之轝；竹格俗谓棺罩，以竹为隔，以彩结之，四角垂流苏；以木为筐，如扇而方，谓之翣；功布，乃大功之布也。再作木主及椟。作主用栗，趺方四寸，高一尺二，宽三十分，厚十二分。剡上五分为圆首，寸之下勒前为额而判之。一居前，二居后。陷中书爵为和姓名、行辈，合之，植于趺。徽州葬俗，"欲荣其亲者，则请贵人题主；欲存其亲者，则请文士志墓"。③ 具刺，请祭祀土神题主者，使人设吉凶幄于墓所，设盖于莹域之上。

---

① （清）吴翟：《茗州吴氏家典》卷五《治葬》
② （清）吴翟：《茗州吴氏家典》卷五《治葬》
③ （清）刘汝骥：《陶甓公牍》卷十二《法制科·婺源风俗之习惯》

七、出殡

出殡,亦称"发引"。

出殡前一日,因朝奠以迁灵柩告。其一例如下:

> 告辞云:"今以吉辰迁柩,敢告。"俯伏、兴,平身。举哀。主人以下拜、兴、拜、兴,平身。礼毕,奉灵柩朝于祖。祝跪,告辞曰:"请朝祖。"俯伏、兴,平身。奉魂帛于祠堂,主人以下哭从。执事者布席,奉魂帛朝祖,主人以下就位,举哀。哀止。奉魂帛还柩所。主人以下哭从,安魂帛于灵座,主人以下就位,举哀。哀止。

之后,迁灵柩于厅,清代黟县"丧礼,殡殓于众厅者,十姓而九",[①]终夜燎香而祝。祝跪,告辞曰:"请柩于厅事。"俯伏、兴,平身。役者举柩,祝魂帛前导,主人以下从哭。设凳,安柩。设灵座,设奠,主人以下就位。举哀,终夜燎,乃代哭,亲宾致奠赗。为防止族人借停灵柩于祠厅不葬,清代歙县棠樾鲍氏宗族专门订立规约,要求"厅内停棺,总以百日为率,特支丁繁衍,恐遇卑幼丧柩甫殡而尊长复有故者,其卑幼之柩即移后堂避让,以昭尊长之义。倘敢恃强踞占,即属目无礼法,公同处令扛移"。[②]

陈器,即陈设吉凶仪仗,首为大锣,其后依次为方相、生时品职所应用仪仗、明器、食案亭、传状述亭、香案亭、铭旌、高灯、提炉、灵轿、云翣、功布和大轝。日晡时设祖奠,主人以下各就位,举哀,哀止。祝,盥洗。诣灵座前,跪,焚香,斟酒。告辞曰:"永迁之礼,灵辰不留。今奉柩车,式遵祖道。"[③]俯伏、兴,平身。举哀,主人以下且哭且拜、兴、拜、兴、拜、兴、拜、兴,平身,礼毕。

天明,迁灵柩就轝,时为出殡之日。此时,妇人退立,役夫纳大轝于中庭,执事者撤祖奠,祝跪。告辞曰:"今迁柩就轝,敢告。"俯伏、兴,平身。迁灵座,

---

① (清)刘汝骥:《陶甓公牍》卷十二《法制科·黟县风俗之习惯》。
② 嘉庆《棠樾鲍氏宣忠堂支谱》卷十七《祀事》。
③ (清)吴翟:《茗洲吴氏家典》卷五《丧礼仪节·迁柩 朝祖 陈器 祖奠》。

迁柩就轝。载轝,主人视载,安灵座。乃设遣奠,主人以下各就位,举哀。哀止。祝盥洗,诣灵座前跪,焚香,斟酒。告辞曰:"灵辀既驾,往即幽宅,载陈遣礼,永诀终天。"①俯伏、兴,平身,纳脯。举哀,四拜、四兴之后,平身。礼毕,祝奉魂帛升车,焚香。举哀。四拜、四兴之后,平身。

出殡之日,奉灵柩行,方相前导,主人以下男女哭,男右女左,随柩后行,妇人用盖头;尊长次之,以下依次为无服之亲和宾客。通常,族中妇女送至河畔即拜辞而归。亲宾则设帷幄于郭外路旁,驻柩而奠,途中遇哀则哭。

灵柩行至墓所,男女主人皆就位哭。首先安置墓志石,加灰土筑坟底。墓志石安妥,即下棺。棺已下,施铭旌于灵柩之上,除四旁石板之外,用炭末寸许,石板内实以净灰,并用竹竿细插以筑之。筑齐棺面毕,乃用三合土平铺于棺上筑之。上面再铺上木炭,炭上用优质黄土铺之,坚筑数寸,将及墓面,再用本山土坚筑至顶,筑成龟背形状。又将嫩土铺匀,用桐油石灰砌小石一层,外仍加土,铺上草皮。之后,祀厚土于墓左。

接着是题主。选择子弟中善书者题之。其仪式为:盥洗,出主。题主时,先题陷中,次题粉面,祝奉主置神灵。置毕,收魂帛,祝焚香,斟酒。跪,读祝。兴,复位。鞠躬,四拜、四兴后,平身,谢题主名。

题主文字的格式如下:

(1)陷中

　　　　　　　　　　　　生于某年某月某日某时
父则曰:清故某官姓某公讳某字某号某行几府君神主
　　　　　　　　　　　　殁于某年某月某日某时
　　　　　　　　　　　　生于某年某月某日某时
母则曰:清故某封某氏讳某字某行几神主
　　　　　　　　　　　　殁于某年某月某日某时②

---

① (清)吴翟:《茗洲吴氏家典》卷五《丧礼仪节·遣奠》。
② (清)吴翟:《茗洲吴氏家典》卷五《丧礼仪节·发引》。

(2)粉面

父则曰：显考某官某行某府君神主。如无官，则曰：显考处士某行几府君神主。

孝子某奉祀

母则曰：显妣某封某氏神主。如无封，则曰：显妣某氏孺人神主。

孝子某奉祀①

祝文格式：

维大清康熙　年岁次月朔日辰，孤哀子某，敢昭告于某官某府君某封某氏：形归窀穸，神返室堂。神主既成，伏惟尊灵，舍旧从新，是凭是依。②

宾客拜辞而归，祝奉神主升车。执事者撤灵座，遂行。至墓门，尊长乘车马，去墓百步，许卑幼亦乘车马，并留子弟一人监视，实土以至成坟。

主人以下奉灵车，在途徐行哭。至家仍哭，祝奉神主入置于灵座。主人以下哭于厅事，遂诣灵座前哭，尽哀而止。有吊唁者，拜之如初。

至此，明清时期徽州的丧礼基本告一段落，丧家特别是孝子遂进入了守丧尽孝期。俗以七七四十九天为终，起始日则自死者逝世之日计算。

第二节　明清徽州丧葬仪礼的基本特点

明清时期，特别是明代中叶以后，随着徽商的崛起，拥有巨额财富的徽商在恪守传统程朱理学所规定的丧葬仪礼的同时，不惜斥巨资用于风水葬地的选择和坟茔墓室的营造，把徽州崇拜堪舆风水的信仰与崇拜推到了一个新的阶段。徽州的丧葬仪礼也呈现出一系列自身的地域特点。这些特点概括起

---

① （清）吴翟：《茗洲吴氏家典》卷五《丧礼仪节·发引》。
② （清）吴翟：《茗洲吴氏家典》卷五《丧礼仪节·发引》。

来，主要有以下几个方面：

第一，程序复杂，礼节繁琐。从上述丧葬仪礼的程序来看，明清徽州的丧葬仪礼非常繁琐。明代休宁茗洲吴氏宗族，在规范该族丧礼时，还相对较为简朴，规定"吊丧，族属临吊三日，戚属七日。三日之外，择日而殡。吊日，族男妇黎明须栉洗，素冠服临吊，晚如之。送殡：阖族素冠服礼服，祖道奠礼"。① 但到了嘉靖、隆庆以后，徽州的丧礼则变得复杂起来。诚如万历《休宁县志》所云："邑中亲丧，旧尚简易，嘉隆以来，多遵《文公家礼》，厚薄虽称家，而衣衾含殓，人子务自致焉。四日始成服，设灵座，树名旌，擗踊苫次，茹素啜粥，以承四方之吊。朝夕设饭，七日致奠。"② 以清代绩溪县为例，丧家在死者断气后，首先进行小殓，"先撤床帐，子女亲扶落枕，并为沐浴、梳发、穿裹。人倩人，裹以丝绵，焚锡箔无算。送殓者，礼皆以锡箔"。其次是大殓，"用吉礼，孝子穿吉服，奏乐入殓后，乃成丧服。服制用麻，一遵古礼"。复次为领帖，领帖"俗呼为'开吊'，亦呼为'起灵'。或三日，或五日，或七日，有多至数十日者，系遵佛家数七之说"。接着为赙礼，"不以银钱为重，送礼以纸箔香烛。亲戚送幛联，并盒盛十色素礼，或篮盛四色素礼，及冥衣帽。或以各种纸扎奇巧冥器，丧家悬于帏幛，名曰'盘缎'"。最后为成主祔庙，"不待释服，出殡后即行之。停棺家中者，不待举殡，即行之。孝子穿吉服，谓之'借吉'，而脚下必穿素靴，或穿麻布鞋。剃发以四十九日为限，遵例百日者少"。③ 在出殡送葬时，还伴以鼓吹，"丧祭之日，多招吹手拟金伐鼓，若演剧然"。④ 在死者初终时，休宁县"则将死者换内衣，具路饭，焚冥轿，焚锡箔，一面报本家亲戚"。⑤ 连清末徽州知府刘汝骥对这种一味讲求形式的丧礼，也慨叹其为"缛节繁文"，是"有形式而无精神"。⑥

---

① （明）吴子玉：《茗洲吴氏家记》卷七《家典记》。
② 万历《休宁县志》卷一《舆地志·风俗》。
③ （清）刘汝骥：《陶甓公牍》卷十二《法制科·绩溪风俗之习惯》。
④ （清）刘汝骥：《陶甓公牍》卷十二《法制科·婺源风俗之习惯》。
⑤ （清）刘汝骥：《陶甓公牍》卷十二《法制科·休宁风俗之习惯》。
⑥ （清）刘汝骥：《陶甓公牍》卷十二《法制科·绩溪风俗之习惯》。

第二,事死如事生,铺张厚葬严重。之所以"死在徽州"或"葬在徽州"的民谣被广为流传,除了繁缛的礼节之外,还主要在于徽州人事死如事生,大操大办、厚葬之风盛行,且仪式隆重。"徽歙治茔,坚固华美,胜于他属。山地最贱,卜葬购数丈,隙土较常价数倍或数十倍不等"。① 事实上,早在宋元时期,徽州就有营造生茔之俗,人尚未死,豪华坚固的墓茔即已营造完毕,如歙县曾经发掘的一处元代墓葬,其中就有一通《元元统二年武功万六承事太君胡氏生茔》,碑刻详细叙述了生茔的营建过程,云:"人生而化,化而生,亦理之常,遂鸠工命匠,治石室预建生茔于家山之傍,则我之志也,并镌记岁月云尔。颂曰:天开吉地,仙指牛眠,期若蟠桃,殖而花,花而实,实而蛰弥千万年。曾于庚午九月初六甲申日开造生茔,其地迁甲山庚向,以合天星宗庙。"②生茔中还有数块石雕,刻有各类故事图案,并镌有唐代诗人杜牧的《清明》和崔护的《题都城南庄》等诗,另有"初登魁"等石刻,十分豪华和铺张。

明清时期的徽州,科第的繁荣和徽商的崛起,使得富贵之家在遵循《文公家礼》规定的丧葬仪礼办理亲人丧葬的同时,更加追求厚葬,在每一道仪节上,都不惜铺张浪费,"遇有丧祭、周诞等事,则穷奢极欲,破产亦所不恤"。③正如万历《休宁县志》所云:"邑中亲丧,旧尚简易,嘉隆以来,多遵《文公家礼》,厚薄虽称家,而衣衾含殓,人子务自致焉。四日始成服,设灵座,树名旌,擗踊苫次,茹素啜粥,以承四方之吊。朝夕设饭,七日致奠。或讽呗言,或诵云笈,凡七七日乃出谢客,不即葬也。将及奠,先期乞志铭、表传于当世作者,择日布素帷于室,树素旗于门,凡三日,戚属咸吊奠如初丧。毕,具志帛以谢。所费不赀,中人之家或岁久不能举,则丧礼之敝也。"④徽州人重堪舆风水,每寻墓穴必请堪舆先生精心选择,"葬必择地,有死者在时已营有生圹者,则葬

---

① (清)刘汝骥:《陶甓公牍》卷十二《法制科·歙县风俗之习惯》。
② 原碑现藏于安徽省歙县博物馆。
③ (清)刘汝骥:《陶甓公牍》卷一《示谕·破除迷信示》。
④ 万历《休宁县志》卷一《舆地志·风俗》。

圹中；无生圹，则于死后请堪舆者觅地"。① 所谓"风水之说，徽人尤重之"。②请士夫主要是由死者子孙并共房族长下跪相请，被请者一般从不推辞。徽州丧家不仅讲求迷信风水，不惜高价求购营造墓穴，而且大宴宾客，广延僧道进行亡灵超度。一眼墓穴，费价千两白银；一丧费辄耗中人之产的现象，在徽州十分普遍。"中人之产，苟遇大故，棺殓之费仅数十金。而僧道之追荐，冥器、冥财之焚耗，求神散福之食用，往往数倍于此，否则，众訾之。偶有心知其非者，亦震于物议，不敢居薄待其亲之名"。③ 所以，徽州民间流传有"生要生到苏州，长要长到扬州，葬要葬到徽州"的谣谚。④

第三，儒佛道杂糅兼用，丧葬仪礼喧杂纷乱。尽管明清时期徽州的丧葬仪礼恪守儒家传统规范，但夹杂着诸多佛教和道教的因素，呈现出儒佛道杂糅、仪礼喧杂纷乱的特点，"用僧道以诹时，唤伙夫以入殓"。⑤ 使用僧人、道士为死者超度亡灵，形成所谓"礼生设祭，僧道诵经"⑥的局面，已成为明清时代徽州丧葬仪礼中的一种常态。"殡殓一遵家礼，赴状推服长为丧主，得长长亲亲之义。惟尚七七从事浮屠，而设吊之期，或五日，或三日、一日，视家道丰约、宾朋多寡，届日鼓吹迎宾。祭奠侈靡，皆非新丧所宜"。⑦ 许承尧甚至为徽州丧礼崇尚佛教而辩护，云："丧礼，殓死，衣冠犹存古制。俗尚七七，延僧诵经，相沿已久，虽远近佞佛，然借以展哀思、伸孺慕，于俗无损。"⑧其实，这种辩护是软弱无力的，用佛道追祭亡灵并不因宗族和士大夫的反对而有所收敛，直到民国甚至是今天，使用僧人、道士超度亡灵的现象，依然在徽州民间普遍存在。

---

① 民国《绩溪庙子山王氏谱》卷九《宅里略二·风俗·丧葬》。
② （清）赵吉士：《寄园寄所寄》卷十一《泛叶寄·故老杂记》。
③ （清）刘汝骥：《陶甓公牍》卷十二《法制科·歙县风俗之习惯》。
④ 民国《绩溪庙子山王氏谱》卷十一《宅里略四·谚语》。
⑤ （清）刘汝骥：《陶甓公牍》卷十二《法制科·休宁风俗之习惯》。
⑥ （清）刘汝骥：《陶甓公牍》卷十二《法制科·绩溪风俗之习惯》。
⑦ （民国）许承尧：《歙事闲谭》卷十八《歙风俗礼教考》。
⑧ 民国《歙县志》卷一《舆地志·风土》。

下面是一纸民国十二年歙县丧家延请道士为死者超度亡灵留下的文字记录,其内容如下:

恭闻

周朝献瑞,汉代流芳。东度函关,西游天竺。流传科典,济死度生。具有孝词,敢妄敷奏。

大民国京都道录司江南徽州府道纪司歙县道会司城东大宋祥符二年敕建天庆宫,祝延、圣寿、玄、妙、六邑发派都等观,尊奉金阙元皇大道祖混沌开天建极,尊太上老君道德皇帝元贞乙未:

东度函关,至圣喧呢文礼;西游天竺,囊谟施迦皈依。

汉朝乙未,李老度佛。对天说语,济世明禄。永不忘恩,世不悖逆。看经讨李,和南拜黎。悖李玄乐,未秃凡尘。汉祖天师,福禄济世。

助国安邦,同登道岸。

臣今奏为大民国江南徽州府歙县孝女乡漳湍里向川汪村大社管居住,奉道祈福,庆忏度亡,功果延禧。

信士汪荣铭　室潘氏

弟荣懿　　　　室程氏

上母姚氏弟　　　室　孙昌　陌燕灶　孙女

荣懋　　　室张氏

洎通孝眷人等是日斋沐拈香,哀拜投忱,伏以灵宝天尊,说三官慈悲之忏悔。元皇上帝,演十万道德之真经。

传与世间,度人无量。

下情具词告荐:

民故先考叙馥朝奉汪公灵魂,去世,惟魂一真不返,四大皆空。

抛尘世于九泉,作魂何于一梦。悠悠永诀,杳杳何知。

阳关阻隔三千里,一日思亲十二时。永无再睹之门,意有痛伤之念。

男[难]忘恩义当报劬,劳乳哺十月怀胎。虔修片果,荐上朱陵。

附荐

惟此众魂,先亡之后,音容齐隔。今逢荐便,共赴仙邦。

洎今月良日,仗道修设,祈虨请福太上正乙解厌申文,净醮招魂。沐浴朝参度亡功果。冥王安灵,法事一会。

化贡楮样善等增长,伏愿玉辂天开,金桥云现。

攀龙附凤上南宫,跨鹤乘鸾游东极。逍遥路上永无遮,仁寿乡宜先宜后。

生生快道,世世闻经。步步逍遥,时时快乐。

超附荐以上南宫,度正魂而登阆苑。

仍念孝门迪吉,更佑人旺财兴。

子孙绵远,世道荣昌。人财两盛,富贵双全。

功德在前,亡人例后。

谨意

天运民国拾式年　月　日上进叩①

这是一件民国初年典型的道士追荐亡灵文书,内容翔实,形式独特,且文字对仗优美。它反映了明清以降至民国时期徽州丧礼中道士超度亡灵的基本情况,是一件弥足珍贵的丧葬仪礼崇信道教的重要证据。

第四,违礼犯制严重,贫富分化明显。明清时期徽州的丧葬礼俗尽管恪守《文公家礼》是其主流,"亲丧之祭,自几筵朝暮奠之外,率以七七。至发引,亲朋以茶果,婿甥以羊豕奠。发引前夕,丧家设祖奠,贫者仅成仪,富者无过侈。若于道路张绣幕、架戏台、罗歌舞、列伎乐,一切不经,绝无所见"。② 但是,违礼逾制现象还是十分严重,且攀比之风盛行,最终导致丧礼规模的贫富分化现象加剧。万历《歙志》云:"拘忌阴阳,抑又年时消长,陵谷变迁,前日出

---

① 佚名:《世道荣昌》,原件现藏于卞利处。
② 民国《婺源县志》卷四《疆域七·风俗》。

殡之家,无能置一抔之土。比年以来,此风渐隔,而堪舆之事,急于营谋矣。但求者既多,而售者顿踊,甚至周椁片地,可以布金而成。又且奈之何哉?"①在绩溪,"民间尚多沿旧习者,亲殁不即营兆,富者为屋以殡,贫者仅覆茅茨,至暴露不忍见者,由俗溺阴阳,择地择日拘忌,以故至屡世不能覆土举葬"。②"殡而葬者什一,不葬而厝者什九"。③拘泥堪舆阴阳风水,亲人死殁不即葬,而是到处为之寻找风水宝地,不惜将亲人尸体骨骸殡于厝场而久不落葬,这是一种极端违背礼教之事行为。明万历时任徽州知府的古之贤在目睹徽州各地久不葬亲之俗后,亲颁《行六县劝士民葬亲》告示,斥责此风为"良心之尽丧""有违礼法""违背礼教";④并"以礼法、人情及风水之说",劝谕徽州府六县之民,迅即葬亲,违者,官治以罪,"倘再有不孝子孙,听信阴阳术士、拘泥不葬,或内有悭吝、推奸之人,不肯出财治葬,故行阻挠者,自今约示之后,治罪勿悔矣"。同时,限定时间,对贫不能葬亲者,由官府代为出资,"责限一年之内,通要殡完。目今大寒节令,年月不拘,可葬一半;新年清明节令,墓龙不守冢,可葬一半;明年冬下,尽要葬完。其有无子孙者,于本图无碍官地,准其报官瘗殡。每棺一具,仍给食谷三石,以资扛抬。每季终,责令地方将各都未葬尸棺呈报到官,着落地方催督里长,里长催督户人,依约举行。如有抗违,查照子孙弃尸律令,一体治罪"。⑤

第三节　明清徽州丧葬仪礼中的陋俗及革除陋俗的举措

在明清时期徽州的丧葬仪礼中,儒佛道夹杂、重视风水、死后久厝不葬等,各种"有违礼法"之陋俗遗风普遍存在。对此,光绪《仙源杜氏宗谱》曾一针见血地指出,徽州等地丧礼中普遍存在五大非礼违制的行为,所谓"徽、宁、

---

① 万历《歙志》考卷五志卷六《风土》。
② 万历《绩溪县志》卷二《舆地志·风俗》。
③ (清)刘汝骥:《陶甓公牍》卷十二《法制科·歙县风俗之习惯》。
④ (明)古之贤:《新安蠹状》下卷《牌票·行六县劝士民葬亲》。
⑤ (明)古之贤:《新安蠹状》下卷《牌票·行六县劝士民葬亲》。

池三府,丧事有五大非礼:第一是以金珠玉帛含殓,启宵小觊觎之心,开棺、烧棺,盗窃殉物,翻乱骸骨,人子不能报亲恩于生前,而反贻亲祸于身后,何其愚也?第二是作佛事,谓之超度。吾亲所行皆善,无劳超度,即圣人久祷之意,所行不善,子孙惟有积善以解之。即《易经》干蛊之意,彼何人斯而能超度吾亲乎?第三是亲房不举火而就食于丧家,饮酒食肉,视同喜庆事。第四是亲友赙奠,不答以布帛而答以财物,财物不丰,反谓不知礼,致无力者或停棺不葬,或草草出殡,不能成礼。第五是惑于风水,久不安葬。不思地理除风、水、蚁三弊皆可迁葬,乃以亲骸为邀福之资,久暴露于荒烟蔓草,致野火焚柩,惨不忍闻。不孝之罪,可胜诛哉"。①

下面,我们依次分析徽州丧葬礼俗中的五大非礼行为,并通过相关文书和文献资料,对这种行为的表现形式和地方官府及民间组织对五大非礼行为的态度,进行阐释。

第一是厚葬。厚葬与薄葬在历史上备受争议,但厚葬在民间特别是明清时期的徽州,在宗族重视、徽商卷入的背景下,始终是丧葬的主流。所谓"阴阳拘忌废事,且昵鬼神,重费无所惮"。② 明代中叶歙县商人张明方为葬母亲,仅"七七内之费并嫁女孙奁、议还胡宅货银、祭葬买田之用,共享过一百伍拾余两"。③ 以选择风水坟茔为例,万历《歙志》云:"堪舆之事,急于营谋矣。但求者既多,而售者顿踊,甚至棺椁片地,可以布金而成"。④ 清代歙县棠樾鲍氏宗族在经营两淮盐业暴富之后,主观上认为是祖坟风水遗泽后世的结果。因此,当其祖坟右侧尚可"附葬一穴"的情况下,由鲍氏宗族公议"族内愿附葬者,输费银一千两"。该眼坟穴最终于嘉庆八年(1803年)"照议抃葬"。一眼坟穴,竟然价值白银千两,足见真穴吉壤的难得和珍贵。同时,在办理丧葬的过程中,包括筑坟、入殓、僧道追祭、置备陪葬品等方面,也是花费惊人,

---

① 光绪《仙源杜氏宗谱》卷首《家礼》。
② 万历《绩溪县志》卷二《舆地志·风俗》。
③ (明)张明方:《南京生意始末根由》,原件藏中国社科院历史所。
④ 万历《歙志》考卷五志卷六《风土》。

清末歙县"中人之产,苟遇大故,棺殓之费仅数十金,僧道之追荐,冥器、冥财之焚耗,求神散福之食用,往往数倍于此。否则,众訾之。偶有心知其非者,亦震于物议,不敢居薄待其亲之名"。① 而厚葬的结果是招致宵小窃盗之徒的觊觎,以致掘坟盗墓,层出不穷,"以金珠玉帛含殓,启宵小觊觎之心,开棺、烧棺,盗窃殉物,翻乱骸骨,人子不能报亲恩于生前,而反贻亲祸于身后"。这也就是《仙源杜氏宗谱》呼吁严禁厚葬的主要原因。为了减少和避免厚葬可能带来的不良后果,徽州从地方官到乡村宗族和会社组织,都一再倡导薄葬之风,明万历徽州知府古之贤以"礼义出自贤者,风俗倡于士人"和"孟子大贤,犹以厚葬被谤",吁请徽州各地"士夫倡导"②薄葬以改变久厝不葬陋俗。康熙休宁知县廖腾煃更是颁布《教民勤俭》告示,号召丧礼薄葬,"移风易俗"。③ 作为聚族而居的乡村社会的重要组织,明清时期的徽州宗族亦积极倡导薄葬。如明万历年间,休宁林塘范氏族更以《族规》的名义,强令本宗族成员"丧则惟竭力于衣衾棺椁,不作佛事,棺内不得用金银玉物"。④ 清雍正年间,休宁茗洲吴氏宗族亦在《家规》中,告诫宗族子弟"祭礼并遵文公家式,只用素帛明洁,时俗所用纸钱、锡箔之类,悉行屏绝。丧礼吊奠,亦只用香烛、纸帛,毋杂冥宝经文"。⑤ 同休宁茗洲吴氏一样,绩溪南关许氏宗族在《憼叙堂家礼》中,也敦促族人"凡棺椁衣衾,称家之贫富,切不可以金玉入殓"。⑥

第二是作佛事,丧事用浮屠,为死者超度亡灵,这是明清时期徽州丧葬仪礼中最为广泛存在的一种荒诞不经的违礼行为。所谓"邪说惑人,牢不可破。凡有丧事,无不供佛饭僧念经礼忏。有不为者,则恐致乡人非议",违者,"阖

---

① (清)刘汝骥:《陶甓公牍》卷十二《法制科·歙县风俗之习惯》。
② (明)古之贤:《新安蠹状》下卷《牌票·行六县劝士民葬亲》。
③ (清)吴宏:《纸上经纶》卷五《教民勤俭》,原刊《明清公牍秘本五种》,中国政法大学出版社1999年版。
④ 万历《休宁范氏族谱·统宗祠规》。
⑤ (清)吴翟:《茗洲吴氏家典》卷一《家规》。
⑥ 光绪《绩溪南关憼叙堂许余氏宗谱》卷八《憼叙堂家礼》。

族罢其吊奠,弗与为礼,仍于其丧毕之日,鸣鼓而呵责之,削去祭胙,以深愧之"。①即使是"素封之家,往往供佛饭僧为亲忏悔"。②不仅《仙源杜氏宗谱》将丧礼"作佛事"列为五大非礼行为之一,而且光绪《绩溪南关憝叙堂许余氏宗谱》亦将其作为存在于宣州、徽州地区丧礼"三大非礼"行为之第一大非礼,云:"第一是作佛事,谓之'超度'。试思父母行善,何劳超度?父母若行恶,惟有行善以解父母之恶,又岂此辈所能超度?临丧不哀,妄信邪说,大非礼一。"③为此,该许氏宗族指出:"至于丧祭用僧道,最宜痛革",并要求族中子弟"不许崇尚,有坏风教。"④民国绩溪《鱼川耿氏宗谱》载:"今世丧家用僧道作斋,或作水陆会,写经造像,云为死者减罪恶,必升天堂,受种种快乐,不为则入地狱。"该谱的纂修者痛斥这种行为,并引用温公引唐李舟与妹书云:"天堂无则已,有则君子登;地狱无则已,有则小人入。人世人亲,死而祷浮屠,是不以其亲为君子,而为积恶有罪之小人也,何待其亲之薄哉!"⑤民国祁门红紫金氏宗族亦以《家训》的名义,告诫族内成员"冠婚丧祭,称家有无,遵行《文公家礼》,毋得袭用僧道,有违祖训"。⑥

第三是亲房不举火而就食于丧家,饮酒食肉,视同喜庆事。其实,办理丧事之亲房和前来参加吊唁之亲友,于丧家用炊,所谓"亲族送吊,饷以素食",⑦原本是一件正常不过之事,但"鼓吹迎宾,酒筵款客,喧笑与素帷丹旐之旁,蔑礼甚矣"。⑧绩溪南关憝叙堂许氏宗族对这种现象亦极力斥责,视其为丧葬仪礼"三大非礼"行为之重要一项,云:"亲房家家不举火,而就食于丧家,丧家以酒肉燕客。夫孝子三日不食,亲邻当具馈粥以劝之食。奈何幸人

---

① (清)吴翟:《茗洲吴氏家典》卷五《不作佛事议》。
② (清)刘汝骥:《陶甓公牍》卷十二《法制科·婺源风俗之习惯》。
③ 光绪《绩溪南关憝叙堂许余氏宗谱》卷八《憝叙堂家礼》。
④ 光绪《绩溪南关憝叙堂许余氏宗谱》卷八《憝叙堂旧家规》。
⑤ 民国《鱼川耿氏宗谱》卷五《祖训》。
⑥ 光绪《京兆金氏统谱》卷一《家训十条》。
⑦ (清)刘汝骥:《陶甓公牍》卷十二《法制科·黟县风俗之习惯》。
⑧ 民国《歙县志》卷一《舆地志·风土》。

之灾,为醉饱计乎?至远来吊客,亦止当具蔬食以待之,奈何每夕轰饮,同于喜庆?大非礼二。"①为此,《仙源杜氏宗谱》在《家礼》卷中痛斥其非后,又在《家政》卷内之《诸费宜节》中,严肃规定:"丧事,亲房宜送馈粥米,吊丧者答以白布,席用一品锅或四簋,俱用素蔬。近见丧家饮酒食肉,男妇或持余膳回家。此俗之大违乎礼而最可鄙者,尤当痛革。至于朋友亲戚,庆吊往来,取其备礼,不必过丰。席请宾客,丰限八簋,平常应酬减半。宗祠及各支祠绅耆祭酒,用一品锅,永着为例。"②许承尧对富家办理丧事的奢侈之风和下葬之日以"贺坟"名义大宴宾客行为,也进行了无情地挞伐,指出:"举葬之日,延宾速客,曰'贺坟'。祖道层台,饰以灯彩。富者欲过,贫者欲及,靡费不资。或则去丧服而衣衮绣,易哭泣而事趋跄,过墟而哀,虞祭卒哭,夫何有焉?绳以治葬服总之制,其罪大矣。此徽俗之尤,有弗能为乡邑讳者,秉礼之君子,其可身蹈之哉。"③一些徽州望族大姓对亲人丧葬期间的饮食,一般也都会告诫亲属族人毋得食荤饮酒。明隆庆年间,祁门文堂陈氏宗族明确在《文堂乡约家法》中指出:"古者,丧家三日不举火,亲朋裹粮赴吊。今后有丧之家,不得具陈酒馔,处人以非礼。"④万历休宁范氏宗族专门制定《祠规》,规范宗族成员,丧礼"吊者止款茶,途远待以素饭,不设酒筵。服未除,不嫁娶,不听乐,不与宴贺"。⑤清雍正年间,休宁茗洲吴氏就在其《家规》中要求"丧事不得用乐,不得饮酒食肉。违者,不孝……丧礼凡有赐吊,悉用素肴相款。出吊于人,亦茹素致哀,不得自处不义,陷人于恶"。⑥不过,就总体而言,在明清时代的徽州民间,丧礼饮酒食肉现象并非社会主流。倒是饮食素蔬,反而成为民间社会办理丧事饮食的主要习俗,我们在一册光绪元年(1875年)八月绩溪旺川曹氏《父亲(曹圣谟)谢世》丧葬文书中发现,其丧葬"饮食"项下,大多为素

---

① 光绪《绩溪南关憨叙堂许余氏宗谱》卷八《憨叙堂家礼》。
② 光绪《仙源杜氏宗谱》卷首《家政》。
③ (民国)许承尧:《歙事闲谭》卷十八《歙风俗礼教考》。
④ 隆庆《文堂乡约家法》(不分卷)。
⑤ 万历《休宁范氏族谱·统宗祠规》。
⑥ (清)吴翟:《茗洲吴氏家典》卷一《家规》。

食。曹圣谟不幸于是年八月十九日四十六岁时谢世,留下四子二女均未成家,可谓悲痛异常,故在八月二十日的丧事记录中有"送入殓,吹手六名,入殓二名,毕,素饭"。八月二十二日出殡的记录文字是"接礼生十位,吹手六名,付孝帽六个,四碗;亥丑甲子,萝卜吃饭"。二十七日上堂,"吹手留名,早晨奚子茶四碗,吃饭;中[餐],面汤;夜[餐],锅(即一品锅——引者注)。素祭,加包果各四个",礼生饮食则是"十八位,早晨奚子果子茶四小盆,打甲豆卜,四碗吃饭,亥丑甲子,萝卜;午吃川面酒;夜晚,九碗……海参、鱼肚、虾米、肉丑、甲子、笋衣、奚、鱼,饭席"。这是专门接待特邀礼生的礼遇,其他参与的亲属的饮食则统一为"夜锅乙付,又饭"。① 即使是丧家善待礼生的食荤之举,在民国初年,也受到了旅沪黟县青年的强烈批驳与反对,一篇刊于《黟山青年》第三卷署名为莫倚侬的文章《我黟之丧礼恶俗谈》就曾指出:"更令人不解的是,是那些非驴非马的亡清遗下的礼生,也要到'乌烟洞'里拖一二十位来做那什么'做祭点主'的把戏。他们虽说不要工钱,但是那海参席、鱼翅席、接送轿,甚至鸦片烟的消费,也就令人惊惜了。若要将这种恶俗划除,必须由在地方上负有厚望的人们起来劝导,使那些要空场面的人们不要将有益的钱用于无益之地。"② 这种连丧事礼生都予以痛骂的作派显然是近代以后的事情了。

第四是亲友赙奠,丧家不答以布帛而答以财物,财物不丰,反谓不知礼,致无力者或停棺不葬,或草草出殡,不能成礼。光绪《仙源杜氏宗谱》云:"古人有助赙之礼,今虽不行,然遇贫而无力者,亲戚往吊,香纸外,量力赠以钱米若干,以当助赙之礼,庶出者轻而易举,受者亦足为丧事之少补也。"③ 的确,这种为丧家出礼的亲友,按照徽州当地的习惯,大多送香烛、纸张和锡箔之类的祭品,但丧家则要回赠财物。这对丧家来说,无疑是一沉重负担。在为清光绪元年(1875年)八月十九日去世的绩溪旺川曹圣谟丧事出礼之亲友中,所出之礼多为纸张、锡箔、香烛,而丧家回赠的则多系包果、油伞、孝帛等物。

---

① (清)佚名:《光绪元年八月父亲谢世》,原件由安徽大学徽学研究中心卞利收藏。
② 《黟山青年》第三卷(1923年)第三期。
③ 光绪《仙源杜氏宗谱》卷首《家礼》。

这样相互赠答的结果,势必会使丧家支出一大笔费用,严重影响了丧事的办理。正如民国祁门《河间凌氏宗谱》之《家训》所言:"世俗丧礼有二害焉:备酒、裂帛是也。人子执亲之丧,水浆不入于口,宗戚为粥以食之,礼也,未闻丰酒馔以款人也。宗戚具赙仪以赠之,礼也,未闻裂帛以散人也。此风既成,人不知其非。闻其家不备酒、不裂帛,即以为薄亲,便不往吊,丧家亦自恐费用不赀,一成服后,即扶亲柩而出之。此皆风俗薄恶之甚者也。诸如此弊,均宜戒之。"①

第五也是最严重的,就是惑于风水,停柩久不安葬。绩溪南关许氏宗族也在其宗谱中,斥责"惑于风水,停丧不葬"②为丧葬仪礼中之第三大非礼行为。徽州崇尚堪舆风水之传统由来已久,尤以阴宅之风水选择为人诟病。徽州人笃信良坟佳穴"不仅求安,且欲以求福利"。③因为没有选择或暂时无钱购置风水坟穴,致使亲人死后不能及时得到安葬成为一种严重的社会问题。所谓"富者惑于行家利害之说,非分妄图;贫者无力经营,停丧不葬"。④对此陋俗,明清时代徽州府县方志多斥其非,云其为大弊甚至是"弊中之弊"。嘉靖《徽州府志》云:"亲殁不即营宅兆,富者为屋以殡,贫者仅覆茅茨,至暴露不忍见者。由俗溺阴阳,择地择日拘忌,以故屡世不能覆土举葬。"⑤万历《休宁县志》则云:丧礼"毕,具志帛以谢。所费不赀,中人之家或岁久不能举,则丧礼之敝也。近溺于形家言,待吉年深,风雨之所伤,樵牧之所毁,有历世不克葬者,则敝之敝矣"。⑥万历时徽州知府古之贤就曾对徽州惑于风水而将亲人尸棺弃于道旁,或历二三十年,或经三四世,不能葬,而专门颁布《行六县劝士民葬亲》的告示,限期要求弃尸棺者予以安葬,并强行规定:"如有抗违,查

---

① 民国《河间凌氏宗谱》卷一《家训条款》。
② 光绪《绩溪南关惇叙堂许余氏宗谱》卷八《惇叙堂家礼》。
③ 嘉庆《黟县志》卷三《地理志·风俗》。
④ (清)廖腾煃:《海阳纪略》卷上《义冢记》。
⑤ 嘉靖《徽州府志》卷二《风俗》。
⑥ 万历《休宁县志》卷一《舆地志·风俗》。

照子孙弃尸律令,一体治罪。"①万历休宁范氏宗族在《族规》里严格要求族人"葬必择地避五患,不得泥风水徼福,至有终身不葬、累世不葬"。②康熙休宁知县廖腾煃则对当地选择风水坟地葬亲求福之举,进行了批驳,指出:"夫人之富贵福泽、贫贱寿夭,自其身以及于其子孙,或得或失,皆由其人之善恶以定殃庆,葬地特其一端而已。今不求之自己,而惟葬地是营,兴大讼,构大狱,竭其智计,厚其财贿,以与人争掺,必胜以求,必得适遇。不畏人非,不惧鬼责。长官苟以肥己私橐而委曲以成其恶,使得倚势侵夺,乘机盗窃,彼遂自喜,以为得计,以为从此可以传之千万世而无穷。不知转盼之间,其身不保,而其子孙斩然无复后继者。"③康熙《徽州府志》几乎持相同的看法,云:"此虽求福,无奈反祸。盖抛弃暴露,不孝莫大焉。溺不可知之说,贻害至大而已。"④光绪《仙源杜氏宗谱》则认为,拘泥风水,久不葬亲,"不思地理除风、水、蚁三弊,皆可迁葬,乃以亲骸为邀福之资,久暴露于荒烟蔓草,致野火焚柩,惨不忍闻,不孝之罪,可胜诛哉!"⑤光绪《绩溪南关惇叙堂许余氏宗谱》亦力斥道:"夫亡者以归土为安,人家祸福由于善恶,故阴地由于心地,心地好,当得好地,十日内亦可得好地;心地恶,当得恶地,一百年还得恶地,断非地师所能代谋。不求心地而求阴地,以亲死为求福计,大非礼三。"⑥其实,不仅风水坟地价格惊人,即使是在一般隙地安坟,其价格亦不菲,且有许多艰难。对此,清末休宁县在调查该县风俗习惯之丧葬习惯时指出,"葬事:礼有定期,例禁久厝。蒿木山邱,浮厝遍地者何故?义冢官山,丛葬已满,凡有柩者必须买地,一也;买地之难,休宁为最,地主不清,葬后多累,二也;坟地之价,主一册二,中资推卸,费乃不赀,三也;家长之棺,兄弟牵制,一房擅主,众人为难,四

---

① (明)古之贤:《新安蠹状》下卷《牌票·行六县劝士民葬亲》。
② 万历《休宁范氏族谱·统宗祠规》。
③ (清)廖腾煃:《海阳纪略》卷上《义冢记》。
④ 康熙《徽州府志》卷二《舆地志下·风俗》。
⑤ 光绪《仙源杜氏宗谱》卷首《家政》。
⑥ 光绪《绩溪南关惇叙堂许余氏宗谱》卷八《惇叙堂家礼》。

也;仅以迷信吉凶目之,犹其浅焉者也"。①

古之贤甚至用说理的办法,从礼法、人情及风水之说三个方面,阐明了风水之说的危害,云:"一、上世有不葬其亲者,犹谓人文未备,又谓称家有无。然其亲有泚,则心自不忍,故后世必厚葬而后称快。今徽州乃礼义之乡,岂人文未备乎?饶富甲于天下,岂不足于财乎?然忍将亲尸浅殡道旁,土不周于椁,椁不周于棺,可谓之厚葬矣?四方岂不爱风水,然无此俗,独徽州有之,有违礼法,愿士民亟改图之。一、父母生子,指望送终。如不葬亲,与无子同。当思我之生子何为,则知亲之生我何用。今我同妻子高堂大厦安居欢聚,而独忍将亲尸暴弃,骨不归土,魂不归尸,哀号于风露之下,独不动心,可乎?倘可相沿不葬,则徽人宜不生子矣。揆之良心,自有不安。愿士民宜式思之:一、堪舆之家,泥于年月,或谓某房利、某房不利,大家牵制不葬。假如一人有四五子,安得年月尽与造命皆合?况数世之后,孙多族众,竟不得归土。即如今岁婺源水灾,一概漂没无踪,可不寒心?今后止当以长子孙主祭为主,其余不必拘泥;一、人生天地,本同一气。阳施阴生,气之聚也;魂升魄降,气之散也。圣人知造化出于机而入于机,故制礼。返于土以生于土,于是纳气于骨;瘗骨于土,然后初者以复,散者以聚。蓄藏日久,遗体受荫,此理气之说也。徽人既信风水,以希福荫,又不速葬亲以坏心田,是何异?舍灵山以求佛,弃蓝天而思种玉。至于拘泥风水,宁阁而不葬,则尤不通。彼天地山川,生成已定,自古及今未之改移。惟气有聚散,运有盛衰,则各所遭遇不同。此又在于家素忠厚、祖宗积德致之也。不然,帝王宜占尽风水,何亦有成败?而况士庶之家,奈何又望千万世常盛而无衰也?堪舆云:'有心地,自有阴地。'宜式思之。"②

---

① (清)刘汝骥:《陶甓公牍》卷十二《法制科·休宁风俗之习惯》。
② (明)古之贤:《新安蠹状》下卷《牌票·行六县劝士民葬亲》。

第四节 结语

明清时期徽州的丧葬仪礼,就是处在这样一种礼仪与习俗并存、厚葬与薄葬、良风与陋俗同在的矛盾状态之中。面对这样一种情形,官府和民间同时行动,彼此互动,从明万历时徽州知府古之贤、清康熙时休宁知县廖腾煃、嘉庆黟县知县吴甸华,到光绪徽州知府刘汝骥,徽州地方官府和民间一直不懈地寻求各种办法,致力于对丧事活动中礼俗的整合,希冀用最规范的丧葬仪礼,采取勤俭节约、移风易俗的举措,来革除丧事活动中的非礼行为。但是,这种教化与强制相结合的办法,并没有取得显著成效,以致万历时期休宁范涞感叹道,"先王制冠、婚、丧、祭四礼以范后人,载在《性理大全》及《家礼仪节》者,皆奉国朝颁降者也。民生日用常行,此为最切。惟礼则成父道、成子道、成夫妇之道,无礼则禽兽耳!且礼不伤财,不废时,不失事,至易至简,不知何故不肯遵行?"① 范涞发出的疑问,其实也正是诸多有识之士的疑问。正如光绪《仙源杜氏宗谱》和《绩溪南关憝叙堂许余氏宗谱》所痛心疾首地力斥徽州丧礼"五大非礼"和"三大非礼"后所指出的那样,"吾族当去此五大非礼,然后可以言丧礼"。② "凡孝子当去此三大非礼,而后可言丧礼"。③ 其实,陋俗既已养成,当非一日可更,在于量力而为,至诚至信而已。还是康熙绩溪《周氏重修族谱正宗》的作者说得好:"吾见平时丧家初丧时,衣衾棺椁苟且从事,莞对吊客殊无戚容。出柩时旌盖旐幢寓人寓马,谓死者有知,将以荣之;归葬时张乐设宴,犒师劳宾,谓克尽大事,可无遗憾;既葬后,广设道场,饭僧命道,谓使死者生(升)天,不入地狱。呜呼,亦愚哉!盖始死则于附身者必诚必信,既殡则于附棺者必诚必信,既葬则于所以追慕之者必诚必信,自是其

---

① 万历《休宁范氏族谱·统宗祠规》。
② 光绪《仙源杜氏宗谱》卷首《家政》。
③ 光绪《绩溪南关憝叙堂许余氏宗谱》卷八《憝叙堂家礼》。

分,诸余虚文,重费何益?"①

　　儒家传统中的冠、婚、丧、祭四大人生仪礼,在明代中叶以来社会急剧变革与转型、徽商大规模崛起、科第异常繁荣和宗族控制牢不可破以及奢靡风气弥漫的徽州山区,即如丧葬仪礼亦很难保持其古朴宁静的一面,而日益变得世俗和喧哗起来。缺乏与时俱进、不能跟上社会变革步伐的丧礼等儒家传统人生仪礼,为了保持活力,是否亦要从变革与转型的社会中寻找自身的支点,进而适应时代的变革和发展,成为不断充满旺盛活力的主流礼仪文化呢?

---

① 康熙《周氏重修族谱正宗》卷一《宗训》。

第十二章　晚清徽州民间信仰与民间文化的嬗变

晚清时期徽州的民间信仰与民间文化在剧烈的社会变迁与转型中，尽管依然延续着传统的余绪，但也在悄悄地发生着嬗变。这种嬗变是缓慢的，尽管并未对徽州的传统社会造成剧烈的冲击，但这种潜移默化的变化正如一股暗流，一旦遇到合适的契机，便会迅速地发生改变。

第一节　晚清徽州民间信仰的嬗变

一、民间信仰与迎神赛会的变化

历史上特别是明清时期，从对天地山川、风雨雷电等自然神灵，到乡土英雄、家族祖先、行业神灵甚至算命风水等信仰与崇拜，徽州都堪称是一个民间信仰崇拜极为繁盛且多元的地区之一。"邑有祠祀，大都四端：崇德以淑士者，先师、先儒也；报功以保民者，忠壮、忠烈也；祭赛以祈年者，社稷、山川、风云、雷雨也；褒美以劝俗者，孝子、尚贤也。城隍犹之社稷也，东岳犹之山川也，蔺将军犹之二忠也，孚惠王犹之孝子也，睢阳、忠武几遍齐州矣。汉寿亭侯远恢夷裔矣，不独吾邑也。若厉坛之设，毋亦曰国殇，若敖之鬼乎？而义所

从来矣"。① 围绕神灵信仰与崇拜所举行的迎神赛会活动在明清徽州也非常活跃。对此,明万历《歙志》指出:

> 乡之有社,祭先啬,祝丰年,此农事耳,大都以社稷为主。其次则程忠壮、汪忠烈,是皆生为本乡英杰,殁为本乡明神。又次则关公,海内皆祀之,邑中亦多为之祠。至张许二帝与周翊应侯,诸凡勅赐庙额,列之祀典,宜也。今则淫祀蔓衍,各乡赛神,诚为可笑。正月、三月、四月间,则乡人或以马、或以舆奉神出游,旗旄鲜丽,仪卫庄严,已为媚神矣。乃有为珠翠金银之冠,盘龙翥凤之饰,旌幢蔽野,箫鼓连天,彼此争妍,后先相望,则又可诧也。更有降神之人,披发袒膺,持斧自斲,破脑裂胸,溅血数步,名曰"降童"。②

尽管从明代开始,徽州府及所属各县地方官和各地宗族,都曾想方设法严厉禁止这种荒诞不经的民间信仰与迎神赛会活动,如明末歙县知县傅岩就曾专门颁布《禁夜戏》《禁赛会》等禁令禁止举办。清康熙时期,休宁知县廖腾煃以"徽民囿于习俗,一方各奉一神,每岁敛钱赛会,甚至彼此争雄,两不相下,往往殴毙人命"为由,颁行《禁赛会》告示,禁止举办迎神赛会活动。黟县知县吴甸华也于清嘉庆十六年(1811年)七月,颁布《严禁会期扮演鬼卒以敦风俗》告示。但历次严禁迎神赛会的结果均收效甚微。

在晚清徽州乡村社会中,乡民对于祖先、自然和英雄等神灵崇拜与信仰之风依然十分盛行。以信仰为中心所开展的各类游神赛会活动,内涵更为丰富,规模更加宏大,场面惊心动魄,参与者和观赏者人数众多。在黟县,"黟俗多联会赛神,汪公华、张公巡、许公远、关圣帝、周宣灵王,忠孝大节,素为黟所崇奉。康公深自山右,与张公巡同迎归者,称'张康菩萨'。张公巡为太子舍人,西安有宋碑,称张巡为三太子,故又祀三太子。其尤为不经者,七都复有游太阳、降童之事。岁六月酷暑时,舁各神像出游,数日乃还,谓之'游太阳'。

---

① 万历《歙志》考卷二志三《建置》。
② 万历《歙志》考卷五志六《风土》。

又有村巫行术,降神附童子身,踯跳若狂,谓之'降童'。别煎大釜油,下豆腐,赤手入沸油,取出俵分而手不烂"。①

五猖神信仰是徽州,也是江南其他地区民众最为普及的信仰之一。"五猖"又称"五圣""五显""五郎"等,初为婺源县域的五方瘟神,徽州的五显庙或五显祠或五猖殿处处皆有。在祁门,人们"最重神道,岳帝、祖师、地藏、五显、土地莫不有会。愚夫愚妇最畏神明,每遇疾病,诚心祷祀,一似神道骤从天降者"。② 在休宁海阳镇,每逢农历五月初一的五猖庙会(又称"打猖会")盛况空前,热闹非凡。是日,四乡八里的百姓云集海阳,烧香嬉戏,沿街茶楼、酒肆及各种店铺,纷纷燃香点烛,祈求五猖神主驱鬼祛邪,保佑平安。庙会期间,白天由会首牵头,组织游神队伍抬着神像游街。游街队伍彩旗猎猎,黑白棍、肃静牌、万民伞、十锦担、茶水担夹杂于队伍之中,另有四人抬着大香案、纸扎猪牛羊等生灵偶像等走在中间。所到之处鼓乐喧天,一派如痴如狂景象。在绩溪旺川,人们专门成立了善会组织,于六月举行所谓的"六月会",扎制篾编纸做的龙舟。舟中设船舱,舱中端坐张巡、许远神像,舱外画有五种瘟神像及一青面獠牙之恶鬼,舟首挺立雷万春将军像,蓝面赤须,狮鼻环眼,手持金色长槊,称为"大王"。舟尾竖立南齐云将军像,红面黑须,竖眉怒目,手执银色长戟,称之为"小王"。六月会开始后,举行大小王登舟仪式,村中青壮年于是开始了抢大王的比赛。大小王神像抢到手后,由年轻力壮的青年高举于村中巡游,所经之处,家家户户燃放爆竹,以避邪驱瘟。大小王神像被轮番高举游遍全村后,重新擎回龙舟。至此,抢大王活动结束。此时,篾扎纸糊的神像已被撕扯得支离破碎。大小王神像重新抬回龙舟后,工匠们将扯得粉碎的神像戴上头盔和面具,披上红蓝绸布大袍,再由主持佛事的僧人以朱笔蘸鸡血为大、小王神像开光。此时,锣鼓喧天,爆竹齐鸣,人头涌动,迎神赛会活动达到

---

① (清)刘汝骥:《陶甓公牍》卷十二《法制科·黟县风俗之习惯·神道》。
② (清)刘汝骥:《陶甓公牍》卷十二《法制科·祁门风俗之习惯·神道》。

了高潮。① 此后,便开始由小儿扮演的角色,开唱《西游记》《八仙过海》和《嫦娥奔月》等戏曲。在休宁"城隍庙之扮鬼会,邑人之相沿也"。② 休宁西部山区旌城一带的十三都三图,自明代崇祯十年(1637年)起,以祭祀越国公汪华、汪华之九子九相公和胡元帅为中心而成立了祝圣会,除了个别年份外,这一会社组织每年正月十五日都要举行盛大的祭祀和游神活动。此活动一直持续至民国三十年(1941年)止。③

作为民间文化的重要内容,徽州这种传统的民间信仰和迎神赛会,长期存在于徽州城乡,特别是乡村社会之中,成为广大民众的一项重要的文化活动。但信仰神灵的泛滥、信众的过于迷痴、迎神赛会活动的铺张浪费以及由此引发的一系列社会问题,在明代已引起一些地方官员的关注和忧虑。明末歙县知县傅岩曾对歙县的民间迎神赛会活动进行了禁止,在他所颁布的《禁赛会》公文中,就对徽州民俗喜竞赛会及由此而带来的一系列社会问题进行了说明,指出:"徽俗竞赛神会,因而聚集游手、打行,凶强恶棍不以无事为福,惟以有事为荣。或彼此夸奢,或东西争道,拳足不已,挺刃相仇。伤小则斗殴兴词,伤大则人命致讼。今即以迎神论,尔民之迎神以祈福也,以香花拜祝始,而以血肉淋漓、腰折臂伤终,此可谓之有福乎?"④徽州迎神赛会既已在民间形成广泛的群众基础,成为徽州民俗文化的重要组成部分,当然也就很难因一纸禁令能革除。延至晚晴,这种迎神赛会不仅未能得到有效禁止,反而愈演愈烈,"醵钱迎赛,无村无之,其所演戏曲,又多鄙俚不根之事。一届秋令,其赴九华山、齐云山烧香还愿者,络绎不绝。尤可惟者,七月十五日,相沿于府署宜门,招僧道多人,作盂兰道场"。⑤ 以致徽州知府刘汝骥将其列入"迷信"范畴,并专门为此颁布了破除迷信的告示。告示原文如下:

---

① 曹尚荣:《昔日旺川的"六月会"》,载《旺川古今》,绩溪县上庄镇旺川老年人协会编,1999年版,第157页。
② (清)刘汝骥:《陶甓公牍》卷十二《法制科·休宁风俗之习惯·神道》。
③ 《祝圣会簿》,原件藏南京大学历史系资料室。
④ (明)傅岩:《歙纪》卷八《纪条示·禁赛会》。
⑤ (清)刘汝骥:《陶甓公牍》卷十《禀详·徽州府禀地方情行文》。

破除迷信示

为出示晓谕事。据礼房禀称：清明日、七月十五日、十月初一日，俗谓之"三元会"。中元会向在本署宜门外，招僧道多人，设坛诵经等语。本府闻之愕然，不解其故。查中元令节，例有小祭，意在驱逐游魂、禳除沴戾。此亦守土者所有事，但此事须在厉坛举行，犹属名正言顺，断未有堂堂衙署铙鼓齐鸣，作盂兰之大会者。历任太守，謇谔亮直者，代不乏人，何以不为纠正，殊不可解。本府奉命来守是邦，凡淫昏之祀、无益之费，将一切罢黜之。若以法堂而作道场，无论大骇物听，为有知觉、有血气者所窃笑。试问，若敖虽馁，其敢张牙禽舌、出出嘻嘻，向公堂而求食乎？且本府于佛经梵语，向未问津。所谨守服膺者，圣门之戒而已。聚无数髡缁，喃喃作咒，尚复成何政体？此则硜硜之见，不能不宣布于大庭广众者也。江南风气，佞神媚佛，习为固然。或异一木偶出巡，名曰"赛会"；或悬一画容供养，名曰"建醮"。遇有丧祭、周诞等事，则穷奢极欲，虽破产亦所不恤。掷脂膏于虚牝，乞冥福于刍灵。耗财费事，莫此为甚。此等风气，徽郡恐亦不免。除本月中元节已饬另行择地致祭外，合特明白晓谕。

为此，示仰阖属士庶人等，一体遵照。此后一切浮靡浪费，无裨公益之事，即行革除，以破迷信而挽浇风。本府有厚望焉。切切，特示。①

至于这则告示是否起到了禁止民间迎神赛会的作用，只要翻检一下民国时期徽州的地方志和各种迎神赛会的账本记录，其结果便可以知晓了。下面是民国《歙县志》风俗卷中关于徽州府治歙县迎神赛会的记录：

城关一带好事者，更以钟馗偶像架诸肩，团团旋转于市衢，金鼓随之，旁人亦燃放爆竹，掷五色小纸块纷飞空中以助兴。中元节，家

---

① （清）刘汝骥：《陶甓公牍》卷一《示谕·破除迷信示》

具素馔并面制各品享先,间有延僧逐荐者……邑人敝俗,迎神赛会,岁糜巨资,自明已然,至今未艾。①

可见,刘汝骥以破除迷信的名义,希图革除徽州迎神赛会的陋俗显然是不成功的。而休宁西部山区以旌城为中心的,旨在祭祀越国公汪华和胡元帅而于每年正月举行的迎神赛会,在光绪末年至民国三十年(1941年)也基本没有中断,这从《光绪至民国祝圣会簿》的记录可以看出来。②

二、民间信仰与演戏酬神

演戏酬神、搬演戏剧是清代徽州乡村社会中乡民文化生活的又一必不可少的内容,所谓"徽俗最喜搭台观戏"。③ 一般来说,戏剧演出,多由宗族和会社组织等出面组织进行,如休宁祝圣会就有组织演戏的节目,祝圣会的《会规》中有关演戏的规定十分明确,"本村祝明圣会,各户遵前规例,恪守无异,迩来会戏亦守前规。自今而后,犹恐新春雨雪阻期,众议凡戏子若到,天色晴,即在台上搬(扮)演;若雨雪不能外演,的议堂中搬(扮)演,以便会首之家"。④ 在祁门、婺源和绩溪县等山区,许多村庄和宗族往往对违反宗族或村庄规约的人给予"罚戏一台"的处分,这从另一个侧面反映了清代徽州乡村社会的戏剧文化生活。当然,在演戏酬神的过程中,包括祖先之神在内的神灵与民众同观戏曲,人神共欢,这也是徽州乡村宗族社会中最常见的一种娱乐形式。但就是这种娱乐也被晚晴徽州知府刘汝骥以"淫戏"的名目而颁文禁止。刘汝骥颁布的《禁演淫戏示》内容如下:

为严禁淫戏事。照得美人蔓草,思本无邪;优孟衣冠,义存讽谏。郑滥淫志,宋燕溺志,盖声音与政相通。河西善讴,齐右善歌。

---

① 民国《歙县志》卷一《舆地志·风土》。
② 《光绪至民国祝圣会簿》,原件藏南京大学历史系。
③ (明)傅岩:《歙纪》卷八《纪条示·禁夜戏》。
④ 《崇祯十年至康熙四十九年祝圣会簿》,抄本,原件藏南京大学历史系资料室,编号000055。

惟戏曲感人最易,揆厥初裁,义兼劝戒。世风日下,古乐销沉,非鲍朝再世,难免屡憎于人。即傀儡登场,亦且冶容以诲,举国若狂,司空见惯。其害及世道人心,殊非浅鲜。本府下车伊始,以维持风化为己任,凡一切艳情小说、淫荡戏曲,盖不准登台试演,自取罪戾。其有能采古今忠臣、孝子、奇男子、奇女子之嘉言微行谱入新声,开通风气者,则非惟梨园之翘楚,抑亦社会之嘉禾,本府当赏给银牌,以奖励之。除传谕各戏班具结,不准再演淫戏外,为此,申明禁令,仰阖属士绅人等一体查照。后开各戏目,永远不准点演。令出惟行,俗以渐化。《登徒子》原非好色,不过滑稽之寓言。敬新磨意在规时,毋为优俳所窃笑。詹詹小言,切切。特示。①

当然,与禁止迎神赛会一样,刘汝骥对徽州演戏的禁令,同样变成了一纸空文。诚如民国歙县《丰南志》云:"演戏酬神,传之已久。"②一种民间陋俗既已形成,治理远非朝夕所能见效,很难一时革除。对此,民国《歙县志》亦云:"此俗之当革矣。"③

第二节 晚清徽州民间文化的嬗变

尽管延续着传统民俗的惯性,晚晴徽州的民间信仰与民间文化依然按部就班地向前发展着,但随着外国资本主义的侵入和"咸同兵燹"的劫难,这种传统的民间信仰和民间文化也在发生着嬗变。

历经鸦片战争、"咸同兵燹"的冲击,徽州遍地萧条,民间信仰和民间文化也经受着剧烈的冲击。黄宾虹在光绪三十四年(1908年)撰写的《叙村居》一文中,曾无奈地慨叹,"上溯甲子,三元恰遇,百余年来,人士递嬗。在昔先民,布公仗义,莫不勤慎节俭,克成阙家。后人席履丰厚,悉竞奢靡。奢靡之害,

---

① (清)刘汝骥:《陶甓公牍》卷一《示谕·禁演淫戏示》。
② 民国《丰南志》卷一《舆地志·风土》。
③ 民国《歙县志》卷一《舆地志·风土》。

流为僻傲,以故中落……近十数年来,故家耆老,相继沦谢。商务外移,弃贾归者,力不任耒耜,户庭食寡。礼教陵替,勃豀诟谇之声,不绝于巷。摧栋折柱,砾石塞途,媮婧相寻,腴坏以瘠,川壅成淤,山童不材,乔荫毁于疾雷,杰构败于骤雨,天时之变,曷其有极。嗟夫!今昔之殊,兴替之感,人有同情"。①

的确,在"咸同兵燹"的重创下,徽州很多地区变成一片瓦砾。曾经的"东南邹鲁"、"文献之国"、"礼义之邦"的徽州,在鸦片不断输入、洋货充斥城乡市场的背景下,吸食鸦片渐成牢不可破之陋习;徽州传统手工业制品如土布等也在洋布输入的冲击下走向了衰败的深渊,"徽俗不论贫富,吃烟者十人而六七"。② 吸食鸦片已成为徽州诸多社会陋俗中最重要的陋俗之一,诚如刘汝骥所云:"吾国生计,问题种种,受外人朘削,而朘削之最酷者,莫如鸦片。其他洋货不过攫吾财而已,鸦片则并吾民生产力而胥攫之,此殆中国之通患,而吾婺受患尤巨。下流贫民烟瘾特深。"③至于洋货,在输入徽州后,引起了徽州民众的强烈购买欲望,"各色客布、洋布销售颇多"。④ 在祁门,"近今民风稍奢,喜用洋货,惟城一都为最"。⑤ 在婺源,"盖无人不喜洋货,嗜新品矣。"⑥ "近各国通商,多染外洋习气,城中短衣窄裤,即于在谷满谷、在坑满坑。女子亦穿长衫,不着下裳,风气大变。又有少年子弟,剪发作流海圈,殊非雅尚"。⑦ 在号称"小桃园"、民风淳朴的黟县,"咸同兵燹"以后,"学、商两界,喜用洋货,渐有由俭入奢之势"。⑧ 在绩溪,"道光、咸丰间,衣必土布,用必土货,其好尚惟以朴实坚固者为合度。兵燹以后,洋货充韧,货巧而价廉,殷商

---

① 原载《国粹学报》42、43 期,引自上海书画出版社、上海博物馆编:《黄宾虹文集·杂著编》,上海书画出版社 1999 年版,第 12 页。
② (清)刘汝骥:《陶甓公牍》卷十《禀详·徽州府禀地方情行文》。
③ (清)刘汝骥:《陶甓公牍》卷十二《法制科·婺源民情之习惯·生产者不生产者之分数》。
④ (清)刘汝骥:《陶甓公牍》卷十二《法制科·祁门风俗之习惯·服饰》。
⑤ (清)刘汝骥:《陶甓公牍》卷十二《法制科·祁门民情之习惯·食用好尚之方针》。
⑥ (清)刘汝骥:《陶甓公牍》卷十二《法制科·婺源民情之习惯·食用好尚之方针》。
⑦ (清)刘汝骥:《陶甓公牍》卷十二《法制科·婺源风俗之习惯·服饰》。
⑧ (清)刘汝骥:《陶甓公牍》卷十二《法制科·黟县民情之习惯·食用好尚之方针》。

显宦倡之,士庶亦效之。盖绩人算小不算大,无爱国爱群心,后生新进复袭泰西皮毛,衣洋衣,食洋货,其食用必期混同于欧俗"。① 男子"不但粗布不穿,土货细布亦不愿穿,绸缎纱罗亦憎本货而喜洋货。鞋喜瓦式、洋式,平时亦喜穿操靴,更喜穿革履"。② 在欧风美雨的不断浸淫下,徽州的服饰、饮食等日常生活民俗正在发生着嬗变。这种嬗变,在涤荡徽州旧有民间文化的同时,也把徽州推向了变革的轨道。尽管这种变革是被迫的,但却是一种无法改变的趋势。

当民间笃信的越国公汪华、忠壮公程灵洗等地方神灵以及祖先神灵并未能保佑徽州免于战争浩劫的命运之时,徽州民众的信仰尽管在"咸同兵燹"后没有发生动摇,但沮丧、愤懑和失落之情在徽州社会各阶层中滋生与蔓延,无论是文人著作、地方志,还是族谱,在对徽州这段历史描述时,几乎是异口同声地加以挞伐。而随着"咸同兵燹"的结束和所谓"同治中兴"的到来,西方传教士大量涌入中国,并深入僻远的徽州山区,建立教堂,传播教义,广收信众。一时间,天主教、耶稣教等教堂在徽州各地大量建立起来,"查绩溪服天主教者,庚子年有教民二百八十七人,恃势横行。凡诉讼,皆恃保护,故服教者日多"。③ 婺源天主教堂则在光绪二十六年(1900 年)被所谓"外匪"焚毁后,"经许观察鼎霖与米司铎妥议,诏予赔款,听其造教堂于城内。因建于保安门一带,广袤数亩,而董门被毁之教堂亦已重造"。④ 徽州传统的民间信仰在天主教、耶稣教传入后,也发生局部的变化,绝非如许承尧所说的"徽州独无教门……所谓天主之堂、礼拜之寺,无从建焉"⑤那样,即使在许承尧所在的歙县,城中也建有英国耶稣教堂和法国天主教堂各一所。⑥ 当然,为了弥补心灵上的创伤,"咸同兵燹"后,徽州各地宗族除了在祠堂为亡灵升主规则与标准方

---

① (清)刘汝骥:《陶甓公牍》卷十二《法制科·绩溪民情之习惯·食用好尚之方针》。
② (清)刘汝骥:《陶甓公牍》卷十二《法制科·绩溪风俗之习惯·服饰》。
③ (清)刘汝骥:《陶甓公牍》卷十二《法制科·绩溪风俗之习惯·宗教》。
④ 光绪《婺源乡土志》第十九课《天主教堂》。
⑤ (民国)许承尧:《歙事闲谭》卷十八《歙风俗礼教考》。
⑥ (清)刘汝骥:《陶甓公牍》卷十二《法制科·歙县风俗之习惯·宗教》。

面有所放宽之外,对祖先的祭祀之礼也更加重视,"祭礼,俗守《文公家礼》,在昔小异大同,咸同以后,踵事增华,三献也"。①

徽州民间文化的嬗变还表现在"咸同兵燹"后西方平等观念的传入,特别是在外埠报刊诸如《申报》《政治报》《安徽报》等报刊的输入,使得徽州乡村社会的佃仆制以及由佃仆制而形成的社会底层文化,逐渐发生了变化。正如光绪《婺源乡土志》所云:"乡落皆聚族而居,族必有谱,世系数十代尊卑秩然,主仆之分甚严。即其家殷厚,终不得例于大姓。或有冒与试者,攻之务去。近来欧人平等之说输入中华,脱仆籍而入上流可企踵,而俟事机之会矣。"②

---

① 民国《歙县志》卷一《舆地志·风土》。
② 光绪《婺源乡土志》第七十四课《续前三》。

村落与宗族个案

第十三章　明清徽州村落的自然和文化特征及其村落与民居

中国传统的农业社会以村落为基本单位，一个个星罗棋布的村落构成了中国传统乡村社会的基本聚落格局。这些村落往往因地理环境和社会习俗的不同而呈现出迥然不同的特征。但就中国历史与现状的总体情况而言，这些传统村落在人文上大多呈现出聚族而居的格局。

"人行明镜中，鸟度屏风里"。徽州地处皖南山区，山环水绕的地理环境决定了徽州古村落的建筑形式，也必然呈现出背山面水的布局和结构。徽州人向有崇尚堪舆风水的传统，在徽州人的观念中，一个村落的风水如何，直接决定了该村落的发达和宗族人丁的兴旺与否。因此，村落的选址必须尊重当地的现有地形和地势条件。同时，在堪舆风水信仰笃行的传统徽州社会，村落的选址还十分注重风水理念，以所谓卜居方式而选择村落的基址与布局，则是徽州人风水理念的一个集中体现。在徽州古村落中，从村落选址到民居布局，再到室内装饰和布置等，都呈现出显著的地域特征。对它们进行考察和研究，有助于我们更深入地理解和探讨历史上徽州人的日常生产、生活方式和精神世界的生活，从而促进徽学研究向深层次发展。

第一节 依山傍水的村落选址

选址是第一位也是最重要的。从徽州社会历史发展的过程来看,徽州的村落在建设之初几乎无不问卜。在现存的各大宗族的族谱中,大多记载了该族始迁祖最初选择居住村落及宗族繁衍的内容和过程。"自古贤人之居,必相其阴阳向背,察其山川形势"。[①] 卜居就是选择村落的居住环境,如歙县西溪南吴氏始迁祖就从三块可供选择的村址中,选择了一处较为理想的村址,并世代居住繁衍了下来的。这三块村址分别是:"一曰莘墟,地刚而隘,山峭而偏。居之者主贵,不利于始迁。一曰横渠,地广而衍,水抱。居之者主富,而或来蕃于后乱。一曰丰溪之南,土宽而正,地沃而肥,水辑而回,后世大昌也,遂家焉。"[②]溪南吴氏始迁祖经过精心挑选,从莘墟、横渠和丰溪之南等三块基址中,最终选择了丰溪南。这不能不说是徽州人选择村落风水的典型例证。当然,无论是从传统堪舆风水意义上看,还是从人与环境的关系上说,背山面水都是徽州选择村址的一个最重要前提,前有来龙(即活水),后有倚山,这是堪舆家认为村落兴旺发达最关键的因素。

在堪舆风水家看来,水口和龙山是一个村落及人丁繁荣发达与否的标志。水口是一座村落活水入村的起点。为保护水涵养和村落的水口,徽州人在水口专门植树庇荫,有些村落甚至不惜在水口上建大量被称作水口亭台楼阁的建筑,如现存的今歙县雄村水口亭文昌阁、徽州区唐模水口亭沙堤亭和绩溪石家魁星阁等,都是徽州水口亭榭园林建筑的典型代表。与水口相比,龙山则是一座村落的主要依托,来龙山又称"后龙山",这是村落的龙脉,是村落的希望所在。来龙山不仅构成了村落环境的主体,而且其山脚又往往是该村落的发源地。在徽州,其他林木可以在许可的条件下砍伐,但水口林和后龙山林,无论是谁都动不得的,动了它就断了这一村落的龙脉,这是绝不能忍

---

① 乾隆《汪氏义门世谱》。
② 民国《丰南志》卷一《舆地志·沿革》。

受的。诚如清代乾隆年间婺源汪口俞氏宗族俞大璋在禁止该村龙山向山的告示中所云:"乡聚族而居,前借向山以为屏障,但拱对逼近削石巉岩,若不栽培,多主凶祸。以故历来掌养树木,垂荫森森。自宋明迄今数百年间,服畴食旧,乐业安居,良于生乡大有裨益。""旦旦而伐,山必童赭;事关祸福,害切肌肤。生等协众佥议,酌立条规,重行封禁,永远毋得入山残害。即村内一切公事,均不许借辞扳摘,以启砍伐之端"。①

传统村落的主要特征,是徽州人寻求人与自然和谐相处的精神理念。黟县宏村的复杂水系,既是大自然的产物,更是人工雕琢的一处村落精品。绩溪登源龙川村所处的地理环境,是徽州村落山环水绕特征的一个典型代表。这里东有龙川之口,大源之水,"东耸银屏,此为龙峰秀丽,此东方文星之妙也;南方文星天马,贵人北西耸。施如水浪而不高,山居于水口,正如执笏之状"。② 正是这样一个山环水绕之地,才为龙川胡氏始迁祖胡焱所选中,成为胡氏宗族世代栖居和繁衍之地。

徽州古村落就是这样一个蕴涵着丰厚文化底蕴的人文聚落。也许我们一时还不能很准确地理解过去徽州人村落选址的精神与理念,但堪舆风水的观念始终是徽州村落选址的指导思想,这是毋庸置疑的事实。

第二节 聚族而居的文化特征

历史上徽州宗族对社会及人群的控制十分严密,加上地理单元的限制,往往形成了一个村落就是一个强宗大族聚居的格局。正所谓"相逢哪用通姓名,但问高居何处村"。③ "徽居万山中,而俗称易治,缘族居之善也。一乡数千百户,大都一姓。他族非姻娅,无由附居,且必别之曰客姓,若不使混

---

① 《清乾隆五十年十二月婺源汪口村严禁盗伐汪口向山林碑》,原碑现存江西省婺源县汪口村。
② 民国《龙川胡氏祖宗谱》(不分卷)。
③ (民国)许承尧:《歙事闲谭》卷七《新安竹枝词》。

焉"。① 如果说山环水绕是徽州村落的自然生态特征的话,那么,聚族而居则构成了徽州独特的文化生态环境。

宗族的聚居,本身就是徽州村落社会的重要内容之一。我们看到,四世同堂、五世同爨的现象在徽州有一定存在,有的大族因多世同居共爨,和睦相处,互敬互爱,甚至被朝廷旌表为所谓的"义门"。宗族聚居,必有祠堂为活动场所,族有总祠、有支祠,一个村庄往往有好几个祠堂作为宗族议事、祭祀与其他活动场所。"邑俗旧旧重宗法,聚族而居。每村一姓或数姓,姓各有祠,支派分别,复为支祠。堂皇闳丽,与居室相间,岁时举祭礼。族中有大事,亦于此聚议焉。祠各有规约,族众公守之,推辈行尊而年高者为族长,执行其规约"。② 这是徽州宗族聚居村落的主要文化特征。"深山大谷中,人皆聚族而居,奉先有千年之墓,会祭有万丁之祠,宗祐有百世之谱"。③ 徽州村落的宗族聚居,使得徽州村落祠堂林立,祖墓垒垒,家谱频修,其宗族活动也极为频繁。"邑中大族有宗祠,有香火堂,岁时伏腊,生忌荐新,皆在香火堂。宗祠礼较严肃,春分冬至,鸠宗合祭,盖报祖功、洽宗盟,有萃涣之义焉。宗祠立有家法,旌别淑慝,凡乱宗、渎伦、奸恶事迹显著者,皆摈斥不许入祠。至小族,则有香火堂、无宗祠,故邑俗宗祠最重。族又各有宗谱,支派必分昭穆,以序高曾云礽,世系千年不紊,故皆比户可稽,奸伪无所托足。远近祖墓,献岁有谒,清明有祭,霜降送寒衣。自唐宋以来,树者、封者可无失其故物"。④

我们注意到,由于土地、田产、山场、坟墓等边界的争执与纠纷等矛盾,一些村落和宗族往往会发生一些口角,"山多地窄,寸土寸金,或因税亩未清、界址相连,鼠牙雀角在所难免",⑤严重者甚至会引起全宗族成员之间的武装械斗。但历史上徽州发生宗族械斗的情况不多。"因家族意见太重,两姓逼处,

---

① (民国)许承尧:《歙事闲谭》卷十八《歙风俗礼教考》。
② 民国《歙县志》卷一《舆地志·风土》。
③ 乾隆《绩溪县志》卷首《序·较陈锡〈绩溪县志序〉》。
④ 乾隆《绩溪县志》卷一《方舆志·风俗》。
⑤ 乾隆《绩溪县志》卷一《方舆志·风俗》。

亦间有一二人口角之争,为全族械斗之事,但幸不数见耳"。①

在徽州,聚居的宗族村落在村庄事务的管理上,也更多地体现出浓厚的宗族色彩。严密规整的宗族族规,有时既是约束宗族成员的戒条,也是约束整个村庄全体民众的法规。在休宁县的茗洲村,聚居于此的吴氏宗族为宗族与村庄的管理制订了八十条家规。这些家规不仅适用于吴氏宗族成员,而且适用于全体村民。如国课一项,《茗洲吴氏家规》就明确指出:"朝廷国课,小民输纳,分所当然。凡众户、己户,每年正供、杂项,当预为筹划,及时上官。毋作顽民,致取追呼。亦不得故意拖延,希冀朝廷蠲免意外之恩。"②祁门文堂村聚居的陈氏家族甚至把明王朝所倡导的乡约推广至宗族和村庄内部管理,使村庄事务与宗族事务合为一体。创制于明朝隆庆六年(1572年)的祁门《文堂乡约家法》,作为文堂村宗族与村庄事务管理的所谓"村规民约",即是经过祁门县知县廖希元亲自审定批准,具有地方法规性质的村庄和宗族管理规则。"兹幸我邑廖侯莅任,新政清明,民思向化。爰聚通族父老会议闻官,请申禁约,严定规条,俾子姓有所凭依。庶官刑不犯,家法不坠。或为一乡之善俗,未可知也。"③

至于宗族和村庄禁赌、罚酒、罚戏,禁止乱砍滥伐森林等方面的村规民约,也不胜枚举。清代嘉庆十八年(1813年)五月,祁门叶源村全体族人和村民为保护水口、反对聚众赌博和禁止牲畜毁坏青苗等,共同制定了永禁砍伐林木和赌博等事宜的禁令,并勒石公布。该禁令规条如下:

勒石永禁

合族公议滨右扶禁合源规条,违者照约处罚。如有恃强不遵者,听凭族手出身之人取丁会祀内支□鸣官惩治。所有各项禁条开列于后:

一、坟林水口庇木毋许砍,违者罚戏一部,倘风吹雪压鸣众公

---

① (民国)许承尧:《歙县志》卷一《舆地志·风土》。
② (清)吴翟:《茗洲吴氏家典》卷一《家规八十条》。
③ 隆庆《文堂乡约家法》(不分卷)。

取,或正用告众采取。

一、境内毋许屯留赌博,违者罚钱壹仟文,伙赌者罚戏十部,拿获者给币二佰。知情不峰照窝赌罚。

一、丑内毋许私买,入违者罚戏一部。

一、已、众苗山毋许枀斫,违者罚戏一部。

一、失火焚山过截者,罚币贰佰文,至烧满筒栗子不救者,罚钱伍佰入库。

一、各家猪毋许散放残害青苗,违者初次鸣□,贰次罚币五十文入库。至残害三次者,田园内听凭打毙毋词。各家有门前住后田园照田夹篱遮槎,以免残害。

乾隆五十一年间严禁文约三纸：延肓一纸,延宪二纸,应选三纸。

嘉庆十八年计五纸：延茂一纸,延佳一纸,文兴一纸,文清一纸,应延一纸。

皇清嘉庆十八年仲夏月合源公立。①

清嘉庆二十五年(1820年)三月,婺源县延村村民就因禁赌弭盗之事,还专门呈请知县孙敏浦颁禁赌告示,云：

特授婺源县正堂加十级纪录十次孙为弭赌杜窃、叩赏给示勒禁维风事。□□□□金荣光、民人吴士银、吴恒有、程士彬、程启珏、程国章、汪子成以前事具□□□□等聚一村,村内乡民,严禁赌博,防开匪类；村外水口,历蓄山苗荫护宅基,诚以水口山神庙坟冢胥赖庇荫。更以赌博弊窦,实为法纪不容,奸盗诈伪从此滋生,所以两条。切近有不法樵竖潜往村旁,或向僻静之区,席地而坐,做宝跌钱；或入水口,村内觑切。做宝跌钱,即是酿赌之渐；搬枝摘叶,更开盗砍之端。与其酿害将来,不如杲勒宪台赏准给示,俾勒碑禁。笃俗

---

① 《清嘉庆十八年仲夏月祁门叶源永禁砍伐林木和赌博等事碑》,原碑现立于安徽省祁门县新安乡叶源村聚福堂内。

维风,群歌乐口颂恩上禀等情到县。据此,除批示外,合该村附近居民人等知悉:嗣后,毋许一切赌博,并不许入该村水口林内搬枝摘叶。各禀县,以凭拿究,决不姑宽,各宜凛遵毋违。特示,

　　右仰知悉。

　　嘉庆二十五年三月日示

　　告示,仰实贴延村。①

颁发禁止乱砍滥伐林木和赌博等各项禁令,不仅有效地维护了村庄的自然生态环境,而且维持了村庄的社会秩序,强化了宗族对村庄和村民或族众的控制。

第三节　徽州村落的民居建筑风格

粉壁黛瓦马头墙式的古民居是徽派建筑风格的基本特征。

村落是以住宅为核心的,而若干住宅群的聚积,则构成了村落。在民俗学上,把仅有一户人家即一处孤宅的村落,称为"孤庄子"或"孤家村",它并不构成完整的民俗学意义上的村落。徽州的住房结构就原材料而言,主要是砖木结构的两层楼房,也有一些富商巨贾或高官名流建筑或居住豪华深宅大院,还有一些寒门小户则建和住板壁房和茅屋。

徽州两层楼民居建筑的风格,主要是由于徽州山多田少的地理条件限制所致。明代著作家谢肇淛云:"吴之新安,闽之福唐,地狭而人众。……余在新安见人家多楼上架楼,未尝有无楼之屋也。计一室之居,可抵二三室,而犹无尺寸隙地。"②正是由于山多田少、人众地寡的地理条件所限,使得徽州的民居多向空中发展,呈立体式结构。同时为了防火与防盗的需要,明代弘治以后,鉴于徽州府城歙县火灾频仍,"(火)作之时,或延燔数十家,或数百家,

---

　　① 《清嘉庆二十五年三月婺源延村弭赌杜窃碑》,原碑现铺于江西省婺源县思口镇延村汪松林宅地面上。

　　② (明)谢肇淛:《五杂俎》卷四《地部二》。

甚至数千家者有之"。为消除火患造成的损失,徽州知府何歆经过勘察后指出:"吾观燔空之势,未有能越墙为患者。降灾在天,防患在人,治墙其上策也。五家为伍,甃以高垣,庶无患乎!"于是,何歆遂亲自倡导"五家为伍,其当伍者缩地尺有六寸为墙基,不地者朋货财以市砖石、给力役,违者罪之"。在楼房四周专门砌以高过屋顶的砖墙,"筑墙御火",[①]俗称"封火墙",墙角略有翘起,呈马头状,故又被称之为"马头墙"。房屋内外墙壁均粉之以白色石灰,形成所谓的白色粉壁,屋顶覆以黑色小瓦。远远望去,错落有致的徽州古民居,黑白相间,精美绝伦。"粉墙矗矗,鸳瓦鳞鳞,绰楔峥嵘,鸱吻耸拔,宛若城郭"。[②] 粉壁黛瓦马头墙,已经成为徽州民居的独特标志。不唯如此,在徽州民居的外墙高和低墙角处,还分别绘有传说中的神像和各种吉祥图案。在门楣上方,还辅以高出墙壁的翚飞式门楼——精美的砖雕艺术品。至今,绩溪湖村的砖雕门罩依然完好地被保存下来,成为远近闻名的砖雕门罩文化村。

总之,徽州的村落和民居文化内涵十分丰富,它体现着徽州人注重人与自然特别是周围环境的和谐。居室室内装饰等布置,以及各种生产和生活用具,也尽显当地独有特色,这是徽州人居住习俗的一个鲜明特点。"几层小楼傍山隈,六尺地重三户开;游客不知人逼仄,闲评都说好楼台"。[③] 徽州人就是在这粉壁黛瓦马头墙的别具特色的聚落和住屋中,世世代代过着一种几乎是世外桃源般聚族而居的宁静生活。作为徽州奉献给人类文明的珍贵遗产,以黟县西递、宏村为代表的皖南古村落,在 2000 年举行的联合国教科文组织世界遗产委员会第二十四届大会上,被荣幸地批准为世界文化遗产。这项荣誉的获得,是徽州古村落所蕴藏的历史、艺术和科学价值的真实体现,是徽州和中国人民的骄傲。

---

① 《明正德元年八月徽州知府何公德政碑》,原碑现藏于安徽省歙县新安碑园。
② (清)程庭:《春帆纪程》,载(清)王锡祺辑:《小方壶斋舆地丛钞》,杭州古籍书店 1985 年版影印本。
③ (清)俞正燮:《徽州竹枝词》。

第十四章　宋明以来至清"咸同兵燹"绩溪宅坦胡氏宗族的活动与社会变迁

宋明以来，地处中国中部的徽州，是一个典型的宗族聚居山区，"大抵新安皆聚族而居，巨室望族远者千余年，近者犹数百年，虽子孙繁衍至一二千丁，咸有名分以相维，秩然而不容紊"。① 这些聚族而居的宗族大多来源于不同历史时期中原地区移民而来的世家大族，正如民国《歙县志》所云："邑中各姓以程、汪为最古，族亦最繁，忠壮公、越国之遗泽长矣。其余各大族半皆由北迁南。略举其时，则晋、宋两南渡，及唐末避黄巢之乱。此三期为最盛。"② 作为传统徽州六县之一的绩溪县，历来是宗族制度和宗族活动较为健全与活跃之地，"深山大谷中，人皆聚族而居，奉先有千年之墓，会祭有万丁之祠，宗佑有百世之谱。秀者入校，朴者归农，户鲜游惰，市无玩好，其风最为近古"。③ 与徽州其他地区相比，明清时代的绩溪"隶于徽，而田畴不逮婺源，贸迁不逮歙、休，其土瘠，其民贫……邑中大族有宗祠，有香火堂。岁时伏腊，生忌荐新，皆在香火堂、宗祠，礼较严肃。春分冬至，鸠宗合祭，盖报祖功、洽宗

---

① 嘉庆《桂溪项氏族谱》卷二十一《风俗·龙章公梓里遗闻五则》。
② 民国《歙县志》卷一《舆地志·风俗》。
③ 乾隆《绩溪县志》卷首《序》。

盟,有萃涣之义焉。宗祠立有宗法,旌别淑慝,凡乱宗渎伦、奸恶事迹显著者,皆摈不许入祠。至小族,则有香火堂无宗祠,故邑俗宗祠最重。族又各有宗谱,支派必分昭穆以序,高曾云礽,世系千年不紊,故皆比户可稽,奸伪无所托。远近祖墓,献岁有谒,清明有祭,霜降送寒衣,自唐宋以来,树者封者可无失其故物,过墓思哀,人其省诸。"①

宅坦村是龙井胡氏宗族龙井派聚居地,自北宋初胡忠迁徙建村以来,至民国三十八年(1949年),其宗族制度一直极为健全,人才辈出,宗族活动非常活跃,"寖昌不乏,闻人继出"。② 明代中叶以后,以亲逊祠(堂)为中心的宅坦龙井胡氏宗族,发号施令,管理严格,不仅行使着管理龙井胡氏宗族的大权,而且统领着宅坦村的村庄事务。诚如英国人类学家莫里斯·弗里德曼所指出:"在福建和广东两省,宗族和村落明显地重叠在一起,以致许多村落只有单个宗族,继嗣(agnatic)和地方小区的重迭在这个国家的其他地区也已经发现,特别在中部的省份。"③ 同福建和广东以及中国中部地区一样,聚居于徽州山区宅坦村的龙井胡氏宗族,宗族和村落也呈现出彼此重迭的格局。

第一节 宋明以降宅坦村及其龙井胡氏宗族的沿革与演进

一、宅坦村的历史沿革

宅坦村位于安徽省绩溪县西部,胡适故乡上庄镇北部,地处东经118°20′分,北纬30°10′之间。西部和北部以竹峰山和杨桃岭为屏障,东部和南部为开阔的上庄盆地。整个村域位于大会山南支——竹峰山下,境内海拔千米以上的山峰有二座,山势陡峭。村庄地貌以丘陵为主。村中无河水流过,仅有

---

① 乾隆《绩溪县志》卷一《方舆志·风俗》。
② 嘉靖《龙井胡氏族谱》卷首《序》。
③ [英]莫里斯·弗里德曼著、刘晓春译、王铭铭校:《中国东南的宗族组织》,上海:上海人民出版社,2000年,第1页。

一井,被称为"龙井","方形,深可三尺,水从石出,味甘而洌。旁有石兔二,骈形而立,作回头状。土人聚族而居,虽甚旱食用不竭"。① 因此,宅坦村历史上又被称为"龙井"村。该地年平均气温为15.5度。降水量充沛,年平均降雨量1520毫米,多集中在春夏,秋季常易旱。适宜水稻和茶叶种植。森林覆盖率88.7%,村域面积5.2平方公里。

北宋开宝末年,绩溪县令胡延进将子胡忠送于该村就读,后遂定居于此,成为宅坦村的开基祖与龙井胡氏宗族龙井派的始迁祖。宅坦宋代建村后至民国三十八年(1949年),一直隶属歙州及徽州(府)绩溪县管辖。宋归绩溪修仁乡,元明清三代属修文乡八都。清宣统元年(1909年),绩溪县裁乡设十一个自治区,宅坦属第四区管辖。民国改元后,初延清末建制。民国三年(1914年),废自治区复乡都制,宅坦仍隶属八都。民国十九年(1930年),复设自治区,宅坦属第三区八都。次年,宅坦单独设乡,为龙井乡。民国二十二年(1933年),绩溪实行保甲制,宅坦村内设龙井乡中门、石井二保。次年,绩溪实行联保制,宅坦属第二区杨龙乡联保。民国三十八年(1949年),设龙井乡于宅坦(后迁至与宅坦毗邻之旺川),村内设石井、中门二保。

二、宅坦龙井胡氏宗族的由来、迁徙和分派

据嘉靖《龙井胡氏族谱》记载,宅坦龙井胡氏同徽州所有的胡氏宗族一样,声称始祖为于父,二世祖为胡公满。区别在于至四十九世时,唐末金紫光禄大夫胡三公抱养李唐宗室之子避难到婺源考水,更名胡昌翼,中后唐同光三年(925年)明经科进士,是为明经胡氏之始祖,此亦即民间俗称之"明经胡"或"李改胡"。

宅坦龙井胡氏始迁祖胡忠,系明经胡氏五十世祖昌翼公长子胡延进之子,北宋开宝六年(973年),迁绩溪宅坦,是为宅坦龙井胡氏的一世祖。后胡忠随父迁居浙江建德,景德四年(1007年),复返居宅坦,并在宅坦龙井东建

---

① 乾隆《绩溪县志》卷一《方舆志·封域》。

立了安徽省历史上第一个书院——桂枝书院。至十四世胡久中时,复迁建桂枝书院于宅坦村南山巅,此即为宅坦村南之桂枝书院遗址。此后,随着宅坦经济和社会的发展,龙井胡氏宗族逐渐在科举和仕途上崛起,著书立说者不绝于书,宗族人口繁衍亦呈不断扩大之势。

至五世时,宅坦龙井胡氏宗族逐渐开始向外迁徙,形成不同的宗派。下面仅将宅坦龙井胡氏宗族迁徙情况制作成表,以见宅坦龙井胡氏宗族的迁徙情况:

宅坦龙井胡氏宗族向外迁徙情况一览表

姓名	世系	迁徙地	迁徙原因	备注
胡令恭	四世	丹阳梅田		
胡文举	五世	本县七都寨里		
胡文秀、胡文简	五世	南陵管胡塘		
胡肃	五世	本县高砂		
胡仲苊	五世	浮梁白虎桥		
胡士良	五世	黟县西递		
胡德安	七世	本县上田冲		
胡德珍	七世	本县扬林		今上庄胡氏始迁祖
胡宗文	九世	本县七都后宅		今宅坦西村
胡百五	十五世	本县龙坦		
胡四	十六世	本县白塔路		
胡星老	十七世	本县十四都横塍头		
胡应芝	十七世	本县五都叶村		
胡相	十七世	本县七都汪村前		
胡天授	十八世	歙县竹园		
胡允年	十八世	本县江塘村		
胡开中	二十世	江西广信府		
胡宗仁	二十三世	本县五都大塘头		
胡彬	二十三世	旌德县沙园里河村头		
胡牙	二十三世	太平县新村		
胡社奎	二十五世	江西玉山县棋木		

以上迁徙主要发生在明代中叶以前,是宅坦龙井胡氏宗族的总派向外迁徙。至二十一世时,宅坦龙井胡氏宗族总派内部以长子英定公四子为中心,

开始在宅坦村中扩展为四大分支门派,即上门派胡尚仁、前门派胡尚义、中门派胡喜生(二十二世,胡尚义之子)、后门派胡尚礼,外加下门派胡尚瑄(为英定公之弟佛保之长子),共为五派。五派宗族在明代中后期分别建立了自己的支祠,祠堂名称分别为上门派豫格堂、前门派澳瞻堂、中门派敦睦堂、后门派继序堂和下门派笃伦堂。明末天启二年(1622年),宅坦龙井胡氏宗族创建了规模宏大的总祠——亲逊堂。据记载,由宅坦龙井胡氏宗族五个支祠推选三十六班班头负责亲逊堂的施工营建,前后历时五年,直到天启七年(1627年),亲逊堂方建成。从此,亲逊堂便成为龙井胡氏宗族开展宗族祭祀及管理活动的中心。

宅坦龙井胡氏宗族内部分派之时,正值明代中期社会经济极为繁荣、徽州科第勃兴和徽商大规模崛起之际。因此,在随后的五大门派中,大规模向外迁徙的现象依然极为突出。归纳起来,这些迁徙大体有以经商和仕宦为主者,也有在太平天国前后以避难迁徙为主者。如康熙四十五年(1706年)出生的一十一世孙胡大伍,因经商迁而举家迁徙至南汇县。[①] 同治十二年(1873年)三十四世胡志辉"遭乱逃出,住歙邑南源口"。[②] 当然,宅坦龙井胡氏宗族的经商迁徙发生的时间稍晚于徽州歙县、婺源和休宁等地的胡氏宗族,基本上是在清代康熙以后。关于明代万历年间迁徙江西广信经商者,民国《明经胡氏龙井派宗谱》记载只有一例,且规模不大。这显然与徽州六县中绩溪外出经商晚于歙县、婺源、休宁和祁门的时间大体一致,与乾隆《绩溪县志》所云"绩溪隶于徽,而田畴不迨婺源,贸迁不迨歙、休"[③]的情形也是基本吻合的。

宅坦龙井胡氏宗族五大门派经商的迁徙目的地,相对较为集中,除极少数迁往河南、北京、湖北、陕西、山东、福建者外,绝大多数迁往江西、浙江、苏南和上海等地。

---

① 民国《明经胡氏龙井派宗谱》卷七(三),《龙井宅坦中门永庆公派》。
② 民国《明经胡氏龙井派宗谱》卷七(三),《龙井宅坦中门永庆公派》。
③ 乾隆《绩溪县志》卷一《方舆志·风俗》。

三、宅坦龙井胡氏宗族的经商情况

宅坦龙井胡氏宗族零星外出经商约始于明代中后期,至清代康熙和乾隆以后,大规模向外经商之局面方最终形成。

根据民国《明经胡氏龙井派宗谱》记载,龙井胡氏宗族最早外出经商事件发生在二十二至二十四世,且全部集中在寨里派成员之中。该支派二十二世胡永芳迁江西广信,二十三世胡奇孙迁广信,二十四世胡长庆迁浙江淳安。①自二十七至二十九世,宅坦龙井胡氏宗族成员逐渐掀起了外出经商的高潮,并一直持续到三十八世。关于宅坦龙井胡氏宗族经商最为集中的地区,我们仅依据民国《明经胡氏龙井派宗谱》制成下表。

龙井宅坦胡氏宗族经商地区一览表

江西	浙江	江苏	安徽	其他地区
广信、铅山、玉山、弋阳、广丰、金溪、浮梁、九江、吴城	杭州、萧山、钱塘、海宁、绍兴、诸暨、兰溪、衢州、金华、浦江、寿昌、长兴、孝丰、湖州、嘉善、龙游、嘉兴、开化、德清、武义、崇安。	苏州、吴江、松江、上海、南汇、嘉定、宜兴、常州、无锡、江阴、镇江、溧阳、金陵、扬州、高邮。	歙县、休宁、屯溪、婺源、黟县、广德、宣城、宁国、南陵、泾县、旌德、舒城、无为、桐城、六安。	河南开封、杞县、永城、朱仙镇,北京、大兴、顺天,福建建宁,山东临沂,陕西,湖北汉阳、汉口、阳羡。

表中所列的经商地,看似极为分散,实际上也反映了宅坦龙井胡氏宗族经商地域的广泛性。同时,我们也注意到,上海和浙江的杭州、衢州以及江西的广信府,是宅坦龙井胡氏宗族最为集中的迁徙地和经商地,往往是代代经商于此,并在当地取妻生子,从而使其逐渐融入当地社会经济生活之中。

至于宅坦龙井胡氏宗族经营的领域,民国《明经胡氏龙井派宗谱》并没有给我们提供直接的线索。但从宅坦村老一辈人的回忆中,我们知道其主要经

---

① 民国《明经胡氏龙井派宗谱》卷五《龙井宅坦寨里派》。

营领域为墨业、茶叶、医药、纸业和土杂百货业等。宅坦龙井胡氏宗族经商者大多能够诚信经营,并最终获得成功,如三十二世胡贞保(1717—？年)"往三衢谋生,从事药肆,人信其诚,争赴之"。① 应当说,同徽州其他地区的徽商一样,宅坦龙井胡氏宗族经商者在经营过程中也备历艰辛,"经商逐什一之赢,暑焉浆汗,寒焉栗肤。或月店听鸡,而山谷间关,虎狼噬啮;或风竿俟马,而波涛澎湃,蛟龙出没,生死一瞬息"。②

四、宅坦龙井胡氏宗族的教育、科举与文化

"十家之村,不废诵读"。③ 同徽州其他地区一样,绩溪宅坦龙井胡氏宗族也极为重视教育。这且不说该宗族早在北宋初年就创建了安徽省历史上的第一个书院——桂枝书院,更为重要的是,我们从该宗族的宗谱中发现,该宗族在对宗族成员的教育上,不惜斥资予以资助和奖励。为此,宅坦龙井明经胡氏过族专门制定了"振士类"的《祠规》,规定:

> 凡攻举子业者,岁四仲月,请齐集会馆会课,祠内支持供给。赴会无文者,罚银贰钱;当日不交卷者,罚一钱。内托人批阅。其学成名立者,赏入泮贺银一两;出贡,贺银五两;登科,贺银五拾两,仍为建竖旗匾;甲第以上,加倍。至若省试,盘费颇繁,贫士或艰于资斧。每当宾兴之年,各名给元银贰两,仍设酌为饯荣行。有科举者,全给;录遗者,先给一半,俟入荆闱,然后补足。会试者,每人给盘费拾两。为父兄者,幸有可造子弟,毋令轻易废弃。盖四民之中,士居其首。读书立身,胜于他务也。

在宅坦龙井胡氏宗族的"四民"观中,士依然占据了首要的地位。因此,我们看到,该宗族不仅在宅坦村中创建了桂枝书院,而且一些宗族成员还捐

---

① 民国《明经胡氏龙井派宗谱》卷七(三),《龙井宅坦中门永庆公派》。
② 民国《明经胡氏龙井派宗谱》卷首《省墓后序》。
③ 康熙《婺源县志》卷二《疆域志·风俗》。

资建立了惹云书屋①、羣西文社②、桂枝文会③和玉成文会,④并不断进行维修和扩展。宅坦龙井胡氏宗族重视教育的直接后果,是科第的发达和文风的兴盛。根据民国《明经胡氏龙井派宗谱》统计,自明至民国先后有邑庠生、邑武生、郡庠生、增广生、贡生、国学生、太学生等达 356 位之多,中举者宋 2 人、元 1 人、明 1 人、清 8 人(含荐举),清代中进士者 2 人。为官至九品以上者多达 72 人(含封赠),其中三十六世胡宝铎官职最高,自中同治七年(1868 年)进士后,先后"主事签分兵部武选司历,升员外郎中,即选道员兼袭云骑尉世职军机章京、总理各国事务衙门行走,特赏三品衔,诰授资政大夫"。⑤

宅坦龙井胡氏宗族教育与文化建设取得了突出成就,各种文化人才辈出,著述如林。从民国《明经胡氏龙井派宗谱》所记录的数据来看,该宗族习学《尚书》《诗经》《礼记》《易经》和《春秋》五经者众多,医学、数学和书画名家更是数不胜数,其中不少是"闻名卓著,兼善岐黄"的通家。⑥ 如三十一世胡学礼(1706—1789 年)"生平潜心理窟,精研六籍及五子书,尤究心三礼于先后,郑注贾孔之疏,无不搜讨而以朱子为折中。凡乡党冠婚丧祭诸仪节,多所训定"。⑦

下面,仅将宅坦龙井胡氏宗族成员著述的著作列表如下:

---

① 据民国《明经胡氏龙井派宗谱》卷七(一),《龙井宅坦前门相公派》载,三十一世胡大绵(1679—1754 年)"筑惹云书屋于南冈,延族隽校艺。"
② 据民国《明经胡氏龙井派宗谱》卷七(二),《龙井宅坦前门构公派》载,三十一世胡挺(1696—1754 年)"建羣西文社,割田供给实税一十亩零九厘四毫,为阖族会文供给费。"
③ 据民国《明经胡氏龙井派宗谱》卷七(二),《龙井宅坦前门构公派》载,三十二世胡贞宋(1728—1808 年)"年逾八旬,例给冠带。乐义好善,尝捐产倡兴桂枝文会。"
④ 据胡昭璧主编《龙井春秋》第 66 页载:"清嘉庆年间,村人以四十九个股份购置田产创办玉成文会,分七班轮流管理。"
⑤ 民国《明经胡氏龙井派宗谱》卷八(一),《龙井宅坦前门相公派》。
⑥ 民国《明经胡氏龙井派宗谱》卷七(二),《龙井宅坦前门构公派》。
⑦ 民国《明经胡氏龙井派宗谱》卷七(二),《龙井宅坦前门构公派》。

龙井宅坦胡氏宗族成员著述一览表

世系	作者	著述名称	备注
12世	胡俊卿	嘉定《龙井胡氏族谱》	
16世	胡景(？—1353)	延祐《龙井胡氏支谱》	
17世	胡 相(1265—1349)	《古山诗文》《叶韵》	
25世	胡东升(1516—1575)	嘉靖《龙井胡氏族谱》	
26世	胡 桓(1547—1624)	万历《龙井胡氏族谱》	
28世	胡世润(1584—1651)	《玉山语录》	
29世	胡尔英(1639—1714)	《平平集》	
29世	胡钟灵(1670—1753)	《四子书便览提纲》《别部》	
29世	胡钟俊(1677—1714)	《梅花百韵》	
30世	胡凤池(1684—1738)	《鉴古录》	
30世	胡光房(1672—？)	《敬义论》	
30世	胡从圣(1676—1728)	《未信录文集》《南楼偶兴诗集》	
30世	胡秉德(1710—1790)	《汇集春秋列国本末》二卷、《纂集诗经注疏》十卷、乾隆《龙井胡氏会修宗谱》	
31世	胡 昊(1667—1744)	《左骚评释》四卷	
31世	胡大有(1653—1729)	《云涛诗稿》	
31世	胡 玻(1692—1753)	《筠轩制艺》	
31世	胡学诗(1702—1763)	《亦在轩文稿》《诗集》	
31世	胡学礼(1706—1789)	《三礼考证》《思思堂文稿》	
31世	胡 挺(1696—1754)	乾隆《龙井胡氏支谱》	
32世	胡至德(1699—1755)	《瞻岯集》《诗稿》	
32世	胡履泰(1719—？)	《孝友集》	
32世	胡 坦(1727—？)	《实园文稿》《近古香诗集》	
32世	胡升吉(1735—？)	《晴溪文稿》	胡学礼之子
33世	胡履吉(1730—？)	《湛泉诗稿》《伤寒辨论》	
33世	胡润之	《易经旁注》《晚香诗集》	
36世	胡宝铎(1841—1896)	《浒晴丛稿》、同治《明经胡氏龙井派宗谱稿》	

从上表所列可知,自南宋以来,宅坦龙井胡氏宗族不断著书立说,完成了38种各类著作,这尚未包括在战争中遗失或焚毁的各种书稿。应当说,用诗书传家来形容包括龙井宅坦胡氏宗族在内的徽州宗族丝毫不为过。

五、宅坦龙井胡氏的宗族活动

正如文献数据记载的那样,包括绩溪宅坦在内的徽州各地宗族活动极为繁盛。宗族的重塑往往通过修谱、建祠、祭祀等常用的手段展开,宅坦龙井胡氏宗族当然也不例外。

首先来看宅坦龙井胡氏宗族的修谱活动。自宋至民国时期,该宗族曾先后九次编纂了族谱。现存最早的一部宅坦龙井胡氏宗族族谱刊刻于明嘉靖三十五年(1556年),名《龙井胡氏族谱》,这部族谱是在明代徽州纂修族谱高潮中出现的。又据该族谱收录的旧序,我们得知,该宗族早在南宋嘉定十七年(1224年)曾编修过一次族谱,编纂者为十二世族人胡俊卿,这是有史记载的宅坦龙井胡氏宗族编修的第一部族谱,现已不存。元延祐元年(1314年),十六世族人胡景(?—1353年)又编纂了一部《龙井胡氏支谱》,该谱在嘉靖《龙井胡氏族谱》中未载,仅见于民国《明经胡氏龙井派宗谱》谱系中。明洪武三十年(1397年),龙井胡氏宗族再次修谱,嘉靖《龙井胡氏族谱》收录了洪武三十年(1397年)六月朔旦福建按察司佥事柯文彬为该谱撰写的序文。宣德七年(1432年),宅坦龙井胡氏宗族又开始编《龙井胡氏族谱》,至嘉靖三十五(1556年)年,由龙井胡氏二十五世族人胡东升(1516—1575年)主持纂修而成。据载,胡东升任台湾主簿和湖广按察史检校期间,"每见士大夫交接间,袖出谱牒以索其序,适动我心"。① 于是,利用返乡祭祀之机,联合族人胡东池、胡东溢、胡东山、胡东济等人,发起族谱编纂活动,并由胡东池主修,胡东济等16人协修,最后编成《龙井胡氏族谱》。该谱不分卷,内容由序文(含旧序)、凡例(含戒约)、历世渊源图、龙井派胡氏各支世系、远祖行状等部分组

---

① 嘉靖《龙井胡氏族谱·序》。

成。这部族谱的纂修是龙井胡氏宗族强化宗族控制的一个极为重要的手段，体现了宅坦龙井胡氏治理宗族思想。二十六世胡桓(1547—1624年)续编万历《龙井胡氏族谱》。入清以后，乾隆时期，徽州各地掀起了纂修族谱的热潮，宅坦龙井胡氏宗族三十世孙胡秉德(1710—1790年)此时极力倡议修族谱，并最终修成。大约在乾隆二十年(1755年)前后，婺源考川明经胡氏宗族发起纂修统宗谱的倡议，宅坦龙井胡氏宗族32世孙胡履泰等受命前往考川会修统宗谱。乾隆二十四年(1759年)，《考川明经胡氏统宗谱》编成付梓。该谱按照28星宿编排，共28册，共印69套，按千字文顺序排列。龙井宅坦胡氏宗族领到一套编号为"羽"字号的统宗谱，此为现存所见唯一一部乾隆版考川明经胡氏统宗谱。同治十三年(1874年)，胡宝铎"首倡修谱，特赞主辑"，[①]修成稿本，旋因胡宝铎北上供职，该谱未能付梓。民国九年(1920年)，胡宣铎等在此稿本基础上，详加厘定，编成十卷本《明经胡氏龙井派宗谱》，并于次年由绩溪县汤乙照斋刊印，总共印刷了60部。因《明经胡氏龙井派宗谱》编纂与刊刻成本较高，售价昂贵，欲使龙井派族人每户购领一部，显然是不现实的。而出资购领族谱者，又不愿轻易借人翻阅。在这种情况下，民国《明经胡氏龙井派宗谱》的编纂者们从实际出发，在《明经胡氏龙井派宗谱》的基础上，删繁就简，"撮其大要，集为一卷。工省价廉，可以家置一部，随时翻阅一览，而知族谱之大略，更留空白以备各家填写近代祖先并生人名氏年庚，为后日修谱张本"。[②] 是为宅坦龙井胡氏《族谱便览》。

　　以上是历代宅坦龙井胡氏宗族编纂族谱的简单情况。值得一提的是，宅坦龙井胡氏宗族编纂族谱，都是围绕着明尊卑、正名分、强化宗族控制这一直接目的展开的。正如嘉靖《龙井胡氏族谱》卷首《戒约》中所说：

　　　　一、世道不古，人心滋伪。不待亲尽，已若途人，恶乎可哉？辑修谱系之后，凡亲疏交接之间，当明尊卑之礼。有德业则相劝，有过

---

① 民国《明经胡氏龙井派宗谱》卷八(一)，《龙井宅坦前门相公派》。
② 民国《族谱便览》，民国刻本。

失则相规,有患难则相恤,不失故家之遗俗也。

一、谱所以别尊卑也,凡称呼当正名分,切勿以富欺贫,以势凌弱,妄诞称呼。贫弱虽不能与较,岂不见哂于贤哉。

一、自今而后,凡生子嗣取名者,务以行序称呼,勿以缪错紊乱班次也。

一、吾因以前取名者未有规则,是以隔房疏远,不知尊卑所以相接,称呼未免错乱,名分何由而正也?取字五十个,拟作五字一句,句法不拘意义,惟同宗后之取名者,世世务可将此五十字依次□取,以成班列。虽居隔远,房分亲疏。路途相接之间,得其名,则知其或父辈,或子辈,昭然明白,称呼自然,便当不至卑逾尊、尊降卑也。若不遵依,非吾之族也。谨示:

伯世希光大,贞忠志士成。天昭昌应德,邦祥允可清。廷献弘嘉瑞,克继本奇荣。文行英贤俊,信善尚时中。恭敬惟良厚,思正永承宗。

右自忠公及今二十五世之裔孙取名者,宜以伯字为始也。

一、每岁祭扫祖墓,老者引幼者,同往某公某妣之墓,逐一指示之,使子孙相继记之,不致遗失,实为敬祖保墓之要也。

二、今后,无子嗣者,当就亲房摘继。国有正法,不可摘养异姓及赘婿,紊乱宗族。①

其次是创修祠堂。祠堂是宗族活动的核心,是宗族权力的象征。徽州"重宗法,聚族而居,每村一姓或数姓。姓各有祠,支分派别,复为支祠。堂皇闳丽,与居室相间。岁时举祭礼,族中有大事,亦于此聚议焉。祠各有规约,族众公守之,推辈行尊而年齿高者为族长,执行其规约。族长能称职与否,则视乎其人矣。祠之富者,皆有祭田,岁征其租,以供祠用,有余则以济族中孤

---

① 嘉靖《龙井胡族谱·戒约》。

寡"。① 为有效地管理祠堂和祠产,徽州宗族制定了许多管祠的规则和公约。宅坦龙井胡氏宗祠的支祠在五派分立之际,相继得到创建,形成上门派豫格堂、前门派澳瞻堂、中门派敦睦堂、后门派继序堂和下门派笃伦堂共五个支祠。其总祠则创建于明天启二年(1622年),名"亲逊祠"或"亲逊堂",前后历时五年,至天启七年(1627年)方才告竣。该祠堂规模宏伟,占地面积达1722平方米。亲逊祠于20世纪90年代被拆除,宗祠的所有印章和祠谱现仍被保留了下来,成为亲逊祠的历史见证。亲逊祠主要是由宅坦龙井胡氏宗族二十四至二十七代孙先后捐资创修,民国《明经胡氏龙井派宗谱》记录了该祠创建者的简略情况,二十四世胡文时、胡文祥、胡文佳等都因"协建宗祠,族祀颁胙"②而被记录于谱中。嘉庆、道光时期是宅坦龙井胡氏宗族经济文化较为繁荣的时期,富而思亲,此时,扩建宗祠和修缮支祠任务便提上了议事日程。道光初年,亲逊祠的扩建和配套工程拉开序幕,前门派三十四世胡注夫妇及二子胡倬、胡佑等捐输巨资,用于亲逊祠的扩建工程。据载,胡倬(1799—1884年)"大学生,性孝友,八岁贫不能读,私就外家受学。父殁,独任艰巨,规模严肃,家道聿兴。奉母命造祠后进全堂,废寝忘餐,成而后已。议建中进,众有难,几中止,挺身出为诸董倡,总理数年,复偕弟佑及诸侄合垫洋四百元。倒堂梁一堂、柱一株,造五屏风,捐方柱一对,皆底于成"。胡佑(1801—1865年)"大学生,有干才。承母命造祠后进全堂,殚精竭虑,数年不倦,卒以告成。后建中进,鸠工庀材,咸取决焉。所垫洋数及材料助饷赠额,均载兄倬名下"。三十五世胡桂(1801—1861年)"国学生,赠封征仕郎。道光年间,重建宗祠,与弟辈合出重赀"。③ 经过多次扩展和配套,亲逊祠规模更加宏伟,焕然一新,举凡中进享堂、后进寝堂、五屏风,以及两侧琅庑、文会等,悉数建成,故民国《明经胡氏龙井派宗谱》甚至称之为"重建"。

最后是开展祭祀。祭祀是宗族缅怀祖先、弘扬孝道和联谊族人的精神纽

---

① 民国《歙县志》卷一《舆地志·风土》。
② 民国《明经胡氏龙井派宗谱》卷五《龙井宅坦下门派》。
③ 民国《明经胡氏龙井派宗谱》卷七(一),《龙井宅坦前门相公派》。

带。龙井胡氏宗族的祭祀分祠祭和墓祭两种形式,祠祭在宗祠或支祠中举行;墓祭又称"省墓",则在墓地进行。对于祠祭,民国《明经胡氏龙井派宗谱》专门立有"修祭事"祠规进行规定,云:

> 凡春分、冬至二祭,前期三日,祠首共入祠,肃办祭事。值事仆二人洒扫祠宇,拭几席,涤祭器。次日,具帖请斯文习仪。前期一日,斯文入祠,眠涤濯,于几席、壶酌、边豆之属不洁,嘱仆重洗濯,仍必薄责示惩,乃习仪。习仪毕,共劳坐,小饮乃退。祭之日,质明行事。如仪不备,获污秽不整,罚值年各银壹钱。仪备而礼生不举,罚礼生,停其散胙。习仪不到者,无散胙;祭祖不与者,不归胙。有于此时争嚣者,罚纸一块,仍令跪拜祖前谢过。祭毕,发签颁胙。颁胙毕,请各礼生及头首入祠散胙,值事仆二人行酒,不猜拳,不给烛,犯者,罚出祭胙。祭之明日,管事人入祠,同算费用,面折灯账。此祭祀之事不可不修也。①

至于墓祭,龙井胡氏宗族亦有详细规定。"省墓之行,展孝敬也。盖墓者,祖宗体魄所藏,魂灵所居……人知尊祖然后知敬宗,惟同拜某墓也,则知某为叔、某为侄,皆与某同出某墓者也。又同拜某墓也,则知某与兄、某与弟又与某同出某墓者也。然则扫拜无非骨肉亲也,非泛然同族比也。尊卑之分悠然不渝,纵有少嫌,风休冰释。岂忍下嚣上、卑犯尊,相欺相凌,相戕相贼,相窥相弄也哉"。②

龙井胡氏宗族就是这样通过不断编纂族谱、修缮祠堂和开展祭祀,以强化尊卑、上下之间的等级秩序,并在"孝"的名义下巩固宗族对其成员的经济和精神上的控制,以维护宗族和乡村社会之稳定。

---

① 民国《明经胡氏龙井派宗谱》卷首《明经胡氏龙井派祠规》。
② 民国《明经胡氏龙井派宗谱》卷首《明经先世省墓序并规约》。

第二节 "咸同兵燹"与宅坦龙井胡氏宗族

一、"咸同兵燹"中的宅坦龙井胡氏宗族

正当宅坦龙井胡氏宗族经济、社会与文化发展的繁盛之时,清王朝的腐朽统治和西方殖民者的入侵,最终导致了咸丰元年(1851年)洪秀全领导的太平天国起义的爆发。在前后长达十四年之久的战乱中,宅坦龙井胡氏宗族同徽州其他地区的宗族聚居村庄一样,几乎受到了毁灭性的打击。我们根据民国《明经胡氏龙井派宗谱》的资料统计,仅直接在战乱中死亡和失踪的人数,宅坦龙井胡氏宗族就有441人之多,这尚不包括《宗谱》记载的在此期间自然死亡的人数。[①] 实际上,在清军和太平军的拉锯战中,宅坦村中男女老幼为躲避战乱,因饥饿而死于逃难途中的村民难以计数。正如民国《明经胡氏龙井派宗谱》所指出的那样,"洪、杨乱后,户口凋零"。[②] "洪、扬之乱,久战江南,吾乡无一片干净土,公私焚如,百不存一。虽同治中叶,大难削平,而疮痍满目,十室九空"。[③] 宅坦龙井胡氏宗族《亲逊堂奉先录》亦云:"自遭'兵燹',祠谱无存,总牌亦失遗大半……宗祠于咸丰十一年被贼毁坏。"[④]与宅坦毗邻的余川汪氏宗族,同样经历了咸同兵燹的浩劫,"道光、咸丰时,门祚鼎盛,丁口殷繁。中经乱离,十丧四五"。[⑤] "咸同兵燹"使包括龙井宅坦胡氏宗族在内的徽州宗族和乡村社会受到了严重的创伤,人口锐减,田地抛荒,宗祠被毁,文献被焚,整个宅坦满目疮痍。

---

① 据民国《明经胡氏龙井派宗谱》相关资料统计。
② 民国《明经胡氏龙井派宗谱》卷首《明经胡氏续修龙井派宗谱例言》。
③ 民国《明经胡氏龙井派宗谱》卷首《序》。
④ 《亲逊堂奉先录》第一册《始祖至廿五世》,稿本。
⑤ 民国《余川越国汪氏族谱》卷首《序》。

二、"咸同兵燹"后宅坦龙井胡氏宗族的重建

咸同兵燹后,面对人口锐减、宗祠被毁、文献被焚这一凋敝局面,如何恢复和重建乡村社会经济,重振战前的辉煌?显然,从宗族自身做起,重新恢复宗族的凝聚力,是关键的举措。用唐力行的话来说,就是修复和重建"宗族的记忆系统"。[①]

首先,整修宗祠,这也是"咸同兵燹"后徽州其他地区恢复和重建宗族的一贯做法。毕竟祠堂是祖先神灵魂魄之所和宗族权力的象征,因此,历经战乱浩劫后,重修宗祠——亲逊祠成了宅坦龙井胡氏宗族的首要任务。本来,亲逊祠刚在道光时期整修一新,但因"乱后宗祠后进全堂经贼残毁",亟待进行修缮,以重塑宗族信心。三十六世胡业(1818—1871年)不忘母亲嘱托,亲自率领诸弟"出赀专修,躬亲董理,焕然一新"。[②] 不唯如此,胡业之子三十七世胡佩玉(1837—1918年)还出资整修了亲逊祠前道路,同时又命其子"出赀重建祠碓"。[③] "以助饷平乱授都司衔,晋封三品"的三十六世孙胡道升(1832—?)也加入了修缮亲逊祠的行列。[④] 经过整修,至同治十年(1871年),亲逊祠再次焕发了新姿。

其次,重新勘定祠谱,进行升主活动。龙井宅坦胡氏宗族的宗族文献大多在"咸同兵燹"中焚毁或散佚,祠堂整修一新后,如何勘定祠谱,举行升主活动?这是宅坦龙井胡氏宗族恢复与重建宗族记忆与汇聚宗族人心的当务之急。根据龙井宅坦胡氏宗族现存民国时期的各种宗祠谱,我们以为,其宗族的宗祠谱包括《亲逊堂聚神谱》《亲逊堂奉先录》《像牌谱》和《殊荣谱》四大类。《聚神谱》是一种不按排行辈分只以去世时间先后记录龙井胡氏宗族族人神主及上堂经过的宗祠草谱,该谱现存三册,其中第一册为清光绪三十年(1904

[①] 参见唐力行:《千丁之族,未尝散处:动乱与徽州宗族记忆系统的重建——以徽州绩溪县宅坦村为个案的研究》,载《史林》2007年第2期。
[②] 民国《明经胡氏龙井派宗谱》卷八(一),《龙井宅坦前门相公派》。
[③] 民国《明经胡氏龙井派宗谱》卷八(一),《龙井宅坦前门相公派》。
[④] 民国《明经胡氏龙井派宗谱》卷八(一),《龙井宅坦前门相公派》。

年)九月订立。该册记录了清光绪三十年至民国六年(1904—1917年)龙井胡氏亲逊堂前门、上门、中门、下门、后门五个门派去世先人祠堂牌位的名录,并根据具体情况分别于名字前钤有校对特进、春分、冬至等印章,另钤有"龙井亲逊祠印",盖于逝者名字之上。其中"春分"和"冬至"是指牌位进祠的时间,即在春分和冬至祠祭时上堂。"特进"则指上牌位时间是宗祠特地安排的,隐含着牌位主人拥有一定社会地位的因素。《亲逊堂奉先录》全四十四册,清末至民国抄本,系龙井胡氏宗族亲逊堂宗祠谱,封面以粉红色底纸隶书字体书写"亲逊堂奉先录"题签。该书收录了自始祖胡昌翼至四十世辞世族人的神主名录。每一神主名上都钤有"胡亲逊祠"篆字印章,其下还盖有"入圹"字样的印记,即神主牌位在越主时从牌座上取下成捆放入类似棺椁的砖圹中。因老祠谱于"咸同兵燹"中毁失殆尽,现存《亲逊堂奉先录》系清同治十年(1871年)后陆续辑补而成。同治十年(1871年),龙井宅坦胡氏宗族在亲逊祠整修落成后,旋即开始了升主活动。此次升主活动,因"'自遭'兵燹,祠谱无存,总牌亦失遗大半。辛未年迁主之役,只得照各门支谱誊作底本,另写总牌。惟仓卒蒇事,多有未惬心之处"。① 应当说,这次升主活动确实有些仓促,留下了许多遗憾。但正是此次升主仪式的举行,使龙井宅坦胡氏宗族重新整理了宗族的文献,"辛未迁主,所誊各门支谱共九本。前所存总牌,共录草谱六本,单牌录草谱一本。存疑者,另录草谱三本"。② 凝聚了宗族的人心,为升主以后龙井胡氏宗族的恢复与重建奠定了良好的基础。升主活动举行后,宅坦龙井胡氏宗族重新步入了正常发展轨道,人口迅速增长,经济和社会发展也迅速回升。

再次,纂修族谱。宗祠整修和升主活动的顺利举行,为族谱的编纂创造了条件。同治十三年(1874年),在三十六世孙胡道升和胡宝铎的倡议下,宅坦龙井胡氏宗族成立了谱局,由胡道升兼领谱局,胡宝铎任主编,着手开展《明经胡氏龙井派宗谱》的编纂工作。修谱活动得到了族人的热烈响应和强

---

① 《亲逊堂奉先录》第一册。
② 《亲逊堂奉先录》第一册。

烈认同,一时间"登高一呼,群山皆应"。① 据民国《明经胡氏龙井派宗谱》记载,此次参与协修宗谱的宗族成员达十二人之多,其中既有"鲁仲连之称"的三十四世孙胡绍铨(1844—1902年),②也有三十五世孙胡道源(1821—1883年)"协理谱局",③但参与更多的主要还是龙井宅坦胡氏宗族精英。"阖族人士远采旁搜,披旧图,咨故老,吊古冢,访遗碑,四更寒暑,将我龙井世系纂录成帙"。④ 遗憾的是,这次族谱编修只是完成了稿本,因胡宝铎服官京师和经费短缺而未能付梓。直至民国九年(1920年)再设谱局时,方才在胡宣铎主持下完成了定稿并最终付梓。

最后,制定宗族的族规家法,规范宗族的活动。虽然同治《明经胡氏龙井派宗谱》的稿本今已不存,但因民国《明经胡氏龙井派宗谱》"体例悉依旧谱"、"惟有(同治)甲戌稿之基础",故其中包括《祠规》等在内的诸多内容基本上反映了同治年间宅坦龙井胡氏宗族重建的努力情况。同治十年(1871年),宅坦龙井胡氏宗族即开始了宗族的恢复与重建工作,通过制定宗族的族规家法,对龙井宅坦胡氏宗族的活动进行规范,从而为胡氏宗族的复兴创造了条件。该族的《祠规》由彰善四条(训忠、训孝、表节、重义)、瘅恶四条(忤逆、奸淫、贼匪、凶暴)、职守四条(修祭事、训祠首、保祠产、护龙脉)、名教四条(振士类、厚风俗、敬耆老、正名分)共四篇十六条组成。可见,这一系统的《祠规》包含了重振龙井宅坦胡氏宗族伦理、经济、社会和文化等各个方面内容,相当系统全面,其中尤以《训祠首》《保祠产》和《正名分》最为重要。祠首肩负着管理和振兴宗族的重任,祠产则是宗族活动开展的经济基础,而正名分则是对族内尊卑等级秩序的强调。

在《训祠首》中,宅坦龙井胡氏宗族指出:"祠之兴废,系于祠首,非人则害大,日久亦弊生。爰酌管祠定例,斯文分班轮流交代时,各项器用俱照清单点

---

① 民国《明经胡氏龙井派宗谱》卷首《序》。
② 民国《明经胡氏龙井派宗谱》卷七(四),《龙井宅坦下门东滋公派》。
③ 民国《明经胡氏龙井派宗谱》卷七(二),《龙井宅坦前门构公派》。
④ 民国《明经胡氏龙井派宗谱》卷首《序》。

付。如有失落敝坏,责令酌补修整。起逐年收租粜谷一切费用账目,接管人面同算明登账,然后投匦封贮,管匦、管钥、管封、管印各任其事,毋得通情凑便,事不称职,犯者罚银壹两。有怀私者,查明攻出,仍揭书祠壁,黜革不许入祠。至族内间有口角,或请调和,必须直道而行,依祠规赏罚。如有强梗,呈官究治。大要修祠宇、省坟墓、核产业、勤算租、整祭器、明用度,遵前人所已行,发前人所未发。毋贪利殉情,毋畏势凌弱,则勤足办事,公足服人,而祠赖以兴矣。有能如此,给配享荣之,管祠人勉旃毋忽。"显然,祠首的操守与干练与否,直接关系宗族的兴衰与成败。宅坦龙井胡氏宗族将祠首置于如此高度位置加以强调,其用心是不言而自明的。

祠产包括宗祠的动产与不动产,这是宗族赖以维系和发展的物质基础。在《保祠产》的祠规中,宅坦龙井胡氏宗族强调:"祠之有产业,皆先人批置,以为祭祀二事,匪颁之用也。产业不明,则侵占之患生,而吞租之弊起。故总理祠务者,必先将祠产查明字号、税额、步数,以便校数收租。其田地、山塘、屋碓以及祖墓余地,有侵占者,在异姓,托人理论,如有强梗,呈官究治。在派下,责令归还,仍量占业所值之数,罚其银两,如不遵条,即行黜革,生死不许入祠。有吞租者,在异姓,照前办事;在派下,揭书祠壁,生停其胙,殁停其牌,俟交还时方许进主。以上诸项,管祠人如有徇情容隐,照前罚例。又桂枝书院上有义祖牌位,不得停宿优人,以至污秽。祠首通情,责罚不恕。此祠内产业,不可不知保守也。"显然,对祠产这样重要的宗族财产和经济基础,宅坦龙井胡氏宗族是倾全力进行保护的,容不得任何侵害和蚕食。

至于祠规中的《正名分》,其实正是基于维护宗族内部的尊卑和等级名分而制定的,它是宗族乃至乡村社会秩序保持稳定的最基本前提,也是宗族强化和履行权力的社会保障。"下不干上,贱不替贵,古之例也。然间有主弱仆强、主懦仆悍者,呈其忿戾,不顾统尊,或至骂詈相加,甚且拳掌殴辱。虽非犯其本主,然以祖宗一体之例揆之,是则凌其本主也。族下如有此婢仆,投明祠首,祠首即唤入祠内,重责示惩,仍令其叩首谢罪。倘本主不达大义,护短股息,阖族鸣鼓攻之,正名分也"。这里,"正名分"被强化到了无以复加的地位。显然,宅坦龙井胡氏宗族是力图通过对主仆关系的强调和重申,将既定的上下、尊卑、主仆等级秩序加以固定,并借此维系宗族对族内成员的控制,进而维护宗族统治者的利益。

第三节 结　语

宅坦龙井胡氏宗族自北宋初年徙入宅坦后,不断巩固和扩张自身的势力,成为雄踞一方的强宗大族。在扩张势力之时,龙井胡氏宗族同徽州其他的宗族一样,以编纂族谱、创修宗祠和开展祭祀等手段,强化宗族的向心力与凝聚力。当社会处于相对稳定时期,徽州宗族即是如此;而当社会动荡特别是战乱时期,徽州宗族也同样千方百计地使用这一手段,来恢复和重建宗族的信心,进而在一个新的历史背景下重复着往日的做法,维持着宗族的权威。由于"山限壤隔"[1]"川谷崎岖,峰峦掩映"[2]的自然地条件,造成了徽州历史上相对封闭的环境,"世不中兵革",[3]以致历代战乱都很少波及这里。一旦遭遇"兵燹"战乱,便立即显得手足无措。惊慌失措之后,徽州宗族依然会在旧有的基础上进行恢复和重建,形成其独有的宗族记忆系统。宅坦龙井胡氏宗族尽管在迁入宅坦定居开基后,至太平天国之前,虽然历经多个王朝的鼎革,但基本未曾遭遇过兵火浩劫。"咸同兵燹"给宅坦龙井胡氏宗族的打击是前所未有的,但战乱一结束,他们即着手进行宗族的恢复与重建活动,率先于同治十年(1871年)修复了被战乱损毁的祠堂——亲逊祠,并同时进行了祠堂的升主活动。接着借助于三十四世孙胡志高从战乱中背负而幸免于兵火的嘉靖《龙井胡氏宗谱》和乾隆《考川胡氏统宗谱》等族谱及三十六世孙胡道升

---

[1] 淳熙《新安志》卷一《风俗》。
[2] (民国)吴日法:《徽商便览·缘起》。
[3] (明)王世贞:《弇州山人四部稿》卷六十一《赠程君五十叙》。

"燹后访求宗祠田簿税册，得于村人破纸篓中"的宗族资料，①以三十六世孙胡宝铎为首的龙井胡氏族精英，自同治十三年（1874年）着手进行族谱的编纂工作，初步编成了宗谱的稿本，并全面恢复了宗族的春冬二祭的宗族祭祀活动。

经过战后的恢复与重建，宅坦龙井胡氏宗族逐渐恢复了元气，宗族制度和宗族的一切活动依旧按照原有的秩序继续向前发展。族中的士人、商人和各阶层成员，积极参与宗族和村庄经济、文化、教育和社会的重建，在社会变迁中完成了一次宗族的转型。

民国改元后，宅坦龙井胡氏宗族承接着历史发展的惯性，在接受新生事物的同时，保持着原有的传统，使宗族制度得到进一步强化。胡宝铎同治年间"编摩更四寒暑，始得属稿"的《明经胡氏龙井派宗谱》因费用无措，未能付梓。民国九年（1920年），胡宣铎、胡蕴玉等在胡宝铎稿本的基础上，重新开展包括宅坦在内的龙井胡氏宗谱的纂修工作，并于次年完成付梓，此即《明经胡氏龙井派宗谱》。该谱共计九卷，外加卷首一卷，合为十卷，每部计十二册。考虑到族内贫困成员难以资购买该谱，龙井胡氏宗族乃以节录的方式，另外编纂刊行一册《明经胡氏龙井派族谱便览》，作为《明经胡氏龙井派宗谱》的普及本，以较为低廉的价格出售给族内成员。对此，《族谱遍览小引》云："民国辛酉，吾族宗谱告成，捐赀购领者凡五十余部。然吾族大人众，势难普及。领谱者各自珍藏，又不轻与人翻阅，未领者依然向隅，岂非恨事？爰复撮其大要，集为一卷。工省价廉，可以家置一部，随时翻阅一览，而知族谱之大略，更留空白以备各家填写近代祖先并生人名氏年庚，为后日修谱张本，庶于世系之奠不无小补云。"②完成族谱的纂修任务后，龙井胡氏宗族的经济实力渐渐增强，亲逊祠的管理亦更趋规范，轮值值守和管理宗祠的制度日益健全。据不完全统计，此亲逊祠和桂枝文会的祠田、学田总数达206坵，每年收租约8000斤。族内救济及宗族和村庄各项公共事务等开支也大多由亲逊祠各项

---

① 民国《明经胡氏龙井派宗谱》卷八（一），《龙井宅坦前门相公派》。
② 民国《明经胡氏龙井派族谱便览·族谱便览小引》。

收入支付。不过，延至抗战前后，因连年灾荒和驻军的大量入住，时局维艰，宅坦龙井胡氏宗族的经济再次陷入了困境。

从宋明以降到"咸同兵燹"，作为徽州宗族聚居村庄的典型代表，宅坦龙井胡氏宗族面对急剧的社会动乱与社会变革所展示出来的灵活应对举措，诸如编纂族谱、修缮祠堂、及时升主、适时救济等，以重塑宗族的向心力和凝聚力，并以当时较为民主的管理方式，强化宗族对族内成员和村庄事务的控制。这在一定程度上反映了徽州宗族制度在社会动乱和社会变革复杂形势下的弹性和张力，也在一定条件下考量了徽州宗族自身存在和延续的动因与机制。

第十五章　明清祁门六都的宗族管理、经济基础及其祭祀仪式

祁门六都村,古称"善和",因明清时期属六都而得名。六都坐落在徽州府祁门县北部山区,四周高山环绕,背倚窦山,俗称"来龙山",前列五支,又称"窦山五桂"。村东曰东山,与窦山夹珠浦河相峙而立;东山偏南临溪之山为石山;东山之背,山势较低,其中高处为梧冈。中间为一狭窄的小盆地,发源于高山上的溪流——和溪,自六都村前流过,形成山环水绕的村庄景观。光绪《善和乡志》对善和村的自然景观和疆域范围,有着详细的描述,云:"善和乡居江南万山间,今隶祁门县之六都。其为乡也,隔离喧市,弗介通衢。山成四塞之险,地居上游之雄。遥控九华,近引白石,中有十盛之景。广二十里,袤如之。东为本都之秀溪,西为二都之石墅,南为五都之韩村,北为本都之章溪,东南达县治焉。"①

六都村开基于唐末程仲繁,系徽州望族程氏宗族的聚居地。据载:程仲繁于唐乾符(874—879)年间,因协助父亲抗御黄巢,以功受检校户部尚书,镇守祁门,遂举家迁居祁门北部之善和,后迁江西浮梁。南唐时期,程仲繁三子程令涯奉母胡夫人留居其地,光大其业。及再传为三,其一居窦山之麓,曰上

---

① 光绪《善和乡志》卷一《志境》。

村(即今之六都自然村);一居梧冈西南下,曰中村;一居宅后山之阳,曰下村(今废)。程令浑次子程承海七世孙程焕又分迁林村。上、中、下三村相距各里许,规模以上村为大,下村次之,中村最小。六都周围各小村,如今之芳村、韩村、朝屋口、黄家坞等,多系旁姓,或因入赘程姓,或曾为程姓庄佃(即佃仆),而逐渐建立和发展起来的村庄聚落。光绪《善和乡志》云:"明洪武、永乐间,而张、汪、刘、林、陈五姓因赘各附居其旁。"[①]

同徽州其他宗族聚居中心一样,明清时代的六都村宗族组织严密,宗族统治牢固。历史上,聚居该村的程氏宗族曾多次纂修族谱。据史料记载,六都程氏宗族自八世祖伯源公之后,先后分为四门,即松山门、圭山门、学山门和仁山门,其中绵延至今者,以仁山门为最盛。南宋景定四年(1263年),程氏宗族开始编纂第一部族谱《祁门善和程氏宗谱》。计明清两代,聚居六都的程氏宗族及其四门支族先后编纂了十余种族谱,它们分别修成于明洪武、永乐、景泰、嘉靖、崇祯,清康熙、乾隆和光绪时期。其中既有整个六都程氏宗族的宗谱,也有各门的支谱。据《中国家谱综合目录》和《上海图书馆馆藏家谱提要》统计,六都现存的程氏宗族宗谱和各门支谱,尚有程昌纂修的明嘉靖二十年(1541年)刻本《祁门善和程氏谱》(十四卷,外加《宠光录》一卷、《足征录》四卷)、《祁门善和程氏家谱》(旧抄本,残,编修时代不详)、程文礼纂修的清康熙二十一年(1682年)刻本《善和程氏支谱》(即学山门家谱,不分卷)、程衡等纂修的清康熙二十一年刻本《善和程氏仁山门支谱》(不分卷)、程良贤纂修的清康熙三十三年(1694年)刻本《程氏支谱》(即圭山门族谱,不分卷)、程兆崧纂修的清乾隆十二年刻本《祁门善和程氏仁山门支谱》(不分卷)和程际隆等纂修的光绪三十三年(1907年)木活字本《祁门善和程氏仁山门支修宗谱》(四十一卷,首一卷,附录一卷)。此外,清嘉庆年间六都程氏草谱《衍庆录》(不分卷)及初刻于明嘉靖、继刻于明万历和清顺治年间的仁山门

[①] 光绪《善和乡志》卷一《志居》。

综合管理宗族事务的《窦山公家议》(七卷,附录一卷),现亦被保存下来。至于仁山门宗族留下的诸如《布政公誊契簿》和分散收藏于全国各地的散件文书,其数量亦很大。最为难能可贵的是现存记录清代六都三十三个会社活动的《徽州会社综录》等珍贵文献,为我们对包括祁门六都程氏宗族在内的徽州宗族各种信仰特别是祖先信仰和祭祀仪式及其活动进行集中研究,提供了最为珍贵的原始资料。

六都村素有修志传统,该村在明清时期曾三修村志,除明弘治志佚失不传外,清康熙和光绪两部村志至今仍流传于世。如果加上该村 2000 年新近纂修的《徽州文化古村——六都》,那么,六都现存的村志即达三种之多。这些村志,为我们深入系统探讨和研究六都村的社会结构、社会变迁、宗族组织、祭祀仪式和经济状况,提供了最有价值的第一手资料。

第一节 明清六都的宗族管理

包括祁门在内的徽州,历史上封建宗族制度顽固存在,宗族牢牢地控制着村庄的经济和政治命脉,并左右着村民的精神文化生活。作为一种准基层组织,徽州的宗族直接控制着村庄的各项事务。因此,从某种程度上说,六都的宗族管理制度,也就是六都村庄的管理制度。

关于六都程氏宗族的各项管理制度,成书于明代万历年间的《窦山公家议》有着详尽的描述。

建立管理人员责任制,严格制定和实行赏罚结合的制度。根据《窦山公家议》所记载的资料,六都程氏族的管理组织及人员结构如下:由仁山门的东房五大房家长和家众中各推举一人,进行严格分工,具体是一人管银匣,一人管钥匙,一人管手册,一人管印秤,一人管杂物。管理者被推举的过程是民主的,其任期为一年,"至一年事完,送出点检交递"。大体上,新旧管理者的交接时间在每年农历七月十五日即"中元节"。具体交接仪式和程序如下:

> 管理众事,每年五房各壹人轮值,壹年事完,先期邀下年接管人

算明，将所领《家议》(即《窦山公家议》——引者注)手册填注明白。复别具一册，填下年接管人名。至中元会祭日，三献后，当年管理者捧手册齐至窦山公神像前，置棹上，跪宣告文。祭毕，仍设神坛于月台，管理五人跪读誓状讫，接管五人剪牲歃血，以一其心，庶怀私者皆有所警矣。誓毕，每房家长一人同家众，将当年手册查果无弊，家长酌众议，于功最款下，书其多寡有无收匣。复将接管手册应值人名，令其亲书押号，付领承管。或查出有弊，及接管非时、交代不明者，家长同家众实时举罚。……中元交递之时，管理同接管告家长家众，照依上年交递手册，眼同检点明白。如有失落手册一本，并失一契一物者，接管务要告家长家众，实时追出，仍加重罚，方许交递。倘容隐不举，责在接管者。①

由此可见，六都村诸项事务的管理，基本上是以程氏宗族的管理为核心，并以几乎是以将宗族祖先窦山公神化的形式，要求管理者与接管者在窦山公神像前发誓在管理中绝无徇私舞弊行为。这种宗族内部的民主管理，以及职责分明、惩罚严厉的制度，在明清时代六都的村庄事务管理中，实在具有积极的意义。还有，若管理者遇到重大事务，必须及时告诉家长，由家长召集家族中全体成员进行商议决策，"凡属兴废大节，管理者俱要告各房家长，集家众，商榷干办。如有徇己见执拗误事者，家长家众指实纠正，令其即行改过。如能奉公守正者，家长核实奖劝，家众毋许妄以爱憎参之，以昧贤否"。② 程氏宗族内部管理中实行的重大事务集体商议决策的民主原则和奖惩分明的严格的管理制度，是保证六都村庄事务公正执行的重要保障。对此，我们应予足够的重视。不唯如此，程氏宗族的管理是建立在法制的基础之上的，尽管这种法制还只是一些封建的族规家法和村规民约，但它毕竟是约束村庄和宗族成员最为有效的规矩和手段之一。在强调法治的同时，六都程氏宗族还强

---

① 万历《窦山公家议》卷一《管理议》。
② 万历《窦山公家议》卷一《管理议》。

调以德治族、以德治村,并在德义情理的感化下,实现对宗族和村庄事务的管理和控制,所谓"各房有干法干义,管理者宜以情理相谕,务期敦崇礼义,无坠家声"。①

关于田地、山场、银谷的管理。《窦山公家议》专门辟有《田地议》《山场议》和《银谷议》三卷,对六都程氏宗族的山场林业、田地地租和货币收支进行规范。毕竟田地山场是六都程氏宗族的主要收入来源,是村庄和宗族赖以维持的经济基础,加强对这一经济基础的管理不仅必要,而且迫切。因而,《窦山公家议》中这三卷内容实际上就是六都和程氏宗族的经济管理制度。作为宗族公产部分的田地和山场之所有权不可侵犯,家族子弟任何人不得盗买盗卖,管理者务必严格看守、管理,"毋许秩下子孙私业私卖。凡遇水旱,管理者须分勘各处轻重量助,令其救治。若有荒歉,或监或让,须亲勘通处。其田原亩步紧者,亦须酌量宽减,俱毋得执一,以困贫佃。但不可受嘱滥与,以私灭公,亦不许怀恨留难,以逞己忿。各处田、塘、甽、堨,若有损坏壅塞,管理者当及时修治,毋怠惰废弛,以致荒芜田亩"。对于购买田产,扩大经济基础,《窦山公家议》云:"日后续买田地,管理者务要亲临查勘亩步、垯数、实租、税粮、时价,必须的实相应,方许动支众银买业。"②

关于山场,六都程氏宗族深知,与田地效近而利微相比,"山之所产,效远而利大"。因此,对山场的管理更为困难。为此,《窦山公家议》要求管理山场者务必要及时兴养栽种,严禁乱砍滥伐,并注意森林防火,"栽垄兴养,治山者必要佃与近山能干之人,便于防盗防火……纵有所栽,火盗难防,犹无栽也。治山者重罚,仍追出佃山者递年花利,另人兴养"。对于监守自盗者,其处罚尤为严厉,"治山者所获火盗,轻则投治,重则告鸣,赔还木价,尽行归众。间有捕获之时,多方恣取,以充私囊,志得意满,交相隐匿。及至发觉,聊将所得一二归众,以掩众口,是治山者一火盗也,查出重罚。治山者巡行各处,务要视为己事,着实举行。间有往返无益于事,或有乘此机会窃取大木以为己利

---

① 万历《窦山公家议》卷一《管理议》。
② 万历《窦山公家议》卷四《田地议》。

者,是治山者甚于火盗也,访出倍罚"。①

六都村和程氏宗族这种赏罚严明、措施得力的一整套经济管理制度,既保证了村庄和宗族经济的收入,又保证了其可持续发展。在一个闭塞的徽州山区,一个宗族聚居的村落,其内聚性的发展特征,值得我们做认真的调查和研究。

对于村庄和宗族的收支,《窦山公家议》也有明确而细致的管理制度。由于六都实行的是租佃制度,即将田地或山场租于他人耕种和兴养。为防止管理者徇私舞弊,高低不均,上下其手,《窦山公家议》规定:"将收获之先,晓谕各佃,务要谷色干燥,以防贮积坏烂……凡首银谷,毋许各佃坐赊,务令依期交纳,有见银坐者听。"对于出入银谷,《窦山公家议》规定一定要备有天平、顶秤,不得更易不标准的天平用以收支。

总之,六都村和聚居于六都的程氏宗族在经济管理上,确实做到了制度健全,收支有据,有条不紊,这是六都村经济得以稳定发展的重要保障。

此外,作为六都和程氏宗族的精神支柱,祭祀祖先和墓茔的看守与祭扫也是必不可少的。为此,《窦山公家议》还专门立有《墓茔议》和《祠祀议》两卷文字规条,以加强对墓茔和祠堂的管理。但是,明清时期六都的祭祀祖先仪式,基本上是以宗族和会社的名义组织开展的。

第二节　明清六都的经济基础

同徽州其他地区一样,六都也是一个山多田少的家族聚居村落,其经济收入主要是建立在农业和林业基础之上的,而且除了个人拥有的小块田地外,该村绝大部分田地和山场属于宗族组织和管理,以租佃的名义出租给族人或外姓耕种或兴养。这是聚居六都村的程氏宗族开展宗族活动的主要经济来源。

---

① 万历《窦山公家议》卷五《山场议》。

六都的土地主要由田地和山场两个部分组成。据《窦山公家议》记录的资料统计，六都程氏宗族仁山门总共拥有田地 320.14 亩零 50 步，山场 1236 亩 132 角零 78 步。另外，因该村和徽州府属其他地区一样，土地计算面积往往以当地习惯的"秤""坵"等计量单位进行统计。因此，程氏宗族仁山门的实际土地面积应当不止上述记载的数量。

六都程氏宗族仁山门的田地分为义田、学田、祀田和军业田四种。义田系程氏宗族仁山门五大房家长为赡养、赈济族中弱势群体而专门建立的，这种类型的田地是包括六都在内的徽州宗族聚居村的主要经济基础。仁山门的义田创设于明代的松岩公程贯（1423—1492 年），程贯"性好施与，里有年及七旬、八旬而日食不给者，时遗以米；有不能葬其丧者，悉助葬之。又写立义田若干，冀后人以继其志"。① 尽管《窦山公家议》对义田的记载缺乏具体而确切的数据，但有一点是肯定的，即义田被程氏宗族仁山门世世代代继承了下来。学田是善和程氏宗族为鼓励宗族子弟读书入仕而专门建立的，其地租收入被充作窦山书院等学校私塾的膏火费。包括仁山门在内的善和程氏宗族，对教育十分重视，明清两代，该村先后建立了窦山书院、东源书院、鸣阳书院三所，以及承恩堂义学、复初义学、光烈义学等义学三所，另有致恩馆、培庵家塾等私塾五所，支撑这些教育机构的经济基础大部分来源于程氏宗族的学田收入。祀田主要用于包括仁山门在内的程氏宗族等祖先祭祀花费。作为一个规模庞大的血缘群体，六都程氏宗族仁山门五大房的祭祀活动十分频繁，且极为隆重，"自尚书胡夫人以下十墓，清明合祭宗祠，各捧纸钱分往各墓标挂。自汝霖公以下拾壹墓，清明合祭宗祠后，五房轮备祭品，往各墓所致奠标钱。窦山公以上叁墓，以下三墓，俱于清明合祭宗祠。数日后，五房轮备祭品致奠各墓标钱，长幼毕集百花园墓祠散胙……前项奠仪，俱有祭谷，有定式"。② 这些祭祀活动的经费来源除了各种会社成员的自愿输入之外，大部分是祀田的收入。如《窦山公家议》曾议"将（仁山公）墓下空地建立享祠，其

---

① 光绪《善和程氏仁山门支谱》（第三册）卷三《祖墓碑铭》。
② 万历《窦山公家议》卷二《墓茔议》。

余地租并田租,存为祭祀之需"。① 六都程氏宗族仁山门祀田的具体数量,我们不得而知,但从下面文字记载中,可以想象其规模,即"祀始迁祖以下神主,各割田以供香火"。② 又据清顺治十三年(1656年)四月程宗武等订立的《众立提轮谷重造窦山公寝庙并祠旁庄屋合文》载:"窦山公创业艰难,遗有祀田三千余秤(整),刻载家规,除供国课、存祭祀之外,仍有一千五百秤。"③这些记录,说明明清两代,六都程氏宗族的祀田数量是极为可观的。

山场是六都程氏宗族的重要资产,在"地在山谷之间,无平原旷野可为耕田"的徽州,④山场林业经济远比农业经济更重要。在整个六都程氏宗族土地中,山场所占的比重是最大的,计有1236余亩,而田地则仅有320余亩。山场林业的收入,事实上也远较田地为巨。这一点,程氏宗族的族长和家长们是清楚的。所谓"田之所出,效近而利微;山之所产,效远而利大"。若能将山场管理得有条不紊,则势必"当获无穷之利"。⑤

作为六都程氏宗族的主要经济基础,农业和林业的收入显然占较大的比重。

此外,经商获利也是六都程氏宗族取得经济收入的主要途径之一。六都程氏素有经商和读书的传统,早在北宋时期,程承津、程承海兄弟就曾经商致富,其所置田产,地跨池州之石台、宣州之太平,"故乡人号为程十万,每称津为十万大公,海为十万二公"。⑥ 明末清初,程琪商于广陵,掌理盐务,富甲一方,休宁、祁门和黟县三县所需食盐,悉赖其供应。明代从父经商的程神保,更是足迹遍及山东、湖广、淮扬、福建等地,经营领域涉及盐、蓝靛和典当等多

---

① 万历《窦山公家议》附录《东西军业议》。
② 万历《窦山公家议》卷三《祠祀议》。
③ 万历《窦山公家议》卷五《山场议》。
④ (明)归有光:《震川先生集》卷十三《白庵程翁八十寿序》,上海:上海古籍出版社,1981年。
⑤ 万历《窦山公家议》卷五《山场议》。
⑥ 光绪《善和程氏仁山门支谱》(第三本)卷三《祖墓碑铭表志·书四府君派后》。

个行业,豪富一时。①

第三节　六都的祭祀仪式

对祖先的祭祀,向来是六都程氏宗族的重要活动之一。正如《窦山公家议》所云:"祭祀乃是大事,必精洁,必诚敬,否则祖先不歆。如苟且以应故事,当事者从公声罚,毋得徇情缄默。"②"我新安之为郡也,自昔少兵燹,故生其间者,乐耕勤学而重祠墓。且其重之也,鸠族而守之有定约,合谱而识之有定所。或寝也,则并力而讼之,积岁倾家,不直不已"。③"报本追源,莫重于祠。予宗有合族之祠,予家有合户之祠,有书院之祠,有墓下之祠,前人报本之义,至矣,尽矣! 思报本之义而祀事谨焉。神妥人辑,吉之趣也"。④ 墓祭、祠祭等都是程氏宗族每逢节日、忌诞必须进行的活动之一。

明清两代,六都程氏宗族祭祀的组织方式前后并不完全相同。如果说明代六都程氏宗族的祭祀基本上还是由宗族出面组织的话,那么迟至晚明时期及整个有清一代,六都的祖墓及祠堂的祭祀,更多则是由会社组织发起和展开的。

先来看明代六都程氏宗族的祭祀及其仪式。

六都程氏宗族祭祀的对象涉及范围极广,祭祀的时间和规格也各有不同。据《窦山公家议》记载,明代六都程氏宗族仁山门东西二房祭祀的对象、时间和规格如下:

(1)合族祠堂:主要"祀始迁祖以下神主,各割田以供香火……每岁正旦,合族为首者具酒馔致奠。奠毕,分少长叙拜散饼。本家人众,凡轮派为首者,

---

① (明)李维桢:《大泌山房集》卷七十三《程神保传》。
② 万历《窦山公家议》卷三《祠祀议》。
③ 光绪《善和程氏仁山门支谱》(第三本)卷三《祖墓碑铭表志·祁门善和程氏世坟记》。
④ 万历《窦山公家议》卷三《祠祀议》。

不许推延,以致众议。每年清明,各门致祭"。

(2)正居祠堂:"东西二房不时致祭,每岁除夕、正旦,少长毕集,照次叙拜,各房为首者各备果酒。奠后相庆,四礼举行率集于此。"

(3)合户祠:各房不时奠祭。

(4)八都汝霖公墓:方村办物。

(5)二都汝霖孺人墓:仁山公首人办物。

(6)项源如柏、仕荣二公墓。

(7)溪头仁山公墓及许五坞、江家冢背等处墓。

(8)黄坑坞如柏孺人墓及村里等处墓。

(9)窦山公及汪孺人墓。

(10)章溪江村刘氏孺人墓。

(11)书院祠:每年生、忌二辰致奠,清明、中元、冬至会祀。

关于祭祀的规格和仪式,我们谨以窦山公程新春及汪氏孺人祭祀规格、仪式为例说明之。

墓祭规格:"鲜明五色粿一百斤,精洁细和菜二十斤,鸭弹(蛋)五十三枚,大申文纸二十拾张(式同前),火纸半斤(价秤称),中样印丝象生二百锭,石烛二对,纸钱四竿,官香二束,枝员果子五套(不散),祝文并后土文各二纸(以上俱为首者管办),生猪肉五十斤(系汪金富等养办),油煎塘鱼,腊肉七斤(系冬至祭肉存腌十斤),肥鸡七只(系杨坑中村租鸡),好酒十二瓶(以上俱众备,付为首者)。"

各种不同祭祀时间的祭祀仪式:

(1)窦山公生辰祭祀仪式(忌辰同):"生辰正月十六日,忌辰九月二十一日。去骨熟肉壹斤半,炒骨一斤半(头、脚、骨俱不用),新鲜油煎塘鱼一斤(去头尾,腌鱼不用),好旧腊肉一斤(以上俱切碎各称),肥母鸡一只(俱系中村张寿、乞保租鸡),上好大样枝员各十二两,大堆糖二个,大拖禄五碟,堪用水菜十碟(俱要丰洁),石烛一对,大申文纸二十张(式同前),火纸半斤(价秤称),中样印丝象生一百锭,官香一束,祝文一纸(以上俱为首者管办),好腊酒八瓶

(系众备)"。

(2)清明祭祀仪式:祭猪一口,祭羊一羊空,席面一张(油煎塘鱼,熟鸡一只租秤十二两,猪肉、炒骨、腊肉俱要丰洁,高五寸),塘鱼六尾,大枝员堆糖共五碟,拖禄五碟,笋蕨水菜五碟(要丰洁),大申文纸一百张,纸钱二竿(七节三十层),大小告示榜纸(共十一张),石烛三对,好腊酒三十瓢,祝文一张。余物俱照簿式(以上俱为首者管办)。

(3)中元祭祀仪式(冬至同):祭猪二口(共计一百二十斤,永为定则),祭养一羫(定银七钱),塘鱼(定银五钱),枝员时果(定银四钱五分),拖禄一桌面食(共定银二钱五分),水酒十瓶,糖尖(定银二钱五分),好腊酒二十五瓶,大申文纸一百张,建白纸二百张(打钱),石烛三对,中样印丝象生一千锭,檀香三钱,速香(二两),长红绿纸表白黄纸,大椒、花椒(各四两),大料并红曲、闽笋、木耳(各八两),盐(五斤),酱(二斤),醋一瓶,香油二斤,羹饭米,时菜葱,柴三担(系青真坞管办),炭十斤(系中村管办)。

以上三个不同时段的后两类祭祀仪式,系六都程氏宗族仁山门的会祀仪式。其祭祀仪式的神位和肴品,也有专门固定的格式:

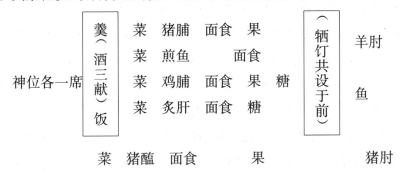

由于窦山公重振六都程氏宗族有功,因此,族人对祭祀窦山公的肴品更加丰盛,"窦山公席馔外加猪肚壹品,用油酱涂炙,加扑大料。脯用无骨猪肉各一块,约重六两,煮半熟,以油酱涂透煎烧,加扑大料。鸡用四只,煮半熟,切大块,用香油烤熟,加扑大料。鱼用鲜活者五斤,去腮、鳞,油煎,加扑大料。猪肝一付,略煮切片,以盐、酱、酒腌一霎,炙熟,加扑大料。醢用精猪肉二斤,切骰子大块,以红曲、盐、酒腌一霎,取出蒸熟,加扑大料。大料用净花椒三两,大茴香一两拣净,白芷五钱,共研为细末听用"。对中元和冬至之祭,程氏宗族仁山门还要求五房"十八岁以上者毕集"。①显然,中元和冬至之祭,在六都程氏宗族仁山门中,是最为隆重的祭祀礼仪。

不唯如此,六都程氏宗族仁山门在祭祀活动中,还特别讲究仪节,每祭必有仪节和祝文。以书院墓、祠祭仪节为例,《窦山公家议》有专门的仪节样式,具体如下:"书院墓祭仪节:序立,奠酒,鞠躬,四拜,读祝,侑食,焚帛,礼毕。书院祠祭仪节:序立,鞠躬,四拜,兴,起身,诣香案前,跪,初献酒,酌酒,祭酒,奠酒,读祝,亚献酒,终献酒(俱如初献),俯伏,兴,平身,复位,鞠躬,四拜,兴,平身,侑食,焚帛,礼毕。"②祭祀祝文计有墓祭祝文、祠祭祝文、各处墓祭祝文、正旦祝文、生辰二祭祝文、清明祝文和后土祝文等种类。以各处墓祭的正旦祝文为例,该祝文的格式为:

维大明　年岁次　月朔祭日,嗣孙程　程　程　程　程五大房人等,敢昭告于高祖考窦山春四府君之墓前,曰:岁序流易,时维履端。追感岁时,不胜永慕。敬陈菲奠,用表谢忱。尚飨。③

总之,明代六都程氏宗族仁山门的各类祭祀仪式和礼节繁缛、庄严,其祭祀活动的开支,主要从祀田等宗族公共田产中支付,同时采取五大房轮流值守摊派的方式进行。从每次长幼毕集的祭祀活动散发胙品的情况来看,程氏宗族仁山门是希望通过这种隆重的仪式,告诫族人务必要珍惜来之不易的生活,并在尊祖敬宗的名义下,达到团结族人、和睦宗族的目的。

事实上,在社会剧烈变迁和转型的明代中后期,"金令司天,钱神卓地;贪婪罔极,骨肉相残。受享于身,不堪暴殄;因人作报,靡有落毛。于是,鬼蜮则匿影矣,戈予则连兵矣,波流则襄陵矣,丘垤则陆海矣"。④ 祁门六都程氏宗族内部也出现了不谐和音,以宗族名义轮值摊派的各类祭祀,已使得一些轮

---

① 万历《窦山公家议》卷三《祠祀议》。
② 万历《窦山公家议》卷三《祠祀议》。
③ 万历《窦山公家议》卷三《祠祀议》。
④ 万历《歙志》传卷十志二十《货殖》。

值者不愿承担摊派祭祀谷物的现象,"祭以奉先,非为胙也。近有计胙多寡,不出祭谷者"。以致程氏宗族不得不作出了惩罚性规定:"今后但非远行大故,应出祭谷而不出者,中元、冬至二祭俱不许领胙。"①

延至清代,以宗族名义无偿轮值摊派的祭祀活动,随着时间的推移和社会的变化,逐渐淡出祁门六都的祖先祭祀,转而采取以会社的形式组织进行。我们在抄本《徽州会社综录》一书中发现,清代祁门六都程氏宗族的祖先祭祀活动,大量以会社名义筹集资金的方式,并按照会社规约由轮值会首负责组织各类祭祀活动。《徽州会社综录》共收录了祁门六都的三十三个会社,绝大多数会社都采取会社成员入股的方式加入会社,并以轮值的方式进行、开展由会首负责组织的包括祭祀在内的各种活动。

下面,我们谨将清代六都三十三个会社情况列表加以说明。

清代六都会社组织情况一览表②

会社名称	成立年代	会社性质	祭祀对象	备注
世宗会	不详	祭祀祖先	祭祀忠壮公程灵洗	共分十一牌,阄定牌次轮值。
元宵庚子会	不详	祭祀灯会		共分五会,每年为首之家,头年收谷,次年正月元宵节前三日具帖相请。
元宵灯会	不详	祭祀、娱乐	无祭仪	会友五人。
忏灯会	不详	祭祀	祭灯	共分十八会,每年轮值会首称点灯之家。
纪事会	雍正四年立	公益、祭祀	孝子	
天春会	康熙七年立	祭祀	祭祀十九世、二十世祖	

---

① 万历《窦山公家议》卷三《祠祀议》。
② 根据厦门大学历史系图书馆藏《徽州会社综录》抄本整理,承蒙郑振满教授提供复印本,谨此致谢。

续表

会社名称	成立年代	会社性质	祭祀对象	备注
利济会	康熙三十七年始建,中道废,乾隆三十四年复。	慈善、公益		共分六会,迭年阄定二人经收会谷。
文昌阁玉成会	乾隆四十七年	祭祀	祭祀文昌帝君	共分八会,每会二人。
老君会	不详	祭祀	祭祀本命先君、文昌帝君、关帝圣君各一张。	共分九会,每会二人,每年二月十五日举办。
大士会	不详	祭祀	祭祀观音大士	共分二十三会,每年阄定三人为首一届,周而复始。
老关帝会	不详	祭祀	祭祀关帝	共分六会,每年为首一人,周而复始。
正义会	不详	祭祀	祭祀关帝	共分五会,照次轮流经管,上年备祭称肉,下年收谷完粮。
英义会	不详	祭祀	祭祀关帝、文昌帝	共分六会。
崇义会	不详	祭祀	祭祀关帝	共分六会,头年收谷完粮,次年办祭。
叙义会	乾隆年间	祭祀	祭祀关帝	共分八会,每会一人,轮流办祭。
友善会	不详	祭祀	祭祀关帝	共分八会,轮流办祭。
崇正会	不详	祭祀	祭祀关帝	共分十会,每会一人,
复关会	不详	祭祀	祭祀关帝	共分八会,每会一人,为首一人,周而复始。
新张王会	乾隆年间	祭祀	祭祀唐东平浪王、张王	共十一会,二十三位为首者轮流互搭,周而复始。头年收谷,次年办祭。

续表

会社名称	成立年代	会社性质	祭祀对象	备注
张王会	不详	祭祀	祭祀唐东平浪王、张王	共分十三会二十五股,为首之家轮流互搭,周而复始。
地藏会	不详	祭祀	祭祀本命星君一张,主祀地藏王。	共分六会二十三股,为首者周而复始。
乐圣会	不详	祭祀	祭祀对象不明	共分八会,每年八月十五日办祭。
树灯会	不详	祭祀	点灯祭神	共分7会,每年八月十六日办祭。
鎏灯会	乾隆二十九年	祭祀	祭祀程灵洗	共分十会,阄定轮值。
佛士会	乾隆年间	祭祀	祭祀观音大士	共分六会十二人,轮流互搭,周而复始。
凉伞会	嘉庆年间	祭祀	祭祀忠壮公程灵洗	共分五会,议定每年二人为首,周而复始。
重阳十庙会	不详	祭祀	祭祀胡家段葫芦山嘴显思文公坟	共分六会。
预庆周王会	不详	祭祀	祭祀周宣威灵王	共分八会。
十二周王会	不详	祭祀	祭祀周宣威灵王	共分八会。当年收谷,办祭完粮。
十三周王会	不详	祭祀	祭祀周宣威灵王	共分十会。当年收谷,办祭完粮。
报慈庵燃香胜会	不详	祭祀	会友礼神	本庵僧人收谷,办会完粮。
老经会	不详	祭祀	祭祀星马君	共分八会二十三位轮流为首。
敬神会	不详	祭祀	腊八	共分六会。

以上六都三十三个会社中的祭祀性会社组织基本上承担了程氏宗族的祭祀任务。从上表中,我们很容易发现,与明代相比,清代六都的祭祀范围更

加广泛,甚至用"滥祀""淫祀"来概括它,都一点不为过。再者,清代六都的祭祀活动采取了会社的组织方式,而由于会社成员的入股,使得会社的祭祀开支有了充分的保障。更为重要的是,会社成员的入股资金或不动产,其本身具有生息增值的潜在价值,也就是说,会社成员不仅不再像明代六都程氏宗族那样,祭祀活动经费完全采取轮值摊派的方式筹集,而是以入股的方式,将资金或不动产作为入会资产,交与轮值会首进行管理。轮值会首不仅负责组织轮值之年的祭祀活动,而且会将会社成员,即会友的入股资金或资产,进行包括典当、出租在内的投资经营。显然,会友的积极性被调动了起来。再也没有出现如明代那样难以筹措祭祀经费的现象。

不过,我们还注意到,清代徽州会社的祭祀对象的范围,显然远远超过了程氏宗族仁山门的祖先祭祀。关帝、文昌帝、观音大士、元宵神灯等等都在其祭祀范围之内。这一现象表明,清代的会社祭祀,其局限性还是较大的。我们用生息经营和娱神娱人来概括清代六都的会社祭祀,是比较准确的。

我们强调清代六都会社祭祀的发达,并不完全否认聚居六都的程氏宗族祭祀。事实上,包括松岩公、窦山公等在内的六都程氏宗族先人,依然在清代六都程氏宗族仁山门的祭祀中占有着重要的地位。只是发展到清代,六都村庄及其程氏宗族本身的经济实力下降了,政治地位也逐渐式微,宗族控制明显地受到了削弱。这一点,从诉讼案件的不断增多和嘉道年间棚民的蜂拥而入等事实中可以看得十分清楚。

总之,祁门六都,作为程氏宗族的聚居村庄,从明到清,明显地呈逐渐衰落的态势,无论从经济、政治、文化和教育等哪一个方面,我们都能看到这种衰落演变的轨迹和面相。

第十六章　清代徽州一个宗族聚居村庄的宗族活动与社会变迁——以祁门红紫金氏宗族为中心

清代的徽州是一个聚族而居的宗族社会,每一自然村庄往往就是一个同姓宗族成员的聚居之地。"其世家巨姓多聚族而居,谨茔墓,修蒸尝,考谱牒,得追远之意,笃本之思"。①

地处祁门县西乡闪里镇的红紫村,自五代后周时期金氏宗族四十九世朝散大夫金日华公定居开基以来,一直是祁门金氏宗族的聚居中心。"吾族自日华公卜居于此数百年来,庐舍相望,昭穆无失"。②红紫原名"洪紫",又名"金溪",清代属祁门县二十二都金村。

该村地处两山之间,村头的水口林参天蔽日,形成了一道绿色屏障,将整个村庄遮掩得严严实实,若不是当地居民,外人很难发现里面还居住着一村人家。

就是在这样一个峰峦叠嶂、相对封闭的祁门西部山村,明清时代的宗族控制十分严密。其社会与经济活动基本上以金氏宗族为中心,显示出宗族聚居社区的典型特征。

---

① 雍正《潭渡黄氏族谱》卷七《祠祀》
② 民国《祁西金氏统宗谱》卷一《序·光绪三年金可炘序》。

第一节　红紫金氏宗族的由来与变迁

据民国《祁西金氏统宗谱》记载，徽州金氏始迁祖为四十五世金廷烈。唐末金廷烈任歙州通判，生有旳、皓、皎、皑、铄五子。僖宗广明元年（880年），黄巢农民起义军自采石渡江围天长、六合，"所在盗起，子孙徙于黄墩，筑城居之"。① 金廷烈之五子"散居四方，由是迁祁［门］、迁浮［梁］、迁休［宁］、迁池［州］，各择仁居，支派繁衍"。② 具体迁徙情况是："旳公子迁休［宁］；皓公失传；皎公元孙曰安任浮［梁］，遂家其地；皑公迁休［宁］；铄公元孙曰华宦于祁［门］，遂迁祁［门］之金溪焉"。至四十九世，五代后周朝散大夫金曰华"因宦游江左，乐其土俗淳厚，遂着籍徽之祁门，里曰金溪"。③

自金曰华徙入祁门西乡、卜居于金溪以来，经过百余年的繁衍与积累，红紫金氏宗族人文鹊起、仕宦辈出。"自时厥后，寖炽寖昌，人文蔚起，在宋则谅公为县令，禹迹公官高陵主簿，绥公为常山县丞，靖公中绍兴五年胡铨榜进士。在元则邦用公任本郡教谕。在明则玉和公为朔州知州，寻改任华州知州，祯公则官茶陵州州牧。门第人物，前辉后光，可谓盛矣。第属金溪之一派耳。至其他通儒硕学、孝子忠臣、贞夫烈妇散见于史传者，则更仆而不可胜数"。④

金曰华之后，随着人丁的繁衍和兴旺，至七十五世时，红紫金氏宗族开始裂变为福祯、廷仰、廷炉、廷瓯、汝高、汝振六大房派。至八十五世，再裂变为以法、以虎、以赐、以超、以起、以越、以趣、以趁、以赵、以贵、以曙、以趋共十二个门派。金溪金氏各大房派、门派，自宋至明清以来数百年间，在宗族的名义下，曾经在政治、经济、文化等各个方面创造了较为卓著的业绩，其中既有科

---

① 民国《祁西金氏统宗谱》卷三《宦绩·廷烈公》。
② 民国《祁西金氏统宗谱》卷一《康熙三十四年金时晖同侄元璿祁门金氏重修谱引》。
③ 民国《祁西金氏统宗谱》卷三《盛公墓志铭》。
④ 民国《祁西金氏统宗谱》卷一《序·民国十九年王朝忠序》。

举功名者如南宋中胡铨榜的进士金靖等,也有外出经商者如明万历时的"杰出才"金铭等①,还有一生"业儒"②的金大佑和"儒医济世"的医家金士冬等,以及清代阻击太平天国攻祁门时倡建团练武装的金班俊等。

在红紫金氏宗族的发展和演变史上,有几位标杆式的精英人物。正是这几位精英,才为金氏宗族的繁兴与发展奠定了基础。

首先是红紫金氏宗族的开基者金日华。作为金溪金氏宗族的始迁祖,他的事迹在族谱中没有太多的记录和反映。但他的徙入,直接开创了金溪金氏宗族的历史。据民国《祁西金氏统宗谱》记载,金日华,字荣洲,庐江令公之子,"学博才宏,宦游祁西,乐其风淳俗古,遂卜居焉,名其里曰金溪。享年六十有七,卒葬本都禾家山凤形酉卯向"。③

其次是宋元诸精英。宋代特别是南宋时期,金溪金氏宗族在科举功名方面取得突破性进展,出现了一直被金氏宗族引以为自豪的进士金靖等精英人物。金靖,字德绍,金溪金氏宗族第四代五十二世金谅公之五世孙。宋绍兴四年(1134年),以明经科中举。九年(1139年),考中胡铨榜进士,擢任宜川县令。金靖是金溪金氏宗族第一位进士,其意义非同一般。在此之前,还有谅公子五十三世金充于景祐四年(1037年)出任过高陵知县,五十五世金绥出任常山县丞。之后,还有五十九世金逸出任过山阳县令和江宁教谕金琰。但以进士出身入仕者,金靖是金溪金氏宗族中的第一人。

再次是以金声与金祯为代表的明代精英。金声,又名金盛,字玉和,号璞斋,金溪金氏第六十九世孙。"少颖异,由庠生登大学"。④ 明初永乐年间,适值编修《永乐大典》,金声以"能文善书,召入秘阁。事峻,假司税课寓浙江一载。后宫南宫,登太学。历事春宫。所致厥声藉甚"。经大宗伯张英、郎中史

---

① 民国《祁西金氏统宗谱》卷二《列传·铭公传》。
② 民国《祁西金氏统宗谱》卷四《祁门润公长房世系》。
③ 民国《祁西金氏统宗谱》卷二《宦绩·金溪华公》。
④ 民国《祁西金氏统宗谱》卷二《宦绩·盛公》。

安举荐,擢升朔州知州。未几,调任华州知州。时"政令纷纭,公为之绰有余裕"。① 金盛的声名和政绩,使金溪金氏宗族迅即跻身于包括祁门在内的徽州名门望族之列。"金本京兆,实为大姓。因宦迁祁,于斯为盛……羽翼天朝,荣膺禄秩。两为大州,克举其职。知止弗殆,谢仕而归。皇皇画锦,间里光辉"。② 金盛把金溪金氏宗族的发展推到了一个高峰期。金福祯,字集祉,金溪金氏宗族第七十二世孙,金溪金氏宗族长房福祯派房始祖,奉直大夫金璞斋侄孙。由庠升太学,明弘治年间,升任茶陵知州。明代的金溪金氏宗族不仅仕宦辈出,硕儒迭生,而且经商者众。政治、经济和文化的齐头并进和良性互动,使金溪金氏宗族获得了空前的发展。

最后是清代诸精英。清代金溪金氏宗族的政治精英相对减少,这是因为中举中进士者比前代下降了。异军突起的是经济上的精英,如康熙年间的徽商金时晓"行年三十,书志未就,客荆楚不数年,营某诚心",渐至积累后,在村前建亭竖庵,"募茗会以济饥渴"。③

就宗族的内部整合而言,金溪金氏宗族精英们主要是从编修家谱、建造祠堂和维系祭祀等方面展开的。明清时代是金氏宗族发展的鼎盛时期,"甲第联荣,宗支繁衍"。④ 在这一历史阶段,金溪金氏宗族名人辈出,先后于正统、弘治、康熙、乾隆和民国编修了五部族谱。毕竟族谱是联络族人、敬祖收宗的重要工具,"事莫大于尊祖,典莫隆于族谱。故家之有谱,犹国之有史,其事甚重矣"。⑤ 正如八十五世孙金可炘在光绪三年(1877)撰写的《重修宗谱序》中所指出的那样,"思谱书一道,所以尊祖敬宗收族,使人人仁孝之心油然

---

① 民国《祁西金氏统宗谱》卷二《盛公墓志铭》。
② 民国《祁西金氏统宗谱》卷二《盛公墓志铭》。
③ 民国《祁西金氏统宗谱》卷二《列传·默庵公传》。
④ 民国《祁西金氏统宗谱》卷一《旧序·康熙三十四年金时晖同侄元璕祁门金氏重修谱引》。
⑤ 民国《祁西金氏统宗谱》卷一《旧序·康熙三十四年金时晖同侄元璕祁门金氏重修谱引》。

第十六章 清代徽州一个宗族聚居村庄的宗族活动与社会变迁——以祁门红紫金氏宗族为中心

其自动者也"。① 通过编纂族谱来统一宗族成员的意志,这是徽州宗族的一贯做法。特别是在"咸同兵燹"之中,金溪金氏宗族受到了空前的重创,"咸丰年间,'粤贼'扰乱十余年,房屋烧毁一空,男逃女散,惨不胜言"。② 即使遭到这样重创,金氏宗族在战乱后首先想到和要做的仍然是编纂族谱,"同治初年,四方平静,查考宗谱,半属遗亡。于同治九年,邀集各支与修,亦无老谱对录连接,惟父老族长口传生娶殁葬,而略言之,录为新谱,以致颠倒错乱,行派不接,遗失名目甚多"。③ 可见,编纂族谱是收族联宗、凝聚人心的一项重要举措,也是包括金溪金氏宗族在内的徽州宗族连接族人情谊的不可或缺的桥梁与纽带。

祠堂是祭祀祖先、商议宗族大事的地方,是宗族开展活动的公共场所。所谓"上妥宗祖而俎豆增光,下萃子孙而衣冠济美"。④ 徽州素来宗祠林立,"旧家多世系,由唐宋下不紊乱,宗谊甚笃。家有祠,岁时俎豆,燕好不废"。⑤ 金溪金氏宗祠名"天合堂",据传创于五代时期。《金溪重建祠堂记》云:"徽属俗重宗祊,着姓皆有祠。金溪自日华公由歙之黄墩迁祁,为文公教化之邦,承先代公忠之泽,故其卜居于金溪也。乃相基址,首立宗祠,前置堂,后置寝,以尊祖而收族,且名其堂曰'天合'。盖伦常之大,本属天亲九族,必归一本,义取其合,即其命意欤。"但由于"规模甫定,继述维艰。历有年所,未免风雨毁伤"。至明万历时,祠堂重修,规模宏敞,形成"东至古路,西至古路,南至轩凤四股己地,北至沟及伟地,系经理剑字三千七百二十九号"的五凤楼式的恢弘建筑。康熙、嘉庆和光绪时期,天合堂又历经三次维修,"焕然一新"。⑥ 金氏宗族重视祠堂的建设与维护,作为金溪金氏宗族的《家训》,也一再强调,"祠宇损坏,当及时修理。春秋祀典,必有期奉行。倘有弃伦灭理、吝财惜费、侵

---

① 民国《祁西金氏统宗谱》卷一《旧序·光绪三年金可炘序》。
② 民国《祁西金氏统宗谱》卷八《谱略》。
③ 民国《祁西金氏统宗谱》卷八《谱略》。
④ 民国《祁西金氏统宗谱》卷一《祠堂记》。
⑤ 万历《祁门县志》卷四《人事志·风俗》。
⑥ 民国《祁西金氏统宗谱》卷一《祠堂记》。

欺祭仪、违梗众议者,以不孝论"。① 这说明祠堂在金氏宗族心目中具有不可替代的崇高地位。

总之,在一个相对较为闭塞的宗族聚居山区,宗族就是一个小社会,或者确切地说,就是一个血缘组织的共同体。它通过对儒家伦理纲常特别是以孝道为中心的伦理观念的弘扬,并以祭祀祖先为手段,来实现维系宗族等级秩序和乡村社会稳定的目的。诚如《金氏家训》所云:"为子者必孝顺以养亲,为父者必慈祥而教子,兄弟宜友爱,夫妇宜敬谨。毋徇私情以乖大义,毋贪怠惰以荒正业,毋纵奢侈以干宪章,毋听妇言以间和气,毋惹横逆以扰门庭,毋耽曲蘖以乱厥性。有一于此,既亏尔德,复坏尔躬……本宗人虽众多,昭穆不紊,务宜依分称呼,依次祭拜。有伦有序,有祀有义,毋以小凌大,毋以强欺弱。能存大体,始成大家。"②

第二节　红紫金氏宗族的经济活动

红紫金氏宗族在组织结构上呈现出家长、房(派)长和族长三个层次的结构,在经济上相应也就形成了家庭、房派和宗祠经济三者共存的格局。

作为日常生产与生活的基本单位,家庭是红紫金氏宗族社会的细胞,是最小的经济单元。我们在现存的红紫文书中,发现了一册《清康熙四十八年至雍正十一年清算本户各位亩步、丁口册》,该册籍中详细登录了各户的亩步和丁口的情况。为说明问题,谨将该册登录的康熙四十八年(1709年)清算本户各位亩步、丁口数字列表如下:

---

① 民国《祁西金氏统宗谱》卷一《家训十条》。
② 民国《祁西金氏统宗谱》卷一《家训十条》。

清康熙四十八年红紫清算本户各位亩步丁口数字一览表①

序号	业(户)主姓名	旧管田地亩数	实在田地亩数	丁口数	备注
1	惟新	田44亩9分4厘	田45亩8分7厘	丁4口	
2	时奇兄弟	田9亩1厘	田8亩8分7厘	丁2口	廷瓯公派,士孟公三子,七十九世。
3	五龙伯侄	田24亩9厘	田21亩3分	丁1口	廷瓯公派,士孝公长子,七十九世。
4	靖公并朝冬阳		田37亩3分4厘		
5	选聪	田16亩4分6厘	16亩9分8厘	丁2口	
6	士月	田12亩5分1厘		丁3口	
7	时梁		田12亩5分1厘	丁1口	
8	惟巨	田23亩1分7厘	田23亩8分2厘	丁	
9	惟鉴		田7亩1分7厘	丁1口	
10	惟鉴兄弟		田2亩4分3厘	丁4口	
11	昌泗公		田3亩4分3厘		
12	福祥公		田3亩7分8厘		
13	惟振	田4亩3分8厘	田4亩2分7厘	丁1口	
14	时韬		田8亩2分2厘		
15	时义	田7亩7分8厘	田7亩5分3厘	丁1口	
16	时仁		田8亩2分	丁1口	
17	祯公(砺盛、廷沛)		田19亩3分2厘		
18	时有	田12亩9厘	田6亩5分6厘	丁1口	
19	时杰		田1亩5分5厘	丁2口	
20	时祥	田1亩2分7厘		丁□口	
21	兴公(曦公)	田7亩3厘	田7亩1厘	丁□口	
22	汝高公		田5厘		
23	时守	田4亩8分1厘	田2亩1分4厘	丁1口	

① 《清康熙四十八年至雍正十一年清算本户各位亩步丁口册》,原件藏安徽大学徽学研究中心特藏室。

续表

序号	业(户)主姓名	旧管田地亩数	实在田地亩数	丁口数	备注
24	时孔兄弟	田4亩8分1厘		丁3口	
25	时坦兄弟	田1亩6分4厘	田8分6厘	丁3口	
26	得元位		田3分4厘	丁1口	
27	祠众		田15亩6分3厘		
28	丁会		田6亩7分6厘		
29	时儒		田9亩5分8厘	丁1口	
30		甲下	田5亩5分1厘	官丁	
合计		本户田地山塘折实田297亩3分9厘			

由上表所列数据我们不难看出,在山峦纵横的红紫村,田地面积是极为有限的,总共只有不到三百亩的耕地,其余的全部为山场。这也就是我们在祁门红紫金氏宗族文书中看到大量关于山场买卖、租佃与经营资料的主要原因。平心而论,包括红紫金氏宗族在内的明清徽州宗族经济在整个乡村社会经济中占有很大的比重。这些宗族经济包括族田、祀产、山场等各个方面。上表反映的金氏宗族祠产有近十六亩,尚未包括山场林木等产业在内。

事实上,明清徽州宗族经济是相当有实力的。以光绪年间红紫金氏宗族润五公、尚本公所存的各都保祀产所收的地租来看,其数字是十分可观的。红紫属于祁门22都,下辖各保皆有祀产。下面,我们仅根据民国《祁西金氏统宗谱》所列数据,对清光绪年间红紫金氏族宗族润五公、尚本公房每年地租收入情况进行统计。

清光绪年间祁门县红紫村金氏宗族每年地租收入一览表①

序号	所在保田地	土名	合计地租
1	一保田	冷水坞等	163秤33斤14两9分
2	二保田		65秤33斤10两
3	三保田	店场上等	178秤134斤30两

---

① 民国《祁西金氏统宗谱》卷三《润五公尚本公租祀》。

续表

序号	所在保田地	土名	合计地租
4	四保田	田坞口等	62 秤 50 斤 8 两
5	四五保田	凿树坯等	34 秤 20 斤 4 两
6	五保田	井坯等	117 秤 226 斤 29 两
7	上七保田	程步坦等	97 秤 130 斤 23 两
8	八保田	郑坞等	租 7 秤 6 斤
9	下七保田	岳上廒头	租 2 秤
10	21 都四保田	庄里等	54 秤 3 斤
11	九保田	上元坦等	27 秤 17 斤
12	十保田	庙下等	54 秤 39 斤 8 两
合计		157 处	860 秤 691 斤 126 两 9 分

根据以上统计我们不难看出，清代光绪年间，红紫金氏宗族仅润五公、尚本公二房祭祀田产的地租收入即达到了 860 秤 691 斤 126 两 9 分（限于族谱残损，本表仅统计了祭祀田产，祭祀地产未能列入）。这一数据对于号称"八山一水一分田"的祁门西部山区来说，应当说是数量巨大的。徽州宗族公共财产数量是巨大的，它是宗族进行控制、行使治理权的经济基础。红紫金氏宗族仅田产就达 157 处，不仅包括红紫村地域范围内的二十二都十一个保，而且兼跨二十一都四保，每年宗祠祭祀的收租总数达到了 860 秤 693 斤 9 两 9 分。根据徽州特别是祁门通用秤多为 25 斤/秤、16 两/斤计，合每年金氏宗族祀产收入租谷达 22193 斤 9 两 9 分，这里尚未包括旱地和山场的收入。如此大数额的地租田产收入，在山峦纵横的祁门山区，其数量应当说是极其可观的。有了这样一个雄厚的经济基础，红紫金氏宗族的经济实力和规模也就可想而知了。

最能体现红紫经济宗族性特征的，是金氏宗族成员的土地买卖严格限制族内交易这一事实。也就是说，严格控制族内资产流入外姓。清康熙五十三年（1714 年）八月，金时旺、金时凤、金时煦等在其所立的《合同文约》中即明确订下不准私卖族产的条款，"其坟山并庄屋，日后永远世守，无许变卖他人。

如有变卖等情,祖宗鉴察,子孙不得兴旺,仍行准不孝论"。① 我们看到数百份明至清金氏宗族成员出卖田地山场的契约,几乎全部是在宗族内部进行交易的,买主与卖主之间系叔侄或兄弟关系。之所以出现这样的族内交易现象,主要是基于防止族内资产流失于外姓这一目的,而宗族内部交易恰恰是维持族内资产稳定的最佳途径。

当然,我们也注意到,同徽州其他山区聚族而居的村庄一样,红紫金氏宗族也不可能始终维持着团结一致的局面,宗族成员之间的纠纷特别是经济纠纷也经常发生。尤其是山区界址不清,"山多田窄,寸土寸金。或因税亩未清,界址相联,鼠牙雀争,难以避免"。② 遇到这样的情况,通常宗族的族长或头面人物会出面进行调解,以双方最终签订《清界合同》等方式解决。也有不少纠纷甚至因调解不成而最终诉诸官府,形成诉讼。在红紫文书中,就有明万历四十二年(1614年)金庄宅、金本广等因盗砍山木而引致的诉讼,官司最后以祁门县正堂调解而告终。③ 我们还发现另一份金氏后人抄录的明末祁门县正堂审票,其诉讼也是因盗占山场引发,内容如下:

正堂审

金亿兆有祖葬于庙背坞,其山为大众之山,金大夏分次者。因先年大夏曾比一穴舍,其金鼎龙葬祖。比系大夏己业,与众人相干涉。今亿兆实以夺占此山,听凭鼎龙安葬之地原受之,是来历不明。事经多年,何以亿兆不告?且大众之山,金姓诸人尚有分次,何以众人不言,而亿兆独言?其为索诈之情照可见矣。念系诈财未遂,依照薄拟笞警。今鼎龙产有分次,致起讼端,量罚备贴。余免。④

---

① 刘伯山主编:《徽州文书》第一辑(10),桂林:广西师范大学出版社,2005年,第439页,《祁门二十二都红紫金氏文书二·清康熙五十三年八月金世旺等立合同文约》。
② 乾隆《绩溪县志》卷一《方舆志·风俗》。
③ 刘伯山主编:《徽州文书》第一辑(10),桂林:广西师范大学出版社,2005年,第27页,《祁门二十二都红紫金氏文书一·明万历四十二年十一月金庄宅等立合同文约(钤有赤印)》。
④ 刘伯山主编:《徽州文书》第一辑(10),桂林:广西师范大学出版社,2005年,第53页,《祁门二十二都红紫金氏文书一·明末清初〈正堂审〉》。

总之,明清红紫村的经济结构是一种典型的宗族经济结构,金氏宗族不仅控制了大量的族产(祀产),而且控制了宗族成员之间的土地买卖,这就使得整个红紫村的土地交易基本维持在金氏宗族内部进行。这种典型的宗族经济结构在明清时期聚族而居的徽州山区具有一定的代表性和典型性。

第三节　红紫金氏宗族的文化活动

清代祁门红紫金氏宗族的日常文化生活基本上是围绕宗族子弟的教育和祖先祭祀活动而展开的。

徽州是一个拥有重教兴文传统的宗族社会,素有"东南邹鲁"①的美誉,教育发达,人才辈出,"新安号文献之邦,彬彬贤士,代不乏人"。② 虽然因地多田少使传统的士农工商四民观念发生了变化,商人的地位得以提高,但士始终是排在第一位的。读书做官,光宗耀祖,这是传统徽州宗族社会的一个核心追求。同金氏宗族联姻的祁门文堂陈氏宗族就在其《文堂乡约家法》中明确规定:"人生在世,须各安其生。如聪明便用心读书,如愚鲁便用心买卖。如再无本钱,便习手艺及耕种田地,与人工活。"③红紫金氏宗族在其《家训》中同样规定:"子孙以读书为正业,如遇顽梗不能业儒者,即力佃而为农,执技艺而为工,服贾而为商,亦皆正业也。切不可入衙门为隶卒、好游荡作娼优、从邪教为僧道、习大乘为准提等教,党聚烧香,有干国禁。"④该《家训》还劝谕族人"出仕者必忠君爱民、廉洁正直。若直道忤时,虽退犹荣。若官方有玷,虽居显位,有愧家声"。⑤ 遗憾的是,我们在民国《祁西金氏统宗谱》和五百余件自明至民国年间各类红紫金氏宗族文书中,并未发现红紫金氏宗族有关学校或书院的文字。但是,由于该村有重教传统,族谱和文书中又都有所谓的

---

① 弘治《徽州府志》卷一《地理一·风俗》。
② 同治《祁门县志》卷十七《学校志》。
③ 隆庆《文堂乡约家法》。
④ 民国《祁西金氏统宗谱》卷一《家训十条》。
⑤ 民国《祁西金氏统宗谱》卷一《家训十条》。

"好学深思"①,"俱从师学,长育成才"之句,②且该村金氏宗族取得科第功名者又不在少数。因此,我们推断红紫村应当拥有自己的宗族学校——或书屋或塾学,这应当是不成问题的。

最能体现红紫金氏宗族特色的文化现象,应当是其祭祀文化。从留存至今的族谱、文书和碑刻来看,红紫金氏宗族的祭祀主要围绕祖先祭祀展开,而且这种祭祀有着较为雄厚的经济基础作支撑,这就是我们上文所说的祀田或其他祀产。

我们在民国《祁西金氏统宗谱》中看到,举凡始祖唐浮梁令授检校尚书右仆射昭信军节度使金日安、二世祖唐浮梁令赠尚书左仆射金叔彦、唐浮梁令金叔迟、金君卿等等都在祭祀之列。尤其是隋末使徽州免遭荼毒的越国公汪华等,也在红紫村的祭祀之列。为保证每年祭祀费用的支出,金氏宗族专门置有祀产,作为祭祀祖先的专项开支。除此之外,红紫村在清代还建立了不少会社组织,如三保田神会、嚎啕会、关帝会、乐义会、春祀会、冬至会、福缘会、正兴会等,并采取自愿捐输的方式来吸收金氏宗族成员入会。③ 这些会社组织,基本上也是以祖先祭祀为中心开展活动。

我们先来看红紫金氏宗族对汪华的祭祀。

清乾隆四十年(1775 年)八月,以金士诚、金时彦为代表的金氏宗族 17 位成员共同签署合约,发起祭祀越国公汪华的祀会。合约内容如下:

> 立合文约人士诚、时彦等,切思越国汪公为六州之福庇、合族之佑神。迭年祭祀,人民无不舒诚。若吾族向有会祀,备办仪仗、祭器。近因年深日久,觉不光彩。今族众多,心志略同,欲有增光之意,共十七人合议出钱谷,编立首人,经管生放,以为祭祀之用,非为

---

① 民国《祁西金氏统宗谱》卷二《列传福祯公传》。
② 刘伯山主编:《徽州文书》第一辑(10),桂林:广西师范大学出版社,2005 年,第 552 页,《祁门二十二都红紫金氏文书二·清光绪三十二年季春月金彦许立遗嘱字》。
③ 《清道光二十一年孟秋金溪金氏宗族永垂不朽碑》,原碑现卧于安徽省祁门县闪里镇红紫村天合堂内;《清光绪二十三年季夏金溪金氏宗族嚎啕神会碑》,原碑现嵌于安徽省祁门县闪里镇红紫村天合堂墙壁中。

第十六章　清代徽州一个宗族聚居村庄的宗族活动与社会变迁——以祁门红紫金氏宗族为中心

求福之资，实以报恩之意。自立文约之后，会首毋得徇私吞骗、废会失祭、无端拆会等情。如违，退本出会，不得称说。所置各物，自议之后，神明鉴察，至心毋忽，万福攸同，永远无替。

　　乾隆四十年八月十八日　　同会人　士诚（花押）　时彦（花押）

　　惟河（花押）　惟濡（花押）　以灏（花押）　惟记（花押）

　　以振（花押）　以瑛（花押）　以顺（花押）　以贵（花押）

　　以万（花押）　以旰（花押）　以森（花押）　应班（花押）

　　应昌（花押）　应际（花押）　祖兴（花押）[①]

这是明清特别是清代徽州一个十分典型的祭祀形式，类似祭祀汪华的会社，在清代的徽州大体上都采用这样的模式，即由发起人首倡，会员集资入股，以股本经营生息的银两作为祭祀的费用。会员亦称"会众"，既可以用现金银两，也可以用土地、房屋作入会资本。明清徽州经常出现卖会产的现象，就是会众退会的所谓"退本出会"的一般形式。红紫文书中也有卖会产退会的案例。

　　立卖契人房侄春和同嫂陈氏，缘有祖手遗兴冬至会一名，又有关帝会一名，其会二名俱系二人均共。奈因共有所该之账无措，为春母向陈氏相商，陈氏只得遵春出卖。先年所该共借之账，春等务要系身承当清纳，与陈氏无干，是以愿遵。春和前去立契，将会出卖与房翁彦济名下为业管理。当日时值价洋玖员整，在手足讫。其会未卖之先，家外人等并无重互等情，自成之后，再毋反悔。恐口无凭，立此卖契，永远为据。

　　光绪九年孟夏月二十一日　　立卖契人　春和（花押）

　　　　　　　　　　　　　　　同嫂　陈氏（花押）

[①] 刘伯山主编：《徽州文书》第一辑（10），桂林：广西师范大学出版社，2005 年，第 455 页，《祁门二十二都红紫金氏文书二·清乾隆四十年八月士诚等立合文约》。

依口代笔　可佐(花押)①

金春和等卖会契约实际上就是将自己加入冬至会和关帝会的股份出卖，这种"退本出会"的现象在明清特别是清代的徽州具有一定的普遍性。

如同徽州其他地区的会社一样，红紫的会社也有显著的娱乐功能，这种娱乐是身处封闭山区民众的文化娱乐生活形式之一，其主要表现为迎神赛会。在徽州的许多地区于汪华的诞日即农历正月十八日(一说二月十五日)往往举行盛大的游神赛神活动，以纪念英灵。在绩溪，祭祀汪华的场面极为隆重壮观。该县仁里专门于是日，供奉越国公汪华和忠壮公程灵洗的神像，并用大如断柱的蜡烛敬奉二神，祭祀的整猪大如牡牛，珍馐异果堆积，琼碗数百盏，轩院、回廊挂满彩灯。宫前搭有彩棚戏台，祭坛上的祭品披红挂绿。白天，儿童登台表演武打，谓之"打狲"。入夜，人们骑火马，执火灯，唱戏舞狮，列队游行。登源汪华故里还专门成立 12 社，挨年轮流负责主持祭祀汪华，"张灯演戏，陈设必备。罗四方珍馐，聚集祭筵，谓之赛'花朝'。其素封之家宾朋满座，有素未谋面者"。② 在休宁西南旌城一带，从明末崇祯年间直到民国三十年(1941年)，以祭祀越国公汪华及其子九相公等为中心的祝圣会，一直相沿不断。在那里，人们认为，"田禾丰熟，人丁茂盛，全仗神灵护佑，是以各村各乡立会敬神，祭祀巡游田间，邀神欢媚"。③ 红紫祭祀越国公汪华的活动大体也是如此。

在诸多祭祀活动中，对祖先的祭祀显然是最为重要的。红紫的春祭会、冬至会的性质就是典型的祭祀祖先的会社组织。从民国《祁西金氏统宗谱》所录的《祭文》中，我们发现包括红紫在内的历代金氏宗族祭祀的祖先主要有诸烈祖、昭忠、金安、金叔彦、金叔迟、金叔润、金德成和金德化等，此外尚有越国公汪华及夫人、土地神等。

---

①　刘伯山主编：《徽州文书》第一辑(10)，桂林：广西师范大学出版社，2005 年，第 501 页，《祁门二十二都红紫金氏文书二·清光绪九年孟夏月房侄春和等立卖会契》。
②　嘉庆《绩溪县志》卷一《风俗》。
③　《祝圣会簿》，原件藏南京大学历史系资料室。

第十六章　清代徽州一个宗族聚居村庄的宗族活动与社会变迁——以祁门红紫金氏宗族为中心

由于诸多祭文内容冗长，我们仅将文字较为简略的《祭享祠文》照录如下：

祭享祠文

诸烈祖之前而言曰：世有升降，礼无变迁。吾祖公德，青史所传绵绵，旧物庙貌不湮。兹当大祭，远近毕前，神其鉴之，祚我后贤。伏维　尚飨。

清代红紫金氏宗族僻处祁西山区，民众文化生活相对较为贫乏。只是在祭祀祖先的时候，人们才能享受到难得一次的乐趣。而正是在这种贫乏娱乐生活的情况下，一种不健康的社会文化现象——赌博便乘虚而入了。在清末光绪二十八年（1902年）七月金天合堂秩下四户人等所立的合同文约中，对赌博在红紫的泛滥现象有着较为详细的记录："近年来，人心不古，故违先人之遗墨，累背当今之合约，越□□行赌博，不务正业。"并以宗族——天合堂的名义，共同订立合同文约，并请求祁门县官府颁示，对这一现象加以严禁，"邀同四户人等，再扶旧规，请宪颁示：松杉苗木、阖境野火以及纸牌、骨牌、骰子、地钱、摇滩、开宝，概严加禁，不得有违。倘有背约者，公同重罚。如恃强不遵，何股秩丁，坐何股当事人首名，公同鸣官究治。"①

清代聚族而居的红紫金氏宗族虽然僻处祁门西部山区，但它同样具有徽州宗族的一般特点。它的经济、社会和文化，都显示出典型的宗族社会特征。该宗族尽管产生过科第功名诸如知县、知州等类官员，但并未出现位显权尊的朝廷命官；虽然也涌现出一些商人，但没有形成富甲一方的巨商大贾。显然，选择这一宗族作为个案，我们从中可以发现清代徽州一般宗族的运行特征，为我们对徽州宗族的全面把握提供了一个典型的范本。

---

① 刘伯山主编：《徽州文书》第一辑（10），桂林：广西师范大学出版社，2005年，第542页，《祁门二十二都红紫金氏文书二·清光绪二十八年七月金天合堂秩下四户人彦承等立合同文约》。

第十七章　清代休宁首村朱氏与五城黄氏宗族的诉讼

第一节　休宁首村朱氏宗族的来源与演变

明清时代的徽州是儒风繁茂之地，向有"程朱阙里""东南邹鲁"之誉。朱熹所开创的新安理学在徽州源远流长，影响深远。

徽州是宗族聚居之区，每一村庄都有一大姓宗族人聚居。在徽州，"吾徽敦本追远，视他郡较盛。聚族而居，一姓相传，历数百载，衍千万丁，祠宇、坟茔世守勿替。间有贸迁远地者，一旦归来，丘垄无恙，庐舍依然"。① 休宁县是徽州府的重要组成部分，休宁首村是朱氏宗族聚居的村落。首村位于休宁县城南部山区，明清时代，属于该县二十六都五图，系朱氏宗族聚居村，号称徽州朱氏宗族之首，故称"首村"。据《休宁名族志》和《新安朱氏宗祠记》记载，首村距休宁县南三十里，唐代乾符年间（874—879年），南宋理学家朱熹始祖朱环之兄、进士朱师古出任宣歙观察使，② 由姑苏饮马桥迁至歙县篁墩。

---

① 乾隆《橙阳散志》卷十二《艺文志·存志户墓祀序》。
② （明）曹嗣轩《休宁名族志》卷三《朱》。

师古之子朱瑰迁休宁鬲山,朱瑰长子朱春迁首村,是为首村朱氏之始祖,"此诚三代之鼻祖也,为新安朱氏万派朝宗之源流"。① 朱师古为徽州朱氏之始迁祖,其后代"子孙远迁楚、汉、江、浙,近迁宣、歙、宁、池,何计亿万"。② 朱师古也因此成为徽州朱氏的统宗鼻祖。在"俗重墓祭,往往始迁祖墓自唐宋迄今,犹守护祭扫惟谨"③的徽州,位于"程朱阙里"篁墩朱家巷的朱师古夫妇合葬墓,每年都成为首村朱氏族人标挂祭扫的圣地。

首村朱氏宗族在其繁衍和演变的历程中,重视宗族活动特别是祭祀活动的组织与管理,从明代崇祯二年(1629年)创建宗祠开始,朱氏宗族势力逐步得到强化,宗族活动极为频繁,至今尚留存清代至民国年间各类宗族文书中有73件(册)关于宗族活动的文书,其中包括不少诉讼文书。

第二节 休宁首村朱氏族的诉讼观念变化及诉讼

一、休宁首村的"健讼"观念

包括休宁在内的徽州一向是诉讼案件繁多之地。自宋代以来,经过历史上三次移民高潮后,徽州社会经济与文化教育逐渐走上了繁荣发展之路。兴文与重武之风,使得徽州自宋以来即养成了好讼与健讼观念。至明清时期,包括休宁县在内的徽州的健讼观念已经发展成为诸种习俗中极为重要的一种社会习俗。哪怕是极其微小的事,徽州人都可能会诉诸官司。明末歙县知县傅岩曾深有感触地说:"新安健讼,每有一事,冒籍更名,遍告各衙门,数年不已。"④在休宁,"又有甚者,作奸起讼,扞法犯科。群聚而呐无辜,众口而烁赢弱,何不至也。夫民各有争心,而献谗者开之衅,舞文者启之诬,用壮者激

---

① 光绪《新安朱氏宗祠记》。
② 光绪《新安朱氏宗祠记》。
③ 民国《歙县志》卷一《舆地志·风土》。
④ (明)傅岩:《歙纪》卷五《纪政绩》。

之斗,谋利者导之关,说无厌者锢之,反复守胜而莫顾其所终。彼早夜所趋,事者在公门,利于争而不利于息。邑称繁讼,皆此属之由"。①

包括休宁在内的徽州健松风气主要表现在以下几个方面:

第一,"事起渺怒,讼乃蔓延"。② 由于健讼风气的驱使,明清徽州经常会发生因某些细微纷争而引起旷日持久的诉讼。对此,休宁《茗洲吴氏家记》云:"外侮之来,自我招之,由小隙以成巨衅,微不谨以至大不可救,比比皆然。"③"徽尚风水,争竞侵占,累讼不休"。④ 徽州地处山区,山场和田地绵延相连,界限往往难以划得很清。因此,围绕山场和田地侵界的纠纷便层出不穷。在明清徽州的各类诉讼中,尤以山场和田地界限纷争而引致的诉讼为多。所以,"地讼之为累,在新安为尤多"。⑤

第二,"勇于私斗,不胜不止"。⑥ 明清徽州的健讼还集中体现在诉讼双方为求得胜诉而不惜一切代价,特别是富商大贾和强宗巨族的倾资介入,往往使得案情简单的诉讼最后演变成为讼而不结、结而不止的复杂诉讼。徽州宗族势力庞大,且重视墓祭,重视风水,"往往始迁祖墓,自唐宋迄今,犹守护祭扫惟谨。因之坟地迷信,受病亦深,祖坟荫木之争,辄成大狱"。⑦ "今不求之自己,而惟葬地是营,兴大讼,构大狱,竭其智计,厚其财贿,以与人争掺,必胜以求,必得适遇。不畏人非,不惧鬼责"。⑧ 清代康熙年间,休宁张绥控告张德泓侵葬其祖坟一案,"历经□审,抗不服断……久争不决,朱太尊命耿师临勘,不服;又命单二公,仍不服,乃委夫子。夫子躬诣争所,持罗盘按形审脉,当山喝破,断其起辇"。经过三次审判,此案才最终以张绥胜诉而告结。⑨

---

① 万历《休宁县志》卷一《舆地志·风俗》。
② 万历《祁门县志》卷四《人事志·风俗》。
③ 万历《茗洲吴氏家记》卷七《家典记》。
④ (明)傅岩:《歙纪》卷五《纪政绩》。
⑤ (民国)许承尧:《歙事闲谭》卷二十六《〈知新录〉记徽俗二则》。
⑥ (明)李维桢:《大泌山房集》卷六十六《何中丞家传》。
⑦ 民国《歙县志》卷一《舆地志·风土》。
⑧ (清)廖腾煃:《海阳纪略》卷上《义冢记》。
⑨ (清)廖腾煃:《海阳纪略》卷下《勘审张绥张德泓等坟山看语》。

徽州佃仆制顽固存在，即使经过雍正五年(1727年)等多次开豁世仆为良令的实施，但均未能废除这一制度。导致这一状况的原因，主要是由于徽州宗族势力的异常强大。每有佃仆萌生越分之念或有叛逆之行，宗族往往不惜任何代价进行诉讼，正如民国许承尧在《歙事闲谭》转引江绍莲《歙风俗礼教考》所云："婚配论门户，重别臧获之等。即其人盛赀厚富行作吏者，终不得列于辈流。苟稍脱主仆之分，始则一人争之，一族争之，既而通国争之，不直不已。"①明代天启四年(1624年)，休宁余显功等因所买佃仆潘镀等违约不向主人拜节、听役，于是被余显功等告官理治。此案中间迭经曲折，屡结屡起，直至崇祯三年(1630年)方才以余显功胜诉告结，"六年三讼，至此结矣；主仆之分，至此定矣"。② 至于徽州宗族卷入诉讼，不惜以族产为讼资者，也举不胜举。如祁门历溪王氏宗族在族内成员出现婚姻不缔于不重之门时，就联合宗族所有成员立下《同心合文》，要求"伊等如有恃强逞凶等事，大家俱要入局，不得退缩。推重一人，其费用尽系中秋神会出备，不得累及出身之人。禀案者务要同心协力，不得临事退缩；敷合者务要费用随时，不得推故短见。讼完之日，誓神交账"。③

第三，诬告之风盛行，自杀图赖泛滥。明清时期，徽州人为了打赢官司，赢得诉讼，不惜夸大其辞，大行诬告之风，甚至不惜自杀图赖。"词讼到官，类是增撰，被殴曰杀，争财曰劫，人家谓行窃，侵界谓发尸。一人诉词，必牵其父兄子弟，甚至无涉之家，偶有宿憾，亦辄牵入。意谓未辨是非，且得追呼，一扰耗其钱物，辱其妇女，以泄愤耳"。④ 康熙年间的休宁县，"或因口角微嫌而架弥天之谎，或因睚眦小忿而捏无影之词。甚至报鼠窃为劫杀，指假命为真伤，止图诳准于一时，竟以死罪诬人而弗顾。庭讯之下，供词互异"。⑤ 因此，清

---

① (民国)许承尧：《歙事闲谭》卷十八《歙风俗礼教考》。
② 《不平鸣稿》，原件藏南京大学历史系图书馆。
③ 《清咸丰六年九月初二日祁门王洪锦等同心合文契》，原件藏安徽师范大学图书馆。
④ (清)赵吉士：《寄园寄所寄》卷六《焚尘寄·座箴》。
⑤ (清)吴宏：《纸上经纶》卷五《禁健讼》。

末徽州知府刘汝骥说,包括黟县在内的徽州诉讼大多"诬多实少"。① 至于轻生自杀图赖现象,更是明清徽州健讼最突出的特征之一。"休宁风俗,尚气轻生,小事小忿,俄顷之间,动即自杀。原其不惜一己之命,不过欲破其所相怨毒之家,甚至移甲就乙,牵连不止。从来作令者,莫不喜有命案,利其牵连,以为己上下其手、奇货可居之局。计一月之内,图赖命案或数家,或十余家,至今犹然"。② "化之不改,禁之不悛。目击心伤,情不能已"。③

以上就是明清以来徽州健讼风气的由来及其主要表现。应当说,同徽州其他地区相比,休宁的健讼观念表现得尤为突出。正如清代康熙年间曾担任休宁知县幕友的吴宏所云:"刁健之风虽所在有之,从未有如休邑之甚者。每见尔民或以睚眦小怨,或因债负微嫌,彼此互讦,累牍连篇,日不下百十余纸。"④

徽州的诉讼大多集中在坟墓、山林、继子和主仆等方面,特别是坟墓诉讼,"祖坟、荫木之争,辄成大狱",这主要是由于徽州重视祖先的缘故。在徽州人看来,祠堂是祖先灵魂依托的地方,而坟墓则是体魄掩藏的归宿。"礼莫大于尊祖"⑤,"子孙思祖宗不可见,见所藏之处,即如见祖宗一般,时而祠祭,时而墓祭,皆展亲大礼"。⑥ 其他争执和纠纷都可以容忍,唯独坟墓,则是万万不能容忍的。因此,一旦发生祖墓被盗葬、荫木被盗砍等事件,徽州宗族都会竭尽全力进行诉讼。休宁首村朱氏二世祖春公墓被他族侵占后,从康熙四十七年(1708年)集中宗族各派力量进行诉讼而未能恢复,直至光绪十一年(1885年),朱氏宗族人念念不忘,耿耿于怀,甚至在编纂的《新安统朱氏宗祠规条家法》中发誓云:"各派中有能复春公墓地、重建宗祠者,十三宗朱祖宗容

---

① (清)刘汝骥:《陶甓公牍》卷十二《法制科·黟县民情之习惯·从行为上观察民情》。
② (清)廖腾煃:《海阳纪略》卷下《两江总制傅、安徽巡抚江详文》。
③ (清)廖腾煃:《海阳纪略》卷上《上郑藩宪》。
④ (清)吴宏:《纸上经纶》卷五《词讼条约》。
⑤ 《新安朱氏宗祠记》。
⑥ 万历《休宁范氏族谱·统宗祠规》。

上画像。"①

第三节　休宁首村朱氏宗族诉讼文书及其诉讼内容

一、休宁首村朱氏宗族的整合

从休宁首村朱氏宗族遗存的文书中,我们发现,首村朱氏宗族在明末清初势力渐趋强大,其诉讼也基本上是围绕宗族内部整合发生的。为了重整和振兴宗族,首村朱氏宗族以祠堂为核心,不断增殖祠产,置有《朱氏祠簿》,建立祠产管理组织,这从清康熙三十五年(1796年)四月廿五日乡约朱希茂和保长朱天锡具呈经管祠事的呈文中可以看出。该文书内容如下:

>　　具呈乡约朱希茂、保长朱天锡,呈为遵奉回报事。蒙宪批谕:役等将《朱氏祠簿》清交新管之人。今遵公谕,原管之朱任康、朱有光等眼同当凭八门房长,逐一立簿清交,新管朱朝益、朱邦邀、朱邦积、朱国英四人接管祠事。理合具呈回报,伏乞宪天验交。感恩上呈。
>　　右　具
>　　呈
>　　准交朱朝益等四人经管。
>　　康熙三十五年四月廿五日具呈　　乡约朱希茂
>　　　　　　　　　　　　　　　　　保长朱天锡。②

为保障宗祠运行的资金来源,使宗族管理制度化,清康熙三十五年(1696年)五月,朱世德联合首村朱以治、朱希茂等十四人共同订立签署了《议墨合同》,详细订立了宗祠和宗祠资产运营管理的各项条规。《议墨合同》内容

---

①　光绪《新安朱氏宗祠记》。
②　《清康熙三十五年四月廿五日休宁县首村朱希茂、朱天锡等呈报宗祠新管人员名单文》,原件藏于安徽大学徽学研究中心。

如下：

　　立议墨合同人世德、以治、元亮、希茂、朝郁、朝禄、朝清、自熙等，吾族创立宗祠，始于明季崇祯二年，阖族批丁，各出乐输，共建祠宇，以尽人子报本之忱。构工将半，缘与邻村诘讼，以此未得告成。至于顺治十五年，阖族批丁乐输约计百有余金，以为递年修葺祠屋兼纳钱粮。其银虽有批领，不能生息，于事无济。至康熙四年支丁贵自客外归来，见祠宇损漏，邀仝志倡议，阖族公举，凡支下嫁女、公堂诞男长口，取其二项，公贮入匦，系之与朝纲管理，递年于长至日果酒敬祖毕，公同族众清算注簿，向无异议。至康熙十六年，复举元凯、自盛、希茂、希珪管理，照遵前人规议，所贮祠匦银两，递年运筹生息，收支出入，皆如前规。至康熙二十三年，复交自盛、希珪、德魁、可松管理无异。岂于康熙三十三年，有田来当祠银，祠内不从，因此诘讼，是以任康、可松等不愿管理。今奉县主金批，议立管祠。今阖族公议，共举朝益、邦逵、邦积、国英等，蒙批在簿，准任管理。但执事者务要洁己奉公，廉贞自守。既无瑕疵，族众自无异议。设有恃强，任事者传知各门支下子孙，集众公论。恐后人心不一，立此议墨合同一样三张，两社各执一张，存匦一张，永远遵守为照。

　　康熙三十五年五月日立议墨合同人　世德（押）　以治希茂（押）　世宰　元亮（押）　朝郁（押）　以恬（押）朝禄（押）　以愉（押）　朝清　自熙（押）希雅（押）　希祝　希孟（押）

　　见议人　朝珍（押）　朝聘（押）　杰寿（押）

　　一议膺任祠务，原非自愿乐从，因下为族众推举、上为祖宗出力，吾族长幼，人各虚心体贴，无得妄生异议，肇起争端。但执事者既任其劳，无使再任其怨。族中倘有无知不法、恃强横逆者，传集族众，呈官究治。

　　一议任事者务要洁己正人，不得徇情怀私。今既议执事者三年交换，现任者自宜敬谨其事。倘遇事有疑难，即商之于众，抑可以杜无知妄言之口,又可以为后接任者之规。

一议坐谷,价照时银,先付银,先发谷后付银后发谷。但佃户来约看谷之日,即议付某人收,轮流挨次,不得争执高低。倘有将首饰来抵押,计重一两,只押七钱,议定冬日清偿。如不清付,将原首饰典内押银票付本家取赎。金珠宝石概不押,免后争执。

一议各项条规,当遵前簿举行,无得异说。①

从上引《议墨合同》的文字中,我们不难看出,清代康熙年间,首村朱氏宗族通过旨在规范宗族内部行为和管理机制的方式,对宗族进行了整合。

在完成了宗祠建造、维修和管理制度制定等宗族内部的整合之后,首村朱氏宗族的凝聚力和经济实力迅速得到了加强。接着,朱氏宗族便开始了向外拓展和扩张。最能体现朱氏宗族扩张行为的事件是争夺春公墓的诉讼。

二、春公墓诉讼文书及其内容

康熙四十七年(1708年)五月,首村朱世观等联合上伦堂、葩庄等村朱氏族人,在"孝"的旗帜下,共同出钱出力,立下《永言孝思》文约,誓与侵占朱春祖墓的黄氏宗族进行诉讼,重振朱氏宗族的雄威。

永言孝思

吾宗自二世祖春公始迁海阳,派十有三,支分繁衍,屹为望族者,今十八村矣。自春公葬溪口庙岭龟山,佑启后人,向者系前人厥谋弗臧,遂致失业,使祭扫缺典,历经百有余年。虽子姓常怀激愤,然报复无因。今幸际县主龙图再世,洞察民冤,厘照黄氏之奸谋,而吾宗各派为孙子者,不乘此时之机,以复春公之墓,泄数百年之积恨。纵不能效裹公复九世之仇,然木本水源,使后世知忠孝之大节,愿吾宗各派诸公竭力输资,共襄盛举,以尽孝子贤孙之志,不胜幸

---

① 《清康熙三十五年五月休宁县首村朱世德等立议墨合同》,原件藏安徽大学徽学研究中心。

甚。请书其名于左。

康熙四十七年五月日谨启

首村

  世观字尚宾　　输银二十两

  家鼎字文九　　输银十两

  邦礼字季和　　输银十两

  邦超字汉升　　输银十两

  　字景佰　　　输银十两

  可官字登吉　　输银十两

  　　　　　　　又输银二十两

上伦堂

  士谌字永符　　输银一百两

  邦孚字嵋雪　　输银五十两

  绣字我文　　　输银十两

葩庄

  朗字符昭　　　输银三十两

  阳字天宜　　　输银十两

  恒字心如　　　输银三十两

  帜字汉旌　　　输银十两

  镇字公威　　　输银十两

  濂字若周　　　输银十两 ①

  这是居住于首村的朱世观等联合首村、上伦堂和葩庄朱氏族人为通过诉讼夺回被黄氏侵占的春公祖墓而进行诉讼捐款动员令。尽管在我们掌握的首村朱氏文书中缺少围绕春公墓诉讼的文书,但通过这张动员启文,我们完

---

① 《清康熙四十七年五月休宁县首村朱世观等捐输诉讼春公墓银两启》,原件藏安徽大学徽学研究中心。

全可以将其理解为首村朱氏宗族的诉讼文书。

康熙四十七年(1708年)五月二十八日,首村朱世德等再次发起与龙湾黄氏诉讼夺回春公祖墓的动员令,并联合以首村为中心的朱氏宗族十三派族人共同签署合同议约。其内容如下:

> 立合同众派首村等,今为春公古墓向被龙湾黄氏势占平抹,抽除鳞册保簿一页,使我子姓无凭申诉,迄今百有余年。祖冤莫雪,今又奸谋复萌,侵占溪口坟茔,以致诘告在案。幸蒙县主张公吊对原丈信字、新丈短字二千一百七十九、八十、八十一等号经册、纬册,察出洗补盖印情弊。其八十一号,即我春公所葬之处。庭质之下,诘究其实。龙湾词穷,莫能掩饰,随即通详督抚各宪。是百余年平抹之祖冢,遇此大可为之机,不可谓非,春公在天之灵赫濯于今日也。祖墓显晦,在于子孙。今日一举,毋负平日报复之素志。今此急务,首在议费,各村或照丁派,或支众匣,以为使用。再各举贤能,协同任事,踊跃争先,以雪积世之仇。功成之日,酌议配飨,以张其勋。犹恐人心不齐,立此合同为照。
>
> 康熙四十七年五月二十八日立合同　首村　世德(押)　以愉(押)
>
> 伦堂(以下略)①

从上述所引录的首村两张文书中,我们不难发现,首村朱氏宗族在清初勃兴以后向外扩张的过程,是以团结宗派、强化宗族凝聚力为核心的。我们虽然未在朱氏文书中查寻到诉讼文书,但两张文书都显示,在康熙年间,首村朱氏宗族在扩张的过程中,是经历了一系列诉讼的。可惜,这场诉讼因为面临的对手龙湾黄氏势力过于强大,并没有取得成功,达到胜诉并收回春公墓地的目的,这也成为首村朱氏宗族永远难以释怀的隐痛。

---

① 《清康熙四十七年五月二十八日休宁县首村朱世德等立合同文约》,原件藏安徽大学徽学研究中心。

三、大商地坟山厅屋诉讼文书及其内容

首村朱氏宗族的另外一起诉讼是乾隆十年(1745年)十一月至十二年(1747年)二月与看守大商地坟墓地仆黄姓侵占坟山厅屋而展开的诉讼。

据《清乾隆十年十一月至十二年二月讼理大商地仆侵占公厅案存览》记载,首村大商地坟山厅屋,自唐宋至清代,一直系首村朱氏十三派标挂祭扫的世业,黄姓世仆受命住居看守,"众支祭扫,黄姓应役,世代相承,自古无异。其后,黄姓子孙猖獗,伐树盗坟,本家处治,自成化以至雍正,历有甘墨,及送官呈责案卷"。① 但乾隆十年(1745年),地仆黄福荣等欺大商地所在之霞堡朱姓"地弱人稀,侈肆益甚",假造图册,恣意侵占。

乾隆十年(1745年)十一月十九日,首村朱茂文、朱周明、朱彩云等以"逆仆贿谋、弑占灭伦"为名,联手向知县周其祚上诉。随后,周其祚批示"地保查复"。

十二月初三日,黄廷侯以黄福荣以"诬良为贱,埋机横占"为名,具禀诉称朱茂文等祖墓葬其图内,因标祀借其厅屋歇息,继而图占。周其祚于诉状批文:"候开期吊册查验。"

乾隆十一年(1746年)二月初六日,朱茂文等再次禀呈,请求根据吊册查验结果,缉拿黄福龙即黄文侯等审讯。休宁县令周其祚批示,"准提讯"。

三月初十日,首村朱氏宗族生监朱文玺、朱世茂、朱祈善等为"仆已输服,叩恩销案事"具呈。知县周其祚批示:"候饬销案。"

三月二十八日,地仆黄廷侯立下挽约,承认了自己的地仆身份,并承诺"自后照旧承管□□众厅,每逢标祀,务必预先洒扫,不敢堆积柴薪。如违,任罚无辞"。

这起诉讼案件的结果,最终以首村朱氏宗族胜诉了结。于是,朱氏宗族买石刻碑,划界定标,永志此事。

---

① 刘伯山主编:《徽州文书》第三辑(4),桂林:广西师范大学出版社2009年,第450页。

首村朱氏宗族与地仆黄廷侯围绕大商地坟墓厅屋时行诉讼的胜诉,主要得益于宗族内部的团结和地亩图册的完备。他们敢于面对强大的黄姓宗族,有钱出钱,有力出力,共同将这场官司打赢。为了这场诉讼,首村朱氏宗族联合了杨冲、资庄、伦堂、新屯、里田、巴庄等十六个村庄朱氏各派,共计捐款输银50余两。① 乾隆十二年(1747年)二月初一日,首村朱氏宗族对大商地坟墓厅屋诉讼费用进行了结算,主要开支项目及费用包括:(1)起初明心请神三牲等物共支银1.2两;(2)宗祠众派两次会议共支银3两;(3)进词纸笔饭食以及差房提前任惩责黄姓案卷共支银12两;(4)金业请禁,送图正礼共支银13两;(5)买石2块,写字刻碑供给谢礼及匠工,共支银12两;此外,尚有收税主户牌礼、来往各派宗族交通及伙食等。总之,收支账目明晰,并无假公济私、从中取利行为。所有账目,"永存首村宗祠公匣"。②

---

① 刘伯山主编:《徽州文书》第三辑(4),桂林:广西师范大学出版社2009年,第461～462页。
② 刘伯山主编:《徽州文书》第三辑(4),桂林:广西师范大学出版社2009年,第462～463页。

第十八章　明清以来徽州族谱的纂修、刊刻、印刷、避讳及其家国互动关系初探

　　从明清至民国,作为一个聚族而居的宗族社会,徽州宗族在族谱纂修、祠堂创建和祖墓营造等方面,作出了巨大的努力,直接造成了"千年之冢,不动一抔;千丁之族,未常散处;千载谱系,丝毫不紊"①社会局面的形成。尤其被宗族视作"尊祖、敬宗、收族"手段和工具的族谱,其重要性被强化到无以复加的地步,"事之最重而不宜缓者,国惟史,家则惟谱"。② 在徽州许多地区,流传一种"三世不修谱,便为小人"的诫语。③ 三代不修谱,被徽州人当做大逆不道的行为。"无之(指族谱——引者注),将见贵不齿贱,富薄其贫。吾恐昭穆不分,尊卑失序。宗法不立,嫡庶奚明? 势不至等,亲又为陌路,而视陌路为亲亲者,几稀矣。吾知谱之所系匪细也。然家之无谱,不犹国之无史乎? 国无史,无以纪历代,无以征文献;家无谱,无以明世系,无以溯渊源。谱之时义大矣哉!"④因此,作为记录宗族活动的重要文献之一,明清以来徽州的谱牒纂修、刊刻与管理都进入了相对较为成熟的阶段,形成了较为完备的谱牒

---

① (清)赵吉士:《寄园寄所寄》卷十一《泛叶寄·故老杂记》。
② 民国《星源竹马馆东李氏宗谱》卷一下《艺文·李应芳雍正八年重修家谱纪略》。
③ 乾隆《新安岑山渡程氏支谱》卷首《旧序·康熙十二年槐塘程氏显承堂重续宗谱序》。
④ 成化《海阳吴氏族谱》卷首《序》。

纂修理论和相对成熟的谱牒刊刻与管理制度,涌现出了一批专门纂修谱牒和刊印队伍,直接促成了明代徽州谱牒纂修刊刻的繁荣,以致形成"新安多望族,族各有谱"的社会现象。①

明代中叶以后,受山多田少、人众地寡等生存压力,大批徽州人不得不离乡背井,外出经商。拥资巨万的徽商商业利润源源不断地流入徽州本土,成为纂修和刊刻族谱的雄厚物质基础。"文人发起,商人助资",②这是明清以来徽州族谱纂修中存在的一种普遍现象。明代休宁商人程天宠甚至专门斥资辑录《程氏宗谱》,③而类似清代婺源梅溪商人吴永钥"修祀厅、葺宗谱"的行为,④在徽州也甚为普遍。明清以来徽州本土及周边地区发达的印刷出版业,对徽州族谱的印刷和出版,则起到了重要的促进和保障作用。

明清以来徽州纂修的族谱内容丰富、类型复杂,其中既有非血缘的地域性望族汇谱,如明代程尚宽等编纂的《新安名族志》和曹叔明等纂辑的《休宁名族志》等,也有跨地区的具有血缘性质的某姓统宗族谱,如明成化《新安程氏统宗世谱》、清乾隆《考川胡氏统宗谱》等。不过,在徽州族谱中,数量最多、比例最大的还是某地一族一姓的具有血缘性质的单一姓氏族谱或支谱。就族谱的名称而言,徽州也可谓是名目繁多,既有称宗谱、族谱、家谱、房谱、支谱者,也有称家乘、家记、家典、世典者,诸如万历休宁《茗洲吴氏家记》、雍正《茗洲吴氏家典》等名目。至于与正本族谱相对应的具有草谱性质的各种添丁红簿、像牌谱等,更是不胜枚举,如清嘉庆程氏草谱——《衍庆录》,即是祁门程氏宗族仁山门支派的添丁簿。当然,族谱名称的不同,内容也相应有所侧重,跨地域的单姓统宗谱,如嘉靖《新安琅琊王氏统宗世谱》和同样也是跨地区诸姓族谱,如嘉靖《新安名族志》等。虽然都是跨地域的族谱,但实际上却存在单一姓氏和众多姓氏的明显区别;一般的序、世系、族规和跋等一应俱

---

① 乾隆《考川明经胡氏统宗谱》卷首《序·乾隆二十四年吴炜序》。
② 民国《龙川胡氏支派宗谱》卷首《序·章献琳序》。
③ 万历《休宁率东程氏家谱》卷十一《明威将军程天宠小传》。
④ 光绪《婺源县志》卷三十五《人物志·义行》。

全的单姓族谱和诸如雍正《茗洲吴氏家典》等,也有明显区别,雍正《茗洲吴氏家典》只重点记录和叙述"家规"和"家典"。可见,谱名的不同,不仅仅是名称的不同,而且内容也有显著差异。

徽州族谱存世数量巨大。根据《中国古籍善本书目》《中国家谱综合目录》和《上海图书馆馆藏家谱提要》,以及国内各大图书馆的藏书目录,我们粗略地对徽州族谱的存世数量进行了统计,总计有1433种。就纂修或刊刻的时间而言,其中元代族谱6种、明代457种、清代731种、民国221种、时间不详18种。如果加上收藏于民间的各种族谱,那么,徽州族谱的总量应不会低于2500种。就版本而言,清代最多,但明代纂修和刊印的族谱在全国现存族谱中占据了较大的比重。因此,赵万里说:"传世明代谱牒,大都是徽州一带大族居多,徽州以外绝少。"①

下面,我们着重以明清和民国时期的徽州族谱为中心,从徽州族谱的纂修、刊刻、印刷、避讳以及族谱纂修和管理过程中所体现的家国互动关系等问题入手,对明清以来徽州族谱进行初步的探讨和研究。

第一节 明清以来徽州族谱的纂修

徽州族谱的纂修,在时间上可以追溯到唐代,我们在明清和民国的许多徽州族谱中,可以检索到唐代徽州族谱的序文。而大量宋代徽州族谱的"序文"的出现,说明至少在宋代,徽州族谱纂修出现了一个高峰。尽管刊刻本宋

---

① 赵万里:《从天一阁说到东方图书馆》,载天津《大公报·图书副刊》,1934年2月3日。

代的徽州族谱现已无一遗存,元代徽州刻本族谱亦仅有六种传世。① 但是,宋代徽州各大宗族普遍纂修族谱却是一个不争的事实。

一、徽州族谱的纂修宗旨、主要目的和族谱体例

明清以来,徽州族谱的纂修宗旨和主要目的是"尊祖、敬宗、收族",所谓"谱为尊祖敬宗收族而作也,前不作则不知其由来,后不述则不能继其志"。② 族谱在聚族而居、敦于孝道的徽州人思想观念中,具有一种神圣的地位。"谱牒作载,皆宗族祖父名讳,孝子顺孙目可得睹,口不可得言。收藏贵密,保守贵久"。③ "领谱之人,务要藏之巾笥,珍重什袭。纵遇不测,亦当亟为救护,不得轻弃"。④ 纂修族谱则是一种追本溯远、敬宗收族弘扬孝道的大事,所谓"一族之事,莫重于修谱"。⑤ "族谱一书,所以序昭穆、纪绝续也。夫序昭穆,则尊卑之分明;纪绝续,则善恶之理著,皆足维世教也"。⑥ 在徽州,族谱甚至被提升到与国史、郡志并列的高度,加以强化,所谓"家之谱,夫国之史也"。⑦ "家之有谱,犹国之有史,郡邑之有志也"。⑧ 但谱与史又有明显区别,"谱,史

---

① 据《中国善本书目》(上海:上海古籍出版社,1993 年)、《中国家谱综合目录》(北京:中华书局,1997 年)和《上海图书馆馆藏家谱提要》(上海:上海古籍出版社,2000 年),以及安徽各地馆藏徽州谱牒目录统计,现存元代徽州谱牒共有 6 种,它们是(1)《新安汪氏谱牒》,不分卷,一册,元汪云龙编,元木刻本,藏河北大学图书馆;(2)《新安汪氏庆源宗谱》,不分卷,一册,元汪垚纂,元抄本,藏国家图书馆;(3)《新安旌城汪氏家录》七卷,元汪照等纂修,泰定元年刻本,藏安徽省博物馆;(4)《邵氏世谱》一卷、家谱一卷、外谱一卷、先世遗事一卷、先茔志一卷,元邵桂子纂修,元刻本,藏国家图书馆;(5)《新安胡氏历代报功图》一卷,元刻本,藏上海博物馆;(6)休宁《陈氏谱略》不分卷,元陈栎纂修,载《定字集》(《四库全书》本)。赵华富在《徽州宗族研究》(合肥:安徽大学出版社,2004 年)一书中认为,现存宋元徽州谱牒有 14 种,因其多系明代或清代刊本或钞本,故不采用此统计数字。
② 民国《巨川毕氏宗谱》卷一《原序·元洪武甲子年毕民协序》。
③ 万历《休宁范氏族谱·统宗祠规》。
④ 同治《方氏宗谱》卷四《领谱字号》。
⑤ 光绪《东关戴氏宗谱》卷五《序·失考序》。
⑥ 民国《巨川毕氏宗谱》卷首《原序·成化七年毕文灏序》。
⑦ 万历《程典》卷首《序·东密宗人涓臣原著序》。
⑧ 民国《城南方氏宗谱》卷一《旧序·康熙十五年象璜纂辑真应庙谱序》。

例也。谱为一家之史,史则善恶俱载,谱则述祖宗之嘉言善行,而不书恶,为亲者讳也"。① 可见,明清以来徽州的纂修族谱,在表面上虽然打着"尊祖、敬宗、收族"的旗号,但实际上,其主要目的和直接动机还是为了维系宗族的尊卑、长幼、男女等封建等级秩序,维护包括族长在内的宗族控制者自身的既得利益。正如嘉靖祁门《王源谢氏孟宗谱》所云:"谱牒所以正名分、联族属、教仁孝。"②"使恶者有所惩,吉凶相告,患难相恤,疾病相扶,孝弟行于家则身修而家齐,忠义行于国则国治而天下平。"③"宗谱之修,亲疏不紊,支派分明,吉凶庆吊之际,酒筵之间,尊卑有分,上下相安。不可以贵凌贱,以众暴寡,以尊辱卑,以强欺弱"。④ 这就是徽州宗族纂修族谱的最主要目的及实质之所在。

  在纂修族谱的过程中,谱例和谱法直接关系族谱的编纂和内容的取舍。以宋代欧阳修和苏洵为代表、按照"小宗之法"编纂的族谱体例,可以说是后世族谱编纂遵循的基本准则和依据。但两者不同的是,欧阳修采用的是图表,即"吊线"或"挂线"的方式,将五世祖以来的家族迁徙、婚嫁、官封、名谥、墓葬及其行事,编成《欧阳氏图谱》。而苏洵编纂的《苏氏族谱》则采用派系的方式,将直系六世祖以来的事迹,按照序、表、后录的结构进行叙述。即所谓欧阳氏、苏氏"二家之例,一纵一横。欧阳氏用直谱,古之所谓图也;苏氏用横谱,古之所谓牒也。其大旨主于简明"。⑤

  不管欧阳、苏两种类型族谱的优劣如何,但这两类族谱所创立的族谱编纂体例,为宋代以来族谱编纂奠定了基本的原则和方法。值得一提的是,明清以降徽州族谱编纂的体例,并未单纯地遵循欧阳氏或苏氏族谱的某一体例,而是取其优、去其劣,将两者合而为一。正如明万历休宁《重修城北周氏宗谱》的《凡例》所云,"谱义例起于欧[阳]、苏,今合两式者。欧[阳]吊而不派,则亲疏别而长幼莫究,或窒于尊尊;苏派而不吊,则长幼序而亲疏难考,或

---

① 成化《商山吴氏族谱》卷首《凡例》。
② 嘉靖《王源谢氏孟宗谱》卷首《凡例》。
③ 民国《巨川毕氏宗谱》卷一《原序·正德四年毕馨〈休宁闵川毕氏重修会通世谱序〉》。
④ 同治《武溪陈氏宗谱》卷一《新编凡例》。
⑤ 光绪《婺源查氏族谱》卷首上《原序·道光癸未胡元熙〈黟邑珠川元常公支谱序〉》。

病于亲亲。苟独遵一式,恐未得其长而先蹈其弊矣。故先欧图以明亲疏之分,继苏派以定长幼之序。二式相兼,其法始备"。① 清光绪三年(1877年)绩溪《梁安高氏宗谱》亦合欧[阳]、苏二式以纂修之,"故统修谱牒,既遵欧[阳]法,以线图系,使昭穆适,庶便于查考。而常修谱稿,则仿苏体,以格列名,使生殁娶葬便于登记"。②

因此,明清以来绝大部分徽州族谱的编纂体例糅合了欧阳修和苏洵所创造的两种编纂体例形式,遵循了吊线谱表和图文叙述并重的原则。"故自明以来,凡为谱者,类皆取法于欧阳氏、苏氏二家也"。③

二、徽州族谱的倡修

编纂族谱,除少数由个人独立完成以外,大部分是由集体纂修完成的,徽州的族谱编纂大体上亦遵循了这样一个集体编纂模式。因此,就宗族群体力量编纂的族谱而言,其第一步工作便是由倡修人向族人发起纂修倡议,制定章程,成立诸如谱馆、谱局等相应的组织机构,具体负责开展族谱编纂的联络与纂修工作。

明嘉靖九年(1530年)刻本《祁门金吾谢氏宗谱》即是由谱局负责筹划编纂的。清嘉庆年间,黟县南屏叶氏宗族在倡修族谱的过程中,"先设公局,分定总修,综理汇世系、缮写、绘图、校对、监刷等项,各款列名,以专责成"。④ 有的宗族还广泛召集同宗诸支派进行讨论,以商议确定修谱事项。光绪八年(1882年)春,绩溪戴氏宗族修谱时,主修者戴弘儒即专程"自休返里,同襄厥事,预订章程"。⑤

徽州宗族倡修族谱除以集体讨论议决的方式进行外,通常还采用"启文"或"知单"的形式,向族人广泛告知,以期得到族人的响应和支持。

---

① 万历《重修城北周氏宗谱》卷二《凡例》。
② 光绪《梁安高氏宗谱》卷十二《常修谱稿序》。
③ 光绪《婺源查氏族谱》卷首上《原序·道光癸未胡元熙〈黟邑珠川元常公支谱序〉》。
④ 嘉庆《南屏叶氏族谱》卷八《修谱事宜》。
⑤ 光绪《东关戴氏宗谱》卷九《后序·光绪十五年戴弘儒序》。

为说明徽州修谱"启文"的详细情况,我们仅将清乾隆二十三年(1758年)绩溪华阳邵氏会宗修谱《小启》文字照录于下:

会宗小启

吾始祖康公食采于召,受封于燕。以召为氏,系出于姬。迨至平公东陵郡望,衍于雁门,汉锡(锡)邑耳。迨于坦公,始新遗爱,神主降生,所为衍庆于严、徽间者,百有余族。凡称世家巨族,我郡殿最。而发源于古歙华阳者,百二公也。迨今未集谱牒,兹欲会修。徽、严艰于荟萃,家各为书,难免舛讹。不揣固陋,第将百二公下诸宗,理其绪而分之,比其类而合之,编为若干卷,使各派有志论世者开卷有得,而后世之念切宗盟者,或以此为告朔之遗焉,可也。聊具熟语,赴告吾宗。若非其种,尚冀捐之。毋带莠杂熏,令归同器。谨启。

时皇清乾隆二十三年岁次戊寅春王正月吉旦。纹川叙伦堂谱局具。①

以上引录的修谱启文,虽然是告知族人踊跃参与修谱,但从"若非其种,尚冀捐之"的文字内容上来看,其性质显然更像一种纂修族谱的募捐书。

清乾隆二十三年(1758年)绩溪邵氏宗族谱局的修谱"启文",就内容和形式而言,是一种普发性的修谱启事。实际上,在徽州,还存在一种书信式的修谱"启文",其启文对象具有唯一性,它针对的往往是该宗族的某一支或某一房派。我们在光绪《祁门竹源陈氏修谱文书汇编》中,发现了光绪二十三年(1897年)二三月间祁门竹源坑口会源堂陈氏宗族谱局主修陈朝牧(字秉仁)、副主修陈树人、陈斗文和陈居正分别书给江西鄱阳县与安徽东流县(今安徽东至县)宗支的书信式修谱启文。其内容全文如下:

(1)达鄱阳陈家墩书

国珍、子英、光达诸位宗台先生阁下:

---

① 宣统《华阳邵氏宗谱》卷首《会宗小启》。

旷隔光仪,云山迢递。景宗已久,趋竭无由。启者,吾家自颍川迁浮梁,迁祁之竹源。唐官太湖县令友迪公之子京公,子姓族党居之。千百年来,竹源之分徙者甚夥,先朝里社丘墓,惟向此里得咨询之,则此里为竹源文献贵处。本从公一支,即京公之孙怀兴,敝族宋官金吾大将军,立公同胞兄弟也。及从公之孙永丰公,由竹源迁鄱阳罗田、陈家墩,历数百年,椒实繁衍,雍雍乎振。振公族人多硕彦,代有令名。奈水山遥,未见追远而报本;枝分叶散,不能穷流以溯源。尊祖敬宗之义何在乎?敝族于同治六年,复建祖庙,今又纂修宗谱,年湮代远,功[工]程浩大,每丁皆派费洋壹元,旧已开局汇稿。联一本之亲,于是乎在;昭祖宗之德,莫此为先,望族皆然,名邦尤盛。惟念贵处源流一脉,应托鲤以达情。凡属本支,均宜修纂。秩下之子孙千亿,此心之孝敬即同。聚毛可以成裘,敛金亦堪铸鼎。始于一身,以旁及九族,同抒尊亲爱敬之诚,人情自此而即安,祖灵因而降福。冀鉴鄙忱,共襄盛举。当思重本笃亲,毋忘所自。南鸿北雁,道里无多。便惠好音,尤所企望。候得暇留谒瑶阶,祇聆钧诲,冗中裁渎,并候近祉。

贵族暨陈家岭各宅诸位宗台先生统此申候。

光绪二十三年二月

祁西竹源坑口会源堂秉仁、树人、斗文、居正仝顿。

(2)达东流蟹子坑、石峡里宗家书　　斗文稿

山青水碧,睽隔鸿仪;柳绿桃红,恒思尘教。启者,吾家自京公始迁竹源,他族皆由此分迁矣。宗谱久未纂修,姑待苟安二百余年矣。兹幸众志翕从,旧已开局汇稿,誊写将成。每丁派出费洋壹元,约于冬季镌板。惟念贵处源流一脉,应嘱鸿申意,合同纂修。当思重本笃亲,毋忘所自。拟候六月,烦驾来局会商,共襄盛举,以尽尊祖敬宗之义。弥切木本水源之思,则幸甚。专此顺达,并候春安。

宅上诸位先生统此申候。

光绪二十三年三月上浣。

祁西竹源坑口陈会源堂秉仁、树人、斗文、居正仝顿。①

以上所录光绪二十三年(1897年)祁门竹源坑口陈氏宗族会源堂谱局以主修和副主修名义书写给鄱阳县与东流县陈氏宗支的修谱启文,与前引绩溪邵氏宗族纹川叙伦堂谱局的《会宗小启》相比,尽管在性质上都是属于告知宗支前来汇修族谱的通知书,"来局会商,共襄盛举",但在形式上则采取了两种不同的方式,显然后一种方式更具亲和力与号召力。

三、徽州族谱纂修的组织和经费筹措

纂修族谱是一项规模浩大的工程,远非个人之力所能承担,"日久事繁,固非一人所能任,各支下之倡而和之者,实与有力焉"。② 除少数族谱成于一人之手外,大部分族谱编纂一般要成立专门的修谱组织和机构,如谱馆、谱堂、谱局、修谱筹备处等,推选专门的纂修人员,专门负责修谱活动的组织与管理工作。正如清嘉庆黟县《南屏叶氏族谱》在总结纂修族谱经验时所言:"修谱先设公局,分定总修,综理汇世系、缮写、绘图、校对、监刷等项,各款列名,以专责成;一、设局后,各支分理世系者,汇齐稿本,查实事迹,以便总理,分类登载。"③真正做到了"总理有人,纂修有人,同修有人,司库有人,誊录有人,催趱有人,司事有人。分工合作,各负责任,一心一德"。④ 只有建立组织机构、确定具体编纂人员并明确各自的分工之后,族谱的纂修才能真正步入正轨。尽管明清时期徽州各地族谱的纂修机构和人员冠以不同的名称或称谓,但就总体而言,其围绕族谱纂修这一目的和宗旨则是十分明确的。

纂修族谱所花费的资金是巨大的,族谱纂修工作能否成功顺利展开,在

---

① 光绪《祁门竹源陈氏修谱文书汇编》。陈琪在《清末徽州民间宗谱纂修活动研究——以光绪二十三年祁门竹源陈氏宗谱文书为例》(载《安徽史学》2006年第6期)一文中,将该书定名为《祁门竹源陈氏宗谱文书》。承蒙陈琪惠赐该书复印本,经初步研究后改为今书名。
② 康熙《周氏族谱正宗》卷十五《书名小引》。
③ 嘉庆《南屏叶氏族谱》卷八《修谱事宜》。
④ 民国《巨川毕氏宗谱》卷六《巨川毕氏修理宗谱题名录》。

很大程度上取决于所筹措经费的多寡。所谓"兴举大事必筹经费,应先将用款若干,豫约大数,然后酌量筹费,出入相准,不至亏空,致误正事"。① 特别是在徽州这样一个人口迁徙与流动极其频繁的山区,大量徽商侨居他乡,没有编纂人员的奔波操劳和采访、调查、搜罗,没有雄厚的资金支持,要想毕其功于一役,其难度是可想而知的。素以经商外地居多的歙县西沙溪汪氏宗族,在清道光年间纂修族谱时,编纂人员为了调查和搜罗本宗族的材料,可以说是历经了艰辛。族谱编纂者汪琦就曾感叹道:"修谱之役,纂辑不易,搜罗更难。纂辑仅耗心思,搜罗艰于跋涉。吾乡人丁散处,如两粤滇黔,孑遗远寓,恍星落天涯,欲循源溯流,匪第路费不给,且恐乏嗣无传,或迁徙他处,徒往无益,惟注明当日所迁之地,使日后易查可矣。吴越燕齐楚豫西江之间,或暂寓,或久居,平昔既识某处某支,设未访到,谱中即缺,罪将安归?是以吴越附近之区,年虽迈,犹可勉强躬亲阅历,至燕齐楚豫西江道里云遥,则遣子文源、道源与仆朱福、杨贵分投往收。其间江海风波,性命介于呼吸,霜雪冲冒,困苦迫于长途,甚鞍马奇寒,绝无敝裘□冻,备尝险阻,遍历艰辛,水陆之程五万余里,往来约费百五十金,稿方征全。"②许多宗族在纂修族谱的过程中,都遇到了资金短缺不济的问题。有的甚至是在族谱修成付之剞劂时,发生了资金困难。歙县大阜吕氏宗族在族谱修毕即将刊刻之际,即遇到了资金缺口较大的问题,无奈之下,被迫商议以本社祭祀银两冲抵,"宗谱既成,约用工食求文二百余金,所得该分银者,不过五十余两而已。荷蒙各派族英资助,虽有百金,仍银五十两无出。黄川万五公派下四门族众继寿等商议,只得权将本社祭祀银充偿"。③

为了保证纂修族谱的费用,徽州宗族大体采取了以下两种途径筹集经费。

第一种筹集经费的方式是包括商人在内的个人自愿捐资助修。以这种

---

① 宣统《华阳邵氏宗谱》卷首《续修条议》。
② 道光《新安歙西沙溪汪氏族谱》卷首《重修族谱凡例》。
③ 万历《新安吕氏宗谱》卷五《名氏》。

方式筹集纂修族谱经费,在富商巨贾辈出的徽州,应当说是一种常见而可行的举措。民国十三年(1924年),绩溪龙川胡氏宗族胡村支派所纂修的《龙川胡氏支派宗谱》,就是通过"文人发起,商人助资"①的方式,筹措修谱资金的。休宁西门汪立正自康熙年间修成族谱《西门汪氏大公房挥签公支谱》,但因"人益繁,费益重,无力者艰于资斧,有力者置而不问",一直未能付之剞劂。直到乾隆四年(1739年),才由汪栋独立捐资,付诸刷印,"栋乃毅然输赀付梓,同支均未派费"。② 至于规模宏大的乾隆《歙淳方氏柳山真应庙会宗统谱》,因经济实力雄厚的徽商方祖善一人独立捐资,"其剞劂纸张、工价,皆善祖独立肩之",③而得以顺利纂修和刊刻。

第二种的筹集修谱资金方式是科丁派捐,这也是徽州纂修族谱最为常用的一种方式。康熙五十五年(1716年),歙县《周氏族谱正宗》即采用了族内按丁征收"科丁银"方式筹集修谱资金。④ 雍正八年(1730年),《婺源竹马馆东李氏宗谱》按照科派丁银方式筹集修谱经费,女口也在科派之列,"科费,每新丁四分,故丁二分。杂费,妇女每口米一斤、豆半斤,十六两秤"。⑤ 道光二十一年(1841年)祁门《关西方氏宗谱》同样也是以"约族众派费同修"方式筹措修谱经费的。⑥ 光绪二十二年(1896年),祁门竹源陈氏宗族纂修族谱时,基本采用族内派捐的形式以筹集经费,男丁、女口亦皆有派捐任务。但其派捐的数额前后有一个变化过程,"光绪二十二年冬,合议纂修宗谱,众志悉从。始而一丁派出钱二百文,继而一丁派出洋蚨壹元,统计合族三百六十九丁,女一口出米十二升"。⑦ 为保证族内派捐的正常进行,光绪绩溪东关戴氏宗族,

---

① 民国《龙川胡氏支派宗谱》卷首《序·章献琳序》。
② 乾隆《西门汪氏大公房挥签公支谱》卷首《凡例》。
③ 乾隆《歙淳方氏柳山真应庙会宗统谱》卷二十《编号印照》。
④ 康熙《周氏族谱正宗》卷十五《书名小引》。
⑤ 民国《星源竹马馆东李氏宗谱》卷一上《艺文·庚戌纪事》。
⑥ 道光《关西方氏宗谱》卷首《序》。
⑦ 光绪《祁门竹源陈氏宗谱领谱字号》。

甚至专门于谱局中设立了"经催丁捐"人员,①以具体负责丁捐的催征任务。显然,在筹集纂修和刊刻族谱经费方面,徽州宗族基本上采取的是按丁派捐的方式。

然而,单纯地靠按丁派捐的方式筹集修谱经费,并不能够完全满足纂修和刊刻族谱的全部费用,有的甚至可能加重族人的经济负担,造成族人产生抵触情绪,"谱之费甚巨,若照丁摊派,秩下之贫苦难胜。若将公拨用,祖祀款项有缺"。② 因此,事实上,徽州不少宗族经常采用按丁派捐和自愿乐输相结合的办法,来筹集修谱的资金。光绪三年(1877年)绩溪《梁安高氏宗谱》即采用了"经费或派或捐"以筹集修谱经费的方式。③ 正如清康熙年间歙县周氏宗族所言:"除科丁银外,非有乐输,事何由济?"④

显然,采取鼓励和发动宗族成员自愿捐输的方式以筹集修谱资金,是徽州纂修族谱经费的一个极为重要的方式。清嘉庆十七年(1812年)黟县《南屏叶氏族谱》就是完全采用这种方式筹措修谱经费的,"修谱使用,俱系各支乐输,并非动支公项"。⑤ 对此,徽州族谱多在"序""跋"等相关文字中予以交代。如明万历五年(1577年)歙县大阜吕氏族修谱即采取了族人捐资的方式筹措经费,而且,带头倡捐者几乎都是主持修谱人员,从总裁编修吕继华,到校正吕廷福,甚至管账、催督者等,都或多或少地进行了捐输。⑥ 有的宗族为鼓励捐输,甚至在族谱中专门辟有《捐输芳名》一卷,对踊跃捐输者予以表彰。万历十八年(1590年)刊刻的《歙西岩镇百忍程氏本宗信谱》就在该谱中专门立有《助赀编刻人名》以记录之,惜有目无文。⑦ 清康熙五十五年(1716年)刊刻的歙县《周氏族谱正宗》,在《捐输小引》一卷中,还按照捐资多寡对捐输者

---

① 光绪《东关戴氏宗谱》卷九《后序·光绪十五年戴弘儒序》。
② 光绪《善和程氏仁山门支谱》(第一本)卷首《光绪三十年程际隆经修谱述》。
③ 光绪《梁安高氏宗谱》卷十二《修谱人名知单》。
④ 康熙《周氏族谱正宗》卷十五《捐输小引》。
⑤ 嘉庆《南屏叶氏族谱》卷八《修谱事宜》。
⑥ 万历《新安吕氏宗谱》卷五《名氏》。
⑦ 万历《歙西岩镇百忍程氏本宗信谱》卷十二《续后篇》。

依次进行记录表彰,"今将各派捐输急公仗义者,较其多寡,次第书之于谱,庶几不没其善,用为将来者劝"。① 光绪祁门善和程氏宗族对捐输者亦列名予以表彰,"除族长康意列首外,余悉照各人所捐,挨次标名,以垂不朽云尔"。② 此外,徽州宗族还特别重视对修谱资金的管理,通过捐输渠道筹集修谱的资金,捐输者除了绝大多数为本宗族成员外,也有少数非本族成员。因此,对其进行严格管理,避免铺张浪费和徇私渔利行为的发生,就显得极其重要。对此,绩溪华阳邵氏宗族就制订了严格的规范,明确规定:"修谱银钱取诸大众,应分立二簿,一曰本派,一曰外派,而每派账目又须分房登记,以便检查。至经手银钱,最易招谤,所有收存款洋,出入账目,必须多派精明妥慎之人分别管理,每月结一大总。另派公直者一人,逐加稽核。倘有少数,由经手者赔偿。如无错误,即于结总处盖一图记,以表无私而昭大信。"③

四、徽州族谱纂修失真问题及其解决办法

尽管包括徽州在内的中国许多地区的族谱都声称,族谱和国史、地方志一样,是家族历史的记录。但是,在纂修族谱的过程中,许多族谱还是难以做到和国史、方志一样忠奸俱书、贤恶并录,真实地反映宗族的全部真实历史。它要为尊者讳、亲者讳、隐者讳和贤者讳,从而造成族谱内容普遍失真的现象。因此,族谱和国史、方志相比,其区别是显而易见的。正如民国绩溪民国绩溪《龙川胡氏支派宗谱》所云:"家谱与国史异,史以别贤奸、寓褒贬,故善恶并书;谱则当为亲者讳,书善不书恶。如怙恶不悛,贻玷家族者,黜之可也。"④

首先,牵强附会、攀附名人和富贵问题普遍存在,这是导致明清以来徽州族谱纂修内容失真的最主要原因之一。其实,这一现象不仅是徽州而且是全

---

① 康熙《周氏族谱正宗》卷十五《捐输小引》。
② 光绪《善和程氏仁山门支谱》第三本卷末《捐输芳名》。
③ 宣统《华阳邵氏宗谱》卷首《续修条议》。
④ 民国《龙川胡氏支派宗谱》卷首《条规》。

第十八章　明清以来徽州族谱的纂修、刊刻、印刷、避讳及其家国互动关系初探

中国族谱纂修中普遍存在的通病。对此,明永乐二十年(1422年)胡滢在为祁门《关西方氏宗谱》所作的《序》中就曾指出:"天下世家谱牒多矣。他谱喜借名位援远族人,以张大其宗。"①清乾隆二年(1737年)刊刻的《新安徐氏宗谱》也曾一针见血地指出:"世俗作谱,多以铺张扬厉为事,每采古昔同姓名公巨卿汇载篇首……世俗作谱,每广叙宗盟,远引世派以矜巨族,而其中多牵强附会。"②乾隆十四年(1749年),方有闻在《歙淳方氏柳山真应庙会宗统谱》的《后序》中,也指出:"自夫人心不古,仁孝之思顿忘。祖孙父子妄为假冒,或慕高名,呼罗隐为叔侄者有之,或趋炎势、推义甫为父兄者有之。"③桐冈张文凤更是对古今修谱之两大弊端进行了揭示和挞伐,认为:"古今有大戒者二:有乐富贵而认其非族者,有耻贫贱而弃其同族者,尤为名教之罪人也。"④这种故意攀附名公巨卿、豪右贵族和嫌贫爱富的心态与现象,完全是由于修谱者的主观故意造成的,使族谱内容失真。

其次,造成明清以来徽州族谱纂修失真的另一原因,便是年湮世远、旧谱散佚、族派散居难以联络以及战乱影响等客观因素。这些客观因素使得徽州新修族谱在搜罗文献、考订史实等方面出现了客观上的困难。所谓"修谱之役,纂辑不易,搜罗更难"。⑤诚斯谓也。康熙四年(1665年),黟县横冈胡氏宗族在修谱时,即遇到了族人居址星散、被迫稽之残简和访之老成的现象,"奈居址星散,人心纷更,任大责重,难以骤举。惟体先人之遗言,而访之老成,稽之残简"。⑥而乾隆年间婺源甲道张氏修谱也遇到了和黟县横冈胡氏宗族几乎同样的问题,"我张氏族大人稠,星棋散布者,较之他姓,十倍其数。自前明景泰间辑修,而后廖阔三百余载。世远年湮,编残简断,煨烬散佚,莫可

---

① 道光《关西方氏宗谱》卷首《序·永乐壬寅胡滢序》。
② 乾隆《新安徐氏宗谱》卷首《凡例》。
③ 乾隆《歙淳方氏柳山真应庙会宗统谱》卷二十《后序·乾隆十四年方有闻序》。
④ 民国《巨川毕氏宗谱》卷首《原序·桐冈张文凤序》。
⑤ 道光《新安歙西沙溪汪氏族谱》卷首《重修族谱凡例》。
⑥ 康熙《横冈胡氏支谱》卷首《序·暻百序》。

谁何。一旦联而修之，以集其成"。① 乾隆二十三年（1758年），绩溪华阳邵氏宗族修谱时的《会宗小启》就说："徽、严艰于荟萃，家各为书，难免舛讹。"② 尤其是太平天国运动之后，徽州各地掀起修谱热潮时，面临"兵燹"所造成的文献散失、残缺不全等问题，许多修谱人员不得不采取实地走访和口头记录的方式来搜集资料，这就难免会造成事实不准甚至错误百出现象的发生。光绪三年（1877年）祁门红紫纂修《京兆金氏统谱》，对"咸同兵燹"造成谱牒散失、文献无征、口头记述又颠倒错乱的情形，就有着细致的描述，云："咸丰年间，'粤贼'扰乱十余年，房屋烧毁一空，男逃女散，惨不胜言。因谱牒散失，幸同治初年，四方平静，查考宗谱，半属遗亡。于同治九年，公族邀集各支已修，亦无老谱对录联接。惟父老族长口传，生娶卒葬而略言之，录为新谱，以致颠倒错乱，行派不接，遗失名目甚多。"③

针对族谱普遍存在的牵强附会、攀附名人和富贵以及故意涂改甚至公然制造伪谱造成"诈伪纷纷而出"④的现象，徽州各大宗族纷纷制订和采取了严格的修谱原则，严厉打击主观造假的行为，避免客观失误，以期尽可能革除族谱失真的积弊。

首先，要充分认识到"谱牒之修，未易遽举"，⑤明确要求修谱人员一定要本着严肃负责的态度，广搜文献，认真采访，详细刊订，厘舛订误，从实书写。"作谱之法，闻见贵广，记载贵确，而持论贵公"。⑥ 明万历年间，休宁程一枝在纂修《程典》的过程中，为保证族谱的真实性，广征博引。据统计，该部族谱征引的各种典籍文献达113种之多，其中引用家谱41种、录书13种、志书24种、经书2种、史书20种、子书5种、集书5种和杂书3种。⑦ 乾隆十八年

---

① 乾隆《星源甲道张氏宗谱》卷四十二《领谱字号》。
② 宣统《华阳邵氏宗谱》卷首《会宗小启》。
③ 光绪《京兆金氏统谱》卷八《谱略》。
④ 嘉靖《新安琅琊王氏统宗世谱》卷首《凡例》。
⑤ 嘉靖《泉塘葛氏族谱》卷首《序·葛崇道〈元至正十一年编次葛氏世派叙〉》。
⑥ 光绪《婺源查氏族谱》卷首上《原序·国朝江西会昌知县李桓序》。
⑦ 万历《程典》卷首。

(1753年)刊刻的《歙淳方氏柳山真应庙会宗统谱》在《凡例》中谆谆告诫修谱人员,"斯谱参前代各家旧牒,搜考不厌周详。昔遁囊讹,悉从厘定,按时考事。一事之差,一字之误,必稽于国史、郡县志诸书及互参诸派族谱,以订其是"。① 事实上,该部族谱也确实做到了"国史郡县志诸书及互参诸派族谱"。据该谱卷首《考证诸书》统计,除各种谱牒未列外,该谱总共参考了纪传体、典章体、编年体、文集、杂记以及各种方志类典籍达44种之多。② 而为了纂修一部翔实全面可靠的《西沙溪汪氏族谱》,作者汪琦甚至不惜积十年之功,呕心沥血,四易其稿,"凡有可采,悉编入谱。先在姑孰聘扶曦公缮写五年,稿经四易丁卯、戊辰、己巳、庚午、辛未,又于乌溪拼梨截板,载往云间,转运到里己卯周流七省,填写生殁庚辰,先将人丁刊成七卷。嗣缘力绵,暂停赴任,不期海滨清淡,迥异别邑,日复日,年复年,早夜焦劳,神魂飘荡"。③

其次,为杜绝因主观因素造成的族谱评议失真的现象,徽州一些宗族在纂修族谱时,往往要求族谱编修人员集体讨论、反复斟酌,再下结论。对夸张不实的文献,采取极其慎重的态度,核实以后方才记录。嘉靖年间,绩溪积庆坊葛氏在纂修《绩溪葛氏族谱》之《文翰》卷时,就明确规定:"凡涉夸张,不敢泛录,必其文果核实、有关世教者,谨书而备录之。"④绩溪华阳邵氏宗族为避免续修族谱中产生讹误,专门公举纂修、协修和分修各数人,具体协同负责叙次宗族原委和考订厘清世系工作,"谱牒者所以垂示百世,俾知一本所出、面相亲爱也。其中叙次原委、清厘世系,一切稿件,至为繁重。应公举纂修、协修、分修各数人,以期责有专归而免舛误"。⑤ 乾隆婺源庆源詹氏宗族鉴于明万历年间"庐源改造宗谱,颠倒弟兄。国朝雍正乙卯,又转因袭承讹,中多鱼目,一时不可再文",造成庆源支派记录失实的弊端,于乾隆四十六年(1781年),断然拒绝了庐源詹氏宗族纂修统宗谱的邀请,特地于乾隆四十七年

---

① 乾隆《歙淳方氏柳山真应庙会宗统谱》卷一《凡例》。
② 乾隆《歙淳方氏柳山真应庙会宗统谱》卷首《考证诸书》。
③ 道光《新安歙西沙溪汪氏族谱》卷首《重修族谱凡例》。
④ 嘉靖《泉塘葛氏族谱》卷首《凡例》。
⑤ 宣统《华阳邵氏宗谱》卷首《续修条议》。

(1782年)邀集远近宗支,开设谱局,独立修谱,"特于嘉靖谱底汇出云烟宗派,厘其支裔,矢慎矢公翻目。至检坟茔、查婚嫁、考迁居、综继嗣、究乏绝、辨世次、分行序、飘丁外、养搜寻,毕极苦心"。对"有世系衰落、木主无存、生殁葬所,委实难稽。更有仅存名字,谁为祖父,谁为子孙,都无连属者",宁可"暂阙所疑",也不轻易载入谱中,以免讹误而紊乱世系。①

最后,严厉打击和惩治纂修宗谱中的任意涂改、私自交易等行为。徽州宗族为制止日益猖獗的族谱编修中涂改和变易等弊端,专门制订了极其严厉的惩罚规条。如道光祁门《琅琊王氏宗谱》即在《凡例》中对新修族谱的涂改和变易行为,制订了严厉的惩罚措施,规定:"倘有添涂、变易私弊等情,违者查出,罚纹银三十两,入献公祀收贮。凡各支子孙,切宜慎之。"②对族内不肖子孙盗卖族谱而致真赝混淆、支派紊乱者,其惩治之例尤为严厉,最重者甚至被革除族籍。乾隆《休宁古林黄氏重修族谱》在《祠规》中规定:"或有不肖子孙卖谱盗写觅利,致使真赝溷淆,支派紊乱,得罪祖宗极矣,众共绌之,不许入祠拜墓,仍会族众追谱惩治。"③

综上所述,徽州族谱纂修中存在的诸多主观和客观因素,直接或间接造成了徽州族谱失真和失实。如何根治这一痼疾,公正客观、实事求是地记录宗族的历史,真正做到所纂修的族谱"无假借,无攀缘,无一妄语,从实阙疑"④,这就要求修谱者必须本着严谨公道的态度与作风,所谓"修谱须秉公心,不可各执私见",⑤"非使一己之见,以成一家之言"。⑥广泛搜集资料,认真采访调查,摒弃因主观的故意和客观的失误,做到"心有所主。始以家乘遗墨并石刻余文,参互考溯,不妄援引以紊吾宗,不假名显以迷所出"。⑦为避

---

① 乾隆《庆源詹氏宗谱》卷首《序·乾隆乙巳詹建邦序》。
② 道光《新安琅琊王氏宗谱》卷首《凡例》。
③ 乾隆《休宁古林黄氏重修族谱》卷首下《祠规》。
④ 道光《关西方氏宗谱》卷首《序·永乐壬寅胡滢序》。
⑤ 乾隆《新安徐氏宗谱》卷首《凡例》。
⑥ 正德《新安毕氏会通族谱》卷首《序·正德己巳毕璇序》。
⑦ 光绪《京兆金氏统谱》卷八《谱略》。

免出现类似问题,有些徽州宗族甚至在《祖训》中对族人予以训诫,云:"爱护勿借鬻,非族莫攀缘。行止有瑕玷,芟除不入编。三代一修五代吊,相传慎勿忝于先。"① 虽有训诫予以规定,但徽州族谱纂修中攀缘高枝、富贵和假借等现象由于既成痼疾,积重难返,依然不能从根本上杜绝。

五、徽州族谱纂修人员的待遇

徽州族谱纂修人员的待遇问题,在以往的学术探讨中,基本未被学术界关注。但由于这一问题直接关系修谱人员的工作态度和所修族谱的质量,因此,对其进行分析和研究,显然是非常必要的。

由于纂修族谱纯粹出自对宗族报本追源和尊祖、敬宗、收族的公心,加上修谱筹集资金的限制,故徽州宗族在纂修族谱时,其修谱人员更多的是无偿义务,而无薪水和待遇,有的甚至在采访时还被要求费用自理。清嘉庆黟县南屏叶氏宗族为节约经费开支,对参与修谱人员的待遇,就明确规定:"修谱使用,俱各支乐输,并非动支公项。支丁到局司事者,公局不设伙食,惟备茶水,免致多费此皆修谱节略,紧要物件,时价高下,因时裁酌,不拘成格。"② 民国初年绩溪洪川程氏宗族也对包括修谱人员在内的所有办事者,不予任何薪水和酬劳,"次此办事之人,均各不较薪费"。③ 同是绩溪的鱼川耿氏宗族,民国初年对修谱者也实行"勉尽义务"、免发薪水的措施。④ 而民国歙县巨川毕氏宗族痛鉴借修谱为射利之端,不仅要求修谱人员自备膳食赴局修谱,而且连掌修者的薪水和车马之费,也要求自理,规定:"族谱之设,原以敦本睦族,但今人心不古,每有借此为射利之端。故本局痛鉴前辙,凡司事诸人,皆自膳赴局。即掌修者薪水、车马之费,概皆自任,以尽为子孙之义务,于局内无丝毫染指,以示至公。"⑤

---

① 民国《清华胡氏宗谱》卷首《事迹类考》。
② 嘉庆《南屏叶氏族谱》卷八《修谱事宜》。
③ 民国《洪川程氏宗谱》卷末下《谱跋》。
④ 民国《鱼川耿氏宗谱》卷末《后序》。
⑤ 民国《巨川毕氏宗谱》卷首《凡例》。

当然,鉴于修谱者的辛勤劳动,相对较为富裕或为修谱筹集资金较为宽裕的徽州宗族,一般对修谱人员也会酌情给予一定薪水补贴,但其限制极其严格。宣统《华阳邵氏宗谱》的纂修人员,除酌情给予常年坐局和理谱者薪水以外,其余人员一概不给。该谱的《续修条议》规定:"此时筹费极难,除常年坐局及理谱者,应酌给薪水外,其余一概不给……大众必须团为一心,始终不懈,时时以祖宗为念,而以谱事为分内要务,则众志成城。"①

第二节　徽州族谱的刊刻与刷印及其相关问题

从现存徽州族谱的版本上来看,有刊刻本、石印本、铅印本、抄本及稿本等。但就总体而言,刊刻本族谱在徽州族谱的现存总量中依然占据较大的比重。由于本节主要探讨徽州族谱的刊刻以及刊刻过程中包括与谱司刻工签订的协议和纸张、工价等事项,因此,将族谱严格限定在刊刻本(含雕版和活字本)的范围之内。

一、徽州族谱的刊刻协议及其"谱司"的工价

徽州宗族的族谱纂修编定成稿后,除极少数因资金等因素无法刊印外,一般都要付诸剞劂。在最后刊刻印刷成书之前,特别是在清代,通常由谱局或谱局委托人出具"招约",招揽"谱司"或"谱师"进行刊刻印刷(注:负责族谱刊刻印刷的人员称为"谱司"或"谱师",但不是每部族谱都是采取这样的程序),并与其协商签订权利、义务和责任明确的"议单"或"协议",规定具体的工价、待遇和质量标准等条款。

下面是清嘉庆黟县南屏叶氏宗族谱局关于刊刻《南屏叶氏族谱》的一些规定:

一、谱用聚珍字版,谱司系婺邑人。先立定议单:文献每盘元银

---

① 宣统《华阳邵氏宗谱》卷首《续修条议》。

第十八章 明清以来徽州族谱的纂修、刊刻、印刷、避讳及其家国互动关系初探

二钱,世系每盘银一钱一分,墓图每盘银二钱,两图合一盘,加填字注,世系一盘算公。镌墓图至五代,余图俱各自认工价。村图序文,计工扣算,或补换字,系本家自办梨木。另倩小木,造成大小谱子字料,以备临时补刻。所有镌工饭食等项,俱谱司自认。外逢朔望及起完工本,家各送神福一次。

一、谱司未到门,预办一切应用家伙,便伊自爨。①

这则规定的内容十分具体,首先关于族谱的字版,明确规定用"聚珍版"(又称"聚珍本"),谱司为婺源人。在开印之前,必须先与谱司签订《议单》,根据族谱刊刻内容的复杂程度规定镌刻族谱的不同价格。

在清光绪年间祁门竹源坑口陈氏宗族的《祁门竹源陈氏修谱文书汇编》中,收录了有关族谱主修和副主修出具的刊刻族谱的《招约》和谱司冯大声等承揽刊刻该族谱的《承约》,由于系首次发现,其内容和形式格外引人注目。为说明问题起见,我们仅将这两份珍贵的《招约》和《承约》全文照录于下:

(1) 召　约

立出召约人祁西竹源坑陈会源堂朝牧等,今为本族修谱,承与抚州冯大声谱司镌字,面言定照老谱格式,其工价每洋壹元,计镌字十四盘。所有雕图、装订一切杂项工价规矩,俱已于冯谱司承约内载明。自定之后,两无异说。恐口无凭,立此存照。

光绪二十四年五月十八日立出召约人陈会源堂朝牧

斗文

树人

居正。

(2) 谱司冯大声承约

立承约人抚州冯大声,今承到祁西竹源坑口陈会源堂修谱,是身包承镌字、雕图、刷订、慰[熨]贴。遵照大成谱格式,每页五层,计

---

① 嘉庆《南屏叶氏族谱》卷八《修谱事宜》。

廿六格，大字一格一行，小字一格两行。每层小字一行六个，面言定工价每洋壹元，计镌字十四盘。自承之后，毋得异言，以致违误。恐口无凭，立此存照。

一、刻祖像、坟山，每个图，计钱三百文，图上字在内；

一、刻村基图，计洋一元；

一、切谱，贴鞋一双；

一、喜包，听随东家之意，不得争竞多寡；

一、伙食，进门、出门，局内均供膳数日，其余自备；

一、柴薪、时菜，局内津贴；

一、刷谱数多寡，听随东家意，毋得异说；

一、刷定之谱，倘有错字增改，如过十盘以外，只照所承盘数工价扣算，不得多取钱文；

一、谱说、序赞、诗引、杂文，概照十四盘扣算；

一、开刷之日，如有盘内字迹模糊、大小不一，以及讹误等弊，听凭本东指换；

一、谱自起工、完工，中间不得间工，躭误日期。如违，自愿赔本东伙食开支之费，仍听另召他人，无得异说；

一、本洋价每元作钱一千三百文；

一、起神开刷装订，议贴钱喜包洋壹元，神福每个月贴大秤亥四斤；

一、大成谱上刻各派阴字，议贴钱四千文；

一、装订切谱，每幅正谱，贴钱四百文。①

从光绪二十四年（1898年）祁门竹源里坑口陈氏宗族族谱主修陈朝牧和副修陈斗文、陈树人、陈居正发布的招揽刊刻族谱的《招约》和谱司江西抚州人冯大声与周菘甫承揽《祁门竹源陈氏宗谱》刊刻任务的《承约》内容上来看，

---

① 光绪《祁门竹源陈氏修谱文书汇编》。

我们不难发现以下几个重要问题：

第一，光绪《祁门竹源陈氏宗谱》的刊刻是通过颁布《招约》，以公开招标的方式进行的。在《招约》中，招标方即《祁门竹源陈氏宗谱》的主修陈朝牧和副主修陈斗文、陈树人和陈居正，对招标的刊刻族谱的标准样式、刻工价格以及其他事项，予以十分详细而具体的规定。这件《招约》的学术价值在于，它第一次给我们提供了徽州刊刻刷印族谱招揽文约的标准样本及刻工的具体价格，即"工价每洋壹元"。这就为我们研究明清特别是清代徽州刻书业的运作形式和利润，提供了极为珍贵的第一手翔实材料。尽管投标方冯大声并非是徽州本土刻工，但在刻书业发达的徽州，来自江西抚州的刻工冯大声、周崧甫和浮梁（今江西省浮梁县）的张逢源与郑仲之能够承揽这一刻谱工程，自然有其自身的优势。据光绪二十三年（1897年）五月初八日荐引至《祁门竹源陈氏宗谱》谱局的汪耿杨介绍，冯大声和和周崧甫，都是以"刻工甚佳"见长而享誉遐迩的族谱刊刻专业刻工。

第二，冯大声出具的《承约》，作为投标方承揽族谱刊刻的投标书，其学术价值也是极为重要的。它至少为我们了解明清特别是清代徽州刻书业规范的运作形式，提供了最为珍贵的原始资料。通过这纸《承约》，谱司的权利、义务和责任更加明晰了。一旦出现了违反《承约》的事项，就要承担相应的责任，如关于印刷族谱错字增改问题，《承约》明确承诺："刷定之谱，倘有错字增改，如过十盘以外，只照所承盘数工价扣算，不得多取钱文。"再如开印后如出现字迹模糊、字号大小不一以及讹误等违约现象，《承约》表示，"听凭本东指换"。还有，关于族谱开印后的时间问题，《承约》也郑重承诺："谱自起工、完工，中间不得间工，耽误日期。如违，自愿赔本东伙食开支之费，仍听另召他人，无得异说。"①权利、义务和责任如此明确的刊刻族谱合同，在刻书业素称发达的徽州地区，无疑具有极其典型的范本意义。再如关于刻工的伙食问题，该《承约》就明确规定："伙食进门、出门、局内，均供膳数日，其余自备。柴

---

① 光绪《祁门竹源陈氏修谱文书汇编》。

薪、时菜,局内津贴。"在徽州其他地区,这一由谱司自理伙食的现象,基本上是一个惯例,嘉庆黟县南屏叶氏宗族规定:"所有镌工饭食等项,俱谱司自认。外逢朔、望及起完工本,家各送神福一次。谱司未到门,预办一切应用家伙,便伊自爨。"①而道光婺源竹马馆东李氏宗族修谱的谱师伙食则全由宗族包办、各房谱头协办,"谱师包膳,其水浆、菜蔬,各房谱头协办,分班值日供应"。② 因此,我们以为,祁门竹源坑口陈氏宗族修谱的《招约》和谱司冯大声承揽刊刻族谱的《承约》,其学术价值和意义并不仅仅限于研究祁门竹源陈氏宗族刊刻族谱的本身,而在于它反映的是当时徽州刻书业特别是族谱刊刻业的一般状况。其对徽州刻书业的状况和行业利润的研究,其标准的范本和典型的个案意义,是毋庸低估的。

第三,镌刻族谱费用的计算和支付。徽州族谱镌刻的费用,一般采取承包制予以结算和支付。其具体出资支付人,因宗族情况不同而各有所差异。有的是全部由谱局负责支付,有的则根据个别族人的需求,由需求人自行支付部分费用。我们上引的祁门竹源陈氏族谱的刊刻费用,无论是图文还是世系表,其所有费用皆由谱局负责支付。雍正婺源竹马馆东李氏宗族在刊刻族谱时,对除始祖外的容像、坟图及新增传赞,都采取个人另外支付的方式,规定:"容像、坟图,除始祖外,或刊或画,皆听自便,另自出费。传赞亦除旧谱所刊者,再为重刻。其新增者,另自计字出费。"③而嘉庆黟县南屏叶氏宗族规定,镌刻墓图,只限五代以内,如族人要求刊刻五代以外的墓图,其费用则由其自理,"镌墓图至五代,余图俱各自认工价"。④ 民国二十四年(1935年),婺源竹马馆东李氏宗族在刷印族谱时,对旧谱中已有的坟图,一概照旧刷印,对有坟图而无原版者,需自行出费,托谱师再刻。对新坟图,其费用自理,并由出资者自行与谱师议价,"前谱所有,概行照旧刷印,内有坟图而无原板者,令

---

① 嘉庆《南屏叶氏族谱》卷八《修谱事宜》。
② 民国《星源竹马馆东李氏宗谱》卷一下《艺文·壬寅重修祠庙宗谱纪事》。
③ 民国《星源竹马馆东李氏宗谱》卷一下《艺文·庚戌纪事》。
④ 嘉庆《南屏叶氏族谱》卷八《修谱事宜》。

第十八章　明清以来徽州族谱的纂修、刊刻、印刷、避讳及其家国互动关系初探

自出费,托谱师再刻。其有新刻坟图者,自向谱师议费"。① 而民国十六年(1927年)绩溪坦川洪氏宗族对自行要求刊刻像赞的族人,不仅实行费用自付的方式,而且还规定了相应的条件和价格,即"刊刻像赞者,应另纳刻资洋两元,但所刻之像,生前须具有相当品望与职衔方可刻入"。② 在祁门竹源坑口陈氏宗族镌刻谱司的《承约》中,我们还发现,谱工工价支付的银圆和铜钱的兑换比例和标准,即"本洋价每元作钱壹千三百文"。③ 这一珍贵史料,为我们详细了解清光绪年间徽州银、钱兑换的比例和标准,提供了最具说服力的依据。

第四,关于装订和切谱的工价问题。祁门竹源坑口陈氏宗谱谱局,基本实行的是刊刻、印刷、装订、切谱一条龙服务。但值得注意的是,在刻工的工价中,并不包括装订和切谱的费用。因此,其装订和切谱的工价,需要单独支付,具体支付数额和标准是:"装订切谱,每幅正谱贴钱四百文。"④其实,不仅祁门如此,在黟县,薪酬同样也采用刻工和装订工分别计价的方式,除支付给刻工工价外,还需另外支付装订工的工价。嘉庆黟县南屏叶氏宗族支付给装订工的工价数额和标准是:"另倩书坊人装订,每部计四本,工价钱壹百文。"⑤

第五,谱司的其他额外待遇。负责徽州族谱纂修任务的谱局,除按合约支付给刻工和装订工的工价外,通常在他们进局刊刻印刷装订期间,还有一些额外的报酬或待遇。嘉庆黟县南屏叶氏宗族谱局规定:"外逢朔、望及起完工本,家各送神福一次。"⑥也就是说,在谱司刊刻族谱期间,逢每月的朔、望日和起工、完工日,谱局还给每家送神福一次,即酒宴款待一餐。光绪祁门竹源坑口陈氏谱局,由于支付刻工刊刻期间的所有伙食费用,因此,不存在额外

---

① 民国《星源竹马馆东李氏宗谱》卷一下《艺文·壬寅重修祠庙宗谱纪事》。
② 民国《坦川洪氏宗谱》卷首《凡例》。
③ 光绪《祁门竹源陈氏修谱文书汇编》。
④ 光绪《祁门竹源陈氏修谱文书汇编》。
⑤ 嘉庆《南屏叶氏族谱》卷八《修谱事宜》。
⑥ 嘉庆《南屏叶氏族谱》卷八《修谱事宜》。

的酒席款待问题,但享有相应的额外补贴。比如东家即谱局额外发放的喜包、猪肉及布鞋等。在谱司冯大声刊印族谱的《承约》中,对这些额外补贴都立有明确的条款,如"切谱贴鞋一双""喜包听随东家之意""起神开刷装订,议贴钱喜包洋壹元,神福每个月贴大秤亥四斤"等。[①]

总之,徽州族谱刊印过程中的花费是巨大的,谱司的工价、伙食以及其他额外费用的多寡,直接影响到谱司的积极性,关系新镌族谱的质量高低。因此,为了使族谱刊刻精美,徽州许多宗族的谱局往往不惜代价,聘请镌刻名家前来谱局刊刻刷印。这也许就是不少徽州宗族在谱稿已定,但因梓资匮乏而久延不梓的主要原因。

二、徽州族谱中关于刊刻机构和刊刻人的记述

在明清至民国期间的徽州族谱中,我们发现关于族谱刊印镌刻板数以及镌刻者(含堂名或人名)往往被专门镌刻在族谱中的不同位置。其中既有镌刻于扉页者,特别是镌刻族谱的堂名即刻书机构,基本上是被镌于族谱的扉页之上的;也有镌刻于族谱的卷首或卷尾的,有时在版心处也有一些提示信息。

下面,我们分别就徽州族谱中关于刊刻板数和刊刻人的记录情况,进行简要叙述。

第一,关于镌刻堂名(即刻书机构)的记录。绝大部分徽州刻本族谱中通常会在族谱的扉页上镌录刊刻族谱的堂名(即刻书机构)。清道光二十九年(1849年)刊刻的祁门《新安琅琊王氏宗谱》即于该谱扉页镌有"怀德堂梓"方形篆印一枚。[②] 清末民初,绩溪各大宗族的族谱大多由该县的汤乙照斋刊印,从民国八年(1919年)绩溪《城南方氏宗谱》和民国十二年(1923年)《洪川程氏宗谱》等多部民国绩溪族谱的扉页上均镌刻"绩城汤乙照斋刊印"字样的情况来看,绩溪县城汤乙照斋应系清末民初徽州重要的刻书机构。

---

① 光绪《祁门竹源陈氏修谱文书汇编》。
② 道光《新安琅琊王氏宗谱》。

第二,关于刻工的署名问题。在徽州的许多族谱中,留下了镌刻族谱的刻工姓名,这为我们研究徽州的刻书业提供了珍贵的第一手文献资料。素以刻工名闻遐迩的歙县虬村黄氏宗族刻工,在其兴盛的明代中后期,刊刻了无以计数的精美图书,族谱也是其中重要的组成部分。弘治十二年(1499年),由虬村黄文通、黄嵩、黄升、黄旻、黄昱、黄晟、黄昊、黄士、黄川等黄氏宗族刻工联袂镌刻刷印的六卷本《休宁流塘詹氏宗谱》;由黄早、黄士、黄文迪、黄旻等虬村黄氏宗族十三名刻工合刻的正德元年(1506年)版《余氏会通谱》,都是素以"雕龙手"闻名的虬村黄氏宗族刻书中的精品。因此,"时人有刻,其刻工往往求之新安黄氏"。① 我们翻阅了明嘉靖九年(1530年)刊刻精致的《新安琅琊王氏统宗世谱》,虬村黄氏宗族的刻书世家黄钟、黄镒、黄锐、黄铅、黄时镇、黄邦用、黄钊、黄镗、黄馥、黄铁、黄仲元等大名赫然列诸谱首。② 乾隆《休宁西门汪氏大公房挥签公支谱》则在《纂修支谱名氏》一卷中录有镌工"古歙洪天秩"的姓名。分别刊刻于清道光五年(1825年)的祁门《新安琅琊王氏宗谱》和道光二十九年(1849年)的祁门《新安琅琊王氏宗谱》,其刻工则皆系来自江西抚州府临川的刻工陈玉华等人。结合光绪祁门的《竹源坑口陈氏宗谱》由来自江西抚州的冯大声刊刻的事实,我们认为僻处徽州西南隅的祁门西乡许多族谱,特别是清代纂修的族谱,大多由江西包括临川在内的抚州地区谱司刻工镌刻。这一事实表明,在刻书业繁荣的徽州,至少在族谱刊刻方面,江西抚州地区的刻工们占有重要的一席之地。

从徽州族谱镌刻刻工的堂(坊)名和姓名的情况来看,不管其在族谱中署名的位置如何,但它的署名至少说明两点问题:一是责任制问题,署上了刻工的堂名和姓名,其刊刻和印刷质量的好坏便可由此加以监督;二是刻书坊和刻工的广告招牌效应,署上书坊和刻工之名,本身就具有广告效应。明代歙县虬村的黄氏刻工、清代江西抚州的陈氏刻工以及清末民初绩溪的汤乙照斋,这些有名的刻坊和刻工,在徽州族谱刊刻时通过署名族谱而得以广泛传播。

---

① 郑振铎:《西谛书话》,北京:三联书店1983年,第497页。
② 嘉靖《新安琅琊王氏统宗世谱》卷首《有功修谱人名》。

三、关于徽州族谱刊刻书板数量的记述

在明清至民国年间编修和刊刻的徽州族谱中,我们还发现关于族谱镌刻板数的文字记录,个别族谱不仅记录镌刻的板数,而且将每板的规格和字数如实地记载下来,这就为我们进一步深入探讨和研究徽州的族谱的刊刻成本费用和刻书业的行业利润,提供了最为宝贵的第一手资料。

在明代徽州族谱中,记录刻板数量较为详细的,当数嘉靖九年(1530年)刊刻的《新安琅琊王氏统宗世谱》。该谱在卷首《附录各房人丁板张字数》中,不仅如实记录下了《新安琅琊王氏统宗世谱》各号刻板的数量,更为难得的是,它还记录了雕刻的文字数量和涉及的人名数量。其内容如下:

> 附录各房人丁板张数于后:
> 孝字号一百四十板,六万一千五百三十五字,二千六百四十三人;
> 悌字号一百五十二板,六万一千零六十八字,二千九百八十五人;
> 忠字号四十三板,一万三千二百九十字,一千五百六十三人;
> 信字号六十板,二万四千三百四十一字,一千五百二十六人。①

根据上述记录的数据,我们可以统计出明代徽州《新安琅琊王氏统宗世谱》每一刻板的文字数量。

此外,有关徽州族谱镌刻板数在族谱中记录的位置,情况各有不同,并无统一规范。如嘉靖二十四年(1545年)刊刻的休宁《世忠程氏泰塘族谱》就是在扉页上注明刊刻的卷数、板数和字数的,"族谱五卷,共一百八十六板,计字五万有奇。更历六载,始克告成"。② 而清乾隆三十八年(1773年)刊刻告竣

---

① 嘉靖《新安琅琊王氏统宗世谱》卷首《附录各房人丁板张数》。注:这里所指的"板"不包括图板,全部是该谱的文字刻板。
② 嘉靖《世忠程氏泰塘族谱》扉页。

的《新安岑山渡程氏支谱》所镌刻的板数"计一千一百有奇"则被记录在族谱的《序》中。①

有些徽州族谱出于防伪和管理的需要,还将所刊印族谱的卷数、册数、页数及印数如实地记录下来,这显然对我们研究每部族谱的成本也有很大的帮助。如乾隆黟县《弘村汪氏家谱》卷首《凡例》中即有这样的记录,"家谱凡一十二本,计二十六卷,共一千零九页"。乾隆十八年《歙淳方氏柳山真应庙会宗统谱》卷二十《编号印照》云:"正、副共七十部,每部凡二十卷,计七百七十二页,装为四册。"

关于木板所刻文字的规格,在一些族谱中也有记录。如清嘉庆十七年(1812年)版黟县《南屏叶氏族谱》就要求"谱用聚珍版"。② 而光绪二十四年(1898年)《祁门竹源坑口陈氏宗谱》则于谱司冯大声的《承约》中明确规定了版刻族谱的规格,即"遵照大成谱格式,每页五层,计廿六格,大字一格一行,小字一格两行,每层小字一行六个"。③

四、徽州族谱刊印纸张的采买与刷印

谱司雕完全部族谱的雕版或者排好活字版式之后,下一步程序便是刷印了。关于族谱的刷印、校对及装订,很多徽州宗族的谱局都要求谱司一次性完成,但也有谱局分别招标完成的情况。

刷印必须采买纸张。纸张是由谱局负责采买,还是由谱司负责采购,这在徽州各地有着不同的规定,并无固定不变的成规。但无论是谱局采买还是谱司购置,其采买纸张的产地、规格、质量甚至价格,谱局一般都会有相对较为具体的规定,但由于资料有限,我们尚不清楚这是否具有普遍性。

清嘉庆年间,黟县南屏叶氏宗族刷印《南屏叶氏族谱》的纸张,就是由叶

---

① 乾隆《新安岑山渡程氏支谱》卷首《序》。
② 嘉庆《南屏叶氏族谱》卷八《修谱事宜》。
③ 光绪《祁门竹源陈氏修谱文书汇编》。

氏宗族的谱局直接派人采买的,其对纸张的产地、规格、质量等,都有十分具体的规定:"谱纸采在青阳县隔山杨西冲地方甘维翰槽,一百斤约一万一千张。作谱一页,须先期定槽,拣选白净,免致临时受急。"①光绪年间,祁门竹源陈氏宗族谱局采买纸张,则委托谱司冯大声预先垫付资金代为购置,并包送至谱局,然后领取垫付的资金。尽管如此,陈氏宗族的谱局对纸张的产地、规格和价格依然作出较为详细的规定,"初十日,谱司往贵池,托他代付洋蚨,定做谱纸一万张,合一尺八寸阔、一尺四寸长,价约二十八文之间,计重十六秤一百零二斤,包送到局领价"。②

徽州族谱刷印的校对工作一般由谱局责成专门人员进行,在族谱的纂修人员中,校对、校正或校对讹误人员也是必不可少的。族谱刊刻雕版或活字排版之后,即付诸刷印。此时校对者便派上了用场,一部族谱差错率的高低、印刷质量的好坏,校对者负有重要的责任。为尽可能减少差错,不少宗族的谱局都要求校对人员一定要本着高度负责的态度,认真校对。嘉庆黟县南屏叶氏宗族的谱局,在族谱刷印期间,就责令监印之人每天委派四名校对人员,黎明赴局,逐字校对,"监刷日派四人,黎明至局,逐字校对"。为避免延误工期和保证质量,南屏叶氏宗族谱局还专门设立夜班值班人员二人,负责供应纸张,核对每天印刷数量,"夜派值宿二人,以便早晨。预发谱纸共若干,破碎者当刻更换,晚间查收刷印若干数目,务宜细心查对,以防遗失"。③ 如此完备的印刷监管体制,在很大程度上保证了《南屏叶氏族谱》的印刷质量。

五、乾隆《新安苏氏族谱》所见族谱从编修到刊刻的收支费用

一部族谱从编修到最后刊刻完成,其花费资金是十分惊人的。下面,我们仅以乾隆休宁五卷本《新安苏氏族谱》为例,具体说明清乾隆

---

① 嘉庆《南屏叶氏族谱》卷八《修谱事宜》。
② 光绪《祁门竹源陈氏修谱文书汇编》。
③ 嘉庆《南屏叶氏族谱》卷八《修谱事宜》。

年间徽州族谱的编纂和刊刻的收支情况。

据编纂者苏钰在乾隆休宁《新安苏氏族谱》卷五《剖晰出入总数》记载:"通计所入之银二百七十三两六钱,所出之银三百七十七两五钱。所空用百两,皆予典贷所偿也。"①由此可见,与编修族谱所筹集的 273 两 6 钱资金相抵,《新安苏氏族谱》决算时的支出总额是 377 两 5 钱,出现了 103 两 9 钱的亏空,最后不得不以编修者借贷偿还的方式填补,这是很发人深省的。

关于乾隆休宁《新安苏氏族谱》的收入和支出具体项目,《剖晰出入总数》给我们留下了详细的记录,其学术价值弥足珍贵。在此,我们仅将《新安苏氏族谱》具体的收入和开支项目列表如下,以供研究徽州出版业特别是徽州族谱编刻者参考:

乾隆休宁《新安苏氏族谱》收入与支出一览表②

捐输者姓名		捐输收入银两数	备注	支出银两项目		支出银两数	备注
文颖公支	岷江	捐九五银 24 两		敦请校阅诗文先生礼金		30 两	
	朝宗	捐九五银 6 两		计字 17 万	刻资	85 两	
					笔资	20 两 4 钱	
					膳资	32 两	
	有仁	捐九三银 10 两		板 350 块		10 两 5 钱	
	秉坚	捐九五银 4 两		世系图	起空工银	6 两	
					锯边银	1 两 3 钱	
				修补 2 次,共计银		5 两 4 钱	
	廷士	捐纹银 20 两		刻写两项仪节		10 两 5 钱	
文渊公支	合计	64 两		乙卯(1735 年)秋,刷印装订工银并纸价共		30 两	

---

① 乾隆《新安苏氏族谱》卷五《剖晰出入总数》。
② 根据乾隆《新安苏氏族谱》卷五《剖晰出入总数》相关数据整理。

续表

捐输者姓名		捐输收入银两数	备注	支出银两项目	支出银两数	备注
文渊公支	子望	捐九三银5两		丙辰(1736年)冬,重添修世系重买纸印刷装订共	20两	
	授一	捐九三银4两		雍正十二年(1734)七月,往苏松淮扬芜湖荻港江西湖广随州天门范计关等处一主两仆往返盘费日用共去银	50两4钱	
	岱苍	捐九三银10两		雍正乙卯(1735年)春,在徽买纸笔银	2两	
	西文	捐九三银4两		延请人抄录凡三阅月,食用所需共银	10两	
	善长、耆英	捐九三银10两		夏四月,到苏开工刊刻。秋九月,告竣。房租日用银	36两	
	宗周	捐九三银5两		乾隆丙辰(1736)元年秋七月,添补世系诗文刊梓逾一百四十余日,房租日用共银	20两	
	玉书、贵先	捐九五银6两		贩板银	8两	
	社公房众	捐九五银30两				
	君亮	捐九五银8两				
	麟游	捐九五银8两				
	合计	90两6钱				
文烈公支	修鹿、飞浦	捐九三银8两				
	銛章	捐八三银6两				

续表

捐输者姓名		捐输收入银两数	备注	支出银两项目	支出银两数	备注
文烈公支	宗玉、天玉	捐九五银 16 两				
	文彩	捐九七银 30 两				
	锡三、德欣	捐九五银 10 两				
	礼北	捐九五银 7 两				
	繡章	捐九三银 10 两				
	文彩	又捐九七银 30 两				
	合计	117 两				
总计		273 两 6 钱	原书记录如此	合计	377 两 5 钱	原书记录如此

由上表所列数字来看,乾隆《新安苏氏族谱》采取了族内捐资的办法筹措编修和刊刻资金。因族谱在苏州刊刻,仅人员往来的差旅费用就花去了 36 两白银,这是除调查费 50 两 4 钱和刊刻费 85 两之外的最大一笔开销。因此,修谱所导致的亏空也便在情理之中了。尽管明清时代徽州很多族谱是在本土刊刻与刷印的,但乾隆《新安苏氏族谱》仍然不失其典型意义。

第三节　徽州族谱的纂修与刊刻中的避讳

在中国历史上,有关避讳的起源可以追溯到先秦时期。为尊者讳,为亲者讳,为贤者讳,为隐者讳,这是中国独特的一种避讳文化现象。仅就族谱而言,清代的避讳最严,乾隆二十九年(1764 年)和四十六年(1781 年),全国先后历经两次较大规模的族谱避讳之禁。如果说第一次避讳和查禁毁板,还仅限于江西一地的话,那么,乾隆四十六年(1781 年)的第二次大规模的避讳和禁毁,则席卷徽州乃至全国各地,其余波一直延续到有清一代。

我们在刊刻于乾隆三十年(1775 年)的婺源《星源甲道张氏宗谱》的卷首文字中,有幸看到了乾隆四十七年(1782 年)张图南和张元泮补刻记录的有关乾隆四十六年（1781年）婺源知县彭家桂奉宪颁布的关于自行检举家谱中不知检点敬避问题的《告示》和《星源甲道张氏宗谱》中应当避讳的内容，以及自行检查纠正的事项。而乾隆以后徽州族谱的避讳问题，道光婺源《星源甲道张氏宗谱》和光绪《祁门倪氏族谱》皆有较为详细的记录。所有这些，都为我们了解和研究徽州族谱的避讳现象及处置避讳问题，提供了珍贵的原始资料依据。

一、乾隆婺源知县彭家桂奉宪颁布自行检查家谱中不知检点敬避的《告示》

为详细了解徽州族谱中的避讳问题，我们谨将乾隆四十六年（1781年）婺源知县彭家桂奉宪颁布关于自行检查家谱中不知检点敬避问题的《告示》的内容照录于下：

> 特授婺源县正堂加五级纪录十次彭，为自行检举事。本年八月初七日，奉各宪檄，饬令各县人民家谱中不知检点，敬避应作何查办之处，作速悉心妥协核议通禀等因到县。奉此。合摘简明告示，遍行晓谕。为此，示仰阖邑城乡各姓衿族理祠人等知悉：各家谱系内，如有□讳御名，未经敬避者，及语有违碍者，并叙述姓氏来源，远引古时帝王为始祖，以示荣耀，暨措词失检、混用经书语句，如'创业垂统''丕基丕业''升遐薨逝''在天之灵'，暨'王父''王大父'等字样，涉于僭逾。一切夸张、诞妄、不经、违碍之语，概行严禁。如刊刻在前，内有违犯字样，该族长等将谱并板片，赴县呈缴，以凭檄饬刊正销毁，概免治罪。倘敢匿不呈，又不更正销毁，一经查出或被首告，定即照律严行究拟，决不宽贷。凛遵毋违。特示。
>
> 乾隆四十六年八月二十六日 ①

清高宗查禁族谱不知检点和避讳之事，可以追溯到乾隆四十三年（1778

---

① 乾隆《星源甲道张氏宗谱》卷首《宪示》。

年)《四库全书》拟订的查办违禁书籍条款九则。该条款将查缴禁书的时限由晚明追溯到宋元,并为此多次大兴文字狱。在这一背景下,各地官员为免受株连,积极主动地卷入"皇上厘定文体"的行动,族谱当然也不例外。① 从乾隆四十六年(1781年)八月二十六日婺源知县彭家桂颁布的关于自行检举家谱中不知检点敬避问题的《告示》来看,徽州族谱的纂修和刊印,显然受到了乾隆皇帝查禁违规图书的影响。从乾隆婺源《星源甲道张氏宗谱》提供的信息来看,知县彭家桂是尊奉上级檄令而颁发《告示》的。也就是说,婺源县的这件查禁违规族谱的《告示》是为了贯彻执行上级的指示而展开的。据乾隆《星源甲道张氏宗谱》之《重修宗谱小引》云:"我张氏宗谱,自乾隆癸未集修,至乙酉之冬告竣,为时未远。今辛丑之秋,奉各上宪饬示:各郡邑凡有宗谱的家,不知检点敬避讳字及一切违碍、妄诞诸句,务必逐一改正,不得藏匿干究。"②其查禁的主要内容包括:"各家谱系内,如有庙讳御名,未经敬避者,及语有违碍者,并叙述姓氏来源,远引古时帝王为始祖,以示荣耀,暨措词失检、混用经书语句,如'创业垂统''丕基丕业''升遐薨逝''在天之灵',暨'王父''王大父'等字样,涉于僭逾。一切夸张、诞妄、不经违碍之语,概行严禁。"③

关于乾隆四十六年(1781年)婺源县查禁族谱之违禁文字及避讳改正文字,乾隆《星源甲道张氏宗谱》有着详细的揭示。根据该族谱提供的信息,这些违禁和更正的避讳文字,是以"遵照部颁字式"为依据的。为便于了解乾隆查禁族谱中的避讳文字及更正情况,我们谨将载入乾隆《星源甲道张氏宗谱》"宪颁谱内应改敬避字句"全文照录于下:

一、谱内如有圣讳、庙讳、御名本字,亟宜敬避,遵照部颁字式更正:圣祖仁皇帝讳,上一字写"元"字,下一字写"谒"字;世宗宪皇帝讳,上一字写"允"字,下一字写"正"字;皇上御名,上一字写"宏"字,

---

① 参见徐建华:《中国家谱》,天津:百花文艺出版社,2002年。
② 乾隆《星源甲道张氏宗谱》卷首《重修宗谱小引》。
③ 乾隆《星源甲道张氏宗谱》卷首《宪示》。

下一字写"历"字；

一、谱内引用"天子""皇上""圣上""一人""当宁""宸衷""恩旨""温纶""龙章""凤诰""予告""垂问""召对人""觐""熙朝""盛世"等字，系指国朝者，俱应敬谨抬头写，其余可以类推；

一、谱有系国朝重修，卷首载列明代旧序，仍将帝王国号抬写出格者，殊失体制，应改刊作一行直书；

一、各谱艺文内，如有引用吕留良、钱谦益、屈大均等著作诗文，亟宜删去；

一、谱内刊有明末暨国朝定鼎之初士民小传以及诗文、序记，最宜细心校阅。倘有不知体要，语涉不经者，应速更正；

一、各谱艺文内引用"创业垂统""燕天昌后""大启寰宇""保世滋大""卜年卜世""肇迹肇基""烈祖烈考""丕显丕承""中兴缔造""受天之祜""锡我无疆""笃生发祥""聿兴大业""开创丕基""世庙太室""升遐薨逝""在天之灵"，以暨"天命""天佑""天宠""天贶""天眷""天庥""告庙""配享""笔削""家史""王父""王大父"等项字样，俱属僭妄，亟宜更正，余可以类推。

以上各条，系就谱中所常有者，略为标出。推如此类字句，殊难尽举。尔有谱之家，务各仰体各宪勒限饬令查改之意，悉心翻阅。有类前开字样，及语涉违碍者，星即遵限更正，慎毋率忽，自罹重罪。切切。续奉宪谕修谱式，凡谱内尧、舜、禹、汤、文武圣讳，及四大贤人、帝、圣、君、皇、王、后、朕、御、龙、凤等字，概不许取名。①

由上引文可知，由部颁和各宪颁的族谱避讳的内容文字，范围极其广泛。其中既有清代历朝皇帝的名字和庙号的避讳，也有明末清初一些"逆臣"的著作、诗文等，还有先贤及涉及皇帝专用的文字。可以说，这次颁行的有关族谱中避讳文字，涉及的范围很广。

---

① 乾隆《星源甲道张氏宗谱》卷首《重修宗谱小引》。

第十八章　明清以来徽州族谱的纂修、刊刻、印刷、避讳及其家国互动关系初探

关于如何避讳,彭家桂颁行的《告示》针对谱稿和已付梓的族谱,实行了两种不同的处置办法。对尚未付梓的谱稿,按照避讳字词句等相关内容,径直改之。"有谱之家,务各仰体各宪勒限饬令查改之意,悉心翻阅。有类前开字样,及语涉违碍者,星即遵限更正,慎毋率忽,自罹重罪"。对已经付梓的族谱,"如刊刻在前,内有违犯字样,该族长等将谱并板片,赴县呈缴,以凭檄敕刊正销毁,概免治罪。倘敢匿不呈,又不更正销毁,一经查出或被首告,定即照律严行究拟,决不宽贷"。显然,乾隆三十年(1775年)的婺源《星源甲道张氏宗谱》属于已刊之谱,按《告示》规定,属于后一种情况。其处置办法是,将"内有违犯字样,该族长等将谱并板片,赴县呈缴,以凭檄饬刊正销毁"。有关乾隆甲道张氏宗族处理避讳事件的情况,乾隆四十七年(1782年)张氏宗族裔孙张图南、张元泮专门作了较为详细的记录。谨将其文字照录于下:

> 我张氏宗谱,自乾隆癸未集修,至乙酉之冬告竣,为时未远。今辛丑之秋,奉各上宪饬示:各郡邑凡有宗谱之家,不知检点敬避讳字及一切违碍、妄诞诸句,务必逐一改正,不得藏匿干究。某等奉诵之下,窃思从前修集之时,因支派甚多,卷帙浩繁,各族誊送红格草本,不及检查,遂概付梓。字句之愆,固所不免。因凛遵功令,将存局原谱呈明邑尊彭父师,荷蒙详加查核,逐一粘金,指示迷途,幸得有所遵循。遂与同事诸人议定事例,知会远近宗祊,合一办理。属在我婺诸宗,搜集无遗,惟外郡远邑以地隔途遥,跋涉维艰,愿各自就近改修,而地稍邻比,郑重其事,必欲寻源者,间亦有之。是役也,始于辛丑之仲冬,成于壬寅之季夏,凡单词只句应避者,删之、改之;连行类句违碍者,抽而换之。虽刮垢除瑕,依然完璧归赵,毫无损毁,且协力者多,成功遂速。殆吾祖之灵有默相焉耳。噫,以罔知忌讳之蚩愚,幸逢圣明之宽政,又得贤父母垂慈教诲,得以修饰无愆,垂诸永久,不可谓非吾宗之厚幸也。因将各宪示谕刊列于前,并略述其事,以弁于简端,使后人知重修之故云。

时乾隆四十七年壬寅季夏月　　裔孙图南、元泮同记。①

张图南和张元泮真实地记录了乾隆《星源甲道张氏宗谱》的修纂过程,并不折不扣地按照知县彭家桂的《告示》中处置避讳文字的方式,将已刊刻并藏于谱局的族谱原件呈送彭家桂"详加查核,逐一粘金,指示迷途"。然后根据同事诸人"议定事例,知会远近宗祊,合一办理"的具体原则,主要是根据领谱人居住地的距离远近,逐一办理。领谱者居住地在婺源本地者,悉数收集办理;婺源县之外的,因"地隔途遥,跋涉维艰",则责成其就近办理;相邻诸县,亦尽力寻源。至于避讳内容的修改与处置方法,该《重修宗谱小引》要求"凡单词只句应避者,删之、改之;连行类句违碍者,抽而换之。虽刮垢除瑕,依然完璧归赵,毫无损毁"。② 经过删改后的族谱,扉页钤上印章,以作标志。我们翻阅的该部《星源甲道张氏宗谱》,扉页即钤有"乾隆乙酉年给壬寅遵谕改正"方形篆字印章一枚。

二、道光《星源甲道张氏宗谱》和光绪《祁门倪氏族谱》对避讳的处置

乾隆《星源甲道张氏宗谱》关于乾隆年间有关避讳及处置避讳的记录是十分详细的,它为我们了解族谱中避讳事项,提供了第一手最有价值的原始资料。那么,族谱中避讳,是否仅限于乾隆年间,乾隆以后是否还有类似的避讳和处置避讳的规定呢?

答案是肯定的。我们在道光二十四年(1844年)的《星源甲道张氏宗谱》中和光绪二年(1876年)《祁门倪氏族谱》中,发现关于清代乾隆以后族谱中避讳的文字以及处置避讳文字方法的文字记录。

先来看道光二十四年(1844年)版《星源甲道张氏宗谱》的有关避讳和处置避讳文字的记述。该族谱在第一卷中,不仅全部照录了乾隆版《星源甲道张氏宗谱》关于《重修宗谱小引》及乾隆四十六年(1781年)八月二十六日婺

---

① 乾隆《星源甲道张氏宗谱》卷首《重修宗谱小引》。
② 乾隆《星源甲道张氏宗谱》卷首《重修宗谱小引》。

源知县彭家桂的查禁族谱避讳《告示》的所有文字,而且对乾隆之后的避讳及其处置避讳的方式,也进行了较为具体的记录。其具体内容如下:"高宗纯皇帝讳,上一字写'宏'字,下一字写'历'字。仁宗睿皇帝讳,上一字旁'页'字,缺写一撇一点,写'顒',下一字旁'炎''下''火'字改'又'字,写'爻';皇上御名,上一字中缺一点,写'琢',下一字中心改一划一撇,写'宁'。至圣先师讳旁宜加'阝',不得以'丘'字代。"其他避讳及处置避讳方法,全部与乾隆《星源甲道张氏宗谱》相同。此处不再赘述。显而易见的是,对皇帝的避讳,在诸多避讳文字中,是最重要的避讳内容。

再来看光绪二年(1876年)版的《祁门倪氏族谱》,该族谱收录了《康熙丁卯修谱凡例》十一条,其中并无避讳的记录。这告诉我们,至少在清康熙二十六年(即丁卯年,1687年)之前,包括祁门在内的徽州族谱尚无避讳的具体规定。而在《重修族谱新增凡例》十七条中,则于第十四条增加了避讳和处置避讳的文字说明。其内容如下:"至圣讳:上从'斤',下从'一',敬避作'邱'。亚圣讳:左从'车',右从'可',敬避作'珂'。先贤讳:上从'喜',下从'灬',敬避作'熙'。又庙讳宜敬避者,左从'禺',右从'页',作'颙';左从'弓',右从'厶',作'宏';左从'丿',右从'肌',作'胤';左从'日',右从'华',作'晔';上从'广',下从'日',作'愿';左从'王',右从'炎,'作'琰';上从'日',下从'文',作'旻',又作'景';上从'宀',下从'宁',作'宁';左从'氵',右从'享',作'纯'。端慧太子讳,左从"王",右从'连',作'連'。谱中所载,后之览者宜切究焉。"①光绪《祁门倪氏族谱》关于避讳及处置避讳文字方式记载的价值在于,它为我们了解徽州宗族处理至圣先师孔子和亚圣孟子以及嘉庆、道光皇帝等的避讳问题,提供了最具说服力的文字依据。

由此可见,自乾隆四十三年(1778年)以来,无论是嘉庆、道光还是光绪年间,清代的族谱中避讳传统是一直被延续了下来的,这是清王朝专制统治的有力见证,也是徽州族谱中普遍存在的现象。因而我们在阅读和使用徽州

---

① 光绪《祁门倪氏族谱》卷上《重修族谱新增凡例》。

族谱时,才能对一些不得其解的看似异体字的避讳文字,有一个基本了解。

第四节 徽州谱牒纂修和管理中所体现的家国互动关系

明清以来,作为封建王朝的统治思想和精神支柱,儒家伦理一向强调修身、齐家、治国、平天下等四位一体的理念。而自给自足的小农经济恰恰需要借此伦理道德作为支撑,正如程昌在为嘉靖《祁门金吾谢氏宗谱》题写的序文中所指出的那样,"谱也者,谱一家也,有治道存焉。夫天下之不治者,凡以不能统宗联属而归一也,圣王知其然。封建也者,所以统一国敬天也者,所以统一乡宗法也者,所以统一家。故天下之本在国,国之本在乡,乡之本在家。由国而乡而家,则尽乎人矣而各有统"。① 明清以来,徽州的宗族社会以纂修和管理谱牒为中心,将儒家伦理道德中的个人、家庭、宗族与国家有机地统一起来,形成了宗族与国家彼此呼应的良性互动局面。

从纂修宗族内部的谱牒,到编修非血缘的地域名族谱,如《新安名族志》和《休宁名族志》,原本是一族、一地之事,但由于徽州号称"东南邹鲁"和"程朱阙里"的特殊文化和社会地位,使得这种看似简单的谱牒纂修与管理,因有助于既有的社会秩序和地方社会的维系及稳定而变得复杂起来。或者说,在"家国一理、齐治一机"②的家国互动与文化认同的观念驱使下,明清以来徽州谱牒纂修与管理的宗旨与目的,在更多层面上体现和显示出了徽州宗族强烈的祖先和国家认同意识,并希冀在"尊祖宗,崇孝敬"的名义下,通过谱牒的纂修来规范宗族的个体和群体行为,使宗族全体成员在同姓同族血缘的外衣下,"谨时祭,念祖德,保世业,振家纲,孝父母,敬长上,友兄弟,教子孙,务生理,勤学业,立树艺,肃内外,谨火烛,和邻里,礼宾亲"③和"序昭穆,辨尊卑,

---

① 嘉靖《祁门金吾谢氏宗谱》卷首《序·嘉靖庚寅程昌序》。
② 万历《窦山公家议》卷一《管理议》。
③ 万历《祁门清溪郑氏家乘》卷四《祖训》。

萃涣散,联人心,志事实"①,并最终达到"心正而身修,身修而家齐,家齐而国治,国治而天下平"②的家与国良性互动目的。

不惟如此,在谱牒纂修过程中,明清以来徽州宗族还一再强调谱牒与国史的相通相同关系,并为史书善恶并书和谱书隐恶扬善之异同进行辩护。万历歙县托山程氏宗族在纂修《托山程氏家谱凡例》中记载:"谱书与史无异,史录一国之事,谱书一家之事。其贤愚不肖,举世有之,今书善而不书恶者,亲亲之道则然耳。"③崇祯《徽城杨氏宗谱》亦云:"家乘之与国史取义不殊,法戒具存,劝惩斯大,故传游侠不碍儒林,传循吏不遗酷吏,洵良史也。"④对谱牒与国史之殊途同归关系进行辩解。从这些辩解中,我们不难看出,徽州宗族正是通过纂修谱牒、阐明谱牒与国史的殊途同归的方式,在强化宗族内部控制和宗族成员认同的同时,对国家的认同,进而达到家国互动和家国一体的目的。

作为国家在地方的代表,徽州府以及府属歙县等六县地方官府拥有代表国家行使治理地方的权力。因此,为强化谱牒的真实性、权威性和严肃性,明清以来徽州宗族在纂修谱牒的过程中,在大量寻求全国和地方有影响的名人撰写序跋的同时,还呈文徽州地方官府,希望得到官府的批准,从而使修谱这一单纯的族内行为转化为官方意志。明代正德年间,婺源清华胡氏族裔胡大参、胡棠荫等人在族谱被不肖族裔胡庶贪利盗卖,导致非族胡否兄弟冒认"扳援事件"发生之后,即曾赍文呈请徽州知府"赐印钤缝",以徽州知府的名义,追缴府吏胡滋家藏旧本族谱,予以翻录,并最终得到了时任徽州知府张芹的批准,这就是寻求官府支持与保护,将族内修谱行为转变为官府行动的集中体现。鉴于该批示学术价值极为珍贵,我们谨将其全文照录于下:

直隶徽州府正堂张(即张芹:峡江人,正德十一、十六年,两次知

---

① 万历《周氏族谱》卷九《家训》。
② 万历《茗洲吴氏家记》卷一《谱序汇记·万历辛卯陈文烛序》。
③ 万历《歙县托山程氏族谱》卷首《凡例》。
④ 崇祯《徽城杨氏宗谱》卷首《凡例》。

徽州。——引者注）为崇本事。据歙、婺等县乡官胡大全、胡德、生员胡晟、胡浩、胡旦、胡大章等连名呈：切缘本族自唐宣歙节度使、银青光禄大夫常侍公始居清华，迄今世远，子姓繁硕，故址迁异地，一本万流，绵延遐旷，则忧喜名利相关，多至视为途人，罔有族谱具载，憒然无知。稽诸宋元暨我国朝，幸赖本系先贤刻意谱书，各支收掌。不幸老谱已遭兵火，十无一全。生等访求，得见充府吏胡滋家藏旧本，呈迄追给，付生翻录，赐印钤缝，以示悠久，不胜感佩等因到案。据此，照得胡士夫所言，深为劝诫，笃恩重伦，教化先务。为此，除拟外，合仰诸生即将胡滋收藏老谱，如式抄誊，投印钤盖，以传永久。毋得因而冒作不便，须至出给者。①

隆庆年间，祁门文堂陈氏宗族编刻《文堂陈氏乡约家法》，也曾呈文该县知县廖希元，"请申禁约，严定规条，俾子姓有所凭依"。② 结果同样得到了廖希元的批准。前文所引的休宁戴氏宗族将颁发于族人的族谱开列总单，"请府县照印交贮公所存验"，实际上也是这种寻求官方支持与保护的一种重要形式。

延至清代，明代徽州这种纂修族谱呈请地方官府钤印并颁发牒文予以认可的传统做法得到了有效地继承和发展。乾隆年间，方氏宗族纂修《歙淳方氏柳山真应庙会宗统谱》时，曾呈请徽州知府何达善钤印给牒。在乾隆十八年（1755年）刊刻的《歙淳方氏柳山真应庙会宗统谱》中，由何达善颁发并钤上满汉文字"徽州府印"章的牒文被置于族谱卷首最显赫的位置。该"牒文"内容如下：

> 特授江南徽州府正堂加三级纪录二次何（达善）为恳赏印信、永光世守事。据歙县柳亭山真应庙汉黟侯后裔、职监生方善祖等呈称：生等姓锡轩辕，系由炎帝，自西陵而保世滋大，历周汉而赐祚悠

---

① 民国《清华胡氏宗谱》卷首《事迹类考》。
② 隆庆《文堂乡约家法》。

隆。元老佐周,诗人歌其武烈;方望辅汉,范史表其忠良。洎乎西汉陵夷,莽新伪命,望之子曰纮者,先为长史,曾守河南道,适丁龙战之秋,乃决鸿飞之志,徙家江左,辟地丹阳,为昔歙州东乡,属今淳安西境。纮之孙尚书令黟侯曰储,东京门第,汉室名臣,束发受经,精究洛书、洪范,弹冠应举,宠膺方正贤良,位浻历于九卿爵,复跻于五等,灵昭槐水,庙祀柳山。粤宋明帝太始元年,曾致大牢之祭。至宋徽宗政和七岁,复真祯应之褒,备载志书,光荣家乘,历年一千七百,阅世六十有余。有栋宇以奉先,有祀田以供祭。前明成化四年,支裔方启修成谱牒,具呈本府,准给钤印。正德八年,支裔方远宜等会同编辑,呈请南畿户部,钤印一百五十三颗。

岁月既久,散涣遂多,生等恐远益无征,久而就没,复集诸宗,重加修纂。第专牒难以广传,唯雕本乃堪遍及,印成六十部,分布十二支,使条分派别,各有其书,日久年深,不至尽没。为此,公叩宪恩,准给印牒,刊订谱首。每谱一部,赏印一颗,俾奉守敬谨,传之无穷。将感宏恩,垂于不朽矣。上呈等情。据此,为查礼有五经,治人必先于重祭;亲惟一本,教孝必始于推恩。如万物向荣于春,既根生而枝繁;等百川朝宗于海,复汇流而导源。将似续夫古人,在重辑其旧牒。该生等志切承先,心能裕后,远求遗迹,广集群书,风流直溯乎千年,考核必严于一字。着敦本明伦之义,有敬宗收族之仁,古所称大方家可以举风斯世,若所云贤孙子将无共鉴兹编。

本府忝守是土,乐观其成,合准印钤其书,并给牒弁诸首,俾该子孙世世守承,永远执照。须至印牒者。

右牒给真应庙方氏子孙,永远执照。

乾隆十八年二月初六日　给(满汉合璧"徽州府印")

牒　押①

---

① 乾隆《歙淳方氏柳山真应庙会宗统谱》卷首《宪给印牒》。

通过地方官府的批文认可,包括纂修刊刻谱牒在内的纯粹的宗族内部行为,最终演变成为地方官府的官方意志,将宗族内部某些事务管理的习惯和清规戒条提升为官府的地方立法,从而达到了家国互动的目的。

明清以来,徽州宗族纂修和刊刻的族谱,是在强调对祖先、尊长尽孝的名义下公开进行的。如果说,明清以来中央和地方官府强调的是对皇帝与国家效忠的话,那么,徽州谱牒则重在强调"孝"。而无论是"忠"还是"孝",只要是在封建统治者所倡导的"礼法"范围之内,两者则又可以完全相辅相成地统一起来。明清以来徽州谱牒在这里所规范的家与国、忠与孝之关系,实际上就是徽州许多宗族一向标榜的"家国虽殊,忠孝则一"①道理的集中体现。

明清以来徽州地方官府对当地宗族纂刻族谱、钤印颁发牒文告示予以认可和支持的行为,自始至终贯穿着对徽州宗族开展谱牒纂修、强化家国一体思想的接受和认可的理念。这种对族谱本身及内容进行批准和认可的做法,使宗族内部纂修和刊刻谱牒的民间行为转化为官方意志。同样,徽州宗族自身为了获得所纂刻谱牒的权威性,也往往借助于国家和地方官府来表达自己的意志,通过主动邀请国家和地方权力介入的办法,达成官方和民间行为的一致,在维护宗族自身组织和群体利益的同时,也维系了地方官府对基层社会的统治秩序。就此而言,明清徽州在谱牒纂修、刊刻和管理中,国家、地方官府和宗族之间的互动是双向的,其整体目标也是一致的。

第五节　结语

关于明清以来徽州族谱在纂修、刊刻、印刷过程中所体现的家国互动关系等一系列问题,的确是一个极为重要的课题。只有对这些问题进行深入全面系统的研究,我们才能对历史上特别是明清以来徽州宗族及其谱牒文化有一个全面的认识,才能准确而有效地利用徽州族谱进行相关专题的研究。缺

---

① 万历《清溪郑氏家乘》卷三《祀产条例》。

少对徽州族谱的编修、刊刻、印刷、避讳及管理过程中所体现的家国互动关系等问题的研究,我们在分析徽州宗族与徽州地方社会、探讨徽州刻书业与谱牒文化时,就有可能无所适从,甚至会犯常识性错误,从而直接影响我们对当时徽州社会的深刻认识和正确理解。因此,开展对徽州族谱纂修、刊刻、印刷、避讳以及族谱纂修过程中所体现的家国互动关系深入系统研究,有助于我们更深入地了解明清以来徽商、徽州宗族与谱牒文化、徽州刻书业和宗族社会的一般状况,有助于我们更好地利用徽州族谱开展徽学其他相关领域的专题探讨。

第十九章　明清徽州地方性行政法规文书研究

明清徽州地方性行政法规文书,是指明清时期徽州府及所属各县地方官府为行使行政治理职权,开展地方各项工作与活动而制定与颁行的包括告示、禁令等在内的各类行政法规类文书。这类法律文书原则上属于地方行政立法的范畴,但由于在明清封建制度统治下,地方上并无独立的立法机构,立法和司法呈现出合二而一的局面。作为地方政权,徽州知府及其所属歙县、婺源、休宁、祁门、黟县和绩溪六县知县既是地方最高行政长官,同时也是徽州地方最高立法和司法官员。因此,这类地方行政法规文书在某种程度上说也属于地方行政管理类文书。王志强在《论清代条例中的地区性特别法》一文中明确提出了"清代地区性特别法"的概念,指出:"地区性特别法,是指由中央根据某地区状况制定的、仅适用于该区域的特别法。清代地区性特别法主要针对重大犯罪,集中分布于京畿和边疆地区,是以中央集权政治体制为核心的因事生例机制的伴生物。"[①]在《法律多元视角下的清代国家法》中,他把由一省创设并专用于本省的省例及州县等基层地方官员发布的禁约、诫谕

---

① 王志强:《论清代条例中的地区性特别法》,《复旦学报》(社会科学版)2000年第1期,第109页。

等纳入地方法规的范畴。① 吴吉远也认为,清代"这些省例、告谕、条约、章程等具有地方政府法规的性质"。② 柏桦将告示、禁谕等文书纳入地方州县官行政管理类公文的下行文范畴进行考察,指出:"告示、禁谕,[是]州县官对本州县宣告事情和戒律的公文。"③ 日本学者织田万在《清国行政法》一书中不同意将告示、示谕等文书作为地方行政法规文书,认为:"告示者,即各官厅之对人民而所发之命令也,或用出示晓谕等字,或用示谕、谕告、谕示等字。盖所有告示,不必得以为法规。其属于事实行为者,不为法之渊源固无论。其属于法律行为,而兼处分之性质,则止于处理一时事件,固无法之效力也。又无拘束一般之效力也,然则此种告示,不足以为法之渊源也,明矣。故告示亦察其内容,而后始知其为法规与否。"④ 但织田万对"告示"等作为法规内涵的界定,范围过于狭隘,就"告示"的内容、形式及其功能而言,我们更倾向于从广义上来界定地方性行政法规的范围,认为地方官府钤印并颁示的"告示"显然应当归属到地方行政法规的范畴。

尽管学术界对包括明清特别是清代地方的省例、告示、禁谕等文书的性质进行了研究,但尚未专门对这些文书的分类、特点和内容作实证性的深入探讨。显然,泛泛而论对于问题的解决是无济于事的。

我们谨以明清时代徽州府县各类告示、示谕和条约等为中心,深入系统地讨论告示、示谕和条约等作为地方行政法规文书的性质及其意义。

第一节　明清徽州地方行政法规文书的类型和特点

明清时期,包括府县在内的徽州地方行政法规文书种类极其繁多,内容

---

① 王志强:《法律多元视角下的清代国家法》,北京:北京大学出版社,2003年,第20~21页。
② 吴吉远:《清代地方政府的司法职能研究》,北京:中国社会科学出版社,1998年,第45页。
③ 柏桦:《明代州县政治体制研究》,北京:中国社会科学出版社,2003年,第168页。
④ (日)织田万:《清国行政法》,李秀清、玉沛点校,北京:中国政法大学出版社,2003年,第66页。

也非常丰富。就其涉及的范围而言，这类行政法规文书既包括明清时期徽州府及其所属六县以知府和知县名义发布的各类地方性行政法规，如清嘉庆十一年(1806年)四月二十三日《徽州府严禁拐卖妇女告示》，①也有因处理某项具体事务而形成的带有普遍意义的行政公文，如清道光二十年(1840年)九月十六日《休宁县征收税赋易活为版申事告示》；②就其内容而言，这类地方行政法规类文书，既有徽州府县地方政治、经济和社会治理方面的文书，如明万历年间徽州知府古之贤颁布的《行六县禁革粮长空役》，③也有教育、文化类文书，如清光绪十年(1884年)十一月二十九日《婺源县筹资备考告示》；④就其所涉及的时间而言，明清徽州行政法规文书始自明洪武元年(1368年)，终于民国元年(1912年)；就其发挥效力的地域空间来说，徽州地方的行政法规文书既有覆盖徽州府全府地域范围的，如明万历年间徽州知府古之贤颁行的《行六县严禁钻刺告示》，⑤也有某一县地域范围的，如明崇祯年间歙县知县傅岩颁行的《严禁船埠索骗告示》；⑥就其保存的载体和方式而言，徽州地方行政法规文书既有纸质文书等文献载体，也有石质和木质的载体，如碑刻、粉牌等；就纸质的行政法规文书而言，既有单件的张贴式的告示，如《清雍正九年祁门县关于严禁剪棍强捕版潭河鱼的告示》，⑦也有汇编入徽州地方官员政书、徽州地方志及相关文献之中的其他法规类文件，如编入明末歙县知县傅岩治理歙县的政书——《歙纪》一书中的诸多告示。

以上，我们从不同的角度对明清徽州地方行政法规文书进行了简单的分类。应当说，这种分类并不是十分全面的，许多文书往往呈现出相互综合又

---

① 原件藏南京大学历史系资料室。
② 王钰欣、周绍泉主编：《徽州千年契约文书》(清民国编)卷二，石家庄：花山文艺出版社，1991年，第411页。
③ (明)古之贤：《新安蠹状》卷上《告示》，明万历刻本。
④ 王钰欣、周绍泉主编：《徽州千年契约文书》(清民国编)卷三，石家庄：花山文艺出版社，1991年，第164页。
⑤ (明)古之贤：《新安蠹状》卷上《告示》。
⑥ (明)傅岩：《歙纪》卷八《纪条示》。
⑦ 原件现藏于安徽大学徽学研究中心特藏室。

彼此交叉的特点。如一件地方行政法规，其内容可能既有经济方面的，也有社会方面的，甚至还有地方政治方面的。但通过这种简单分类，我们至少可以比较完整地对明清徽州地方行政法规文书有一个基本的了解和认识，并对我们更好地利用这些文书来研究相关问题提供有益的帮助。

明清徽州地方行政法规类文书具有以下几个鲜明而突出的特点：

第一，权威性和强制性。在明清中央政府制定的上位法指导下，明清徽州地方行政法规文书，作为明清两代徽州府、县两级地方官府发号施令、实施统治的重要手段，集中代表了地方政府和长官的意志，具有超越一般公文的权威性和强制性的效力和特征。这些行政法规一经颁布实行，便具有不可改变的强制力，必须无条件地、不折不扣地加以贯彻执行。否则，可能受到严厉的惩处，如清康熙年间休宁知县颁示的《词讼条约》法规，就在末尾处严厉强调，"以上条约，务宜遵守。如敢故违，决不轻恕"。[①] 清末徽州知府刘汝骥在《严禁烟馆示》之法规正文中，在陈述了鸦片烟害和各地关闭烟馆之后，强制性地要求"阖属士绅人等一体查照劝禁，其以烟馆为生涯者，速速改图他业，毋再存死灰复燃之梦想。经此次申示以后，倘仍不知悛改，则是冥顽不灵，自甘化外。一经查明，定即饬拿到案，烟具销毁，房封入官。轻则谅予科罚，重则发充苦工，其勿悔。切切"。[②] 无论是从其文字的具体内容上看，还是就其结尾用语的措辞上看，明清徽州地方行政性法规文书的权威性和强制性都是毋庸置疑的。这其实也正是地方行政法规文书区别于一般公文的显著特征之一。

第二，规范性。明清徽州地方的行政法规文书具有一定规范的标准程式，这是法规类公文的基本要求。正如清康熙时工科给事中黄六鸿在《福惠全书》中所指出的那样，包括地方性行政法规在内的各种公文都有一定的规范程式，"凡本衙门及上司各衙门文书往来，自有一定体式，惟遵照旧例。但

---

① （清）吴宏：《纸上经论》卷五《告示》。
② （清）刘汝骥：《陶甓公牍》卷一《示谕》。

凡州县所常用通套文移,虽或各处稍有不同,而大段亦不过如此"。① 即使是公文的用印,也有严格的要求,"用印各处亦微有不同,然正用、斜用、上中下番用之处,大约无异。总之,该房送印时,须贴浮签于当印处,注明斜正等式,庶无错用"。② 事实上,包括行政法规文书在内的所有公文的程式要求,在《大明律》和《大清律例》中都有专门的条款予以规范。不过,这些条款都是关于违反公文程式的处罚规定,如《官文书稽程》《照刷文卷》《增减官文书》《封掌印信》《漏使印信》《擅用调兵印信》《信牌》等款。③ 综合徽州地方性行政法规类文书,其规范性程式大体包括用纸、正文、用印等方面。就正文而言,为体现其严肃性、震慑性、权威性和强制性等特点,地方行政法规文书的在正文开头多要写明事由,如清康熙时休宁知县廖腾煃颁布的《禁止锢婢示》正文就是以"为严禁锢婢以正风俗事"为开头的。④ 正文则重点强调法规的具体内容,而结尾也有通用文字,如清康熙五十三年(1714年)四月初六日《祁门县严禁妄行盗砍汪家坦等处山场告示》结尾就用了这样的文字:"据此,合行出示严禁,仰地邻保甲人等知悉。嗣后,本业主蓄养树木,一应人等不得妄行强伐盗砍。如敢有违,即鸣邻保赴县呈禀,究治不恕。各宜凛遵毋忽。特示。"⑤ 包括徽州在内的明清地方行政法规文书,其规范性的特点是由文书本身的严肃性、权威性和强制性等性质决定的。

第三,地域性。明清徽州地方行政法规的适用范围仅限于徽州府及徽州府属六县的行政区域,或者说,它只在其所管辖权所覆盖的地域内才具有法律效力,超越了这一特定地域空间的边界,其便失去了法律效力。也就是说,徽州府一级的行政法规影响和覆盖的地域仅限于徽州府所辖六县全境,离开了徽州府这一地域边界,如与徽州府相邻的太平府、池州府、饶州府和严州府

---

① (清)黄六鸿:《福惠全书》卷四《莅任部·文移诸式》。
② (清)黄六鸿:《福惠全书》卷四《莅任部·文移诸式》。
③ 《大明律》卷三《吏律二·公式》;《大清律例》卷七《吏律·公式》。
④ (清)廖腾煃:《海阳纪略》卷下《禁止锢婢示》。
⑤ 《清康熙五十三年四月初六日祁门县严禁妄行盗砍汪家坦等处山场告示》,原件藏安徽省祁门县博物馆。

等地域,徽州府的行政法规便失去了其强制力和约束力。同样,歙县的行政法规发挥效力的地域也仅在歙县的空间界域之内,而对相邻的休宁县、绩溪县,则无任何约束力。有些法规中甚至干脆在标题中明确规定了适用的地域范围,如明万历时期徽州知府古之贤颁布的诸如《行六县严禁白役》《行六县永定征收便民厘弊》《行六县禁革粮长空役》《行六县禁革秤头行六县申明起解钱粮》《行六县禁革重枷》等告示,①在公文的标题中点明了告示文字的适用地域范围。清同治六年(1869年)十一月初一日《祁门县应十九都淑里一社六村乡绅耆民联合具文之请颁布严禁赌博告示》,则明确在告示内容中规定了告示适用的地域空间,即"为此,示仰十九都乌株岭、蟹坑岭、李坑岭、南坑岭、峰英尖、林村等处地方民人知悉:自示之后,尔等务宜恪遵规条,永远禁止,毋得仍在该处开场聚赌。倘有不法之徒,胆敢不遵约束,许尔等指名拿禀,送县以凭,从严究办,决不姑宽"。② 总之,地域性是包括徽州在内的明清地方性行政法规文书的最重要、最鲜明特点之一。没有地域性这一特点,包括徽州在内的所谓地方性行政法规也就失去了其存在的前提、必要性和应有的效力。

第四,时效性。任何法规包括地方性法规都有其适用的时间限制。有些专门性的法令告示,甚至还特别规定了贯彻执行和落实的时限,如清光绪十年(1884年)十一月二十九日《婺源县筹资备考告示》就明确提出了执行的时间:"合邑生童知悉:务各先将试卷立写楷书两篇,外注都村姓名,限于来年正月十五日以前,寄交礼房,汇呈核定,俾明春开课,按名散卷,并毋庸给予该房纸笔费分文。"③时效性是地方性行政法规的生命,失去了时效,也就失去了法规应有的法律效力。有些时效性特别强的法令,徽州地方官府甚至在文头专门印上"迅""电""急"等字样,以示办理时效的急迫性。清雍正十年(1732

---

① (明)古之贤:《新安蠹状》卷上《告示》。
② 王钰欣、周绍泉主编:《徽州千年契约文书》(清民国编)卷三,石家庄:花山文艺出版社,1991年,第48页。
③ 王钰欣、周绍泉主编:《徽州千年契约文书》(清民国编)卷三,石家庄:花山文艺出版社,1991年,第164页。

年)休宁县地方政府颁布的一张催缴钱粮的公文,文头题名为《迅票》,其文字内容如下:"迅票。仰役火速传递,后照开欠粮花户,严催亲自赍单赴柜,将九年分应完钱粮,照数全完,以副宪限,并缴票单,查核销号。如仍抗延,定出必责签拿,虽完必责。如系监生,亦必锁拿,系属本县。言出法随,决不宽假,各宜禀遵。须至单者。计开:一都三图十甲离城　里花户黄魁该○两银三钱三分○厘。雍正十年二月初七日。县行。限三日销。(县印)。"①类似这样时效性特别强的法令文书,在明清时期徽州府、县审理诉讼案件传原被告到堂候审的"传票"中,还有许多。尽管徽州某些地方性行政法规具有一定的稳定性,发挥效力所持续的时间也较长,但并不能就此否认其时效性的特点。

第五,针对性。明清时期,徽州地方官府的每一项行政法规文书,其内容都有一定的针对性,或政治,或经济,或司法,或社会,或文化等。一项法规的出台,总是具有告知事项、解决问题和奖励惩罚等针对性内容。如康熙年间休宁知县廖腾煃出台的《劝谕借贷示》的法规,就是针对休宁县青黄不接现状、劝谕殷实之家广开借贷之门而颁布的。② 明嘉靖五年(1526年)四月十二日《祁门县申明乡约告示》则是因告知全县各地"申明乡约以敦风化"事项而专门颁行的,③其针对性很强。明崇祯年间歙县知县傅岩颁行的《预积米薪示》的告示,则是针对大旱之年、兵燹阻断粮道而为劝旌表歙县士、绅、商贾广积米薪行为制定并实施的,"有积至百石以上者,扁旌;五百石以上者,申请给予冠带,免其差徭"。④ 总地来说,明清徽州官府地方行政法规,无论是告知性的,还是关于某一具体问题的,其针对性都很强。没有针对性,这类法规便失去了其存在的意义。

---

　　① 《清雍正十年二月初七日休宁县催缴花户黄魁完纳税粮迅票》,原件藏南京大学历史系资料室。
　　② (清)廖腾煃:《海阳纪略》卷下《劝谕借贷示》,清康熙刻本。
　　③ 《明嘉靖五年四月十二日祁门县申明乡约告示碑》,原碑现立于安徽省祁门县彭龙乡彭龙村田野路旁。
　　④ (明)傅岩:《歙纪》卷八《纪条示》。

第二节　明清徽州地方行政法规文书的制作格式和执行范围

明清时期,徽州地方行政法规文书通常以知府或知县名义,由徽州府或所属六县的地方官府制定并颁布的。由于这类法律文书经常被使用,因此拥有比较规范且固定的格式和处理程序。

一、明清徽州地方行政法规文书的制作格式

下面,我们仅以较为常见的"告示"为例,来说明明清徽州地方性行政法规制作的基本格式。

例1.清雍正九年九月三十日祁门县严禁强捕河鱼告示

祁门县正堂加三级于[凝祺]①为恳宪赏示严禁、剪棍强捕、裕课正业事。据康兼伯等具禀前事,词称:身等祖居南乡十三都地方,住屋门前土名"版潭河",系身等康、凌两姓升科供税,系律字一千九十三号,计河税一亩,鳞册载明四至,向系本地渔户交租。上供国赋,下资民生。近因以来,塞遭罢棍胡惟光等一党不法凶徒日驾鸭船,成群结党,强捕河鱼,恣横行凶,无敢理阻,以致河穷鱼少,渔户不肯交租,坑累身等河税虚供。幸际宪天福星荣任,百度维新,情急号究,剪棍杜害。金批:是否官河,抑系康协诚、凌务衍陛科承丈之业?着约保同公正确查禀覆,并赍鳞册验夺。乡约康诚一、公正康万全、保长胡雷以奉批查明,赍册呈验事。金批:既系康、凌二姓升科之业,胡惟光等何得捏词诳渎,殊属刁健。本即重处,姑念无知,宽免销案可也。事关承丈税河,荷蒙天断,明烛万里。无如棍徒愍不畏法,更横强捕,擅捉河鱼,累税虚供。不叩赏示严禁,民业莫保。似此不法,烹国屠民,莫此为甚。为此,公吁,伏乞宪天作主,厘奸剔

---

① 据同治《祁门县志》卷二十《职官表》载,于凝祺,天津静海人,进士,雍正八年任祁门知县。

弊,兴利除害,恩准给示,严禁杜棍,毋容强捕擅捉河鱼,得蓄取租,以济税赋,公私两感,顶恩上禀等情。据此,合行出示严禁。为此,示仰版潭河地方保甲、居民人等知悉:嗣后倘遇不法鸭船入境强捕河鱼者,许即立拿赴县以凭,大法究处。各宜凛遵毋违。特示。

雍正九年九月卅日示

仰①

例2.清嘉庆十一年四月二十三日徽州府严禁拐卖妇女告示

特授江南徽州府正堂加十级纪录十次成[履恒]②,为严禁诱拐妇女、以安民生事。照得夫妇实人伦之始,略卖为王法必加。虽在愚民,咸应共晓。本府下车以来,检查旧案,呈控拐卖者,不一而足。推原其故,总因徽郡积习相沿,民间用财娶妻。凡遇再醮之人,并不确查来历,以致奸民希图获利,乘机扇诱。或缘贫苦无依,或遇夫男外出,无知妇女被其哄骗,甘心乐从。迨至事发到官,在此辈自罹法网,罪无可逃,而失节之妇,何颜复与前夫完聚?况受娶之家,不尽有余之户,与其人财两失,悔之于后,何若留心察访,慎之于前。使匪徒无所容其伎俩,则拐卖之风亦可渐期净绝。本府志切安民,力伸国宪。除随案严提究办,并饬选差查拿外,合行出示晓禁。为此,示仰合属军民人等知悉:自示之后,务须洗心涤虑,痛改前非。倘敢仍前略卖,以及知情和拐,一经告发,或被访拿,定即按律从重治罪,断不姑宽。娶妇之人,亦不得漫无察觉,自贻伊戚。各宜凛遵毋违。特示。

右仰知悉。

嘉庆十一年四月廿三日示(府印)

告示　　仰③

---

① 原件藏安徽大学徽学研究中心特藏室。
② 据道光《徽州府志》卷七之一《职官志·郡职官》载,成履恒,山西文水人,监生,户部郎中。嘉庆十一年任徽州知府,嘉庆十六年罢职。
③ 原件藏南京大学历史系资料室。

上面所引文字分别系清雍正九年(1732年)九月三十日祁门县知县于凝祺为严禁强捕河鱼与嘉庆十一年(1806年)四月二十三日徽州知府成履恒为严禁和打击拐卖妇女行为而颁布的两件告示。这两件"告示",同我们已经发现的明清时期徽州其他行政法规类"告示"相比,其行文中使用的大字除"告示"字样外,并没有根据"告示"内容而拟定实质性标题,也就是说,这类"告示"省略了发文的单位和事由,只用"告示"这一文种作为标题。至于收入政书或文集或方志中的"告示",其标题大多是后拟的。延至民国时期,该类行政法规告示,大多数只有所谓发文机关和事由,同样省略了制作法规类公文的事由。下面所列的如民国八年(1919年)"休宁县公署布告"即属此类公文。

休宁县公署布告　　第一百七十二号

为布禁事。据三十二都二图濂源韩兴仁堂支丁等禀称:民等祖居濂源地方,各安祖业,素守本分,不□多事,情困散村。有等无业游民,受赌棍之愚弄,在村内僻处开场聚赌,引诱良民,废时矢业不持荡产倾家,其至输极无赖,流为盗贼,良家子弟受其害,实属指不胜屈。情关桑梓,不忍坐视。出为正言诚谕,令其痛改前非。该赌棍阳诺阴违,近月以来,时聚时散,难保无贼混入村内,贼风日炽。若不求恩赏示严禁,赌风实难杜绝,将来间阎受害无穷。为此,公求监主俯赐赏示严禁,以绝赌风而安间阎等情到署。据此,除批示外,合行示禁。为此,示仰该处诸色人等一体之悉:尔等须知,开场聚赌,有干例禁,不容或犯。嗣后,如有棍徒胆敢阳奉阴违,开场赌博,一经察觉,或被指禀,定即提案,迅明严办,决不宽贷。各宜禀遵毋违,切切。此布。

中华民国八年三月　日
县知事刘荣椿

布告,濂源晓谕。①

从以上所引徽州府县行政法规文书标题的格式来看,绝大多数都省略了发文单位和事由。分析其原因,我们认为,这大概源于明清时期地方行政法规文书的"事由"全部置于文书的正文开头部分所致,即"为某某事"。就明清时期的地方行政法规文书而言,其行文顺序是:在公文说明事由之前,先写明制作和发布公文的人——地方官的头衔及姓氏,然后采取地方官加事由的形式制定和颁布。上引《清雍正九年九月三十日祁门县严禁强捕河鱼告示》和《清嘉庆十一年四月二十三日徽州府严禁拐卖妇女告示》中"祁门县正堂加三级于[凝祺]为恳宪赏示,严禁剪棍强捕、裕课正业事"及"特授江南徽州府正堂加十级纪录十次成[履恒]为严禁诱拐妇女、以安民生事",正文列明事由后,接着就是该公文的目的和依据,指明应当周知、遵守或禁止性事项,以及违犯法规所应承担的责任和后果。最后是行政法规文书包括发文时间、印章等程式性结尾,如《清嘉庆十一年四月二十三日徽州府严禁拐卖妇女告示》中结尾文字的格式即为"倘敢仍前略卖,以及知情和拐,一经告发,或被访拿,定即按律从重治罪,断不姑宽。娶妇之人,亦不得漫无察觉,自贻伊戚。各宜凛遵毋违。特示。右仰知悉。嘉庆十一年四月廿三日示(府印)告示 仰"等。

明清时期,包括徽州府在内的府县一级的地方行政法规文书大体呈现出以上制作格式。但也有例外,如我们在徽州不少地方的田野调查中发现的勒石刻碑的法规类公文,往往在文书前署上"奉宪严禁""奉宪勒石"等文字,这主要是由于此类文书系地方官府应当地宗族或村庄等地方基层组织的要求而专门颁示的。因此,这些文字在勒石书丹时,当地宗族或村庄等基层组织为了强调其行为的官方性和权威性而另外增加进去的,如《清康熙二十七年九月祁门大洪岭奉宪严禁勒索酒食碑》,即于文书的正文之前加上"奉宪禁

---

① 《民国八年三月休宁县流口乡濂源村濂源禁赌布告碑》,原碑现立于安徽省休宁县流口乡濂源村濂源。

牌"，①《清乾隆三十六年六休宁商山奉府县禁示挖侵祖坟碑》正文之前的"奉县府宪禁示"②等。石质的碑刻是根据地方官府颁布的纸质文书的文字而书丹和镌刻的，因此，为了强调其来源上的官方性和权威性，刻上纸质文书中没有"奉宪"字样，其行为是可以理解的。

二、明清徽州地方行政法规文书的执行范围

明清徽州地方行政法规文书的内容丰富、类型多样，在经过制作和颁布之后，随即便进入执行的环节。那么，作为一种地方性的行政法规，它在实际中是如何执行的呢？其执行范围又是怎样的呢？

下面，我们根据不同类型文书的不同内容来进行说明和阐释。

首先是普发性的地方行政法规文书的执行问题。明清徽州普发性的地方行政法规文书有两种类型：一类是贯彻执行包括中央朝廷在内的上级官府的有关法令和制度而制作和颁发的地方行政法规。这类法规执行范围具有一定的广泛性，几乎覆盖地方社会的所有人群。如明嘉靖五年（1526 年），绩溪县关于申明在全县范围内推广乡约的行政法规，就是一种贯彻执行应天巡抚陈凤梧在全县地域范围内推广乡约法令而制定的具有普发性的地方行政法规类公文。这一法规的内容如下：

绩溪县上乡祖社明嘉靖五年二月绩溪县申明乡约碑
绩溪县上乡祖社
直隶徽州府绩溪县为申明乡约、以敦风化事。抄蒙钦差总理粮储兼巡抚应天等府地方都察院右都御史陈[凤梧]案验备。仰本县遵照洪武礼制，每里建立社坛场一所，就查本处淫祠、寺观，设改为之，不必劳民伤财，仍行另各该当年里长。自嘉靖五年为始起，每遇

---

① 又如《清康熙二十七年九月祁门大洪岭奉宪严禁勒索酒食碑》，原碑现立于安徽省祁门县大坦乡大洪岭下燕窝组村口。
② 《清乾隆三十六年六休宁商山奉府县禁示挖侵祖坟碑》，原碑现置于安徽省休宁县商山乡商山村。

春秋二社,出办猪羊祭品,依式书写祭文,率领一里人户致祭五土、五谷之神,务在诚敬丰洁,用虔祈报。祭毕,就行会饮,并读抑强扶弱之词,成礼而退。仍于本里内推选有齿德一人为约正,有德行者二人副之,照依乡约事宜,置立簿籍二扇,或善或恶者,各书一籍,每月朔一会,务在扬善惩恶,兴礼恤悉以厚风俗。乡社既定,然后立社学,设教读,以训童蒙;建社仓,积聚谷,以备凶荒,而有教养之良法美意率以此乎寓焉。果能行之,则雨旸时若,五谷丰登,而赋税自充,礼让兴行、风俗淳美而词讼自简,何待于催科?何劳于听断?而水旱盗贼亦何足虑乎?此敦本尚实之政,良有司者自当加意举行,不劳催督,各将领过乡约本数,建立过里社处所,选过[乡]约正副姓名,备造文册,各另径自申报,以凭查考。其举之有迟速,行之有勤惰,而有司之贤否于此见焉。定行分别劝惩,使不虚示等因。奉此。除遵奉外,今将案验内事理刻石,立于本社,永为遵守施行。

嘉靖五年二月朔日绩溪县知县周瑾立石

十二都　图①

显然,这类普发性的地方行政法规具有地域和人群范围广的鲜明特征。但究竟最终贯彻落实的情况如何,其结果怎样,应当说并不是十分乐观的。有的行政法规甚至根本就无法执行,这就给此类法规的权威性带来了挑战。明清时代的徽州府和府属各县都曾经因为其地域范围内的赌博现象极为严重而颁发过相当多的禁赌类法规,但结果都是收效甚微,不了了之。还有就是关于禁止迎神赛会的法规,明清时期,无论是徽州府还是府属六县,都曾经颁行过大量禁止迎神赛会的法规,如明末崇祯年间,歙县知县傅岩就曾因"徽俗竞赛神会,因而聚集游手、打行凶强恶棍,不以无事为福,惟以有事为荣。或彼此夸奢,或东西争道,拳足不已,挺刃相仇"②而专门颁布了《禁赛会》的

---

① 原碑现立于绩溪县瀛州乡大坑口村尚书府门前。
② (明)傅岩:《歙纪》卷八《纪条示》。

法规。清康熙年间,徽州府也曾以"每岁敛钱赛会,甚至彼此争雄"而颁行《禁赛会》的告示。① 由于迎神赛会是徽州重要的民间传统活动,深受民间百姓的钟爱,虽然这些禁令类法规屡屡颁行,但都没有发挥作用,民间迎神赛会活动照样每年举行,从未间断。如休宁县溪口一带以旌城为中心的祝圣会之迎神赛会,自明崇祯十年以来至民国三十年(1637—1940年),除因灾荒和其他原因之外,每年正月十五日,几乎都举行,且规模庞大。② 可以说,普发性的地方行政法规,其施行效果,更多的是取决于对百姓的利弊。也就是说,在天高皇帝远的徽州山区,明清时期普发性的地方行政法规在执行上更多地依赖于百姓的自觉遵守和自我约束。

还有一类的地方性行政法规,其制作和颁发并非由地方官府主动而为之,而是应某一地方、某群人士之请而专门制作颁法的。如清康熙五十三年(1714年)四月初六日祁门县府应盛思贤禀请颁布的《严禁妄行盗砍汪家坦等处山场告示》,即非普发性法规,而是针对某地某人之请而制发的,具有较强的针对性。我们之所以把这类告示也纳入地方性行政法规来考察,主要是基于"告示"作为地方性行政法规文种的性质而言的。此类法规适用地域范围明确,禁止或告知性事项明确具体,很容易操作。实际上,这一告示类法规更多是由于某一地域、某群人士为强调禁止或告知性事项的权威性和严肃性而主动请求所在地方官府,将纯粹民间的行为转化为官方意志。也就是说,禁止乱砍滥伐某一宗族所属山场林木的文件,如果仅仅以某一宗族或某一群体的名义发布,则明显缺乏权威性和约束力。其发挥效力的人群,也只能局限于某一宗族范围的内的人群,以宗族族规家法或宗族公约的形式来加以约束。如果是非本宗族的成员违犯族规家法或宗族公约,则无权进行制裁。因此,呈请官方颁布"告示"的做法,实际上扩大了宗族族规家法或宗族公约的制约范围,是当地民间法律观念增强的集中体现。至于其执行者,显然是本宗族呈请官府告示的人群或团体。只是无论是本宗族还是其他宗族成员违

---

① (清)吴宏:《纸上经纶》卷五《告示》。
② 《祝圣会簿》,原件藏南京大学历史系资料室。

反了告示禁止性事项,呈请颁发告示的人群或团体都可以理直气壮地"呈官究治"而已。正如祁门县府应盛思贤等请官颁布的《严禁妄行盗砍汪家坦等处山场告示》所云:"嗣后,本业主蓄养树木,一应人等不得妄行强伐盗砍。如敢有违,即鸣邻保赴县呈禀,究治不恕。各宜凛遵毋忽。"①这类告示内容单一,禁止或告知性事项明确具体,很容易操作。但学界对这类告示是否应划入地方性行政法规存在明显的分歧,日本学者织田万就反对将这类告示视为法规,他认为:"盖所有告示,不必得以为法规。凡属于事实行为者,不为法之渊源固无论,其属于法律行为,而兼处分之性质,而止于处理一时事件,固无法之效力也,又无拘束一般之效力也,然则此种告示,不足以为法之渊源也。"②

第三节　结语

总之,明清时期,徽州的地方性行政法规类文书内容丰富,种类繁多,形式多样。我们不能以今日的地方性行政法规的标准来要求包括徽州在内的历史上的地方性行政法规在内涵和形式上的完全一致。假如那样的话,中华法系同英美和大陆法系就毫无任何区别可言了。事实上,我们将"告示"纳入徽州地方性行政法规来考察,正是基于历史上特别是明清时代礼法合治的中华法系之基本特征而展开的。延续到清末和民国时代,随着近代西方法律体系的移植和引进,中华法系在传统的基础上也在发生着变革,清末徽州知府刘汝骥在徽州推行宪政调查和改革时,相继制定出完全符合近代西方法规内容和形式完全一致的所谓《禁演淫戏示》《劝禁缠足示》《破除迷信示》《严禁烟馆示》和《(徽州)物产会简章》。这些公文,我们完全可以视之为徽州的地方

---

① 《清康熙五十三年四月初六日祁门县应盛思贤禀请颁布严禁妄行盗砍汪家坦等处山场告示》,原件藏祁门县博物馆。
② [日]织田万:《清国行政法》,李秀清、王沛点校,北京:中国政法大学出版社,2003年,第66页。

性行政法规类文书。因此,我们认为,就执行范围而言,应当视法规的内容和地域而定;就执行效果而言,范围较广的普发性法规,除规定某种必须强令执行的制度以外,其他禁止性事项的法规执行效果一般都不甚理想;而适于范围相对较小的乡村或城镇某一地域的法规,其贯彻执行的事项和人群则较为规范,执行的效果也相对较为理想。①

---

① 参见卞利:《明清徽州乡(村)规民约论纲》,载《中国农史》2004年第4期第97—104页。

第二十章　明清时期徽州森林保护之禁碑研究

徽州是一个典型的山区,素有"七山一水一分田,一分道路和庄园"之称。嘉靖《徽州府志》云:徽州"郡之地隘,斗绝在其中。厥土骍刚而不化,高水湍悍少潴蓄,地寡泽而易枯。十日不雨则仰天而呼;一骤雨过,山涨暴出,其粪壤之苗又荡然空矣。"①农业生产条件非常恶劣,粮食生产不能自给。加上明代中叶以来的人口膨胀,造成"徽州介万山之中,地狭人稠,耕获三不赡一,即丰年亦仰食江楚十之六七,勿论饥岁也"的局面。② 自宋以来,林业经济一直是徽州的支柱性产业,"田之所出,效近而利微;山之所产,效远而利大。今治山者递年所需,不为无费,然后利甚大,有非田租可伦,所谓'日计不足,岁计有余'也"。③ 加强对森林植被和山区生态环境的保护,严禁乱砍滥伐,维护生态平衡,维系当地居民最基本的生产和生活环境,已成为明清两代徽州各级官府和村庄宗族、会社、乡约等基层组织的重要任务。

在对徽州文化遗存进行田野调查期间,我们发现和抄录了近千通(处)碑刻资料,其中有不少是关于封山育林、严禁乱砍滥伐、保护森林植被免遭破坏的珍贵碑刻。另外,徽州原始文书和存世的2000余种明清和民国徽州家谱

---

① 嘉靖《徽州府志》卷一《风俗》。
② 康熙《休宁县志》卷七《艺文志·奏疏·汪伟奏疏》。
③ 万历《窦山公家议》卷五《山场议》。

等文献收录的保护森林规约和禁碑,更是俯拾皆是,内容极其丰富,类型也复杂多样。

第一节 明清时期徽州森林保护禁碑的时空分布及其基本类型

我们对收集和掌握到的明清时期徽州森林保护禁碑进行了初步统计,大体上,此类禁碑总计有三十通。其中,明代一通,清代二十九通。这些碑刻在徽州一府六县的空间分布状况是:歙县四通(其中明代1通),休宁四通,婺源四通,祁门十通,黟县五通,绩溪三通。鉴于明代及明代以前的碑刻现存数量极少,而明代徽州关于森林管理与保护的文书文献资料又特别丰富这一事实,我们仍将明代徽州森林管理与保护禁碑作为讨论的重要内容。

从所反映的内容来看,明清时期30通徽州森林保护的禁碑中,既有关于徽州六县乡村宗族或会社、乡约等民间组织自行制定和勒石竖立的碑刻,也有当地官府以正堂告示名义制定、颁布和勒刻竖立的碑铭,同时,还有关于乡绅、宗族及会社等社会精英和组织禀请官府、并由官府颁示勒石执行的所谓"奉宪永禁碑"或称"严禁乱砍滥伐森林碑"。也就是说,明清时期徽州的森林保护禁碑可划分为民间和官方两种基本类型,而介于两者之间,由民间组织和社会精英集议制定,恳请官府批准的禁碑,原则上归属于官方类型的禁碑。就内容而言,根据勒碑之缘由,这些禁碑大体上可分为以下类型:

一是为严禁盗砍水龙、口山森林和坟墓荫木,保护村庄龙山水口或坟墓荫木而立的碑刻。这类碑刻在我们所收录的碑刻中占有一定比重。在徽州,山环水绕的地理环境,使得山居村落尽显秀美风光的同时,也无时无刻不在受到大山和激流的制约。因此,栽植水口树林以涵养水源,保持村庄居民的日常生活环境,就显得尤为必要和迫切。《清乾隆五十年十二月婺源县汪口村严禁盗伐汪口向山林碑》就指出:"乡聚族而居,前籍向山以为屏障,但拱对逼近削石巉岩,若不栽培,多主凶祸。以故历来掌养树木,垂荫森森。自宋明迄今数百年间,服畴食旧,乐业安居,良于生乡大有裨益。"只是由于乾隆四十三年(1778年)以来,"无籍之徒盗行砍伐……当经旦旦而伐,山必童赭;事关祸福,害切肌肤"。因此,在生员俞大璋等倡议下,"酌立条规,重行封禁,永远毋得入山残害"。① 此外,徽州人还十分重视堪舆之说,风水迷信和宗族观念极为牢固,"风水之说,徽人犹重之,其平时构争结讼,强半为此"。② 在徽州人看来,为自己的祖上觅得一块风水宝地安葬,不仅可以使先人魂魄安宁,而且还可为自己及后人带来福荫,"徽人既信风水,以希福荫"。③ 因此,对祖坟荫木等森林的保护极为关注。不少宗族的族规家法都有严禁砍伐祖先坟墓荫木的规条,祁门文堂陈氏宗族即在明代隆庆六年(1572年)颁发的《文堂乡约家法》中明确规定:"本里宅墓、来龙、朝山、水口,皆祖宗血脉,山川形胜所关,各家宜戒谕长养林木,以卫形胜,毋得泯为己业,掘损盗砍。犯者,公同重罚理治。"④清代雍正年间,休宁县江村洪氏宗族也在《族规》中重申:"各祖墓山地,不许不肖者盗卖丝毫。其上蓄养荫木,不许擅伐。虽有枯树,亦听其自倒。其既倒之树,收取入众公用。违者,逐出宗祠,仍行呈处。"⑤体现在碑刻中,如《清乾隆五十一年十一月婺源汪口村奉邑尊示禁碑》《清嘉庆十八年仲夏月祁门叶源村勒石永禁碑》等,皆属于此类保护村庄龙山水口及坟墓林木之碑刻。

二是为保护农业和林业生产、避免水土流失、严禁乱砍滥伐而点的碑刻。在我们收集和整理的现存森林保护禁碑中,这类碑刻数量最多,且在时间上也主要集中在清代,特别是在乾隆至道光年间。乾隆至道光年间,徽州森林保护禁碑的异常增多,实际上反映了这样一个事实,即徽州周边特别是安庆府和江西棚民大规模涌入徽州山区,向当地土著租赁山场,垦山种田、开挖煤炭、烧采石灰,"徽、宁在万山之中,地旷不治,有赁耕者即山内结棚栖焉,曰

---

① 《清乾隆五十年十二月婺源汪口村严禁盗伐汪口向山林碑》,原碑现存江西省婺源县汪口村旧乡约所。
② (清)赵吉士:《寄园寄所寄》卷十一《泛叶寄·故老杂记》。
③ (明)古之贤:《新安蠹状》下卷《行六县劝士民葬亲》。
④ 隆庆《文堂乡约家法》。
⑤ 雍正《江村洪氏宗谱》卷十四《祠规》。

'棚民'。棚民之多，以万计也"。① 棚民的这一无序垦殖和开采行为，使徽州山区的森林植被资源遭到了严重破坏，直接造成了水土流失和自然灾害频发，给当地民众的日常生产与生活带来了极大的影响。"自棚民租种以来，凡崚嶒险峻之处，无不开垦，草皮去尽，则沙土不能停留……不但不植不留，而且根株尽掘，甚至草莱屡被烧锄，萌芽绝望"。② 在黟县，棚民"或开垱凿石，或租种苞芦，草木不留，山石立断，一邑之生灵受害"。③ 在深受棚民开垦之害的祁门县善和村，聚族而居于此村的程氏宗族，在其《驱棚除害记碑》的碑文中，甚至将棚民开山所导致的生态破坏与兵燹相比，并称此害远远烈于兵燹。碑文开首即云："呜呼！棚匪之害地方也，甚于兵燹。大兵所经，一时民苦虐焰。迨清平之后，山川如旧，田庐依然。复我邦族者，歌怀乐土。至若棚匪之为害，其始也，每为常人所不及计。至其甚，虽圣人复起无能为功。盖其人境之初，每不惜鱼饵笼络地方，贫民苟有贪利忘祸之辈入其彀中，则公然执据，入境开山，害遂不可胜言矣。"④ 棚民的大举入境，开山锄种，烧炭采矿，使得徽州丰富的森林植被资源遭受到了前所未有的毁灭性破坏。在祁门王氏宗族聚居地环溪，"聚族而居，历年有所……当年兴养成材，年年拆取，络绎不绝。所以家有生机，人皆乐利"，但自乾隆三十年（1785年）棚民入山锄种以来，当地的生态受到严重破坏，"今则两源山场荒芜已极，东锄西掘，日耗月亏，陆道良田，堆沙累石，致使烹茶水浅，举爨薪稀。事害于人，莫此为甚"。⑤ 在休宁浯田岭，在婺源汪口，在祁门黄古田，在黟县西递上村等等地方，棚民的大规模涌入，大量砍毁树木，开山种田、烧炭，已经给当地的生态环境造成了极其为严重的破坏。此时，有关严禁棚民乱砍滥伐林木、保护森林资源的禁碑数量异常增多，也就不足为奇了。

---

① （清）高廷瑶：《宦游纪略》卷上。
② 道光《徽州府志》卷四之二《营建志·水利·道宪杨懋恬查禁棚民案稿》。
③ 同治《黟县志》卷十一《政事志·塘堨·附嘉庆十年知县苏禁水口烧煤示》。
④ 《清祁门善和驱除棚害记碑》，原碑立于安徽省祁门县六都村，现碑已佚；转引自光绪《善和程氏族谱》卷一《村落景致》。
⑤ 嘉庆《环溪王履和堂养山会簿》（不分卷），原件藏安徽省图书馆。

三是为保护山道畅通、严禁砍伐山道两侧树木而立的碑刻。此类碑刻，我们也发现了二通，其中之一为嵌于清代徽州府至安徽省会安庆府必经之道的祁门大洪岭顶之修路碑。大洪岭位于徽州府祁门县和池州府石台县之间，是连接徽州府与安徽省省会安庆府的官道的一部分。该岭"山高路险，上下绵长。往来商贾，络绎不绝"，①地理位置极为重要。但是，由于自清代乾隆年间以后，来自安庆地区的棚民贪利烧山，在狭窄的岭道两侧山场砍伐森林，种植苞芦，造成"木濯草斩，泥松砂削"。因而，为加强对大洪岭山路的维护，保持徽州府通往省会安庆府的官道畅通无阻，徽州府联合毗邻的池州府，于道光二年（1822年）十一月颁布告示，勒石严禁，云："徽池接壤有岭大洪，省会往来要区。明万历间，祁邑贤孺捐金开拓，化险为平，距今二百余年，水冲石剥，趑趄不前，修稍弗坚，空负勤劳。今集合郡同人，遍告同乡好善踊跃输将，以治其标，自岭上下一十五里，錾石墁平。若荷宪台奖励乐输，盈余随处，接踵相继，其履康庄。第查水冲石剥之弊，实缘靠岭一带山场播种苞芦，木濯草斩，泥松砂削。若遇霖雨，倾洩积塞，遂成畏途……兹准移交，除移行池州府一体饬禁外，合行给示勒禁。为此，示仰该处附近居民人等知悉：自示之后，靠岭一带山场，凡与大路毗连之区，毋许再种苞芦，使沿途两旁草木畅茂，俾地土坚固，永免泥松砂削，积塞道途，有碍行旅，以冀岭路巩固。"②这一禁令的勒石颁布，对维护大洪岭道路的安全与畅通，其作用和意义显然是毋庸低估的。

第二节　明清徽州森林保护禁碑主要规约

在对明清徽州森林保护禁碑进行数量统计和内容分析之后，我们还很有必要来分析和了解这种所谓"村规民约"的制定及其实施过程。

---

① 《清道光四年三月祁门大洪岭碑记》，原碑现竖于安徽省祁门县大坦乡大洪岭头。
② 《清道光二年十一月祁门大洪岭道路两侧山场永禁种植苞芦碑记》，原碑现竖于安徽省祁门县大坦乡大洪岭头。

先来看徽州的民间森林保护禁碑。明清时期，徽州民间组织所颁布竖立的森林保护禁碑，通常由所在地域的村落组织及其宗族头面人物和社会精英提出并集议，即"合族公议"，在统一意见后形成若干条书面文字材料，然后勒石刻碑，《清嘉庆十八年仲夏月祁门叶源村勒石永禁碑》即属此种类型。该碑刻内容如下：

勒石永禁

合族公议滨右扶禁合源规条，违者照约处罚。如有恃强不遵者，听凭经手出身之人取丁会祀内支费，鸣官惩治。所有各项禁条开列于后：

一、坟林水口庇木，毋许砍斫。违者，罚戏一部。倘风吹雪压，鸣众公取；或正用，告众采取。

一、境内毋许囤留赌博。违者，罚钱一千文；夥赌者，罚戏一部。拿获者，给钱二佰。知情不举，照窝赌罚。

一、向内毋许私买入境。违者，罚戏一部。

一、己、众苗山毋许扦斫。违者，罚戏一部。

一、失火焚山过截者，罚钱二百文。至烧满筒粟不救者，罚钱五百入众。

一、各家猪毋许散放众残害青苗。违者，初次鸣众；二次罚钱五十文入众。至残害三五次者，田园内听凭打毙毋词。各家有门前住后田园，照旧夹篱遮槎，以免残害。

乾隆五十一年间严禁文约三纸：廷育一纸，廷宪二纸，应选三纸。

加[嘉]庆十八年，技文五纸：廷茂一纸，廷佳一纸，文兴一纸，文清一纸，应选一纸。

皇清嘉庆十八年仲夏月合源公立。①

---

① 原碑现嵌于安徽省祁门县新安乡叶源村聚福堂墙壁内。

这类碑刻内容具体,规条清晰,其中既有强制性禁止的事项,又有违犯规条的惩罚性措施,还有对举报或拿获违反禁规者的奖励的规定。其立碑地点大多在本村乡约等组织或本宗族的祠堂内,如《清嘉庆十八年仲夏月祁门叶源村勒石永禁碑》就是嵌于王氏宗族祠堂——聚福堂的东墙壁内。当然,负责监督和执行禁碑规条的人员同样是来自于聚居叶源村的王氏宗族族长等人。而《清道光五年三月祁门文堂合约演戏严禁碑》,则是由祁门县文堂陈氏乡约制定和勒石的禁碑。该碑内容如下:

清道光五年三月祁门文堂合约演戏严禁碑

合约演戏严禁

一、禁茶叶迭年立夏前后,公议日期,鸣锣开七;毋许乱摘,各管各业。

一、禁苞芦、桐子,如过十一月初一日,听凭收拾。

一、禁通前山春、冬二笋,毋许入山盗挖。

一、禁毋许纵放野火。

一、禁毋许松柴出境。

一、禁毋许起挖杉椿。

以上数条,各宜遵守,拿获者赏钱三百文。如有见者不报,徇情肥己,照依全罚备酒二席,夜戏全部。

道光六年三月初八日告白。①

《清道光五年三月祁门文堂合约演戏严禁碑》是聚居于祁门县文堂村陈氏宗族乡约制定和刻石颁布的保护竹木资源的禁碑。文堂陈氏乡约创建于明代隆庆年间,是以宗族血缘关系为纽带所组成的乡约,明清时期徽州乡约的宗族化和宗族的乡约化,即宗族—乡约一体化是"聚族而居"的徽州乡约发展之重要特征。② 因此,文堂陈氏乡约是该禁碑的实际制定、执行和监督者。

---

① 原碑刻嵌于安徽省祁门县闪里镇文堂大仓原祠堂前照壁内。
② 参见常建华:《明代徽州的宗族乡约化》,载《中国史研究》2003 年第 3 期。

再来看明清徽州官府制定和勒石颁布的森林保护禁碑。由省、徽州府及府属六县地方官府制定和勒石颁布的保护森林禁碑,多以"告示"的名义发布。如由操江都察院徐制定,徽州府勒石颁布的明天启二年(1622年)歙县潜口《按院禁约碑》,对黄山大木砍伐、盗葬等规定了具体的严厉禁止措施,对"敢有轻犯禁款,许议人获赃,据实首告,定依犯禁宪拟。其巡捕、保甲容隐不举者,罪决不姑贷,须至禁约"。① 再如清嘉庆十六年(1811年)七月黟县知县吴甸华制定并勒石颁布的《禁租山开垦示》就是这种典型的地方官府禁碑。该禁碑已佚,文字保存在嘉庆《黟县志》中。其内容如下:

禁租山开垦示

为晓谕租山情弊,严行禁约,以全地利、以安民业事。照得郡境多山,近有外县民人租赁开垦,搭棚居住,日久蔓延,赖租抗赎,构衅结讼,滋生事端,最堪痛恨。前奉抚宪委员清查,饬令各棚滋事者退山回籍,并谕令改种蔬果、茶柯、树木,不得种植苞芦,亦不得再行召租开种,并专定科条。如有公共山场,一家私召异籍之人,搭棚开垦,即照子孙盗卖祖遗祀产例,分别军徒,承租之人亦照强占官民山场例,拟流为从,拟徒在案。诚恐偏僻乡愚未及周知,误罹于法,且本县深恶租山之由,备究垦山之弊。必须拔其根株,抉其原委,庶可永为禁止,共保安全。

查境内大山,多系各族祠产。在安分者原不欲将公山出租,而族中支丁有无赖不肖之徒,妄图私利,勾串外来棚民,潜行立约,租与开垦。及族众知觉,钱文已被其花用,无能措赎。而棚民以租约为凭,硬行盘踞。即呈控到官,亦得借词捏诉,不肯退租。愚民图利忘害,冒昧租山。积习相沿,率由于此。殊不知山既被垦,为害滋多,试为尔等历历数之。石山带土,一经垦松,适遇暴雨,沙石滚下,

---

① 《明天启二年三月歙县潜口按院禁约碑》,原碑现立于安徽省黄山市徽州区潜口新福桥上。

其势猛悍,山下成熟田亩,多被冲压,以致失业。邑境内现有虚粮,或因此故。其为农田害,一也。山坡溜水,由涧达溪,垦后夹沙带石,壅滞滩河,舟楫难行,竹簰亦碍。其为水道害,二也。不肖之徒,敢将公产私租,必系素性凶顽,为族人所共恶,亦善类所同畏。即结成讼案,尚多狡展,将成百世之仇,竟忘一本之谊。其私产出租者,邻右亦皆饮恨。结怨日深,流毒滋甚。其为人心害,三也。棚民种植山场,雇用工人,均系外籍游民,奸良不一。或结党逞凶,或纠夥肆窃。盖棚民不能约束,明知故纵,且有助恶肆横、窝窃分赃者。其为地方害,四也。凡山皆可封殖,栽松种竹,土石自固,利益自多。今乃弃之外人,失其本务,租价有限,收赎无期,忍使祖宗遗产变为棚民世业?在人之利日增,即为己之谋日蹙。其为民生害,五也。国法俱在,亦宪典共遵,棚民何难驱逐,顽梗何难惩治?但平日则地保为之容隐,临事则差役不善缉拿。在官长素尚精明者,自能究办。倘稍涉因循者,便致颠顶,实由租山之人致此宕案之弊。其为吏治害,六也。

  本县洞悉其情,必将永革其弊。除现在严查保甲,稽查有无续增棚民,并曾否改种蔬果、树木,按例究办驱逐外,合先出示晓谕。为此,示仰居民及棚民人等知悉:自示之后,尔等各棚民务须安分守法,遵照宪谕,改种蔬果、茶柯、树木,不得仍种苞芦。其与原业主争讼滋事者,立即退山回籍,不得恃强霸占,借端逗留;亦不得窝匪滋事,扰害地方。倘敢故违,一经告发,或被访闻,定行提究递籍。至尔等居民,亦宜共保祖产,以靖地方。倘有将公共山场私召异籍之人、搭棚开垦者,许该族保人等据实赴县禀究,一面即赴该山,向租赁人民理谕,立阻开垦,并将私租顽丁公同押带赴案,以凭追价惩治。其有将己产召异垦种,亦许保邻人等协同拦阻,立即赴县具禀,以凭严拿,按律究办。如该族保徇情匿报,一经查出,必科以应得之罪。如此明示禁条,共昭法守,庶山不垦而农田无碍,沙不壅而水道常通。戢嚣凌则人心日淳,禁窝匪则地方宁静。民生资以宽裕,吏治因以肃清。为尔合境民人共祛其害,即永享其利,何所惮而不为?何所徇而相忍?本县言之既切,行之必诚,慎毋阳奉阴违,自诒伊戚,各宜凛遵。切切。特示。

嘉庆十九年七月二十八日①

徽州地方官府颁布的森林保护碑文禁令,格式固定,事由明确,规条严谨,违规惩治措施具体。这类禁碑有的内容十分简短,有的甚至仅仅开列若干条规,并不像《清嘉庆十六年七月黟县禁租山开垦示》那样,还要陈述利害,详细阐释。如《清乾隆末年休宁县岩前镇登封桥徽州府正堂峻[亮]②示碑》就是如此,该禁碑的正文如下:"府正堂峻[亮]示:严禁推车晒打,毋许煨暴秽污;栏石不许磨刀,桥脚禁止戳鱼。倘敢故违有犯,定行拿究不饶。"③

不过,就保护森林的禁碑而言,明清时期徽州的森林保护禁碑大部分属于第三种类型,即先由所在地村落宗族或乡约等组织及其主要成员集议,形成统一的书面文字材料,然后报请当地府县官府(以县正堂审批为主)审批,由知县或知府签字钤印批复,最后形成以县或县级以上官府名义颁发的"告示"。这样的"告示"往往直接以书面的形式被张贴,但也有不少被勒石竖碑于田间地头或祠堂墙壁,从而形成石质碑铭"告示"。

关于书面张贴的禁止乱砍滥伐森林的"告示",我们在徽州文书中见到很多,此不多赘述。颇有意思的是,我们还在调查中发现了一些森林保护禁碑的原形——书面"告示"。在祁门环砂村新近发现的一千余件程氏宗族文书中,就有一份与现存于该族祠堂森林保护禁碑文字完全相同的"告示"。由于这纸告示原文和碑刻内容极为珍贵,我们将其文字照录于下:

---

① 嘉庆《黟县志》卷十一《政事志·塘堨》。
② 据道光《徽州府志》卷七之一《职官志·郡职官》载:峻亮,满洲正黄旗人,翻译生,乾隆五十二年任徽州知府,五十五年再任,五十九年三任。嘉庆五年复莅任。又据道光《休宁县志》卷二《营建志·津梁》载,登封桥,"乾隆五十三年蛟水冲圮,五十六年,黟县人胡学梓捐赀重建"。据此,可知该碑立碑时间应在峻亮再任和三任之间,即乾隆五十六年至乾隆五十九年。
③ 原碑现竖立于安徽省休宁县齐云山镇登封桥栏杆上。

永禁碑

特授祁门县正堂加五级纪录五次赵[敬修]①为恳恩示禁等事。据西乡十七都民人程加灿、之瑶、延芳、元顺等禀：环砂地方山多田少，向赖蓄养山材，河通江右，以活民生。近数年来，非惟材木少觏，即采薪亦艰。揆厥弊端，总因燎原莫扑，本根既无绝故也。今幸合境人心深感宪化，悠然否变，演戏公议，立约定规。纵火挖桩，在所必禁；松杉二木，在所必蓄。违者，罚戏一台。但恐日后犯规不遵，硬顽难制，谨粘养山合墨，呈叩恩赏示禁，永垂警后。始振文风，继兴地利，世世被泽等情到县。据此，合行示禁。为此，示仰环砂地方居民人等知悉。嗣后，该山挖桩及私砍树木、纵火等情，概依合文例禁。倘敢故违，许业主人等协合地保查明，赴县具禀，以凭拿究，决不姑宽。该业主亦不得借端滋讼，各宜凛遵毋违。　　特示遵

右谕通知

嘉庆二年十一月　　日示

告示

立养山合墨文约人环砂程之璞、起来、发秀等，盖闻本立道生，根深枝茂。盈谷百木丛生，条枚可供采取。即长养成林而供课，资用亦大有益。迩缘人心不一，纵火烧山，故砍松、杉，兼之锄挖柴桩。非惟树尽山穷，致薪如桂，且恐焚林惊冢，滋事生端，为害匪轻。似此，人人叹息，所以不谋而合，共立合文，演戏请示，订完界止。所有界内山场，无问众己，蓄养成材。自后入山烧炭、采薪，如有带取松杉二木，并挖柴桩及纵火烧山者，准目观之人鸣众。违禁者，罚戏一台。如目观存情不报者，查出，与违禁人同例。倘有硬顽不遵，定行鸣官惩治，仍要遵文罚戏。议之至三年之后，无论众己山业，出摈之日，每两内取银三分，交会凑用。如自山自取正用，并风损折者，俱

---

① 据同治《祁门县志》卷二十《职官志·职官表》载：赵敬修，沛县人，举人，嘉庆元年任祁门县知县，三年调署霍邱。

要先行出字通知。在掌会首事,务要进出分明,襄成美举。有始有终,慎勿懈怠。沿门签押,子孙遵守。如违规条,合境赍出此文,同鸣官。费用议作三股均出,如犯何山,该山主人认费二股,众朋出一股。追赔木价,亦照三股均收,仍依是约为始。恐后无凭,立此养山合文一样二十四纸,各执存照。

一、养山界:七保里至九龙塌,外至环砂岭;八保里至□家塌,外连七保界止。东至风浪岭、罗望岭,西至八保上岭、七保罗家岭。

一、中秋神会演戏:程村社并门下迭年架火松柴,准七月议期,一日采取;五村社,迭年八月初九日则规交纳松柴,准八月议期一日,采取。以上所办之柴,除坟山庇荫及二尺围成材之料不砍,仍准按期节取。

一、纵火烧山者,罚戏一台,仍要追赔木价。

一、挖桩脑者,无问松、杉、杂植,罚戏一台。

一、采薪带取松、杉二木,并烧炭故毁,无问干湿,概在禁内。违禁者,罚戏一台。举报者,赏给钱一百文。如目观存情不报,查出,与违禁人同例。

一、自山取正用并风损折者,要先行出字通知。

一、材山出挤者,无论众己,每两内取银三分,交会使用。

一、山场自后有砍剉兴苗者,先行出字登账准种,花利五年。违者,定行处罚。

一、公议首事支持,进出账目及一切违禁之条,务要巡查,鸣众议罚。

大清嘉庆二年正月　日立养山合文约人环砂首事程之瑶　发曙　元顺　延芳　元恺　元僖　元祝　加灿　加信　加　开畅　延松　延遇　张贵　沈祖　汪世丘　汪有祥　凌明旺　吴光起

凌接生　张成祁　汪日盛[①]

我们不厌其烦地将这通永禁碑刻文字全部照录下来,其主要目的:一在于说明明清徽州保护森林禁碑文字来源于原始文书,这是明清徽州寓禁止性、奖惩性于保护之中的森林保护禁碑的主要形式;一在于阐述明清徽州碑刻规约的大致内容。因为祁门环砂的这通森林保护禁碑很具代表性和典型性,因此,其保护森林所具有的奖惩性规定,实际上反映了徽州森林保护和管理的一般性样式。也就是说,明清徽州的森林保护禁碑,除拥有明确的禁止性和惩戒性条款规定外,还有鼓励举报违反规约的内容。而对违犯禁止性条款的者,明清徽州还具有独特的罚戏、罚酒等惩罚性规定。这实际上体现了徽州当地的社会风俗和民间习惯,是当地民众认可度较高的村规民约。

至于明清徽州森林保护禁碑的有关规条,除上述祁门环砂森林禁碑规定的以外,在其他地区,基本上有禁止性事项、惩戒性规定和奖赏性措施。应当指出的是,明清徽州森林保护禁碑禁止性和惩罚性规定是最主要的内容。在我们所见的 30 通森林保护禁碑中,禁止性和惩戒性的规定都存在于碑文之中。

首先来看碑刻中的禁止性规定。禁止性规定是明清徽州森林保护禁碑的主体内容,所有三十通森林保护禁碑都有这方面的文字条款,这其实也是制作颁行保护森林禁碑者的主要目的所在。前文所引《清嘉庆二年正月祁门环砂村告示及十一月永禁碑》中,禁止性规定尤为具体。在《清乾隆五十年十一月婺源汪口村奉邑尊示禁碑》中,有关禁止性条款也被逐条刊勒于碑石。它们是:"一、各房所输山税、地税,各立批据,付众护龙户收执管业,其税仍归各房供课。日后各房子孙不得借口批输及护坟存税,擅自挖掘厝葬,并不得扳枝摘叶。违者,一体呈官究治。一、所输所买各号山地内,已葬之坟,公议不起界碑,内并不蓄树妨碍。其葬坟之家,亦不得借修坟挖掘,致伤龙脉;一、

[①] 《清嘉庆二年正月祁门环砂村告示及十一月永禁碑》,原碑现竖于安徽省祁门县环砂村叙伦堂前西墙壁上;永禁碑原文《嘉庆二年正月祁门环砂村告示及十一月永禁文约》,原件现藏安徽省祁门县博物馆。

掌立山场，每年冬底雇功划拔火路，其路旁茅草，的于七月内斩除，毋使滋蔓，致引火烛。一、所输所买山地，原为栽树护荫。后龙倘有隙地，概不赁人耕种，亦不得自行耕种。"①

不仅如此，明清时期徽州森林保护禁碑还对违犯这些禁止性规定的行为，制定了许多惩罚性措施。一旦违犯碑刻上禁止性规定，即会遭到轻重不同的惩罚，这正是碑刻类村规民约或民间习惯法的重要功能之一。前引《清嘉庆二年正月祁门环砂村告示及十一月永禁碑》对违犯碑刻禁令的人，即规定了较为具体的惩罚性措施，其操作性是很强的。除了罚戏以外，对违犯禁令的乱砍滥伐森林者最重的处罚措施，莫过于送官究治了。如《清乾隆五十九年四月休宁浯田岭严禁召棚民种山碑》《清嘉庆八年十月休宁浯田岭严禁私召棚民入山垦种碑》和《清咸丰七年六月绩溪大坑口奉宪永禁碑》等就是如此。"倘有抗违，许业主保甲指名赴县禀，以凭拿究，决不姑宽，各宜禀遵毋违"，②"按律重办"。③《清道光十八年仲秋月祁门滩下永禁碑》，对违犯禁令者也规定了具体的处罚措施，"一禁公私祖坟，并住宅来龙下庇水口所蓄树木，或遇风雪折倒归众，毋许私搬并梯桠砂割草，以及砍斫柴薪、挖椿等情。违者，罚戏一会；一禁河洲上至九郎坞，下至龙船滩，两岸蓄养树木，毋许砍斫开挖。恐有洪水推□树木，毋得私拆、私搬，概行入众，以为桥木。如违，鸣公理治；一禁公私兴养松、杉、杂苗竹，以及春笋、五谷、菜蔬并收桐子、采摘茶子一切等项，家外人等概行禁止，毋许入山，以防弊卖偷窃。如违，罚戏一台。倘有徇情，查出照样处罚。报信者，给钱一百文；一禁茶叶递年准摘两季，以六月初一日为率，不得过期。倘故违偷窃，定行罚钱一千文演戏，断不徇

---

① 《清乾隆五十年十一月婺源汪口村奉邑尊示禁碑》，原碑现存江西省婺源县汪口村旧乡约所。

② 《清乾隆五十九年四月休宁浯田岭严禁召棚民种山碑》，原碑现嵌于安徽省休宁县浯田岭杂货店墙壁中。

③ 《清咸丰七年六月绩溪大坑口奉宪永禁碑》，原碑现嵌于安徽省绩溪县大坑口龙川胡氏宗祠西墙壁中。

情"。①

  当然,像祁门环砂叙伦堂和滩下这两块碑刻一样,有关执行碑刻禁止性规约的民众,在举报违犯规定的行为者时,可以得到规定的奖励。

  值得注意的是,这种寓严禁、奖惩于保护之中的森林保护禁碑,在徽州民间社会中是一种约定俗成的村规民约。其制定和实施也拥有一整套完备的机制,有的是以村庄所在宗族的族长和其他宗族头面人物组成的管理人员负责,如明代祁门善和,为了保护森林,就层层设立了管理者和治山者,由他们负责履行对村庄各处山场森林的兴养、管理和保护的重任,并制定了许多关于治山者和管理者义务、责任及处罚的规条。"昔议山场管理兼之,今祖山皆合,更置五人专治其事,而管理考其成焉……其治山者,务要不时巡历,督令栽养,毋为私身之谋。其管理者务要不时检点,给予馈饷,毋为秦越之视"。关于治山者的责任及其违禁的惩处,明万历时制定并颁行的《窦山公家议》有着详细具体的规定,云:"栽坌兴养,治山者必要佃与近山能干之人,便于防盗防火。间有计酒食之丰啬,馈送之有无,乃舍此而之彼者。斯人惟顾花利,不思栽苗。纵有所栽,火盗难防,犹无栽也。治山者众罚,仍追出佃山者递年花利,另人兴养。治山者所获火盗,轻则投治,重则告鸣,赔还木价,尽行归众。间有捕获之时,多方恣取,以充私囊,志得意满,交相隐匿。及至发觉,聊将所得一二归众,以掩众口,是治山者一火盗也。查出众罚。治山者巡行各处,务要视为己事,着实举行。间有往返,无益于事,或有乘此机会,反窃取大木以为己利者,是治山者甚于火盗也。访出倍罚。倘有邻山砍木过界,治山者查明理说,通知管理。赔纳木价,尽付管理收贮,毋得受嘱私处。访出倍罚。"对于治山者开支的各项费用,善和程氏宗族也立有详细规约:"凡山佃有事来见,治山者酌量轻重,管办酒食。每月终照数开报,管理查勘,给散前项食用并酒食谷……其治山者所用纸笔并所用物件,管理者每年共给银一两应办……治山者等项支用,管理称时给发。若应给而不给,及不应给而滥给者,家

---

① 《清道光十八年仲秋月祁门滩下村永禁碑》,原碑现置于安徽省祁门县滩下村路旁。

长家众即时纠正。"①明代祁门善和程氏宗族的山场管理制度可谓是十分完善的。这是明清徽州宗族负责制定、实施和监督包括森林禁碑规约及其他村规民约在内民间习惯法的典型案例。

除宗族之外,还有专门成立的会社等民间组织,来负责森林保护禁碑规约的制定、实施和监督。如祁门箬坑村环溪王履和堂的养山会、渚口的村社,以及乡约和保甲等组织。许多保护森林禁碑,对违犯禁止性条规人的处罚及处罚执行人或组织,一般都有具体而明确的规定。如《清嘉庆八年十月休宁龙田乡浯田岭严禁私召棚民入山垦种碑》即规定:"嗣后,如有不法之徒故智复萌,混将山业私召异民入境搭棚开种苞芦,为害地方者,许该处地保、山主、邻佑查实,指名禀县,以凭立拿究,决不宽贷。"②《道光二十六年十二月黟县西递上村奉宪示禁碑》对违犯禁条、私自"采樵伐木"破坏森林者,即"许该捕保及原禀人等克日指名,赴县具禀,以凭严究"。③

第三节　明清徽州森林保护禁碑对维系徽州林业生产的作用

徽州山多田少,林业在宋代以来即在徽州的经济结构中占有较大的比重,或者说它几乎是宋元明清时期徽州的支柱性产业也不为过。两宋以降,徽州各地林木输出贸易十分繁荣,"山出美材,岁联为桴下浙河。往者多取富女,子始生,则为植槠,比嫁,斩卖以供百用,女以其故,或预自蓄藏"。④"祁门水入于鄱,民以茗、漆、纸、木行江西","休宁山中宜杉,土人稀作田,多以种杉为业。杉又易生之物,故取之难穷"。⑤徽州每年都有大量的杉树等木材被

---

① 万历《窦山公家议》卷五《山场议》。
② 《清嘉庆八年十月休宁浯田岭严禁私召棚民入山垦种碑》,原碑现嵌于安徽省休宁县龙田乡浯田岭杂货店墙壁中。
③ 《清道光二十六年十二月黟县西递上村奉宪示禁碑》,原碑现嵌于安徽省黟县西递上村祠堂门首墙壁中。
④ 淳熙《新安志》卷一《州郡·风俗》。
⑤ 淳熙《新安志》卷二《物产·木果》。

运往浙江严州等地销售,严州税收的一大部分来自于对徽州木材的抽税。据范成大《骖鸾录》记载:在严州码头浮桥,"歙浦杉排毕集桥下,要而重征之,商旅大困,有濡滞数月不得过者。余掾歙时,颇知其事。休宁山中宜杉,土人稀作田,多以种山为业。杉又易生之物,故取之难穷。出山时,价极贱,抵郡城,已抽解不赀。比及严,则所征数百倍。严之官吏方曰:'吾州无利孔,微歙杉不为州矣",①可见,在宋代,原产徽州的木材长途贩运贸易,已成为徽州重要的支柱性产业。明清时期,徽州的林业经济依然极为发达,当地山区盛产的木材,被徽商们源源不断地运往杭州等全国各地贩卖牟利。种植林木以发展林业经济,远比种植粮食作物利润为大。正如《窦山公家议》所云:"田之所出,效近而利微;山之所产,效远而利大。今治山者递年所需,不为无费,然后利甚大,有非田租可伦,所谓日计不足岁计有余也。"②这就难怪清末徽州知府刘汝骥在分析徽州由富变贫的原因、亟图振兴徽州经济时,把讲树艺作为了第一要事了,他云:"自唐宋以来,[徽州]便号富州,今何忽贫瘠若此? 当务之急,莫要于讲树艺之事。"③鉴于林业在徽州乡村社会经济中占有如此重要的地位,那么,加强对森林的管理与保护,也就在情理之中了。

明清时期特别是清代乾隆中叶以后至嘉庆、道光年间,随着徽州北部安庆府和南部赣北棚民的大规模进入徽州山区,进行混乱无序的开垦,或挖桩烧炭,或开采石灰,或种植苞芦,致使徽州山区大量原始森林和正在成长中的树木遭到了灭顶之灾。严重影响了徽州山区居民的日常生产和生活秩序。

关于棚民进入徽州山区给徽州生态所造成影响与破坏,祁门善和《驱棚除害记》和黟县清乾隆四十六年(1781年)《保县龙脉示》、嘉庆十年(1805年)《禁水口烧煤示》、嘉庆十六年(1811年)七月《禁租山开垦示》、嘉庆十六年(1811年)十月《禁开煤烧炭示》等都有详尽揭示。其中尤以《驱棚除害记》所叙的要点最为清晰,内容较为具体。兹将其文字照录于下:

---

① (宋)范成大:《范成大笔记六种·骖鸾录》,北京:中华书局,2002年。
② 万历《窦山公家议》卷五《山场议》。
③ (清)刘汝骥:《陶甓公牍》卷十一《禀详·详报物产会开会文》。

伐茂林,挖根株,山成濯濯,萌蘖不生,樵采无地,为害一也。山赖树木为荫,荫去则雨露无滋,泥土枯槁,蒙泉易竭。虽时非亢旱,而源涸流微,不足以资灌溉,以至频年岁比不登,民苦饥馑,为害二也。山遭锄挖,泥石松浮,遇雨倾泻,淤塞河道。滩积水浅,大碍船排,以致水运艰辛,米价腾贵,为害三也。山河田亩多被佘积。欲图开发,费倍买田,耕农多叹失业,贫户永累虚供,穷困日甚,为四害也。久之衣食无出,饥寒为非,法律虽严,莫可禁止,五害也。河积水涨,桥崩屋坏,往来病涉,栖息遭危,为害六也。徽民聚族而居,方外之人无隙可入。囊时风俗茂美,稽查维严,今则拉亲扯故,入村穿巷,族中吉凶报赛,异服异言者公然挨挤,规模不肃,为害七也。夏秋之交,雇工锄挖,收成之后,乞化沿门,彼醉翁之意不在酒也。倘门径既熟,乘间窥伺,何以御之?为害八也。夫且踞深山,隐幽谷,肆窃掠,固窝藏。恃险负隅,作奸犯科,横行无忌,官捕莫剿,为害九也。①

尽管来自安庆和赣北等地区的棚民大规模涌入徽州,进行无序开垦、种植和烧山采矿,给徽州社会与经济带来了以上九大危害,但纵观其过程,最根本的破坏还是对徽州居民日常生产、生活与生存环境的破坏。《清祁门善和驱棚除害记》碑在列出棚民九大危害后,还着重就棚民入境前后善和村居民生产、生活与生态环境的变化作了一个对比:"吾村祖遗山业最广,上自漳岭,下至韩村,当年竹木之供,山林之利,至大也。山川之胜,形势之隆,至美也……突遭乾隆三十年间棚匪入境,祖墓大坏,族运遂替。横览四山,芦茅丛杂,几至樵牧无场,未尝不叹息,痛恨于作俑也。"②

正是由于山场林业在徽州百姓的日常生产与生活中具有如此重要的地

---

① 《清祁门善和驱除棚害记碑》,原碑立于安徽省祁门县六都村,现碑已佚;转引自光绪《善和程氏族谱》卷一《村落景致》。

② 《清祁门善和驱除棚害记碑》,原碑立于安徽省祁门县六都村,现碑已佚;转引自光绪《善和程氏族谱》卷一《村落景致》。

位,因此,一旦林木山场受到侵害,徽州各级官府、民众和组织即会奋而起之,通过各种途径和方式寻求森林保护之道。明清徽州各地通过成立组织、设置机构、订立规约等方式,以强化对徽州森林资源的保护,固然是一种不错的森林保护方式。但纸质文书易于损坏,且张贴的时间和场所受到客观条件、环境限制。因而,利用徽州当地盛产的丰富而优质的石料,以勒碑篆刻的形式,把有关封山护林、严禁乱砍滥伐条规刊刻于碑石,竖立于田边地头、山脚路旁,镶嵌于祠屋墙壁,无疑会使更多人知晓该山封山育林的事项,并自觉遵守碑刻中严禁乱砍滥伐的规约,以免遭到严厉的惩处。应当说,碑刻公示封山育林、严禁乱砍滥伐规约,其作用是巨大的,它起到了纸质文书所难以发挥的作用。

尽管在我们所收录和掌握到的一千余通徽州碑刻中,有关明清森林保护的禁碑,无论是在数量上,还是在质量上,与徽州历史上已有和现存的实际状况相比,还有一定出入。但是,这三十通保护森林禁碑,应当说基本反映了明清时期徽州林业经济、社会观念、日常生活与生产方式的一般状况,其重要的学术价值是显而易见的。通过对明清徽州保护森林禁碑碑文的初步探讨和分析,我们至少了解和认识了历史上有关保护森林、严禁乱砍滥伐等乡规民约的制定、执行与实施的过程。这对我们进一步探讨历史上徽州乡村社会的组织结构、乡民的日常生产生活方式以及村规民约的制定、实施与监督等一系列问题,无疑具有一定的启发意义。

参考文献

一、正史政书

[1] 明实录. 台北:台湾中央研究院历史语言研究所校勘本.

[2] 清实录. 北京:中华书局影印本.

[3] (清)张廷玉. 明史. 北京:中华书局,1974.

[4] 万历明会典. 北京:中华书局,1989.

[5] (明)张卤. 皇明制书. 北京图书馆古籍珍本丛刊. 第46辑. 北京:书目文献出版社,1997年影印本.

[6] (清)乾隆官修. 清朝文献通考. 杭州:浙江人民出版社,2000.

[7] (民国)刘锦藻. 清朝续文献通考. 杭州:浙江人民出版社,2000.

[8] 两浙盐法志. 清同治刻本.

[9] (明)姚思仁. 大明律附例注解. 北京:北京大学出版社,1993.

[10] 田涛、郑秦点校. 大清律例. 北京:法律出版社,1999.

[11] (明)古之贤. 新安蠹状. 明万历刻本,原书藏安徽省博物馆.

[12] (明)傅岩. 歙纪. 明崇祯刻本.

[13] (清)黄六鸿. 福惠全书. 清康熙三十八年刻本.

[14] (清)廖腾煃. 海阳纪略. 清康熙刻本.

[15] (清)戴兆佳.天台治略.官箴书集成.合肥:黄山书社,1997.

[16] (清)凌燽.西江视臬纪事.清乾隆八年刻本.

[17] (清)高廷瑶.宦游纪略.清同治刻本.

[18] (清)刘汝骥.陶甓公牍官箴书集成.合肥:黄山书社,1997.

[19] (清)徐栋辑.保甲书辑要.政书集成.郑州:中州古籍出版社,1996.

二、丛书、文集

[1] (明)沈节甫.纪录汇编.上海:上海商务印书馆,1938.

[2] (明)赵汸.东山存稿.四库全书本.

[3] (明)汪道昆.太函集.四库全书存目丛书本.

[4] (明)归有光.震川先生集.上海:上海古籍出版社,1981.

[5] (明)王圻.王侍御类稿.明万历刻本.

[6] (明)吕坤.实政录.明万历二十六年刻本.

[7] (明)王世贞.弇州山人四部稿.明万历五年世经堂刊本.

[8] (明)汤显祖.汤显祖集.北京:中华书局,1962.

[9] (清)王锡祺辑.小方壶斋舆地丛钞.补编、再补编,杭州:杭州古籍书店,1985.

[10] (明)李维桢.大泌山房集.明万历刻本.

[11] (清)孔尚任.孔尚任诗文集.北京:中华书局,1962.

[12] (清)钱谦益.牧斋初学集.续修四库全书本.

[13] (清)戴震.戴震集.上海:上海古籍出版社,1980.

[14] (清)阮元.研经室再续集.续修四库全书本.

[15] (清)俞正燮.癸巳类稿.北京:商务印书馆,1957.

[16] (清)俞正燮.癸巳存稿.北京:商务印书馆,1957.

[17] (清)林云铭.挹奎楼遗稿.清刊本.

[18] (清)朱琦.小万卷斋文稿.清道光刻本.

三、笔记、杂史

[1] (唐)陆羽撰. 蔡嘉德、吕维新注释. 茶经语释. 北京：农业出版社，1984.

[2] (宋)朱熹. 家礼. 四库全书本.

[3] (宋)范成大. 范成大笔记六种. 北京：中华书局，2002.

[4] (明)王士性. 广志绎. 北京：中华书局，1982.

[5] (明)俞弁. 山樵暇语. 涵芬楼秘籍本.

[6] (明)谢肇淛. 五杂俎. 上海：上海书店出版社，2001.

[7] (明)沈德符. 万历野获编. 北京：中华书局 1959.

[8] (明)范濂. 云间据目钞. 扬州：江苏广陵古籍刻印社，1983 年版.

[9] (明)李绍文. 云间杂识. 上海：瑞华印务局，民国二十四年铅印本.

[10] (明)张岱. 陶庵梦忆. 上海：上海书店，1982.

[11] (明)觉非山人. 饵笔肯綮. 原件藏江西省婺源县图书馆.

[12] (明)冯时可. 茶录，胡山原：古今茶事. 上海：上海书店，1985.

[13] (明)闻龙. 茶笺，胡山原：古今茶事. 上海：上海书店，1985.

[14] (明)詹景凤. 詹氏性理小辨. 四库全书存目丛书本.

[15] (明)凌蒙初. 初刻拍案惊奇. 合肥：黄山书社，1991.

[16] (明)凌蒙初. 二刻拍案惊奇. 合肥：黄山书社，1991.

[17] (清)吴宏. 纸上经纶. 郭成伟、田涛点校整理：明清公牍秘本五种. 北京：中国政法大学出版社，1999.

[18] (清)赵吉士. 寄园寄所寄. 清康熙刻本.

[19] (清)李斗. 扬州画舫录. 北京：中华书局，1960.

[20] (清)汤氏辑. 鳅闻日记. 近代史资料.（总 30 号），北京：中华书局，1963.

[21] (清)许仲元. 三异笔谈. 重庆：重庆出版社，1996.

[22] (清)许奉恩. 里乘. 重庆：重庆出版社，2000.

[23] (清)沈起凤. 谐铎. 北京:人民文学出版社,1985.

[24] (清)程址祥. 此中人语. 上海:广益书局,1946.

[25] (清)符焕. 文昌帝君阴骘文直解. 清同治十年培心书室刻本.

[26] (清)佚名. 东帖体要. 原件藏安徽大学徽学研究中心.

[27] (清)程文浚. 送货礼全书并古简帖. 原件藏安徽大学徽学研究中心.

[28] 光绪新安惟善堂征信全录. 清光绪七年刻本.

[29] 光绪浙省新建安徽会馆. 清光绪刻本.

[30] 宣统徽商公所征信录. 清宣统元年刻本.

[31] (清)吴梅颠. 徽歙竹枝词. 清抄本.

[32] (清)张潮. 虞初新志. 石家庄:河北人民出版社,1985.

[33] (清)黄崇惺. 凤山笔记. 近代史资料(总30号). 北京:中华书局,1963.

[34] (清)甘熙. 白下琐言. 南京:南京出版社,2007.

[35] (清)张廷骧. 不远复斋见闻杂志. 民国三年铅印本.

[36] (清)计六奇. 金坛狱案. 中国野史集成续编. 成都:巴蜀书社,2000.

[37] (清)张大翎·时俗丧祭便览. 四库未收书辑刊本.

[38] (民国)许承尧. 歙事闲谭.(上、下册). 合肥:黄山书社,2001年点校本.

[39] (民国)吴日法. 徽商便览. 民国八年铅印本.

[40] 民商事习惯调查录. 南京:司法部印行,1930.

[41] (民国)陈去病. 五石脂. 南京:江苏古籍出版社,1985.

[42] (民国)柴萼. 梵天庐丛录. 太原:山西古籍出版社,1999.

[43] 董玉书. 芜城怀旧录. 南京:江苏古籍出版社,2002.

四、史料汇编及文书

[1] 苏州历史博物馆等合编. 明清苏州工商业碑刻集. 南京:江苏人民出

版社,1981.

[2] 张海鹏、王廷元等主编. 明清徽商资料选编. 合肥:黄山书社,1985.

[3] 安徽省博物馆编. 明清徽州社会经济资料丛编. 北京:中国社会科学出版社,1988.

[4] 中国社会科学院历史研究所徽州文书整理组编. 明清徽州社会经济资料丛编(第二辑),北京:中国社会科学出版社,1990.

[5] 王钰欣、周绍泉主编. 徽州千年契约文书(宋元明编),石家庄:花山文艺出版社,1991.

[6] 王钰欣、周绍泉主编. 徽州千年契约文书(清民国编),石家庄:花山文艺出版社,1991.

[7] 张传玺主编. 中国历代契约会编考释(上下). 北京:北京大学出版社,1995.

[8] 福建师范大学历史系编. 明清福建经济契约文书选辑. 北京:人民出版社,1997.

[9] 上海书画出版社、上海博物馆编. 黄宾虹文集. 上海:上海书画出版社1999年版

[10] 刘伯山主编. 徽州文书第一辑. 桂林:广西师范大学出版社,2005.

[11] 刘伯山主编. 徽州文书第三辑. 桂林:广西师范大学出版社,2009.

[12] (明)张明方. 南京生意始末根由. 原件藏中国社科院历史所.

[13] 崇祯十年至康熙四十九年祝圣会簿. 原件藏南京大学历史系资料室,编号000055.

[14] (康熙)紫阳崇文会录. 原书现藏安徽省博物馆.

[15] (康熙)丛桂堂置产簿. 原件藏南京大学历史系资料室.

[16] (嘉庆)环溪王履和堂养山会簿(不分卷). 清嘉庆刊本.

[17] (光绪)仝王姓交涉公事. 原件藏绩溪县胡里村胡开阳处.

[18] 徽州会社综录. 传抄本.

[19] 光绪十九年至二十三年江永泰典当铺经营文书. 原件分藏于安徽

师范大学和安徽省图书馆.

[20] (清)佚名. 光绪元年八月父亲谢世. 原件由卞利收藏.

[21] 亲逊堂奉先录. 原书现藏安徽省绩溪县上庄镇宅坦村村委会.

[22] 佚名. 世道荣昌. 原件现藏于卞利处.

五、方志文献

[1] (万历)歙志. 明万历三十七年刻本.

[2] (清)顾炎武. 天下郡国利病书. 四部丛刊三编本.

[3] (清)顾炎武. 肇域志. 上海：上海古籍出版社, 2004.

[4] (民国)安徽通志稿. 民国二十三年铅印本.

[5] (淳熙)新安志. 清光绪十年刻本.

[6] (弘治)徽州府志. 明弘治十五年刻本.

[7] (嘉靖)徽州府志. 明嘉靖四十五年刻本.

[8] (康熙)徽州府志. 清康熙三十八年万青阁刻本.

[9] (道光)徽州府志. 清道光十年刻本.

[10] 徽州地区地方志编纂委员会. 徽州地区简志. 合肥：黄山书社, 1990.

[11] (民国)歙县志. 民国二十六年铅印本.

[12] 歙县地方志编纂委员会. 歙县志. 北京：中华书局, 1995.

[13] 歙县地方志编纂委员会. 歙县志. 合肥：黄山书社, 2010.

[14] (雍正)岩镇志草. 中国地方志集成乡镇志专辑. 南京：江苏古籍出版社, 1998.

[15] (乾隆)橙阳散志. 载中国地方志集成乡镇志专辑. 南京：江苏古籍出版社, 1998.

[16] (道光)潭滨杂志. 清光绪二年排印本.

[17] (民国)丰南志. 载江苏古籍出版社中国地方志集成乡镇志专辑. 南京：江苏古籍出版社, 1998.

［18］李新林主编.郑村志.歙县:郑村志编委会,2010年印行.

［19］(万历)休宁县志.明万历三十五年刻本.

［20］(康熙)休宁县志.清康熙三十二年刻本.

［21］(道光)休宁县志.清道光三年刻本.

［22］(休宁)县地方志编纂委员会.休宁县志.合肥:黄山书社,2012.

［23］佚名.徽州府休宁县都图乡村详记.清抄本,复印本由卞利收藏.

［24］(嘉靖)婺源县志.明嘉靖十九年刻本.

［25］(康熙)婺源县志.清康熙八年刻本.

［26］(光绪)婺源县志.清光绪九年刻本.

［27］(光绪)婺源乡土志.清光绪三十四年刊本.

［28］(民国)婺源县志.民国十四年刻本.

［29］婺源县地方志编纂委员会.婺源县志.北京:档案出版社,1995.

［30］(万历)祁门县志.合肥:合肥古籍书店,1961年影印本.

［31］(同治)祁门县志.清同治十二年刻本.

［32］祁门县地方志编纂委员会.祁门县志.合肥:安徽人民出版社,1993.

［33］祁门县地方志编纂委员会.祁门县志.合肥:黄山书社,2008.

［34］(康熙)善和乡志.清康熙抄本.

［35］佚名.祁邑都图.复印本由卞利收藏.

［36］(光绪)善和乡志.清光绪抄本.

［37］程成贵主编.徽州文化古村——六都.合肥:安徽大学徽学研究中心,2000.

［38］(顺治)黟县志.清顺治十二年刻本.

［39］(嘉庆)黟县志.清嘉庆十七年刻本.

［40］(同治)黟县三志.清同治十年刻本.

［41］(民国)黟县四志.民国十二年刻本.

［42］(民国)黟县乡土地理.民国铅印本.

[43] 黟县地方志编纂委员会. 黟县志. 北京:光明日报社出版社,1989.

[44] 黟县地方志编纂委员会. 黟县志. 合肥:黄山书社,2012.

[45] (万历)绩溪县志. 明万历九年刻本.

[46] (乾隆)绩溪县志. 清乾隆二十一年刻本.

[47] (嘉庆)绩溪县志. 清嘉庆十五年刻本.

[48] 绩溪县地方志编纂委员会. 绩溪县志. 黄山书社 1998.

[49] 绩溪县地方志编纂委员会:绩溪县志. 方志出版社 2011.

[50] 旺川古今. 绩溪:绩溪县上庄镇旺川老年人协会编,1999 年印行.

[51] 胡昭璧主编. 龙井春秋. 绩溪:宅坦村民委员会编,2000 年印行.

[52] 中共上庄镇余川村支部委员会等编. 余川村志. 绩溪:2004 年内部印刷.

[53] (万历)杭州府志. 明万历七年刻本.

[54] (康熙)平湖县志. 清康熙二十八年刻本.

[55] (康熙)重修扬州府志. 清康熙二十四年刻本.

[56] (崇祯)外冈志. 上海史料丛编本.

[57] (光绪)唐栖志. 清光绪十六年刻本.

六、宗族谱牒

[1] (弘治)新安黄氏会通谱. 明弘治刻本.

[2] (正德)新安毕氏会通族谱. 明正德四年刻本.

[3] (光绪)新安吴氏宗谱. 清光绪二十七年活字本.

[4] (嘉靖)新安歙北许氏东支世谱. 明嘉靖六年稿本.

[5] (嘉靖)许氏统宗世谱. 明嘉靖十五年家刻本.

[6] (嘉靖)竦塘黄氏族谱. 明嘉靖四十一年刻本.

[7] (万历)歙县托山程氏族谱. 明万历元年刻本.

[8] (万历)歙西岩镇百忍程氏本宗信谱. 明万历十八年刻本.

[9] (万历)歙西溪南吴氏世谱. 明万历三十年家刻本.

[10](万历)新安吕氏宗谱. 民国二十四年重刊本.

[11](万历)新安许氏世谱. 清康熙抄本.

[12](崇祯)徽城杨氏宗谱. 明崇祯三年刻本.

[13](崇祯)重修古歙城东许氏世谱. 明崇祯七年家刻本.

[14](崇祯)临溪吴氏族谱. 明崇祯十四年刻本.

[15](康熙)古歙岩镇镇东塘头吴氏族谱. 清康熙抄本.

[16](雍正)潭渡黄氏族谱. 清雍正刊本.

[17](乾隆)重修古歙东门许氏宗谱. 清乾隆二年刻本.

[18](乾隆)新安徐氏宗谱. 清乾隆三年刻本.

[19](乾隆)新安岑山渡程氏支谱. 清乾隆六年刻本.

[20](乾隆)歙淳方氏柳山真应庙会宗统谱. 清乾隆十八年刻本.

[21](乾隆)重编棠樾鲍氏三族宗谱). 清乾隆二十五年一本堂刻本.

[22](嘉庆)棠樾鲍氏宣忠堂支谱. 清嘉庆十年木活字本.

[23](嘉庆)桂溪项氏族谱. 清嘉庆十六年木活字本.

[24](道光)新安歙西沙溪汪氏族谱.(歙县). 清道光五年刻本.

[25](道光)济阳江氏族谱. 清道光十八年刻本.

[26](同治)方氏宗谱. 清同治十年刻本.

[27](民国)新安柯氏宗谱. 民国十五年木活字本.

[28](民国)府前方氏宗谱. 民国二十年刻本.

[29](民国)巨川毕氏宗谱. 民国三十三年刻本.

[30](民国)罗氏历代宗谱. 传抄本.

[31]许荫祠收支总帐簿. 原件藏安徽省博物馆.

[32](成化)商山吴氏族谱. 明成化抄本.

[33](嘉靖)世忠程氏泰塘族谱. 明嘉靖二十四年刻本.

[34](万历)休宁率东程氏家谱. 明万历元年刻本.

[35](万历)重修城北周氏宗谱. 明万历二十四年刻本.

[36](万历)休宁范氏族谱. 明万历三十三年补刻本.

[37] (万历)新安吕氏宗谱. 民国二十四年木活字重印明万历本.

[38] (万历)茗洲吴氏家记. 传抄本.

[39] (明)程一枝. 程典. 明万历刻本.

[40] (万历)休宁西门查氏祠记. 明万历刻本.

[41] (崇祯)海阳吴氏族谱. 明崇祯抄本.

[42] (顺治)休宁西门汪氏宗谱. 清顺治十年刻本.

[43] (雍正)江村洪氏家谱. 清雍正八年刻本.

[44] (雍正)茗洲吴氏家典. 清雍正十三刻本.

[45] (乾隆)西门汪氏大公房挥签公支谱. 清乾隆四年刻本.

[46] (乾隆)新安苏氏族族谱. 清光绪二十六年刻本.

[47] (乾隆)休宁古林黄氏重修族谱. 清乾隆三十一年刻本.

[48] (光绪)新安朱氏宗祠记. 原件藏安徽大学徽学研究中心特藏室.

[49] (万历)三田李氏统宗谱. 明万历四十二年刻本.

[50] (万历)萧江全谱. 明万历刻本.

[51] (乾隆)庆源詹氏宗谱. 清乾隆五十年木活字本.

[52] (乾隆)萧江复七公房支谱. 清乾隆三十七年刻本.

[53] (乾隆)星源甲道张氏宗谱. 清乾隆四十七年刻本.

[54] (乾隆)考川明经胡氏统宗谱. 清乾隆刻本.

[55] (道光)馆田李氏宗谱. 清道光刻本.

[56] (光绪)婺源查氏族谱. 清光绪十八年木活字本.

[57] (民国)清华胡氏宗谱. 民国六年刻本.

[58] (民国)济阳江氏统宗谱. 民国八年木活字本.

[59] (民国)星源竹马馆东李氏宗谱. 民国二十四年刻本.

[60] (嘉靖)王源谢氏孟宗谱. 明嘉靖十六年刻本.

[61] (嘉靖)祁门金吾谢氏宗谱. 明嘉靖刻本.

[62] (嘉靖)祁门金吾谢氏仲宗文集. 明嘉靖抄本.

[63] (嘉靖)新安琅琊王氏统宗世谱. 明嘉靖刻本.

[64] (隆庆)文堂乡约家法. 明隆庆六年刻本.

[65] (万历)窦山公家议. 明万历刻本.

[66] (万历)祁门清溪郑氏家乘. 明万历十一年刻本.

[67] (康熙)善和程氏仁山门支谱. 清康熙二十一年刻本.

[68] (嘉庆)衍庆录. 抄本. 原件藏安徽省黄山市博物馆.

[69] (道光)关西方氏宗谱. 清代光二十一年刻本.

[70] (道光)新安琅琊王氏宗谱. 清道光二十九年刻本.

[71] (同治)武溪陈氏宗谱. 清同治十二年刻本.

[72] (光绪)祁门倪氏族谱. 清光绪二年刻本.

[73] (光绪)京兆金氏统谱. 清光绪三年木刻本.

[74] (光绪)善和程氏仁山门支谱. 清光绪三十三年刻本.

[75] (光绪)祁门竹源陈氏修谱文书汇编. 清光绪抄本.

[76] (民国)祁门倪氏族谱. 民国十四年活字本.

[77] (民国)祁西金氏族谱. 民国二十年木活字本.

[78] (民国)平阳汪氏族谱. 民国刻本.

[79] (民国)河间凌氏宗谱. 民国刻本.

[80] 程成贵编修:祁门善和程氏仁山门宗谱. 2000年铅印本.

[81] (康熙)横冈胡氏支谱. 清康熙四十三年手写本.

[82] (嘉庆)南屏叶氏族谱. 清嘉庆十七年刻本.

[83] (民国)古黟环山余氏宗谱. 民国六年刊本.

[84] (民国)屏山朱氏重修宗谱. 民国九年活字本.

[85] (嘉靖)龙井胡氏族谱. 明嘉靖三十五年刻本.

[86] (康熙)周氏重修族谱正宗. 清康熙五十五年刻本.

[87] (光绪)梁安高氏宗谱. 清光绪三年活字本.

[88] (光绪)南关惇叙堂许余氏宗谱. 清光绪十五年木活字本.

[89] (光绪)东关戴氏宗谱. 清光绪十五年木活字本.

[90] (光绪)绩邑北门张氏宗谱. 清光绪刻本.

[91] (宣统)华阳邵氏宗谱. 清宣统二年活字本.

[92] (宣统)泉塘葛氏宗谱. 清宣统三年石印本.

[93] (宣统)仙石周氏宗谱. 清宣统三年刻本.

[94] (民国)涧洲许氏宗谱. 民国三年刻本.

[95] (民国)绩溪西关章氏族谱. 民国五年活字本.

[96] (民国)余川越国汪氏族谱. 民国五年刻本.

[97] (民国)鱼川耿氏宗谱. 民国八年刻本.

[98] (民国)城南方氏宗谱. 民国八年木活字本.

[99] (民国)盘川王氏家谱. 民国十年刻本.

[100] (民国)明经胡氏龙井派宗谱. 民国十年刻本.

[101] (民国)洪川程氏宗谱. 民国十二年刻本.

[102] (民国)龙川胡氏祖宗谱. 民国十三年抄本.

[103] (民国)龙川胡氏支派宗谱. 民国十三年刻本.

[104] (民国)坦川洪氏宗谱. 民国十六年刻本.

[105] (民国)旺川曹氏族谱. 民国十六年旺川敦睦堂木活字本.

[106] (民国)绩溪庙子山王氏谱. 民国二十四年排印本.

[107] (民国)绩邑柳川胡氏宗谱. 民国三十五年刻本.

[108] (民国)族谱便览. 民国刻本.

[109] (乾隆)汪氏义门世谱. 清乾隆三十六年刻本.

[110] (光绪)仙源杜氏宗谱. 清光绪二十一年木活字本.

七、学术著作

[1] 郑振铎. 西谛书话. 北京：三联书店,1983.

[2] 叶显恩. 明清徽州农村社会与佃仆制. 合肥：安徽人民出版社,1983.

[3] 章有义. 明清徽州土地关系研究. 北京：中国社会科学出版社,1984.

[4] 乌丙安. 中国民俗学. 沈阳：辽宁大学出版社,1985.

[5] 海阳漫话. 第三辑. 合肥：安徽美术出版社,1989.

[6] 高寿仙. 徽州文化. 沈阳:辽宁教育出版社,1993.

[7] 冯尔康. 中国古代的宗族与祠堂. 北京:商务印书馆国际有限公司,1996.

[8] 程富金. 徽州风俗. 合肥:黄山书社 1996.

[9] 栾成显. 明代黄册研究. 北京:中国社会科学出版社,1998.

[10] 吴吉远. 清代地方政府的司法职能研究. 北京:中国社会科学出版社,1998.

[11] [英]莫里斯·弗里德曼著. 刘晓春译、王铭铭校. 中国东南的宗族组织. 上海:上海人民出版社,2000.

[12] 徐建华. 中国家谱. 天津:百花文艺出版社,2002.

[13] 柏桦. 明代州县政治体制研究. 北京:中国社会科学出版社,2003.

[14] [日]织田万. 清国行政法. 北京:中国政法大学出版社,2003.

[15] 王志强. 法律多元视角下的清代国家法. 北京:北京大学出版社,2003.

[16] 胡适口述、唐德刚译注. 胡适口述自传. 桂林:广西师范大学出版社,2005.

[17] 卞利. 徽州民俗. 合肥:安徽人民出版社,2005.

[18] 毕新丁. 婺源风俗通观. 北京:中国文联出版社,2006.

[19] 杨国桢. 明清土地契约文书研究(修订版). 北京:中国人民大学出版社,2009.

[20] 卞利. 明清徽州族规家法选编. 合肥:黄山书社,2014.

后 记

这部《明清以来徽州社会经济与文化研究》著作定稿之时,距离着手整理和写作已经过去了四个春秋。在这四年里,我几乎放弃了所有的节假日,夜以继日地进行撰写、调整和补充,直到最后的完善,方才大大地松了一口气。

追溯这部书稿的源头,还要从2014年6月说起。当时,安徽大学出版社为发挥学校徽学研究的传统优势特色,准备以徽学为选题,申报国家出版基金项目。考虑到徽学研究中心招标的教育部人文社科重点研究基地重大项目积累了一批通过鉴定结项的研究成果,正在联系出版事宜,于是,我们和出版社领导一拍即合。经过认真而缜密的论证,决定以徽学研究中心已经通过鉴定结项的教育部人文社科重点研究基地重大项目成果为基础,并以"徽文化与徽学研究丛书"为题申报国家出版基金项目。2015年初,"徽文化与徽学研究丛书"成功获准国家出版基金项目立项。

该套丛书系统利用徽州文书、文献和碑刻等第一手资料,结合田野调查,从徽学内涵、徽学研究方法、徽州社会、徽州宗族、徽州经济、徽州人口、徽州文化等方面,深入探讨和研究明清以来徽州的历史、社会、经济和文化,既涵盖徽学基础理论研究,又涉及徽学应用研究的具体领域,融理论性和实践性于一体,对推进徽文化及徽学研究、保护徽州地方特色文化,深化中国传统文化和历史研究有着重要的意义。本书作为其中的一种,有幸被列入出版基金项目资助。2016年下半年,安徽大学出版社申请将"徽文化与徽学研究丛书"更名为"徽学文库"并获得批准。

本书在研究与写作过程中,得到了海内外学者的支持与帮助,日本熊本大学文学部伊藤正彦教授在百忙中,复印并快递了收藏日本的明代万历《茗洲吴氏家记》,使我有机会得以一睹该书的全貌,并有效地利用该书丰富的史料,完成了本书部分内容的写作。厦门大学民间历史文献研究中心郑振满教授馈赐《徽州徽社综录》传抄本供我复印,为本书明清祁门六都的宗族管理、经济基础及其祭祀仪式研究提供了极大的帮助。安徽大学徽学研究中心张小坡副研究员协助我往上海图书馆查阅徽州族谱文献,并将其所掌握的徽州珍稀族谱文献电子文本无偿提供,使我能够得以在本书中大量利用徽州族谱文献作为探讨和分析相关问题的依据。在这里,我谨向以上几位学者表示最衷心的感谢!

在我进行本书撰写的时间里,内子戴圣芳馆员默默奉献,任劳任怨,几乎承担了所有的家务,使我少了许多后顾之忧。在此,也向她表示由衷的愧意和感谢!

安徽大学出版社社长陈来教授始终关心和支持本项目的申报与开展,在项目批准后,多次亲临徽学研究中心,对包括本书在内的项目进展进行督促和鼓励。责任编辑李君敬业执着,为本项目和本书的完成,不惜奔波操劳。在此,我要真诚地向他们道一声"辛苦了,谢谢!"

本书还存在这样那样的不足甚至讹误之处。对此,我诚挚地期待广大读者在阅读过程中予以批评和指正,并将您的批评和指正作为我进一步研究的动力。

卞 利

2017年7月31日于

南开大学历史学院